Teoría general de la basura

Agustín Fernández Mallo

Teoría general de la basura

(cultura, apropiación, complejidad)

Galaxia Gutenberg

También disponible en eBook

Publicado por:
Galaxia Gutenberg, S.L.
Av. Diagonal, 361, 2.º 1.ª
08037-Barcelona
info@galaxiagutenberg.com
www.galaxiagutenberg.com

Primera edición: octubre de 2018
Segunda edición: noviembre de 2018

© Agustín Fernández Mallo, 2018
© Galaxia Gutenberg, S.L., 2018

Preimpresión: Maria Garcia
Impresión y encuadernación: Sagrafic
Depósito legal: B. 20764-2018
ISBN: 978-84-17088-03-3

Soy un lugar donde durante meses o años se elaboran y ordenan cosas, y luego se separan de mí como si fueran una excreción.

Lévi-Strauss,
en entrevista por Didier Eribon

¿Dónde están los escombros de la división del saber y de las ciencias? Algún día se encontrará usted conmigo en los campos de estiércol, es ahí, también, donde se tiene la posibilidad de encontrar maravillas perdidas por el proceso de la talla, por el trabajo de producción.

Algún día los epistemólogos hurgarán en los cubos de basura. En las basuras de la talla reencontraremos el mundo mismo.

Michel Serres,
El paso del Noroeste

Pues la realidad, como sabemos, siempre es diferente a todo.

W. G. Sebald,
Vértigo

INTRODUCCIÓN E INTENCIONES

Línea Año Cero:
el contorno de la experiencia

1

21
APRIL
2021

Piense en esto: de las lenguas hoy muertas sólo conservamos sus textos, sus grafías, pero no el registro sonoro, de modo que poca o ninguna idea tenemos de cómo los antiguos pronunciaban sus palabras. Si pudiéramos oír hoy a un griego del siglo III a.C. pronunciar *poiesis* o a un romano decir *rosae*, no es descartable que oyéramos lo que para nosotros serían rugidos o el canto de un pájaro. Sólo pensar en la Cleopatra de Elizabeth Taylor emitiendo sonidos como de perro, ballena o robot, un escalofrío echaría por tierra gran parte de nuestra idea de cómo las civilizaciones nos hallamos temporalmente conectadas. Nos queda la materialidad muda de aquella escritura y le procuramos un paisaje sonoro, construido como verosímil fantasía. Sólo el sonido convoca el pasado en tiempo real. De ahí la importancia que se le da a las voces en los conciertos de música en vivo, los mítines políticos o el espiritismo. Que se sepa, la voz de poeta más antigua registrada son los 35 segundos de recitación del poema «América», leído en 1890 por su propio autor, Walt Whitman, y grabado en un primitivo cilindro de cera –puede encontrarse la grabación en YouTube o en otras plataformas–. Apenas 35 segundos en los que además de parecer llegar el poeta desde ultratumba para hablarnos cara a cara –un vértigo parecido a si de pronto viéramos una fotografía de Sócrates–, también podemos pensar que es fundado el Año Cero de la recitación poética tal como hoy la conocemos. No deja de sorprender que en tal grabación el tono y la (prosodia) de Whitman tengan un aire a profesor que, a un grupo de niños, estuviera dando clase de (dicción) de alguna lengua extranjera.

Y es que con intención de interpretar señales antiguas vamos de excursión al pasado y de allí traemos fragmentos. También ocurre cuando los viajes físicos nos llevan a lugares no pisados –típicamente el fenómeno colonial– y regresamos con diversas interpretaciones de «el otro»; aplicamos a esos fragmentos de «los otros» diversas técnicas culturales de extrapolación ajustadas a criterios occidentales; un (puzle.) Pero, en realidad, del mismo modo que hoy, a un nivel cognitivo, sabemos que nuestro cerebro no conoce lo que hay «ahí afuera» –pues nunca ha estado en una supuesta realidad externa, ni tan siquiera de picnic–, por muchos (bienintencionados) viajes que hagamos a otras culturas tampoco hemos nunca estado más allá del marco de la nuestra. Lo máximo que nos es dado es interpretar aquellos fragmentos de sociedades ajenas, y de algún modo unirlos, pegarlos, para crear la ilusión –lo cual no es poco– de un tiempo continuo, de civilizaciones que van de una a otra sin cambios demasiado bruscos, o si son bruscos que al menos resulten coherentes dentro de un corpus cultural dado. El cerebro crea así una realidad producto de una virtualidad consensuada del mismo modo que la historiografía, a través de textos derivados bien de experiencias directas o bien de textos de otros, crea una consensuada narración de lo que hay en tierras (ignotas) en el caso de hablar del tiempo presente, o de lo que hubo en espacios que ya no existen en caso de hablar del ayer. La «línea de Whitman» –y podría ser otro autor anterior o posterior, para el caso da igual– que marca la primera voz de poeta registrada, puede ser entendida como la línea de prueba palpable, la Línea Año Cero que separa la realidad de la ficción en cuanto a recitación de textos en nuestra cultura. O mejor dicho, la línea que separa una experiencia directa (oír una voz grabada o *in vivo*) de una ficción verosímil (mediante sonidos conocidos del presente extrapolar cómo entonaron y en definitiva cómo hablaron aquellos de quienes carecemos de registros sonoros).

Esa «Línea Año Cero» aparece en toda disciplina y ámbito para poner de manifiesto que hay una materialidad de las cosas, una materialidad en los objetos físicos o simbólicos que conforman nuestra intrincada red personal –el *yo*–, y nuestra no menos intrincada red comunitaria –el «*yo* social», que después algunos concentrarán en el *sujeto*– más allá de la cual la experiencia se amalgama y adhiere a la especulación de tal sólida manera que esa especulación pasa automáticamente a formar parte de una suerte de experiencia directa: es parte constitutiva de las cosas. Los objetos se *territorializan* –por decirlo en un lenguaje próximo a Deleuze y a Guattari–. No es sólo que cada cosa se inserte en un contexto determinado sino que se inserta en un campo de significados antes no imaginados, traspasa el límite de su propia materialidad, franquea su particular Línea de Año Cero y define un territorio semántico propio. Ese conjunto, todo ello, es lo que finalmente deviene en objeto cultural *complejo*, en un determinado concepto para una comunidad o una civilización. Incluso es ése el modo en que es configurado un individuo por el resto de sus semejantes. Pensemos en el caso extremo, y por ello ejemplificador, del colonialismo y los relatos que, mezcla de experiencia real y extrapolación de valores occidentales, hemos elaborado acerca de las así llamadas «culturas exóticas», en ocasiones aculturizadas de traumático modo por Occidente. Por ejemplo, cuando bajo criterios antropológicos que hoy damos por errados los conquistadores holandeses de Irian Jaya (Papúa), o los españoles en lo que hoy es México, interpretaron el supuesto canibalismo o la homosexualidad de aquéllos al modo de los esquemas occidentales. Nos lo recuerda en clave crítica Alberto Cardín en *Lo próximo y lo ajeno* (Icaria, 1990), donde se vale de la divisa del antropólogo Franz Boas: «debería ser nuestra meta suprema no sólo ver a los pueblos desde su propia perspectiva, sino también vernos a nosotros tal como ellos nos ven». Moraleja: deberíamos

cruzar la Línea Año Cero de las cosas, y en particular la Línea
Año Cero de los «otros», del modo más cauto posible pues
ese cruzar siempre es un ejercicio de ficción que, no obstante, por necesidad se incardinará en una materialidad presente.
Como veremos, ese cruce antes se hacía de modo directo y
por lo tanto jerárquico y hoy se hace mediante modelos de
red, más horizontales que aquel otro. O pensemos en las
diferentes subculturas que se dan dentro de nuestra propia
sociedad, usualmente conceptualizadas a través de mecanismos de (extrañamiento) con la consecuente aplicación sobre
ellas de plantillas y juicios de valores que no siempre les son
propios. Así ocurrió por ejemplo con las diferentes interpretaciones operadas en los movimientos hippy y punk, que de
bestias negras de la normatividad burguesa pasaron a canon
estético e inspiración para firmas de producción y gestión de
moda como Chanel o Armani. No hablamos pues de la recepción de señales al modo en que un astronauta emite un
mensaje desde Marte pero no podemos entenderlo porque
nos llega fragmentado o con interferencias; no, no se trata
de mensajes en su día correctamente emitidos que hoy nos
llegan imperfectos, sino de algo diferente: la reconstrucción
a través de fragmentos pero completa y perfectamente coherente de algo que hoy, en el presente del hallazgo, va más
allá de la estricta materialidad de las cosas. Por ser más pre-
cisos: no es la re-construcción de un mensaje, sino con los
pocos o muchos materiales que tenemos su construcción de
facto y en tiempo real; un objeto, un concepto, un sonido
totalmente nuevo que en esa novedad resignifica también
nuestro presente. Y aquí aparece un concepto de tiempo que
de principio a fin atravesará las páginas que siguen: el tiempo pasado no es algo que viene a decirme cómo eran las cosas antes, sino que, como si de un «tiempo inverso» se tratara, son huellas que vienen a decirnos cómo es nuestro
presente, a construir una identidad contemporánea. Somos
tan contemporáneos de un neandertal que de un cosmonau-
ta de la Estación Espacial. Es tan contemporánea a nosotros
un hacha de sílex hallada en las excavaciones de la construc-

ción del estadio de los Juegos Olímpicos de Londres que el diseño de la más moderna computadora cuántica o la taza de café que ahora mismo tengo ante mí, aunque esta taza haya pertenecido a mi abuelo.

Resulta clarificador el siguiente símil, extraído de experiencias directas en excavaciones: los paleontólogos se enfrentan a una irremediable frustración, los registros fósiles siempre son sólidos, principalmente huesos y dientes, fósiles que nada informan de las partes blandas de los cuerpos, sujetas a la descomposición. Así, esas partes blandas deben ser inferidas: fiarse de relatos orales o dibujos en caso de existir, o deducirlas a partir de signos físicos que permanecen en los huesos. En efecto, hay una Línea Año Cero también en la ciencia que tiene por objeto el registro fósil y sus interpretaciones. Tal certeza no deja de ser sugerente cuando se repara en que no sólo la paleontología sino todas las construcciones del pasado, ya sea remoto o reciente, así como todas las construcciones del propio presente que versan acerca de espacios ajenos a una cultura determinada, se hacen a través de esquemas ciertos (residuos sólidos, experiencia directa) y material inventado («partes blandas», lo que hemos llamado «ficción consensuada»). Así la historiografía, así las religiones, así las ideologías, así los noticiarios. Hechos que hallamos como se hallan dientes y huesos –al cabo basura–, estructuras sólidas a las que cada generación –o cada ideología o corriente estética– va añadiendo órganos blandos de innumerables formas hasta armar su propia idea de cuerpo, de objeto, de *yo*, de *el otro*, etcétera. Por ello consideramos los objetos como una «nube de sentidos» que da lugar a una complejidad; tal complejidad mostrará una cara u otra según cómo se aborde la red o las subredes que la involucran. La principal diferencia entre el viaje turístico, propio de la segunda mitad del siglo XX, y los antiguos viajes de peregrinación a diferentes santuarios, no es tanto el culto a un determinado enclave y el regreso con sus correspondientes imágenes, sino que los retratos figurativos de aquellos lugares, en su mayoría lugares santos, eran hechos en primer lugar a través de descripciones orales, dando ello lugar a toda clase de ramificaciones interpretativas que, después, el grabador de la imagen, bien fuera ésta en pergamino, madera o piedra, aún podía aumentar poniendo de su cosecha su particular «parte blanda». El célebre ataúd flotante de Mahoma en Medina, que según verosímiles grabados era sostenido en el aire por varios imanes pues era de puro hierro, perduró de tal manera en la retina de los occidentales que sólo muchos siglos después, en el siglo XIX, el propio Burton tuvo que desmentirlo, calificándolo de patraña. En uno de los *travellings* más intensos de la Historia del cine, Nanni Moretti, interpretándose a sí mismo en *Caro Diario*, recorre en Vespa una larguísima carretera de las afueras de Roma mientras se pregunta por qué demonios nunca ha ido al lugar donde mataron a Pier Paolo Pasolini. Bajo las *crescentes* notas de piano del *The Köln* de Keith Jarrett atraviesa en moto construcciones en mal estado, descampados y chabolas de playa para llegar al lugar exacto: una pequeña escultura de cemento corroído, plantada en un anodino campo de hortalizas, recuerda la muerte, en 1975, del cineasta a manos de un chapero. Las estatuas funerarias, las lápidas, son, naturalmente, uno de los objetos que más claramente definen Líneas Año Cero, líneas más allá de las cuales el desierto de los muertos es edificado con las piedras de una ficción verosímil. Basta detenerse un momento a observar el abarrotamiento de lápidas de un cementerio para comprobar hasta qué punto necesitamos crear esa línea –en este caso matérica, 100% matérica, habitualmente de mármol– incluso en aquellos a quienes sobradamente hemos conocido, aquellos que han estado entre nosotros y que han sido verdaderamente «nuestros».

La existencia en todas las cosas de tal combinación de partes sólidas –su materialidad presente–, y partes blandas –reconstrucción más o menos ficcional o como mínimo inducida a partir de pruebas secundarias–, trae como corolario algo que en principio puede resultar chocante: a la realidad presente no puede sustraérsele partes, pero sí puede ser *aumentada.* Podemos añadir espacios bien sean sublimados o físicos a lo que tenemos delante, pero nunca restarle cosas porque incluso intentar restar capas u objetos a la realidad es un modo de añadir determinados vacíos, que por lo tanto dejan de serlo. Podemos tomar un bolígrafo y dibujar sobre una fotografía, o podemos raspar el papel de una fotografía hasta dejarla en blanco, pero en cualquier caso estamos sumando cosas a lo que ya había –pensemos, como ejemplo intuitivo, en los programas informáticos de tratamiento de imágenes, los cuales trabajan por capas que siempre se «suman» a lo que ya había en la imagen–, y esa suma es lo que finalmente conforma un objeto, o una costumbre comunitaria, o un gesto tipificado en una cultura y en una sociedad, de tal modo que lo que era una simple suma de términos $(A + B + C \ldots + N)$ se convierte en algo mucho más potente, una *multiplicación* de cada una de sus partes $(A \times B \times C \ldots \times N)$, lo cual delata la típica interacción entre esas partes A, B, C, etcétera, que arroja como resultado un todo que las supera. A tal operación de contacto multiplicativo, aplicable a todo ámbito (en la política se le llama «movimiento social», en el ámbito de las ciencias se la denomina sencillamente interacción), cuando es aplicado a las artes da lugar a lo que comúnmente llamamos ficción: el resultado de añadir a una parte de la realidad presente algo que hasta la fecha no existía, y que por el mero hecho de añadirse pasa a formar parte de una realidad final que ha sido multiplicada. Esa realidad multiplicada es nuestro presente fáctico: deducir cómo un griego pronunciaba *poiesis*, deducir cómo se disponía el aparato digestivo de un dinosaurio o, sobre una base cierta –en el sentido de «comprobable»–, construir la memoria ficcionada que de manera irremediable aparece en toda novelización o toda metáfora. Ésa es la clase de realismo –el máximo grado de realismo– que pueden aportar y de hecho aportan los productos culturales. Un diálogo, y por lo tanto una significación y un sentido, generado en las idas y venidas, en las traslaciones de ida y vuelta, producto de atravesar las correspondientes Líneas Año Cero de las cosas.

En cuanto a esta creación de objetos culturales, tampoco deja de resultar llamativo que la realidad no pueda ser copiada exactamente pero sí puedan añadírsele elementos para dar lugar a una realidad distinta a la presente. De ahí que construcciones como la *simulación total* de la realidad o sus copias a escala 1:1 –operación que nos recuerda a un imposible zoom que nos llevara a la «resolución absoluta» de un territorio, el máximo detalle de las cosas, y cuyo máximo exponente teórico reciente fue Jean Baudrillard, y su exponente ficcional Borges con su cuento «Del rigor de la ciencia»–, no constituyan sino una intención meramente metafísica. Porque, ¿qué sentido tiene simular la totalidad de una realidad si para dar cuenta de ella ya está la propia realidad original? De ahí que lo que en los años noventa del siglo xx fuera prometido por la incipiente *realidad virtual* diera pocos de sus ansiados frutos y no haya devenido en nada más que una aburrida copia de la realidad, en algo que, preciosista, podemos llamar el «neoclasicismo de la realidad». Sin embargo sí se ha revelado como útil otra cosa bien distinta, la *realidad aumentada* –puntual adición de elementos a una realidad ya existente, especie de elemento perturbador o anómalo introducido en la cotidianidad–, utilísima hoy en diferentes campos tanto logísticos como artísticos. De ahí también que todo relato fantástico –al fin y al cabo simulación de un mundo–, y por muy imaginativo que este relato sea, deba tener alguna clase de lazo hacia lo terrestre o propiamente humano, algo que remita al territorio original, para que de este modo su ficción resulte creíble. Debe poseer elementos tanto de este lado de la Línea Año Cero como del *otro lado*.

A fin de no confundir todo ello con inserciones y movimientos propios de un pathos que vagamente podríamos llamar romántico, hay que señalar que tales reconstrucciones efectuadas con idas y venidas que atraviesan el particular Año Cero de cada cosa no son miradas nostálgicas sobre ecos del pasado, no lloran o cantan una pérdida, sino, como se ha señalado, poseen lo que hemos llamado un «tiempo inverso», vienen al presente para hablarnos de nosotros hoy, como un detalle de una virtualidad se inserta puntualmente en nuestro presente, y es ésa su verdadera fuerza, el pathos vital por el cual se definen y se revelan como útiles en tanto que creadoras de realidad hoy. Por paralelismo a la *realidad aumentada*, podemos llamar a esa clase de temporalidad *tiempo aumentado*. Cuando la Cleopatra de Elizabeth Taylor habla, quien está hablando son los movimientos estéticos, tecnológicos y sociales de la determinada época y cultura en la que tal recreación fue filmada. Lo importante de un verso de Lucrecio no es que me esté contando cómo era Lucrecio o cómo era el estado de la ciencia en el siglo II d.C., sino todo lo contrario, me dice cómo soy yo hoy, o mejor dicho, construye mi identidad hoy; habla de mí, de nosotros, no sólo de Lucrecio. Y si hablase sólo de Lucrecio daría igual pues de todos modos sólo puedo leerlo desde el filtro de mi presente. Hay una barrera en lo cognoscible que únicamente puedo atravesar a costa de inventar las «partes blandas» de las cosas, de modo que son esas partes blandas nuestra aportación a lo hallado, nuestra aportación más sublimada pero no por ello menos real, a la experiencia directa que finalmente lleva al objeto a ser contemporáneo nuestro, aprovechable en el presente. La línea del Año Cero de las cosas existe en tanto que ante cualquier objeto o concepto, o ante cualquier «trozo de humanidad», el individuo cree *ver* más allá; un territorio cargado de promesas que se hacen reales en tanto son incorporadas a la experiencia cotidiana. Por motivos obvios, desde siempre la mística atestigua la existencia de esa pulsión «hacia arriba», también de otro modo lo hace la ciencia «hacia abajo» con su atenta observación de los fenómenos que involucran a objetos, tras los cuales cree descubrir determinadas leyes, u ocurre también en campos de pulsión de deseo y fetichismo como lo es la moda, la cual –y en un proceso muy similar al de la magia en culturas no occidentales– genera en quien se viste una determinada prenda la sensación de hallarse tocado por el dedo de la *pop star* que viste esa misma prenda; de hecho, el fan no tiene ni idea de cómo es la vida de su ídolo, pero al ponerse la misma camisa que aquél cree poder vivir sus mismas experiencias, habitar su «territorio blando»; el fan se territorializa en el ídolo. Es esa camisa el objeto de consumo, el hueso fósil hallado en la cueva de la sociedad de consumo, sobre el cual el fan traza su Línea Año Cero y accede al territorio blando del ídolo. En el campo de la personificación, uno de los mecanismos más utilizados, y por ello normativos, para crear líneas de Año Cero es aquel que inviste a los objetos y a los animales de derechos propios, como si poseyeran una suerte de derechos humanos; es decir, los convierte en sujetos, sujetos de derecho, y así susceptibles de que establezcamos un contrato con ellos. Tanto en la Grecia clásica como en los lugares del mundo en los que aún persisten prácticas de sometimiento humano, los esclavos eran y son *objetos*, no sujetos, pues con ellos no había ni hay establecida una relación moderna de derecho, es decir, contractual. Sin embargo, cuando se habla de la protección de un parque natural, o de los derechos de animales, así como de los derechos de los monumentos u obras de arte, implícitamente se los está definiendo como sujetos por derecho propio, y se establece así una Línea Año Cero ficcional; su función no es otra que aquella por la cual una sociedad se dice a sí misma que puede ir más allá de la animalidad y la mera objetualidad que de facto es esencia en animales y en cosas. El delirio emerge en lo real cuando alguien le habla a su perro, conversa con su cuadro preferido o se ve «conectado» con cada una de las briznas de hierba de un bosque: por extraño que parezca, la esencia de tales actos sentimentales es de orden jurídico, de derechos concedidos. Por otra parte, por el mero hecho de definir esa Línea Año Cero en animales y objetos, implícitamente estamos diciendo que por necesidad han de estar dotados de una sexualidad porque por definición todo sujeto detenta alguna clase de sexo, aunque sea la ausencia del mismo –volveremos a ello cuando hablemos de la sexuación de la Red–. O pensemos en un crítico frente a una obra literaria: más allá de la materialidad del texto a analizar, traza

en algún lugar la Línea Año Cero de ese libro y a partir de ahí
viaja, va y viene entre certezas y especulaciones que no hablan del libro en cuestión sino de él, del crítico, de su cultura, de sus aciertos, de sus errores, de sus prejuicios y en suma
de su escala de valores. Hay en toda obra crítica ese establecimiento de una Línea Año Cero imposible de evitar, gracias
a la cual la obra del crítico cobra una entidad autónoma
respecto a la obra referente. La cuestión no es si existe una
Línea Año Cero más allá de la cual todo es especulación
trasmutada en verosimilitud, sino *dónde* cada cual coloca
esa línea, es eso lo que marca la diferencia entre una buena
y una mala obra, entre una buena y una mala ciencia, entre
una buena y una mala política, entre una buena y una mala
crítica literaria o de arte. Tal asunto, que, por insalvable-
mente relativista, en principio podría parecernos una tara o
un defecto de nuestro acceso al mundo, es en el caso del
análisis de un texto literario lo que precisamente da sentido
a la obra del crítico –o del lector en su caso–, lo que hace que
el texto a criticar –a leer– se haga contemporáneo de veras
con independencia de que estemos hablando de una obra
recién editada o de los Manuscritos del mar Muerto. El mismo mecanismo rige cuando un autor acomete la reelabora-
ción de la obra de otro autor, el así llamado *remake;* ha de
existir una frontera más allá de la cual el texto original se
haga interpretación y creación, y por ello mismo por mano
del nuevo autor se haga *actualidad*, se actualice.

Pero ¿y si aquellos fósiles –aquel diente de brontosaurio,
aquel texto helénico compuesto por palabras que no sabemos cómo se pronunciaban, aquel humano aparentemente
primitivo que aparece en una selva de Borneo, aquella camisa que por obra y arte del mercado resulta misteriosamente
igual a la de una *pop star*–, y si todo eso, decimos, no fueran
objetos y culturas bien legitimados sino otra clase de cosas a
las que tenemos por costumbre llamar simple y llanamente
basura? Dicho de otro modo: ¿qué ocurre con todas esas
otras cosas que consensuamos como residuos, spam, interferencias, anomalías que por inservibles habíamos desecha-

do?, ¿hay modo de rescatarlas y traerlas al ámbito de lo activo, de lo útil para su común uso en las artes y en las
ciencias?, ¿es posible traspasar la Línea Año Cero de los residuos –reales o simbólicos– para ir a su más allá y traerlos e
insertarlos en el presente? En su forma más prosaica, la industria del reciclaje de objetos de consumo ya lo hace: vir-
tuar las latas de refrescos y neumáticos de coche que hasta
hace pocos años eran condenados a, indiferenciados, regresar al polvo de la tierra; pero lo que nos preguntamos aquí
es cómo ese proceso, ese vaivén de cosas aparentemente inservibles o basura, puede llevarse a cabo también en los ámbitos artísticos mediante las técnicas del apropiacionismo e
importación de unos ámbitos a otros. Hablamos de un viaje
al «lado blando» de los residuos, de *complejos* movimientos
de ida a lugares culturalmente poco valorizados para regresar con algo que interprete nuestro presente. Parafraseando
al ya citado Boas, «debería ser nuestra meta suprema no
sólo ver la basura desde su propia perspectiva, sino también
vernos a nosotros tal como ella nos ve».

Dejemos de momento las respuestas en suspenso.

Todo lo dicho guarda relación con *dónde* ponemos esa
Línea Año Cero, pero en lo relativo al *cómo* lo hacemos, a
los modelos y mecanismos que utilizamos para traspasar esa
línea, para ir y volver, conviene decir que tales métodos son
construidos según el marco conceptual de cada época en
curso. Si hasta la primera mitad del siglo xx el modo de atravesar la Línea Año Cero era un ir y un regresar «punto a
punto», jerárquico, como pelotas de tenis que van y vienen
de un lado a otro del campo sin interferirse entre sí más de lo
justo –típicamente relaciones dialécticas y/o metafísicas entre humano/humano o humano/objeto–, hoy el modo de hacer ese viaje entre la materialidad de las cosas y sus partes
blandas consiste en ir y venir en «modo red», modelo donde
las jerarquías, aun existiendo, se relajan y adoptan otras topologías. Así pues no se trata hoy ya de dos solitarios juga-
dores de tenis que juegan su ping-pong sino de dos equipos
en los que la pelota se mueve de un lado a otro de la Línea

Año Cero pudiendo adoptar multitud de caminos, multitud de enlaces, multitud de *links* entre sus partes. En suma, son *redes:* legítimas representaciones de los procesos dinámicos de la contemporaneidad. Los objetos y los símbolos, la así llamada realidad, adopta bajo esta óptica una nueva ontología: las cosas no son ni construcciones puramente objetuales y separadas del humano –como dice el realismo clásico–, ni tampoco son sólo construcciones lingüísticas y políticas –como aseguró el pensamiento continental posmodernista–, sino que son «objetos red». En efecto, las entidades y las cosas que forman nuestra realidad son cada una de ellas una red en la que se concita toda clase de facetas y características materiales, lingüísticas, históricas, políticas y sociales, de tal suerte que forman una red de intercambios materiales y simbólicos que no pueden manifestarse todos al mismo tiempo; según cómo se miren aparecerá una faceta u otra, o una mezcla de facetas. Quién puede negar que la taza de café que ahora mismo, mientras escribo estas líneas, tengo delante es una materialidad (átomos que van y vienen y toda teoría atómica que ello representa, desde la de Demócrito hasta los quarks postulados por la física del *modelo estándar*), hecha de porcelana (se hace presente así en esa taza toda la historia de ese material, procedente de China, y que, como hoy el petróleo, dio lugar en el pasado a convulsas guerras entre Estados), decorada con motivos de pintura holandesa del siglo XVIII (ante mí la historia del Arte, museística y por lo tanto teorías estéticas), comprada en un hipermercado de una megalópolis (transportes de mercancías hoy, comercio mundial, fábricas en el Tercer Mundo), que además no por casualidad se llama taza y no vaso (lenguaje común en mi lengua), pero que ocasionalmente, y cada vez con más frecuencia, en algunos catálogos de compraventa es llamada *mug* (políticas lingüísticas que tratan de establecer la hegemonía de una determinada cultura, en este caso anglosajona, y por tanto de la religión protestante de la que esa cultura es representante), etcétera. Sí, mi taza, su propia materialidad, que es un objeto real, tan real como que acabo de apoyarla en mis labios para beber café, es una *entidad compleja*, conformada por unos nodos y unos enlaces, mi taza es una red embebida en una ingente maraña de otras redes; su identidad como taza se me presenta así como un *fenómeno emergente*. A la clase de narrativa, totalmente realista y que no obvia esa red compleja que es mi taza es a lo que llamo Realismo Complejo. Mi taza en cada instante, y para cada observador, tendrá una complejidad dada y una particular Línea Año Cero sobre la cual se insertan los enlaces de la red que van y vienen de un lado a otro: de lo netamente asegurado en mi taza a lo profundamente especulado en mi taza mediante la ficción.

2

La historia reciente –segunda mitad del siglo xx y lo que va del xxi–, en la que los cambios producidos han sido animados no por la velocidad sino por la aceleración (no confundir esta aceleración con la reciente corriente estético-política *aceleracionismo*, a la cual nos referiremos más adelante), ha multiplicado los modos de conceptualizar y dar explicación a la experiencia, diríase que ya atomizada, o como reza el tópico, *fragmentada*. Pero también, y en una suerte de movimiento opuesto a esa aceleración, por efecto de la globalización cultural estos cambios han sido homogéneamente agrupados en grandes bloques de pensamiento, lo que da como resultado un estatismo. Y bien, tanto esa atomización o fragmentación como ese estatismo son aparentes: lo que ocurre es que la propia organización de la realidad ha pasado de estar distribuida en grandes bloques vectorizados o enfrentados entre sí, a conformar una colectividad de resultados e ideas conectadas mediante enlaces horizontales, sólo parcialmente jerárquicos, llamados *redes*, los cuales dan lugar a una *complejidad*, un tejido, que las *teorías de sistemas complejos*, al menos como símil, pueden ayudar a entender y eventualmente formalizar. Remontando el tiempo, y trazando un mapa grueso pero válido para nuestros propósitos, podemos decir que la primera mitad del siglo xx –lo que en términos generales se dio en llamar vanguardias o «modernismo»– entendió la realidad como una flecha temporal, un vector común a toda cultura, vector que libraría cuantas batallas hicieran falta a fin de llevar a las sociedades occidentales –y a las no occidentales por efecto del eco colonialista– a un horizonte moral, político y tecnológicamente mejor. Una cosmovisión decididamente vitalista y no exenta de ingenuidad, cuyo origen se halló en los incuestionables triunfos que más de dos siglos atrás había cosechado la mecánica newtoniana, la cual, como coherente imagen determinista del mundo, es capaz de señalarnos dónde estaremos en cualquier instante futuro con tal de conocer unas pocas variables (la velocidad y la posición en el espacio) referentes al punto del que habíamos partido. Como nuestro punto de partida era una adecuada combinación de judaísmo y pensamiento helénico, no había más que «echar las cuentas» de cada una de esas cosmovisiones, plantear las «ecuaciones del movimiento de la utopía en curso», para conocer el destino de los pueblos. La segunda mitad del siglo xx y hasta una fecha que podemos convenir, el 11 de septiembre de 2001, el otro gran bloque, el hegemónico pensamiento posmodernista –técnicamente llamado postestructuralista–, entendió la realidad como la trastienda, el *backstage* y andamiaje de aquellos relatos utópicos de la modernidad, la cara B que había sido convenientemente ocultada y que revelaba la existencia de una fachada falsa. Para ponerlo de manifiesto, el posmodernismo se valió de potentes armas, hoy perfectamente identificadas, como la *ironización* de la realidad (la realidad es sospechosa porque nuestros sentidos siempre nos engañan, de ahí que no haya que tomársela muy en serio), la *desobjetivación* de la realidad (la realidad nunca puede llegar a conocerse, lo real es el resultado de consensos y pactos), y la denuncia de una endémica *coalición entre el saber y el poder* (dado que los saberes siempre son una construcción, éstos, por fuerza, son diseña-

dos por las fuerzas vivas, por los Estados y agentes sociales
que en cada periodo histórico detenten la fuerza). Fue pues
el posmodernismo un pensamiento que llevó dentro de sí, en
su propia definición, una negatividad en el sentido de una
mirada pesimista acerca de lo que podemos llegar a conocer
de la realidad, visión que, dicho sea de paso, y como veremos, no deja de tener numerosos puntos en común con el
movimiento romántico del siglo XIX. Pero atendamos a las
siguientes palabras, del quizá más citado autor del siglo XX,
Walter Benjamin:

> La *huella* es la aparición de una cercanía, por lejos que pue-
> da estar lo que la dejó atrás.
> El *aura* es la aparición de una lejanía, por cerca que pueda
> estar lo que la provoca.
> En la huella nos hacemos con la cosa; en el aura es ella la
> que se apodera de nosotros.

Tomando la cita a nuestras necesidades, podemos decir
que las preocupaciones de la modernidad se situaron en el
aura en tanto informaba de «la aparición de una lejanía, por
cerca que pueda estar lo que la provoca», y de ahí su carácter epifánico y en última instancia utópico, y por su parte la
posmodernidad pareció situar sus preocupaciones en la *huella* en tanto ésta es «la aparición de una cercanía, por lejos
que pueda estar lo que la dejó atrás», y de ahí el desmedido
interés del posmodernismo por recrear el pasado, su nostalgia barroca, su construir parques temáticos y falsas *ruinas*,
ruinas a las cuales dedicaremos no pocas páginas más adelante.

Ambas cosmovisiones, la moderna y la posmoderna,
tras dar sus frutos en cuanto a construcciones de realidad,
escenificaron también sus grandes fracasos, sus hiper-
trofias, ejemplarizadas en diversos sistemas dogmáticos la
primera –típicamente campos de exterminio, ideologías to-
talizadoras y populismos de alta intensidad de los que acaso aún no hayamos salido–, y la segunda con el triunfo del

populismo de baja intensidad y el pensamiento antiilustra-
do –típicamente los parques temáticos, sincretismos orien-
talizantes y acientíficos, y una nueva versión del pensamiento mágico en su versión ruralista del que, seguro, aún
no hemos salido–; en suma, una *realytividad*, como detalla
Maurizio Ferraris en *Manifiesto del nuevo realismo* (Biblioteca Nueva, 2013, edición de Francisco José Martín).

Preguntarse hoy qué es *lo real* equivale a dar un paso
adelante respecto a aquellas cosmovisiones del siglo XX a fin
de intentar construir una imagen que se adapte a la *complejidad* en la que se ha instalado lo contemporáneo. Es en este
sentido en el que decimos que la realidad hoy es, ante todo,
una superposición y multiplicación de *sistemas complejos*
que, en red, de un lado a otro atraviesan la Línea Año Cero
de las cosas. Y es que cada día asistimos al discurso de la
fragmentación y atomización de la realidad contemporánea,
pero, por otra parte, y en un discurso contrapuesto, se nos
dice que la globalización y la absoluta conectividad se ha
apoderado de nuestras vidas de tal modo que todo tiene
apariencia de un amontonamiento de *residuos*. La contradicción de tales discursos resulta evidente: ¿cómo es posible
que algo *fragmentado* pueda estar al mismo tiempo *hiperconectado*? La solución a la falacia pasa por cambiar el punto
de vista: la realidad ni ha estado, ni está ni estará nunca,
fragmentada sino organizada en red; la fragmentación tan
sólo es una apariencia fruto de no haber cambiado la óptica
de nuestro instrumento de visión. Lo que eran desdeñables
residuos materiales o simbólicos que sin orden ni taxonomía
se amontaban ante nuestros ojos, pasan, bajo esta nueva
óptica y con tal de enfocar un poco mejor, a ser considerados como *residuos complejos*, coherentemente conectados
en múltiples redes, no fragmentados, y por lo tanto culturalmente aprovechables de otro modo. Cuando se entiende que
las redes lo ocupan todo –y no nos referimos únicamente a
internet, la cual sólo es una subred de las cientos de redes
analógicas y/o postdigitales en las que estamos sumidos–, lo
que parecía fragmentado, y como si de un leve giro de cali-

doscopio se tratara, emerge coherentemente interconectado. De esas redes trata la complejidad. Es a las derivaciones más orgánicas de esa configuración a lo que llamamos *realidad compleja,* y a su correspondiente modo de narrarla, Realismo Complejo.

3

Los sistemas complejos han sido en los últimos años ampliamente desarrollados, existen magníficos textos, tanto especializados como divulgativos, de modo que no es el propósito de este libro replicarlos aunque sí señalaremos –sobre todo hacia el final de la Tercera Parte– determinados conceptos de la complejidad útiles a nuestros propósitos. Lo que intentarán estas páginas –tanto a través de ejemplos como de teoría–, es rastrear cuánto hay de complejidad en los productos culturales actuales en tanto que *residuos activos,* enfocarlos bajo el prisma de esa teoría, la cual vendrá a menudo en nuestra ayuda como argumento de plausabilidad o razonable símil. Un rastreo, una inmersión en un mar de pistas a las que se intentará dar una forma coherente.

La teoría de sistemas complejos es un marco en el que se cruzan, y de algún modo se superan, lo epistemológico –lo que podemos «llegar a saber de una cosa»–, y lo ontológico –«lo que *en sí* es esa cosa»–, para enfocar el estudio de cualquier objeto o fenómeno particular –típicamente un *sistema*– como un organismo, como algo vivo –sea éste realmente un ente vivo o no– en función de sus relaciones con su entorno; o lo que es lo mismo, atender a las relaciones que mediante flujos realimentados de materia, información y energía entran y salen del sistema en cuestión. A menudo es interpretada como una teoría que aúna las llamadas ciencias duras con las manifestaciones artísticas o con aquellas que clásicamente incluyen tratamientos metafóricos de la realidad –lo que aquí hemos llamado sus «partes blandas»–. O lo que es lo mismo, la poética que hay en toda ciencia e, inversamente, la ciencia que hay en toda poética. Es en este sentido en el que decimos que es *realista:* en el estudio de un sistema particular se halla también el todo, y es pues una teoría *hologramática:* una de las características principales de los sistemas susceptibles de ser estudiados bajo esa óptica es que –como mi taza de café de porcelana– son entidades cerradas y abiertas al mismo tiempo, lo que equivale a decir que intercambian información, materia y energía con el exterior, materiales todos ellos que salen y después, transformados, regresan al sistema en forma de realimentación: el sistema muta porque *aprende*. Mi taza, una célula, un autómata, el clima, una red de intercambios como puede ser internet, la red de mercados mundiales o un proceso de colonización, o, por qué no, una determinada obra artística y las relaciones estéticas y económicas que despliega en su entorno, son sistemas complejos. Nuestro propósito es detectar esas características en los productos culturales –porque creemos que realmente las detentan–, investigar qué lectura toman hoy los productos artísticos bajo la óptica de la complejidad y, lo que es más importante, ver si ese resultado nos es útil para comprender el entorno en el cual éstos se dan. Esbozar, en suma, una idea de Realismo Complejo acotado al campo de los productos culturales, y, en concreto, a aquellos que rescatan los despojos y la chatarra que la cultura normativa deja a su paso.

   Estamos acostumbrados a la separación, a veces radical y aparentemente insalvable, entre, por un lado, las teorías que fundamentan las imágenes del mundo en lo que vagamente podemos llamar construcciones programáticas y puramente mentales, y por otro lado en las teorías que emergiendo de la misma experiencia son, por así decirlo, empíricas. Esa separación, que siempre ha existido en la Historia de las Artes y de las Ciencias, la debemos a que entre la teoría y las aplicaciones de las teorías media un agujero, un *gap*, aparentemente insalvable. Pero, en primer lugar, conviene recordar la obviedad de que lo pensado por una mente, ya sea individual o colectiva, resulta una imagen

emergida de esas cajas más o menos negras que son los cerebros. De modo que nadie puede descartar que las construcciones teóricas sean una especie de alucinaciones socialmente pactadas. Por su parte, lo experiencial, no sólo
nunca puede alcanzar el estatus de teoría cerrada y autoconsistente, sino que bien mirada su metodología sólo puede ser
aproximativa, mediante estadísticas, probabilidades, pro-
yecciones que tengan en cuenta las anomalías, los casos extraños a la praxis común, que cada día nos salen al paso. Esa
diferencia entre teoría y praxis es el hueco, el *gap*, aparentemente insalvable que en mayor o menor medida –y tanto en
las artes como en las ciencias–, poseen las representaciones
del mundo que vamos creando. Las dificultades que tiene la
física teórica en llevar a cabo algunas de las comprobaciones
empíricas de sus resultados es también la que todo manifiesto artístico padece para luego poner en la práctica –en las
obras a las que da lugar– las ideas previamente manifesta-
das. O son también las dificultades que tanto el liberalismo
del siglo XIX como el marxismo teórico tuvieron para llevar
sus ideas a la praxis en sociedad, en estos dos casos directamente metamorfoseadas al punto de casi hacerlas indistinguibles de sus postulados teóricos; eso también responde al
hueco, al *gap*, que siempre hay entre teoría y praxis. Una
teoría jamás puede dar cuenta de la totalidad de los casos
prácticos, y viceversa, la vida que se desarrolla según el
tiempo orgánico, el tiempo de los acontecimientos sociales,
nunca puede dar cuenta de una teoría en su totalidad. Ser
realistas pasa por asumir esa imposibilidad. Pero quizá el
problema no es tal, o por lo menos no tan radicalmente
insalvable, quizá deberíamos intentar ver qué clase de agujero, qué *gap* hay entre teoría y práctica –entre las partes duras y las partes blandas de un objeto, entre un concepto y la
experiencia–, a fin de rellenar ese hueco, poner una lupa e
investigarlo, darle alguna forma posible para, de este modo,
hallar la continuidad, el puente natural que por necesidad
ha de haber entre las imágenes del mundo que nos forma-
mos en nuestra mente (teorías) y las imágenes del mundo

que nos ofrece la experiencia empírica y cotidiana (aplicaciones prácticas). Y para ayudarnos a rellenar ese hueco vienen en nuestra ayuda los sistemas complejos, que establecerán redes y realimentaciones entre ambas partes de la realidad.

Incluso a veces hay que tomar distancia para darse cuenta de que la puesta en práctica real de programas teóricos viene ejecutada por teorías inmediatamente posteriores en el tiempo que, paradójicamente, refutan o son contrarias a aquella primera. Un ejemplo de este retraso, *décalage* o manifestación en diferido entre teoría y práctica, y que genera productos casi enfrentados sería el siguiente, que en principio puede parecer, como mínimo, extraño: la *posmodernidad* fue la aplicación, la puesta en práctica en los años setenta y sucesivos, del programa teórico que el *estructuralismo* había ya establecido en los años cuarenta y cincuenta de ese mismo siglo. La extrañeza que en principio provoca esta idea radica en que el estructuralismo –teoría fuerte, cerrada, que tiende a la clausura de sus límites–, y la posmodernidad –encarnación más social y experiencial de un conjunto de piezas más o menos «deslabazadas»– en apariencia resultan antitéticas o cuando menos poco tienen que ver entre sí. Dedicaremos a ello páginas más adelante, que pondrán de manifiesto esta tesis, y que de un modo más general es una de las que en modo subterráneo recorre este libro: la existencia del hueco aparentemente insalvable, el *gap*, siempre presente entre una teoría y sus posteriores aplicaciones en la sociedad real, aplicaciones que casi nunca tienen que ver con las teorizaciones originales pues, necesariamente, el trueno llega mucho más tarde que el rayo, y para colmo totalmente trasmutado en «otra cosa» –el aura se va y queda la huella, como por ejemplo el caso de la teoría marxista y su tan alejada aplicación, que daría lugar al «comunismo real»–. Del mismo modo, y como hipótesis de trabajo, acaso lo que estamos viviendo, esta realidad hiperconectada del siglo XXI para la cual el posmodernismo ya no parece tener respuestas, no sea a su vez más que la puesta en práctica real, trasmutada, del que fuera el *programa teórico* posmodernista; pensemos, por ejemplo, en el término de reciente cuño, *posverdad*, que de algún modo estaba ya en el espíritu del posmodernismo.

Los sistemas complejos tal como aquí los plantearemos vienen a ayudar a rellenar ese hueco, ese *gap* extremadamente vivo y orgánico –que es aparentemente residual, puro escombro o basura–, que hay entre toda teoría y su experiencia, hueco que es la mismísima Línea Año Cero de las cosas, línea que separa lo proyectado de lo ejecutado. Diremos más, buena parte de la noción misma de Occidente y la construcción del concepto de Europa y de «ser europeo», se fundamenta en una suma de relatos articulados en la nunca admitida utilización –o mejor dicho, reutilización– de los residuos y aparentes desperdicios de otras culturas. Dedicaremos también no pocas páginas a poner de manifiesto que el Ángel de la Historia tal como lo describió Benjamin en su célebre texto acerca del cuadro de Klee, en realidad, y si utilizamos los principios básicos del vuelo y la aerodinámica, se desplaza en sentido exactamente contrario al descrito por Benjamin, hacia los escombros y la basura que la Historia deja a su paso. O ensayaremos un concepto de azar diferente al normativo, al que llamaremos *azar inverso*, que será el que pueda introducirnos elementos críticos en las redes hoy, en tanto que las redes son propagadoras no sólo de una saludable libertad sino también de hegemónicos y por lo tanto indeseados discursos. Hablaremos también del colapso económico mundial de 2008 y de cómo fue debido a ese *décalage* que existe entre teoría y praxis, pero sobre todo hablaremos del modo en que las obras artísticas, y en concreto las técnicas apropiacionistas, son inherentes a una visión de la obra como una totalidad compleja.

En esa zona impura trabajan estas páginas, ver escombros y ruinas con un afán decididamente vitalista. Se trata, antes que nada, de poner de manifiesto la capacidad creadora de los residuos, ya sean físicos o simbólicos, que de manera natural se ven reciclados en las sociedades occidentalizadas y complejas como la nuestra. Diríamos aún más: cuanto de creativo se lleva a cabo hoy, se hace a través del aprovechamiento de residuos para dar lugar a una suerte de *residuos complejos*. El lingüista y antropólogo Roger Keesing afirmó acerca de su profesión: «somos traficantes de exotismos». Pero también podemos decir «somos traficantes de residuos». Constantemente atravesamos la Línea Año Cero de las cosas para llevar y traer objetos, ideas, estructuras y recursos que, en suma, hasta ahora considerábamos basura.

PRIMERA PARTE

We Will Return

(El *otro* como fragmento. El *espacio sustrato* cultural, la emersión de *singularidades,* el *colono,* el *exiliado* y el *nómada*)

1.1 DOS SOLES.
ESE LUGAR AL QUE NO SE PUEDE MIRAR

El Kilimanjaro es una montaña cubierta de nieve de 5.895 metros de altura, y dicen que es la más alta de África. Su nombre es, en masái, Ngáje Ngái, «la Casa de Dios». Cerca de la cima se encuentra el esqueleto seco y helado de un leopardo, y nadie ha podido explicarse nunca qué estaba buscando el leopardo por aquellas alturas.

«Las nieves del Kilimanjaro»,
ERNEST HEMINGWAY

Verano de 2007, Greenpoint, Brooklyn, apartamento en un 4.º piso de un destartalado edificio vagamente victoriano, suena el timbre del portal. Somos varios los invitados a la cena, por mi cercanía a la puerta soy yo quien se levanta y va a abrir. Desde una tarjeta postal, pegada con cinta al portero automático, un astronauta me dice a mí y a todo quien quiera leerlo *We will return*. En tanto el nuevo invitado sube las escaleras permanezco mirando esa postal. Durante la cena no dejaré de pensar en ella, aunque no tendré claro por qué. Sólo cuando todo finaliza y nos estamos despidiendo me doy cuenta de qué se trata: en las despedidas los astronautas alzan el brazo y lo agitan en el aire para dar a entender algo así como «¡nos vamos!» –lo he-

mos visto en innumerables noticias, películas o relatos–, pero, y quizá porque se da por tácito su deseo de regresar, nunca dicen «¡volveremos!». Y es que el viajero occidental se va, sí, pero siempre con intención de regresar, tal es su identidad.

El conocido libro *La parte maldita* –en el que el heterodoxo pensador francés George Bataille desarrolla teorías acerca de los intercambios simbólicos y económicos en el seno de diferentes culturas–, arranca con la ocurrencia de que el sol nos alumbra constantemente con un aporte de energía potencialmente infinita, energía que, por ello, queramos o no deberemos gastar. Así, el derroche, el sacrificio incluso, no son elecciones políticas o religiosas sino inevitables procesos que nos definen en tanto que formas de vida organizadas. Sin embargo, no nos alertó Bataille de que en la vida de cualquiera de nosotros existe un único punto cuya visión directa nos es negada, un lugar al que nunca podemos mirar, y ese lugar es precisamente el sol, el cual por ello se convier-

te en algo absolutamente negro para nosotros. En ocasiones
me he visto sorprendido por esta idea: lo que, como decía
Bataille, nos alimenta de infinita energía sin pedir nada a
cambio, se nos niega estéticamente como experiencia directa
de visión. El sol es una *singularidad* dentro del espacio vital
ocular del humano. Sólo nos es posible observar el sol a través de diversas técnicas de representación –dibujos en la antigüedad; fotografías y cine hoy mayormente.

Aparece entonces la inevitable analogía: hay otro punto
cuya visión directa también se nos niega, y ese punto es lo
que comúnmente llamamos el *yo*, objeto excéntrico en tanto que siempre se halla desplazado de sí mismo, y que no
obstante llevamos dentro. En efecto: la visión del yo también sólo nos es dada mediante técnicas de representación
en diferido: textos, grafismos, pinturas, estudios científicos, indagaciones psicoanalíticas, etcétera. Ahora bien, ¿en
cuántas ficciones, y casi siempre imaginadas en indetermi-
nados futuros, se nos presenta un mundo alumbrado no
por un sol sino por dos soles? En efecto, es esta duplicidad
de astros algo que difícilmente se soporta: de pronto ya no
hay sólo un lugar al que no puedo mirar directa y fijamen-
te, sino que hay dos lugares que como visión me son nega-
dos, dos *yoes* que, por un lado, amenazan la idea que tengo
de mí mismo como sujeto único –como *yo* único–, y por
otro lado se abren a la temible sospecha de reproducirse en
la totalidad del espacio, de tal modo que de continuar esa
proliferación no me quedaría más remedio que, incluso a
riesgo de extinguirme, cerrar los ojos o encerrarme bajo
tierra. Aparecen entonces ya aquí cifrados o velados dos
temas que han configurado la literatura occidental: 1) la
amenazante presencia de «el otro», el extranjero, el negro,
el *alien*, el indio –en efecto, había más soles–, que se mani-
festará en relatos apocalípticos así como en nuestro secreto
deseo de lo catastrófico como territorio límite donde medir
nuestras fuerzas, verdadero *espacio sustrato* de la narración en el cual, como veremos, típicamente aparecerá la
figura del héroe, y 2) el abandono de la superficie terrestre

para ocultarnos bajo tierra, en el búnker, cuando la amenaza de tales seres extraños se haga tan numerosa como insoportable, deviniendo así el sujeto en una especie de místico que bajo tierra sueña, imagina o pergeña lo que hay o debería haber arriba, en la superficie terrestre. Respecto a lo catastrófico: en una sociedad en red no sólo la información considerada «constructiva» o relevante se ve transmitida a distancias que superan cualquier pronóstico, sino que en justa correspondencia también la escala de distancias se ve amplificada a todo detalle que, unido a adversas condiciones, pueda generar una determinada catástrofe a gran escala. Y esta clase de concatenaciones que dan lugar a catástrofes siempre han sido objeto de la narrativa, de las historias, cultas o populares: el caballo que pierde una herradura y como consecuencia todo un país pierde una batalla y con ello su economía, su bienestar, etcétera, y cuya última versión matemáticamente modelizada es lo que en el imaginario colectivo ha sido codificado como «efecto mariposa». Ello no iría más allá de una sencilla historia que da cohesión al sentimiento de necesidad de azar que toda sociedad precisa si no fuera porque, como si de una plantilla se tratara, tal estructura de red ha sido trasladada a todo el orbe cultural, social y político, tiene una verdadera expresión material en las sociedades. Incluso el *yo* –antaño monolítica esponja– es hoy una *red*. Ésa es la novedad: no que la sociedad se haya revelado como una red –eso estaba ya de algún modo en las ficciones–, sino que el *yo*, metamorfoseado, no es más que una intrincada red de nodos enlazados que van de arriba abajo, del búnker a la superficie, de la superficie al ámbito satelital, en continuas idas y venidas sin un centro fijo, sin una centralidad a la que pedir cuentas o apelar.

1.2 LA LEY DE CAUSALIDAD ES BORROSA

La ley de la causalidad siempre ha estado unida a la palabra
«mismo». En su enunciado más común: «una *misma* causa
provoca los *mismos* efectos». Pero la palabra «mismo» también se halla solidariamente asociada a la identidad –«yo
mismo», «tú mismo», etcétera–. La ley de causalidad es
pues una ley que habla de la identidad de los sujetos y de las
cosas: «yo soy yo porque ante las *mismas* causas reacciono
con los *mismos* efectos». Nos preguntamos entonces, ¿en
qué momento el yo puede convocar alteraciones sin variar
por ello su identidad?, ¿qué distancia puede el yo desviarse
de su centro de identidad y seguir siendo el yo? Toda descripción verbal define una situación no estática, una situación perteneciente a un conjunto de situaciones todas ellas
compatibles con una descripción dada. La frase «Ana estaba
esperándome en la esquina» incluye también (es compatible
con), «Ana estaba esperándome en la esquina, apoyada en
una pared», o «Ana estaba esperándome en la esquina mientras hablaba por teléfono», etcétera. De modo que la ley de
causalidad, revelada como una ley de identidad de las cosas,
no agota el mundo en su discurso sino que deja a su alrede-
dor un halo, una nube de probabilidad, por así decirlo, para
que ocurran otras muchas situaciones compatibles con un
mismo acontecimiento. Y es precisamente esta nube de probabilidad lo que, en diálogo y realimentación con lo sí dicho, con lo sí explicitado en el habla y en los textos, dota de
diferentes sentidos a las narrativas, a las ficciones y a la poesía. Es esa nube, estirada y deformada al límite de su disolución o de su lluvia, la que hace que el *yo* deje de ser yo para
comenzar a constituirse en «el otro»: aparece una alteridad.
Dicho de otro modo: de pronto la ley causa-efecto no conserva la identidad de las cosas. Nada que objetar; de hecho,
es esa dispersión el fundamento de lo que llamamos vida
inteligente, así como de las variaciones metafóricas en los
campos de ideas. Pero si por motivos cualesquiera ese efecto

divergente se manifiesta de modo extremo, el yo deja de ser un solo sol para convertirse en dos soles, tres soles, etcétera, y emerge así la amenaza de los sujetos desconocidos dentro o fuera de uno mismo. Quién iba a decir que los dos soles de *Solaris* y los dos soles de *La guerra de las galaxias* fueran a compartir la dispersión de la ley de causalidad aristotélica, la desquiciante multiplicación de astros que lleva a, según se mire, fracasos o fértiles aperturas de la identidad del supuestamente bien establecido *yo* occidental.

1.3 LA IDENTIDAD OCCIDENTAL
SIEMPRE FUE APOCALÍPTICA

Pero retrocedamos un paso para dar dos hacia delante: Europa. Hablar del *sujeto moderno* es hablar de la idea de Europa como lugar donde se fragua la identidad hegemónica que en diferentes formas y versiones domina hoy el Planeta. Es hablar de la emergencia de un sujeto histórico dotado de una identidad y un sentido del tiempo, expresado por lo tanto en una determinada idea de memoria y de poder. Tal idea de poder funda el concepto de *el otro*, el extranjero, el que está más allá de las fronteras europeas y no es como yo, *no es como mi yo social*. La obsesión por la identidad que teje la cultura europea –combinación de la judaica y la helénica, que fraguará en forma de cristianismo y más tarde en el humanismo de la Era Moderna– funda así la fe en la línea, mejor dicho, en el *mito de la línea*, origen de nuestras utopías: el destino del humano occidental es avanzar linealmente, propagar su pensamiento, conquistar al *otro*, ir más allá, y cuando la Tierra se nos termine, subir a la Luna, a Marte, al confín de las estrellas o donde haga falta con tal de no abandonar la línea recta. Más allá de los cohetes simbólicos que son todas las leyendas y mitos que sostienen a un pueblo, difícilmente una cultura que no sea la occidental se hubiera planteado jamás construir cohetes reales, cohetes tripulados que la llevaran a la Luna o a Marte. En algún momento de la

Época Moderna el sujeto europeo salió de sus fronteras para ver; es por lo tanto el suyo un poder *etnoscópico*, pero con ello no le basta, luego ha de regresar y contar lo que ha visto: construir su relato, su parábola. En efecto, «*We will return*», nos dice el astronauta, volveremos para contar lo visto. Sin ese regreso para narrar, el concepto de viaje construido por Occidente, y por lo tanto su identidad misma, no tendrían sentido. Podemos decir que a imagen y semejanza de los dos grandes arquetipos de héroe –Ulises en la cultura griega y Moisés en la judía–, el sujeto europeo, y por extensión el occidentalizado, es aquel que vuelve para contar, *volver para contar es nuestra verdadera identidad* –y ahí vemos ya una primera intención de la construcción de una globalidad, hoy le llamamos Red–. Moisés y Ulises son héroes cuyas peripecias toman diferentes formas, Moisés la del exiliado y Ulises la del viajero. La similitud entre esos dos libros que conforman el carácter de lo que con el tiempo se llamaría Occidente, la Biblia y la *Odisea*, es bien conocida. El cruce del mar Rojo marca el destino del pueblo judío; la caída de Troya marca el destino del pueblo griego. Ambos textos tratan de, tras un acontecimiento desastroso, la búsqueda de un origen, de una identidad, la Tierra Prometida para Moisés y su pueblo, e Ítaca para Ulises; ambos periplos, bien observados, son verdaderamente apocalípticos pues se desarrollan en el campo de lo devastado, de lo que va marcado con una falla, un estigma de origen, e inútilmente buscan la restitución de un centro, recuperar una estabilidad. Y con las aperturas de la Europa del siglo XVI, los enclaves de santa peregrinación pierden atracción para configurarse el viaje como un itinerario hacia el exotismo de Oriente, entendido entonces como lo verdaderamente ignoto. Lo que hasta entonces había sido codificado y por lo tanto narrado en términos de Cristianismo vs. Islam, será ya plenamente en el siglo XIX una prueba de algo mucho más amplio, civilización vs. barbarie convenientemente mezclada con, al regreso de los viajeros, la revelación de las maravillas allí vistas –caso de Chateaubriand o de Lamartine–. Recientemente hemos conocido la existencia de un proyecto científica y financieramente programado para el año 2033, que tratará de alojar a una colonia humana en Marte. La rareza –hasta ahora ignota en nuestra historia de viajes–, no deriva de la lejanía del destino; de hecho, hemos ido ya a destinos mucho más lejos que a Marte, por ejemplo el Nuevo Mundo en tiempos de Colón, situado en aquel entonces a una distancia práctica y simbólica que hoy nos daría escalofríos; no, la novedad del proyectado viaje a Marte no está en la distancia sino en algo que de algún modo conculca el principio de supervivencia de una comunidad, y para el cual no hay antropología occidental conocida: se trata de un viaje premeditadamente sin retorno. En efecto, los voluntarios que se apunten a esta aventura al planeta rojo, y debido a dificultades técnicas, no podrán regresar, parten con esa premisa, con ese pacto y mandato. De modo que técnicamente no es una aventura, sino una fuga. Al contrario que aquel astronauta de la postal, esos viajeros que partirán a Marte nos dicen «*We will not return*» mientras agitan el brazo en el aire. No habrá relato a su regreso pues no hay regreso. Como máximo, habrá relatos enviados desde allí, en diferido, y si llegan. Que un humano viaje sin posibilidad de retorno es algo que da un giro de 180° a la propia identidad del occidental como colonizador y como viajero. Hasta ahora, el viajero que no contemplaba el regreso había quedado ejemplificado a lo sumo por acciones de artistas, como por ejemplo Bas Jan Ader, nacido en Holanda en 1942, y cuya fecha de muerte no sabemos porque se desconoce si está vivo o muerto. Recordemos su caso. La llegada de Bas Jan Ader a Estados Unidos ya había sido accidentada: a los diecinueve años de edad, el barco que tras atravesar el Atlántico le llevaba a América, una vez hubo atravesado el Canal de Panamá encalló en la costa de California, lugar donde fijaría residencia estable los diez últimos años de su vida. Famoso por sus experimentaciones corporales con la gravedad, en las que se dejaba caer desde un tejado, desde un árbol, o se precipitaba con su bicicleta al agua en un canal de Ámsterdam, su última acción consistió en partir solo, en un pequeño bote, una mañana de 1975, del puerto de la localidad de Cape Code, Massachusetts, con la única intención de comprobar si podría llegar a la costa europea yendo a la deriva, experimentar –como en sus caídas desde los árboles y tejados– la pérdida del control corporal pero en este caso en un plano horizontal, el mar, en vez de en el vertical eje gravitatorio. A esa pieza, que a la postre sería la última, la llamó *In Search of Miraculous*, y debía durar entre tres y cinco meses. Mantuvo comunicación por radio durante tres semanas. Se supone que se ahogó en el océano Atlántico. El bote fue hallado meses más tarde, en la costa irlandesa, y para asombro de todos en un punto muy cercano al cual él quería llegar. Su cuerpo nunca fue encontrado. Tal como Bas Jan Ader diseñó su acción –precaria hasta extremos absurdos– cabe suponer que sabía que nunca llegaría a la costa. Cabe suponer, además, una involuntaria moraleja: lo único que de verdad consiguió atravesar el Atlántico fue su pequeño bote, trozo de materia que llegó al otro lado del mundo transformada en residuo, en basura; fantasmática alusión a *el otro*.

Porque el sujeto occidental viaja pero cuanto ve lo reduce a dos subconjuntos: lugares potencialmente prósperos

Última imagen conocida (1975) de Bas Jan Ader

y paradisíacos, a los cuales acudir a fin de evangelizar y hacerlos económicamente prósperos, o por el contrario lugares
en los que ha visto potencial hostilidad, apocalipsis en cier-
nes, amenazas varias y seres a los que no conviene acercarse
salvo en todo caso mediante tecnologías de guerra y disua-
sión. Aparece ya ahí, en el colonialismo de ida y vuelta, la
idea de *fragmentación*, de relato fragmentado: el occidental
viaja, extrae señales, inputs que considera más o menos lla-
mativos y singulares, y los trae de nuevo a su cultura a fin de
incorporarlos, bien sea en sus ficciones o convenientemente
resignificados en sus museos. En efecto, «somos traficantes
de exotismos», dijera Roger Keesing. Arraiga entonces la
noción de que el espacio natural, el espacio legitimador de
la totalidad de una cultura, es precisamente el *nuestro*, el
espacio cultural occidental, el cual vamos salpicando de variadas extravagancias ajenas, puntos singulares que, según
convenga, son positivados en la imagen de nuestro mapa del
mundo como espacios de interés cultural o por el contrario
como ejemplos de aquello que deberá rechazarse. Tal como
dejó suficientemente señalado Foucault, ese mismo movimiento de segregación y dominación de *el otro* como cultura
exótica, será aplicado después dentro de los propios Estados
occidentales a través de variados mecanismos de política y
biopoder. Es así cómo tanto en la antropología surgida en
occidente en el siglo xix como en el habla popular vendrán
a acuñarse términos vagos, indefinidos, y por ello totalizado-
res, que se mueven entre el temor y la atracción a lo desconocido: indio, bárbaro, maricón, sudaca, loco, judío, *alien*, marciano, subnormal, rico, izquierdista, pobre o casta. Una vez
definido el espacio teórico de la normopatía, de lo que es la
norma correcta, aparece inevitablemente su *espacio dual*, experiencial: el «sujeto residuo», el «sujeto spam», basura en
suma. En el caso de los nacionalismos, lo que son meras herramientas estructurales de un conjunto de comunidades se
definen como identidades culturales excluyentes.

En efecto, en tales viajes allende los mares o allende su
barrio el sujeto moderno occidental constata que traspasan-

do esas fronteras –internas o externas– hay muchos más
soles, más *yoes,* individuales o colectivos, que de algún
modo hay que neutralizar, en principio, con la palabra. Es
ahí, en la Modernidad –y hasta hoy– donde se fragua la idea
de la existencia de un espacio más allá del Apocalipsis, un
paisaje más allá del fatum bíblico que el europeo debe explorar, al menos como mentira consoladora. Y deberá también traer todo ello a casa en modo de colección, de fragmentos. Es también en estos polos de atracción y temor al
otro donde se instalan los relatos apocalípticos generados
por la literatura, el cine o los videojuegos que la cultura occidental ha ido y va generando: un festival de prejuicios convenientemente armados en resultón collage. Veámoslo así:
Occidente, a través del pensamiento humanista heredero del
Siglo de las Luces, y que es copia estructural de las religiones
de salvación, expande su idea universalista y civilizadora y
con ello genera dos resultados paradójicamente opuestos:
difunde los derechos del individuo occidental como extensi-
bles a toda la humanidad, es decir, propugna un bieninten-
cionado ideal igualitario, y por otro lado con ello anula toda
la diferencia de *el otro* en virtud de una ortodoxia de valores,
pensamiento, tecnología y lenguaje. Las ficciones apocalípticas y la idea de catástrofe en la literatura de Occidente aparece cuando estas dos ideas se identifican como problemáticas
o entran en colisión, y todas ellas se centran en el siguiente
mecanismo, que tiene su origen en una idea muy determinada de poder: dado un paisaje físico, humano, político y económico devastado por los motivos se sean, recuperar el
aliento humanista, recuperar los valores de una cultura uni-
versalizante, educativa para con nosotros y para con los
otros, reinstaurar de algún modo un orden en el que preva-
lezcan de nuevo los así llamados Derechos Humanos. Esto
puede llevarse a cabo en la ficción a través de relatos articulados en parábolas más o menos explícitas, o en el terreno
de la política real con la pretensión de instaurar un nuevo
orden mundial. Nótese la siguiente anomalía o extrañeza
histórica: la cultura de la globalización, la cual daba inicio

tras la Segunda Guerra Mundial, alcanzaba su máxima expresión a finales del siglo xx y entraba en franco desprestigio
tras el 11-S, tuvo el Fin de la Historia como una de sus alegorías de referencia, Fin de la Historia mediante el cual la humanidad en su conjunto –no sólo Occidente– habría llegado
a un punto de máxima expresión, de tal modo que se vivía
en un tiempo detenido, un presente perpetuo y, al fin y al
cabo, en un paisaje postapocalíptico, sí, pero ni nuclear ni
bélico sino todo lo contrario, de abundancia total: lo que estaba más allá del Tiempo y de la Historia, lo que había después de la catástrofe no era pues ni el erial bíblico ni el erial
posnuclear sino todo lo contrario, una suerte de vergel –por
cierto muy similar a la idea de paraíso que se da en ciertas
versiones de la religión musulmana–. Es por ello que, cuando a finales del siglo xx ese vergel posmodernista florece de
costa a costa del planeta, y antes del batacazo del 11-S, salvo
excepciones como *Blade Runner* y sus narraciones acólitas,
o salvo todo lo derivado del ciberpunk, apenas se rastrean
en la ficción occidental relatos apocalípticos que den lugar a
una tendencia general, y si los hay se aplican a la construcción de utopías positivas. Total, para qué ficcionar distopías
si lo que había tras el apocalíptico Fin de la Historia era
esto, ya lo tenemos aquí, y de signo opuesto al que habíamos imaginado: fuentes de las que mana miel y campos en
los que como de la nada no cesan de crecer dulcísimos píxeles. Visto desde hoy no deja de resultar extraño que los relatos postapocalípticos en esa época no aparezcan en forma
de ficción sino como políticas consideradas ya en aquel momento como antiguallas, las cuales propugnaban una vuelta
a los valores humanistas, y que, como en una broma de mal
gusto que el destino les hubiera gastado, no llegaban a entender cómo es que lo que había después del Fin de la Historia fuera esto: una suerte de paraíso. La única excepción de
envergadura, dentro de la ficción, se desarrollará en el campo del videojuego, provisto de escenarios manifiestamente
catastrofistas y otras derivaciones del ciberpunk o –para re-
gocijo y secreto triunfo del viejo conquistador– de lo para-

militar. Es tras el 11-S, pero especialmente con la crisis económica mundial de 2008, cuando reaparece en la ficción el género apocalíptico con nueva fuerza, así como sus relecturas. Ballard de pronto ya no es sólo un buen escritor de ficciones conceptualistas sino un profeta, Stanisław Lem es despojado de su humor, Don DeLillo no es ya un poético cronista de la sociedad civil norteamericana sino que su lectura revela profundas denuncias a la crisis de valores, el Pynchon más plúmbeo asciende a profeta, Philip K. Dick de delirante asciende a epistemólogo, los parques temáticos descritos por George Saunders en *Guerracivilandia en ruinas* de repente ya no hacen gracia porque eran reales, trágicos y reales, y el pesimismo de David Foster Wallace y su consecuente suicidio parecen cobrar todo su sentido. Por otro lado, autores que creíamos olvidados, como Thoreau y su propuesta de fuga hacia una vida utópica naturalista –en especial, *Walden, la vida en los bosques*– reaparecen con una significación insospechada en virtud de su original proyecto contracultural, el cual, en realidad, lo que hace es anticiparse a la relación delirante con la naturaleza que casi cien años más tarde en versión corporativa consolidaría en el imaginario occidental Walt Disney. O qué decir del universo del folletín, inopinadamente resucitado en teleseries de éxito, a cada cual más distópica, para alzarse muchos dígitos por encima de su hermano mayor, el cine. Digámoslo así: el sujeto posmoderno que era móvil, sin raíz, ubicuo y utópico (utópico en el sentido de no tener un lugar concreto asignado) se re-enraíza hoy, bien reinterpretando los relatos del pasado o bien generando sus propios relatos apocalípticos. Como digna heredera de la mejor tradición utópica/distópica, esta ficción habrá de verse retada en generar un nuevo *otro* creíble, una nueva duplicidad de soles, una alteridad acorde con la sensibilidad contemporánea, y no conformarse con meros sparrings del pasado a los que dirigir golpes. Una reformulación, en definitiva, actual y compleja de la idea del extraño/conquistador/antagonista, y alejada en lo posible de mecanismos de segregación, fragmentación y miedo ya con éxito ensayados: explorar unas nuevas *afueras* de la ley de causalidad, encontrar una nueva «Línea Año Cero» de la ley de causalidad y construir ahí una Red analógica o digital en la que trabajar. A esto le llamamos *nomadismo estético*. Aquel leopardo relatado por Hemingway, y cuyo esqueleto fue hallado en la cima del Kilimanjaro, subió a aquellas alturas para que hoy pudiéramos preguntarnos, ¿qué hacía allí ese leopardo?, ¿qué buscaba en un lugar sólo reservado a los humanos?, y con ello darnos a entender que buscaba precisamente redefinir la alteridad, hallar algo que no fuera él: vernos de otro modo a los humanos. Ése es el reto hoy de las narraciones y de su aparente fragmentación: encontrar nuevas disposiciones de un espacio cultural y político sin que por ello sea necesario segregar la diferencia. En la pertinencia de todo ello, tendrá mucho que ver la elección de los *links*, los enlaces entre las diferentes partes del cuadro final: buscar, en definitiva, una red adecuada a esos propósitos.

1.4 CEMENTO, ESE REINO EN PAZ

Robar calor es el primer y más sagrado principio de destrucción. Y algo que como sujetos occidentales llama nuestra atención al punto de haberlo hecho tabú, es el canibalismo, acto mediante el cual una especie se come a sí misma, gastronómico incesto que hace colapsar civilizaciones, las enfría completamente, roba todo el calor que poseen los cuerpos individuales que las componen, imposibilitándolas crecer como cuerpo colectivo. Pero si hablamos de objetos la cosa no está tan clara. «El calor se está yendo de las cosas. Los objetos de uso cotidiano rechazan al hombre suave, pero tenazmente», se quejaba Benjamin en *Dirección única* (Alfaguara, 1987), aunque quizá errara al enunciarlo en tono de queja pues las cosas se enfrían para, precisamente, calentarnos a nosotros, el enfriamiento de las cosas es nuestra particular ONG en el plano material y nuestro particular psicoterapeuta en el terreno sentimental. Ese trasvase de ca-

lor –expulsión de la energía de los objetos, que nos la ceden–
es aquello de lo que nos nutrimos y es el primer principio de
vida. Como simbólico sustituto del canibalismo, los occidentales hemos inventado numerosas maneras de apropiar-
nos del calor de las cosas, y una de las que finalmente ha
triunfado es el cemento y sus derivados como el hormigón.
El cemento, inventado por los romanos y llamado *opus cae-
menticium*, originalmente era elaborado con tierra y lava del
Vesubio que, al mezclarse con agua, y en una reacción típicamente exotérmica, despedía calor, mucho calor hasta después enfriarse, y era entonces –como aún lo es en el cemento
contemporáneo–, en esa frialdad, cuando felizmente para el
humano la pasta resultante se hacía sólida para siempre. De
modo que el cemento es el resultado de extraerle el calor a
los componentes que habían sido convocados a su mezcla, los cuales pierden esa energía, descienden al estado de
energía más bajo que les es dado ocupar –como una piedra
que tras ser lanzada termina por caer a tierra, o como Bas
Jan Ader, que cae hasta que el suelo le frena, o como cualquiera de nosotros, que preferimos estar sentados a permanecer horas de pie–. Pero esa energía que en forma de calor
le hemos robado al cemento a algún lugar debe ir, no se queda por los siglos de los siglos flotando en el aire: nos la cede
en forma de edificaciones. Así es como hemos construido
aquello que nos define sobre todas las cosas, las ciudades,
con materiales sólidos, fríos y estáticos. Masas de color gris,
bestias con su «fuego interior» ya apagado. El cemento, podemos afirmar, es un reino que está en paz, está completamente en paz, es la idea de paz llevada a la materia construida
con formas reconocibles. Y tal es el motivo por el cual, en
recíproca compensación, y tratando de establecer una
«economía del calor» que habría en los materiales y en sus
usos, nos es posible recubrir las ciudades de nuevos elementos absolutamente contrarios a esa paz que reina en el
cemento, elementos eminentemente móviles y calientes,
muy calientes: canalizaciones de agua, tendido eléctrico,
tráfico rodado, vallas publicitarias, redes informáticas por

las que corren calentísimos datos –casi queman–, o los propios cuerpos de los ciudadanos, que con nuestros pies y manos calentamos y por lo tanto desgastamos la piel de las ciudades. Es ésa la forma que tiene la naturaleza urbana de hallar el equilibrio necesario para su subsistencia: la energía que le habíamos robado al cemento, ya frío, se la devolvemos luego en modo de postizo y eficaz revestimiento, propiciando así un medio ambiente (ciudadano) dotado de una temperatura media en la que pueda generarse vida no sólo humana sino también todas esas pequeñas criaturas que acompañan a las ciudades: insectos, roedores o pájaros; nuestros «seguidores culturales». Ello no impide que la ciudad, y en contraposición al campo, siempre se halle en un *equilibrio inestable*, a punto de despeñarse por algún acantilado que ella misma produce, pero equilibrio al cabo. Y, cómo no, esa cualidad de *equilibrio inestable* que la ciudad posee, además de galvanizar su principal atractivo, ha sido y es el medio ideal para la construcción de ficciones apocalípticas y escenarios catastróficos. Desde Caín, la ciudad no sólo vive en pecado sino que es el pecado en sí, y de ahí que las mentes apocalípticas hayan defendido y defiendan que de algún modo la Naturaleza tarde o temprano ha de vengarse de la ciudad y de los humanos en forma de ola gigante, meteorito, lluvia de rayos o explosión de todas sus conducciones de gas; en efecto, la Naturaleza ha de recuperar lo suyo pues en el imaginario humano continúa funcionando la delirante idea de la naturaleza salvaje y rural como espacio de prístina e inmaculada armonía, rota por unas ciudades siempre en pecado. Como sucedáneo o subgénero de la paranoia aparecen relatos de pequeñas catástrofes, pequeños Apocalipsis netamente ciudadanos: una banda de malhechores somete a todo un barrio, un asesino en serie atemoriza a la clase media, un constructor sin escrúpulos levanta edificios que se derrumban, un atasco programado paraliza el tráfico de toda una ciudad, un pueblerino de Kansas City desde un sótano colapsa la mismísima red informática del Pentágono, un edificio alto como un coloso se derrumba en llamas. Por-

que lo cierto es que no ha habido época en la que la civilización occidental no haya ficcionado su propio Apocalipsis, y
lo ha hecho siempre a través de la figura de *el otro*, el extranjero, que cuando no toma la forma de humano de carne
hueso lo hace transfigurado en accidentes naturales o, en su
delirio máximo, en criaturas extraterrestres. La catástrofe
imaginada, maquillada como realmente posible, y en definitiva el control de la población mediante el mecanismo del
miedo, ni tiene ni nunca ha tenido límites. Autores, como
Paul Virilio –especie de Mesías de la distopía–, han tratado
la catástrofe con semejante vehemencia y obsesión que cualquiera diría que la deseasen o que, veladamente, en su imaginario lo catastrófico equivaliera a la mismísima reproducción biológica, al coito, a una cuestión de propagación de
nuestra especie. La catástrofe es nuestro motor, nos excita.
Aunque el decoro o la corrección quiera presentarla como
un agente generador de distopías, la catástrofe y el Apocalipsis son nuestra legítima utopía, la utopía occidental, aquello
que secretamente buscamos a través de esa línea de muerte y
del final del tiempo que nos inspira la visión de los *otros*.
  Diríamos más: el espacio sustrato, el lecho de la cotidianidad occidental se fundamenta en una especie de maquinaria de generar pequeñas catástrofes, que por lo tanto son
ficticias pues una catástrofe en tanto que súbita y no repe-
tible no se genera, no se programa; una catástrofe por definición es refractaria al tiempo, al cálculo de previsiones y a
la estadística. Pero la pulsión de catástrofe existe. Cómo si
no interpretar la adicción a escenarios en los que el «tiempo se termina»: el fútbol y su cronómetro, la actividad bursátil y su cierre a las dos de la tarde mediante una sirena
que recuerda a una alarma de bomberos, los juegos de azar
y su final de partida cuando despunta el sol y la mesa de
juego se cierra, las negociaciones geopolíticas antes del minuto más allá del cual el tiempo planetario por arte de magia será otro, un tiempo de destrucción de todo cuanto era
una sociedad estable. Pero eso nunca llega. Y es que acostumbrados a escenarios relatados en clave de confronta-

ción, de vida y evolución interpretada como verdadera lucha contra el *otro* –erradísima interpretación de «lo darwiniano»–, hemos puesto el imaginario apocalíptico y la teoría social al servicio de los hechos, al servicio de la realidad, y no a la inversa. Basta afinar la observación para percatarse de que las catástrofes realmente existentes resultan fenómenos que tras muchas vicisitudes finalmente se regulan. Ello exige un cambio de sistema de referencia y de paradigma a fin de interpretar los hechos, paradigma más fundamentado en movimientos del tejido vivo que en histéricos saltos producto del miedo, y asimismo eliminar esa infantiloide beligerancia presupuesta en una Historia entendida como una lucha programada. La catástrofe existe, sí, pero sus mecanismos son otros. Y es que la naturaleza urbana funciona exactamente igual que la naturaleza rural y que la así llamada naturaleza salvaje, todas esas naturalezas son sistemas artificiales en tanto que están siendo intervenidas, siquiera mediante la mera observación, por el ser humano. Y siempre ha sido así, también lo era antes de la actual Era Antropocena. Por lo tanto están sujetas a las inestabilidades y sus mecanismos reguladores. Para que un sistema social, biológico, químico o físico, sufra alguna clase de inestabilidad «catastrófica» se necesita, en primer lugar, la existencia de al menos dos variables dinámicas, y en segundo lugar, que éstas tengan movimientos contrapuestos. De la inestabilidad resultante aparecerá un nuevo orden de cosas, que con el tiempo devendrá a su vez en inestable. El proceso mediante el cual a partir de un indiferenciado estado fetal se crean los órganos de nuestro cuerpo –un ojo es un objeto claramente diferenciado de una uña–, o el patrón de rayas que se dibuja en la piel de las jirafas. La peculiaridad es que estos patrones y modos de crecimiento son independientes de la geometría del experimento, es decir, son independientes de lo grande o pequeño que sea un humano, o de que nos fijemos en una jirafa en concreto. Ello hace pensar que se trata de un comportamiento universal. Alan Turing, en los últimos años de su vida, a fin de explicar todo ello enunció su modelo de *reacción-difusión*. Tal modelo –que se halla inspirado en la errada pero paradójicamente visionaria teoría de colores de Goethe, la cual anticipa ideas hoy usadas por las teorías de sistemas complejos–, explica también violentos e imprevisibles movimientos financieros, tal como han publicado recientemente I. Mastromatteo, B. Tóth y J. P. Bouchaud en *Physical Review Letters*. El *sistema* viene dado en este caso por dos variables dinámicas (oferta y demanda) sujetas a dos movimientos contrapuestos (vender lo más caro posible, comprar lo más barato posible). La oferta y la demanda son tomadas aquí como dos partículas físicas que entrasen en colisión. Si sus valores son coincidentes, el sistema permanece estable hasta nuevo aviso. Pero en caso de que los valores difirieran más allá de un rango no muy grande, el mercado entra en un estado crítico, se convierte en un sistema no lineal, de caóticas consecuencias, por ello difícilmente previsibles pero –y aquí es donde interviene el mecanismo que ha de regular el ansia apocalíptica de nuestro imaginario– no necesariamente catastróficas. De hecho, tales catástrofes ocurren a diario en nuestros sistemas psicológicos, físicos y sociales, y no por ello acontece el desastre: la sociedad se vale de muchos y variados recursos de compensación de tales situaciones críticas, como por ejemplo nuevas interpretaciones de las leyes o adendas a las ya existentes, o actos de acciones conjuntas o individuales, que vuelven a regular tales cambios bruscos.

1.5 DESDE EL BÚNKER

Un planeta con más de un sol no puede llevarnos sino a la insoportabilidad de otras tantas identidades –otros *yoes*– que están dentro de nosotros, y por lo tanto incomprensibles, de modo que en ocasiones sólo queda una salida: ocultarse bajo tierra, aprender a habitar en soledad alguna clase

de búnker, el enterramiento voluntario, recurrente en el género de los paisajes devastados y escenarios distópicos (recordemos que los mamíferos sobrevivieron a la extinción de
los dinosaurios, entre otros motivos morfológicos, porque
excavaron madrigueras y aguantaron bajo tierra), pero también recurrente en ámbitos tan alejados como el del adoles-
cente que invierte sus días en un cuarto hiperconectado a las
redes, o las aisladas camas de Proust y de Onetti –verdaderos cofres simbólicos–, o el místico que en el siglo XVI hace
lo propio en una celda. Acaso hoy la más habitual bunkeri-
zación tome forma en el sujeto tecnorromántico (ampliamente estudiado por José Luis Molinuevo, por ejemplo en
Arte, cuerpo, tecnología, Universidad de Salamanca, 2003),
que bien podría decirse que busca la exaltación de su individualidad, el yo que le hace único, por la vía de estados sublimados producto de la inmersión en alguna clase de tecnología mutada en oración/plegaria comunitaria.

Pensémoslo en términos de estratos. El cielo y la tierra se
juntan en la superficie terrestre, finísima lámina de Universo
donde la atmósfera, mediante gradaciones tanto estéticas
como biológicas, y de una manera más o menos compleja,
va modificando su aspecto y estructura hasta convertirse en
tierra de interior, en «tierra bajo tierra». En esa delgada lámina terrestre se hace visible –aparece, emerge– lo que llamamos vida. Y tanto el interior terrestre como el cielo abierto poseen un principio común, inexistente en esta superficie
que nosotros pisamos: son espacios de 3 dimensiones. En
efecto, pájaros, aviones o globos pueden moverse de arriba
abajo, de derecha a izquierda, sin apenas restricciones espaciales. Ídem los topos, los insectos y los pequeños animales
de subsuelo –por no hablar de los peces, reflejo acuático de
los pájaros–, pero no así la especie humana, en la práctica
obligada a habitar –y por lo tanto a desplazarse– sobre una
superficie de 2 dimensiones (o, abordado el asunto de un
modo realista, en una superficie que tiene dimensión fractal:
no es ni 2 ni 3 sino algo intermedio, una dimensión «impura» cuyo valor exacto ahora es irrelevante). Esta capa de

contacto entre cielo y tierra, rugosa y más bien extraña, que
habitamos es, por así decirlo, la *neurosis del planeta*, lugar
al que viene a manifestarse y donde toma forma cuanto ocurre tanto a nivel atmosférico y celeste –millones de neutrinos
alcanzan a cada instante la Tierra, las nubes se deshacen y
vierten aquí su agua, un normópata llamado Andreas Lubitz
hace estrellar en la superficie de los Alpes el avión que él mismo pilota–, como a nivel de subsuelo –las capas tectónicas
hacen emerger magma, los emigrantes y refugiados excavan
túneles bajo tierra para atravesar fronteras sin ser vistos, los
muertos son enterrados a 2 metros bajo el suelo y después en
forma de manchas y humus emerge su reflejo a la superficie
en los cementerios–. Cielo y subsuelo son así espacios sólo en
condiciones muy especiales accesibles para nosotros. Es algo
parecido a lo que ocurre en nuestra piel –lo sabe la ciencia
dermatológica–; la piel tanto es pantalla de estados de salud y
de desórdenes corporales internos como pantalla de cuanto
proveniente del exterior nos agrede o beneficia.

De este modo, cuando un humano penetra en ese cubícu-
lo que es un búnker, se entierra en un lugar que no le es
propio *para crear allí abajo una ficción de la superficie terrestre*, una base de operaciones desde la cual proyectar su
yo hacia la superficie. Y bajo tierra no hay sol, esa singularidad que a cielo abierto era el sol ha desaparecido, y por ello
el espacio topológico del búnker es otro: se puede mirar a
cualquier punto del búnker sin ser cegado, y también por
ello ha desaparecido el yo, o al menos el yo conocido; el yo
es totalmente visible porque ha sido borrado en su plena
identificación con el paisaje; a saber, el propio búnker. La
alteridad, el *otro*, pierde su presencia real en el búnker a causa
de no existir el referente de origen, el referente problemático,
y el yo se reserva únicamente para el terreno de la ficción, de
la elucubración que podrá tomar diferentes caminos pero que
en cualquier caso toma un valor de espacio de purificación, de
resistencia a la proliferación de soles que, amenazantes, parece haber allí arriba, a cielo abierto. Eso, característico de las
ficciones de desastres y catástrofes de corte tecnorromántico,

es común también a lo que solemos llamar *mística*, la cual cobra en las narrativas del búnker una suerte de seculariza- ción. En *Tres poetas del exceso* (Fragmenta Editorial, 2011), Amador Vega nos recuerda que Angelus Silesius, en el si- glo XVII, escribía en *El peregrino querúbico:*

> *El cielo se convierte en tierra.*
> El cielo se humilla, desciende y se convierte en tierra.
> ¿Cuándo se levantará la tierra y se convertirá en cielo?

En la mística clásica, tal penetración del cielo en la tie- rra equivale a la penetración del humano en la deidad, la disolución del yo en la deidad, siempre oculta. También José Ángel Valente, en sus aproximaciones a lo místico, reformula de algún modo a Silesius pero yendo un escalón más abajo en cuanto a penetración del yo en la tierra: bajar hasta el fondo del mar. En su *Diario anónimo (1959-2000)* (Galaxia Gutenberg, 2011), dice a colación de la conocida tumba de El Saltador, del año 500 a.C., encontrada en Paestum: «No estamos en la superficie más que para hacer una inspiración profunda que nos permita volver al fondo. Nostalgia de las branquias». Deduce así Valente de lo más hondo, de lo más oscuro y abisal, una expresión de vida realmente auténtica. Pero el hándicap de los relatos insta- lados exclusivamente en lugares más allá de la estratosfera (típicamente el cielo u otros planetas) o en búnkeres bajo tierra (profundidades abisales incluidas) es que si no quie- ren quedar diluidos en una ficción sin referente, en una mística del yo que todo lo iguale, en un avatar sin sustancia real, tarde o temprano tienen que bajar a la Tierra en caso de acaecer en otros planetas, o emerger a la superficie real- mente habitable en caso de que se desarrolle en búnkeres bajo nuestros pies. Dicho de otro modo, tarde o temprano tendrán que referir su trama, sus detalles, sus aspiraciones, sus nudos de conflicto, sus espacios llenos y sus vacíos, sus hallazgos en suma, a un lugar muy determinado: el fino sándwich de aire, agua y tierra, orgánico y fractal, al cual llamamos superficie terrestre, hábitat natural del yo. Inapelable yo. En cierto modo Gilles Deleuze apela a ese hecho cuando en *Pourparlers (1972-1990)* (Éditions de Minuit, 1990) hace suya una cita de Melville:

> Amo a los hombres que se sumergen. Cualquier pez puede nadar cerca de la superficie, pero se necesita una gran ballena para descender a ocho kilómetros, o más. Desde el comienzo del mundo, los buzos del pensamiento han regresado a la superficie con los ojos inyectados en sangre.

Tras, en primer lugar, la caída del Cielo a la Tierra de Silesius, y tras en segundo lugar la valentiana inmersión desde la superficie terrestre a lo más profundo del mar, siempre ha de haber el retorno a la superficie, a la neurosis el planeta «con los ojos inyectados en sangre». Lo mismo rige en otros órdenes más «prácticos». Es recurrente el dicho de que el telescopio fundó una nueva visión para el humano, herramienta que de algún modo amplió nuestra escala natural corporal, alargó nuestros ojos, «los puso más allá», pero se olvida a veces la otra parte de la ecuación, sin la cual nada tiene sentido: en el telescopio –al igual que en el microscopio– hay también un viaje de vuelta, vemos más allá para traer esa visión acá, a la superficie de la tierra, no dejamos esa visión colgada allí arriba. El viaje del occidental, una vez más, es efectuado para ir, arrancar un pedazo de «algo» que hasta entonces, allí arriba y solo, resultaba residual para nosotros, al cabo basura, y traerlo en forma de relato, narrarlo, generar un relato identitario que será una suma de fragmentos –hoy diríamos una red, o red de redes–. La novela *Los huérfanos* (Galaxia Gutenberg, 2014), de Jorge Carrión, cuyo escenario se desarrolla en una comunidad que tras un desastre planetario vive y se reproduce en un búnker, es buen reciente ejemplo narrativo de estas idas y venidas pero por su contrario, por el corte de la vía de transmisión histórica, cuando se plantea la pregunta de cómo es posible a una niña nacida ya en el búnker enseñarle la asignatura de

Historia Universal si no han quedado libros ni archivos que puedan dar cuenta de tal registro. Incluso en ese corte queda la oralidad, que tarde o temprano será vertida en texto y en otras expresiones de la huella, iniciándose así una nueva Historia Universal: aquella que los de abajo recuerdan –es decir, inventan, ya que la memoria nunca es un archivo– acerca de lo que una vez hubo arriba. E. M. Cioran en su breve texto «Caer del tiempo», contenido en el volumen *La caída en el tiempo* (Tusquets, 1993), nos dice que los humanos caen *en* el tiempo, pero que sin embargo él –Cioran– ha caído *del* tiempo, y a continuación establece una separación en tres estratos de existencia: en primer término está el lugar de la eternidad, espacio que como tal eternidad se sitúa por encima del tiempo; después hay un lugar más abajo, que es el tiempo de los humanos, el lugar al que los humanos *hemos caído*, y por último, mucho más abajo de todo eso se halla el lugar donde él mismo, Cioran, que ha caído *del* tiempo, habita: «zona estéril en la que no se experimenta sino un solo deseo: regresar al tiempo, elevarse hasta él a toda costa, apropiarse de una parcela en la que instalarse, darse la ilusión de una morada». Una vez más el retorno a la superficie terrestre, al tiempo, lugar en el que sólo el yo existe y sin embargo es un yo al cual no podemos mirar cara a cara. Nótese que es este de Cioran un ejemplo más de cómo la metáfora de la caída por gravedad, la caída en el seno del Potencial Gravitatorio, atraviesa los siglos; pensemos en los ejemplos dados de Silesius o Valente, rescatados después por el movimiento de subida «contra la gravedad» en el citado ejemplo de Melville y Deleuze.

1.6 UN CENTRO EN LA ERRANCIA, *PUNTO ATRACTOR*

Como no podría ser de otro modo, el encuentro de relaciones, materiales, deseos y en definitiva vívido humus de la superficie terrestre, remite a la idea de Centro atractor –punto *atractor*– que hay en todas las tradiciones preocupadas por la errancia, y que en todas las culturas ha venido tomando diversas formulaciones. Desde la condición del peregrino, que busca un espacio sagrado, bien sea éste la Arcadia, Hespérides, la Atlántida o el Dorado, y que muchas veces no se realizará sino en futuros remotos como el Cielo, el Paraíso, el Nuevo Mundo o la Sociedad Ideal, a una de sus formulaciones de más éxito, que vendría a ser la del existencialismo de la mano de Heidegger, quien en *Ser y tiempo* habla del *geworfenheit* para expresar la condición primera del humano: un ser que cae en el mundo, cae en el espacio y en el tiempo y una vez ahí arrojado está condenado a vagabundear en un caos que sólo puede ser resuelto mediante el hallazgo de un Centro –ese Centro que Cioran, caído *del* tiempo, afirmaba haber perdido–. En todas estas formulaciones tal Centro viene a constituir el lugar donde las contradicciones convergen, *coincidentia oppositorum*, y donde los ejes del cielo y la tierra se unen para dar lugar a la superación de la pérdida original y recobrar así la condición anterior a la caída. Pero en una formulación contemporánea ese Centro, ese lugar atractor donde convergen cielo y tierra, la delgada capa a la que va a parar todo cuanto vamos haciendo, no es un Centro estable, no es un punto atractor estable sino un atractor complejo, no es una zona de inmutabilidad sino el lugar de la *complejidad*, el lugar donde se producen los trasvases relacionales de materiales simbólicos y matéricos y sus realimentaciones, donde la ley de causalidad es borrosa, donde los soles y los yoes amenazan con multiplicarse. Este siempre remitirse de la totalidad, compleja, a la superficie terrestre, se da de manera especialmente singular en la geopolítica. En 2003, en la sede de la ONU, y en una de las performances de más éxito jamás representadas, ante unas fotografías todos vieron armas de destrucción masiva, porque *realmente* las vieron en unas pobres fotografías de una breve sección de la superficie de nuestro planeta. En ese instante, y tras previos meses de aceradas y tensas discusiones, todos los argumentos esgrimidos a favor y en contra, fatigados, quedaron fulminados al verse llevados a unas imágenes de unos almacenes de vasijas de barro que parecían armas, y que hoy dan fe de aquella alucinación colectiva. Fueron múltiples fuerzas –políticas, económicas, religiosas, históricas– aparentemente irreconciliables, las que tras un larguísimo peregrinaje encontraron su Centro, hallaron el ojo de la aguja por el cual conjuntamente enhebrarse: el par de diapositivas del Planeta que cualquiera en su casa podría haber extraído de ese espejo de clónicas intenciones que es Google Earth, ese imperfecto clon terrestre –imperfecto pues la copia o la simulación total de un objeto no es posible–. Y por ello mismo, por esa condición de error endémico y defecto que siempre afecta a la «copia de la realidad», es por lo que en ese caso hizo su aparición la complejidad: si las fotografías de la superficie terrestre hubieran sido exactamente idénticas a la superficie terrestre no habría lugar a confusión posible: las armas se hubieran visto con total claridad en caso de existir, y en caso de no existir, con la misma total claridad no se hubieran visto. Pero entonces, en ese caso de perfecta visión, la fotografía perdería su sentido pues para ser exactamente igual que el original ya está el original, no hace falta construir copia alguna. Lo que hace valiosa la copia es aquello en lo que difiere del original y al mismo tiempo es igual que éste. No pocas ocasiones la complejidad es creada, es generada, por los agentes en juego para de este modo crear una «complejidad simulada»; ocurre en ámbitos dispares, tanto en la inducida alucinación de las citadas fotografías de armas de destrucción masiva, como en ámbitos mucho más inocentes, por ejemplo determinados juegos de masas. Pensemos en ese modo de experimentar un «conflicto pactado» que es el fútbol –el cual, por cierto, no en vano no se desarrolla bajo el mar ni en el aire sino sobre una superficie terrestre sin cubrir, expuesta a la vista de todo avión, pájaro o satélite–. En su versión televisada, se trata el fútbol del único acontecimiento público en el que, en virtud de las repeticiones de las jugadas grabadas –repeticiones a las que no tienen acceso en el terreno de juego–, el especta-

dor en su casa sabe más que el árbitro, al menos antes de la
existencia del VAR. Es, por así decirlo, como si en algún momento se hubiera pactado que en un juicio los espectadores
presentes en la sala estuvieran siempre en posesión de más
pruebas que el juez. Esto, en apariencia un sinsentido, es lo
que dota a ese juego llamado fútbol de la tensión necesaria
para ascender al deporte de grandes masas que es, su complejidad, en este caso generada por tal indefinición inherente, por sus propios modos de producirse, consecuencia de
una regla aparentemente absurda aunque real en tanto que
crea realidad. Tal lógica colectiva tiene directamente que ver
con los modos de crear representaciones de realidad de los
que se valió la posmodernidad, de modo que atraviesa también todos los campos de la información para terminar en la
creación de un lenguaje y por lo tanto de una determinada
cosmovisión. Naturalmente, a nadie anterior a la Segunda
Guerra Mundial se le hubiera ocurrido, teniendo a mano un
dispositivo que permitiera llevar a cabo un test del tipo ver-
dadero/falso, no usarlo. Ambos casos –fútbol televisado y
armas de destrucción masiva–, y las muy diferentes consecuencias que de ellos se derivan, existen en virtud de una
misma cosa, el ojo que todo lo ve, el ojo panóptico, el ojo
que recoge su material de la superficie terrestre, lo digiere,
transforma, problematiza, lo hunde en la tierra hasta un
búnker, podría hacerlo descender incluso *más abajo del
tiempo* –allí donde Cioran decía habitar–, lo eleva hasta los
cielos, le da todas las vueltas que sean precisas para finalmente, y siendo ya ese material un producto realimentado, siendo ya ese material *otro*, arrojarlo de nuevo a la superficie
terrestre. Otro ejemplo de «conflicto pactado» vendría a ser
la categoría de *sujetos* que las sociedades modernas occidentales hemos otorgado a animales y objetos, la creación en
ellos de una Línea Año Cero la cual traspasar para fingir que
son sujetos de derecho, sujetos en sí mismos (derechos de los
animales, derechos de los monumentos –canalizados en su
conservación–, derechos de la naturaleza –canalizados en
los parques naturales–), y de este modo, en diferido y en un

acto delirante, explorarnos a nosotros mismos, complejizarnos como sociedad relacional, sociedad provista de relaciones complejas con esos animales, monumentos urbanos o naturaleza salvaje. Son estas últimas transformaciones de objetos en sujetos quizá el acto más radical en cuanto a traer a la superficie terrestre todo cuanto nos es ajeno; de hecho, no sólo lo traemos a ras de tierra sino que lo metemos dentro de nosotros, lo hacemos netamente humano, netamente como nosotros: su ascensión a mascota. Ampliamos el Centro, ese punto atractor al cual, queramos o no, hemos caído.

1.7 QUÉ VIO NIETZSCHE EN TURÍN

En *Así habló Zaratustra* intervienen de manera seminal el binomio viaje –entendido como ida y regreso para contarlo– y el sol. Nada más comenzar, Nietzsche relata que el joven profeta partió hacia las montañas, y allí, en una cueva, gozó de su propio espíritu en soledad hasta que diez años más tarde, a la edad de cuarenta años, se cansó de guardar todo para sí, y, hastiado de tanta sabiduría no transmitida, se levantó una mañana, se colocó frente al sol y así le habló:

> ¡Tú, gran astro! ¡Qué sería de tu felicidad si no tuvieras a aquellos a quienes iluminas! Durante diez años has venido subiendo hasta mi caverna: sin mí, sin mi águila y mi serpiente te habrías hartado de tu luz y de este camino.

Y acto seguido continúa Zaratustra diciéndole al sol que desea regresar al mundo de los hombres para contar lo visto:

> ¡Mira! Estoy hastiado de mi sabiduría, como la abeja que ha recogido demasiada miel, tengo necesidad de manos que se extiendan. Me gustaría regalar y repartir.

Y es entonces cuando Zaratustra emprende el camino de regreso a las tierras habitadas por el resto de humanos, a la superficie terrestre *realmente existente*, a fin de predicar su nueva moral, su moral de superhombre. Pero quizá en todo este viaje de regreso de Zaratustra fallase algo.

La historia es conocida: Turín, 3 de enero de 1889, Nietzsche desayuna queso y café, y con intención de dar un paseo hasta el centro de la ciudad sale de su casa, en la calle Carlo Alberto 6, 3.º. Cuando lleva recorrido un pequeño trecho, no más de doscientos metros, junto a una de las puertas del Palacio de la plaza Carignano, es testigo de una escena que le cambiará para siempre: un cochero está maltratando a su caballo porque el animal, débil y cansado, no quiere continuar la marcha. Nietzsche interviene. Rodea el cuello del caballo con sus brazos, rompe a llorar y pronuncia una de las más crípticas frases de la historia del pensamiento moderno: «Madre, soy tonto». Regresa de inmediato a su casa, y entonces acontece el desastre, el derrumbe: pierde el habla y la conciencia durante diez años, hasta su muerte, en el año 1900. Nadie sabe qué vio Nietzsche en aquella plaza, nadie sabe qué vio cuando abrazó al caballo. Podemos pensar en el filósofo alemán como se piensa en Hemingway y en aquel leopardo que hizo subir a la cima del Kilimanjaro, pero ahora no ya para preguntarnos qué hacía un leopardo en un hábitat tan alejado a su especie y reservado únicamente a los humanos, sino para preguntarnos qué vio el leopardo, qué vieron sus ojos antes de también enmudecer para siempre, de qué modo se aparece la muerte y qué forma tiene ésta cuando una criatura llega a un lugar que la evolución biológica y cultural no había reservado para ella, qué forma adopta la muerte para un europeo en el Polo Norte, qué forma tiene la muerte para un subsahariano en un suburbio de Múnich. Podemos pensar, en definitiva, en ese Nietzsche que perdió la conciencia como en un primitivo viajero a Marte que no nos dijera *we will return* sino todo lo contrario, *we will not return*.

Con intención de repetir el trayecto del filósofo, y grabarlo en vídeo, el 24 de mayo de 2013 viajé a Turín. Dando comienzo en el portal de su casa, caminé hasta el lugar exacto donde Nietzsche abrazó al caballo. Allí, en el suelo, junto a una boca de alcantarillado, una cuartilla, una simple hoja con aspecto de haber sido muy pisoteada, publicitaba un concierto de música thrash metal (subgénero del heavy metal caracterizado por su especial agresividad y contundencia). En esa cuartilla un subtexto decía «una noche de pura violencia» (puede verse el breve vídeo de esta caminata, alojado en YouTube bajo el título *El Paseo de Nietzsche [una mattinata di pura violenza]*: <https://www.youtube.com/watch?v=DkXF1ef9KXE>).

Dejando aparte lo que un narrador hábil y adicto a las concomitancias de elementos disímiles podría llegar a hacer con esos detalles, lo que realmente llama la atención es que en el lugar donde Nietzsche abrazó al caballo haya ahora una boca de alcantarillado. El sistema de alcantarillado, esa red de nodos y *links* que agujerea el subsuelo de nuestras ciudades es, ante todo, una estructura moral, una *red* moral, algo que iguala al habitante del Palacio de la plaza Carignano con el de un suburbio de Turín. Podemos pensar que fue eso lo que vio Nietzsche, aquello que le hizo enmudecer para siempre: la refutación de la moral pregonada años atrás por su superhombre. El Zaratustra que regresa de la montaña para llevar a cabo su prédica se da cuenta de que ese gesto de *regresar para contar* nada tiene que ver con la moral del superhombre sino que –contradiciendo sus iniciales intenciones– resulta un paso más en la construcción del humanismo, la construcción del sujeto occidental, aquel que, en efecto, regresa a la superficie terrestre para elaborar una narrativa, una parábola, un cuento que, como lo hacen las alcantarillas, ha de propagarse sin distinciones sociales. Zaratustra antes de partir había mirado cara a cara al sol para hablarle, y tal visión, por materialmente imposible, lejos de ser su primera prédica al mundo habría constituido su ceguera.

1.8 EL *ESPACIO SUSTRATO:*
SINGULARIDADES Y PUNTOS ATRACTORES

Estamos hablando de la existencia de un espacio –físico o simbólico– propicio para las narrativas, en el cual siempre es necesario un *yo* que actúe de singularidad, una suerte de polo magnético de todas las transformaciones. Tenemos un *espacio sustrato* para nuestras narraciones literarias, políticas o sociales –la superficie terrestre y sus «alrededores»– y en ese entorno aparecen diversos puntos singulares, potencialmente inaccesibles y por ello «imanes» *atractores* del propio relato: el yo individual y el yo colectivo, puntas y bordes en lo que antes era una tranquila y estable superficie. Pero el *yo* no sólo está en nuestros cuerpos, también puede existir en los objetos. Con razón decía Italo Calvino que hay que tener mucho cuidado con los objetos que introducimos en una novela: como si fueran personajes –como si fueran verdaderos *yoes*– de pronto concentran toda la atención, y siempre que reaparezcan el lector tenderá a indagar ahí alguna alegoría o a verse interpelado por ellos. Nunca hagas aparecer en una novela un revólver que no vaya a ser usado, reza un conocido adagio de la novela negra. Pero tales puntos *atractores* de la narración también pueden estar constituidos por singulares acontecimientos, casi siempre fruto de alguna elipsis donde, una vez más, confluyen cielo y tierra. Dos autores, W. G. Sebald y Paul Auster, muy alejados entre sí en estilo, propósitos y forma, tienen sendos relatos –Sebald, «Doctor Henry Selwyn» en su libro *Los emigrados*, y Auster, un cuento insertado en la película *Smoke*– en los que tras diversas elipsis argumentales es hallado un antiguo cadáver bajo el hielo, lo cual crea una misma paradoja temporal. El cadáver, que ahora bajo el hielo nos observa, se convierte en un *yo* conflictivo, vivo humus, punto singular de la superficie terrestre que no deja de atraer la extrañeza y el conflicto implícito y nunca resuelto de la narración; a saber, cómo es posible ver algo que en principio nos está prohibido ver, de qué modo es posible tener delante la cara helada e incorrupta de un muerto tan lejano en el tiempo. Fuera del terreno de la ficción, y a través de la fusión de la ciencia biológica y las exploraciones, hoy sabemos que los organismos vivos más antiguos del planeta son cierta clase de bacterias que llevan millones de años sepultadas bajo el hielo del Ártico, fundándose así otro vertiginoso encuentro de escalas temporales entre nosotros y tales organismos. Actúan aquellos cadáveres de Sebald y Auster en la ficción, así como estas bacterias vivas en la ciencia, como soles a los cuales no es posible mirar sin atenerse a alguna clase de conflicto psicológico o antropológico.

Otro punto singular, atractor de conflictos, pero ya no encarnado en objetos aislados sino en *sistemas* de objetos y configuraciones más abstractas, emerge por ejemplo en el relato «Blumfeld, un solterón», de Kafka, en el cual el punto atractor son dos bolitas que –en una imagen que hoy, y no sin abuso, podríamos metaforizar como una suerte de «entrelazamiento cuántico»– endemoniadamente se mueven por sí solas de un lado a otro de la habitación de un oficinista, de un lado a otro de las calles, de un lado a otro de la superficie del Planeta, convertidas *conjuntamente* en un *yo* desplazado, un ente anómalo que no deja de incordiar e inquietar al oficinista. Aunque, tras muchos rebotes, una bolita estuviera en Praga y la otra en Pekín habría siempre –decimos nosotros– una especie de *centro de masas* de las bolitas, un punto invisible situado a medio camino entre ambas, el punto donde en realidad ambas se hacen la misma cosa, que cobraría una presencia fantasmal y conflictiva para ese personaje encarnado por el oficinista, y que actuaría como un verdadero *yo* que aunase en un mismo punto al sistema formado por ambas bolas. Una vez más, el relato puede darse donde se quiera, bien bajo tierra o bien en la estratosfera, y una de las bolitas podría incluso saltar tan alto que llegase a Marte mientras la otra salta hasta Mercurio, pero finalmente todo cuanto nos importa de ellas ha de remitir a la superficie terrestre, a un *centro de masas* que está aquí y ahora, a

la neurosis del planeta. Existe, pues, un *espacio continuo*
más o menos vulgar, anodino, en el cual de pronto surgen
puntos singulares o sistemas singulares, *sistemas complejos*
–dos bolitas entrelazadas, un muerto o una bacteria viva
bajo el hielo–. Cuando en *2001: Una odisea del espacio* hallan el famoso monolito en un lejano planeta, de nada valdría ese hallazgo si no remitiera de inmediato a la superficie
terrestre, al yo, en este caso el yo colectivo, el yo como especie humana, que aparece «allí arriba» para explicarnos algo
de «aquí abajo». Y todos esos puntos, llamémosles *puntos
atractores*, no son sino derivaciones de la idea del *otro*, el
extraño, el humano a conquistar, a colonizar, el yo «no bien
resuelto» que no obstante habita junto a nosotros, aquello
que era basura y ahora, en aparente noble uso, hemos reciclado. Con todo ello, se da a entender que, tal como se ha
apuntado, la matriz de todo relato, y sea éste un relato literario, político, social o combinación de todos ellos, viene
compuesta por un espacio que al principio siempre es plano
e indiferenciado, al cual llamamos *espacio sustrato*, y después, por uno o varios puntos que dentro de ese espacio
aparecen –van apareciendo–, surgen las singularidades, des-
vistiendo así al espacio de aquella planitud, de aquella iso-
tropía e indiferencia inicial, y dotándolo de una zona a la
cual llevar nuestra atención, nuestra mirada, *atractores extraños*, polos atractivos a los que el «sistema novela» se
acerca, a los que como en un vaivén el sistema *tiende*, y por
ello también como en un vaivén el lector o el espectador se
acerca a ellos sin llegar nunca a identificarse del todo ni a
alejarse para siempre; sencillamente, el lector también *tiende* a ellos sin jamás llegar a tocarlos. Es esa indefinición la
que los define. Dicho en el lenguaje de la llamada Teoría de
Catástrofes –enunciada y desarrollada principalmente por
el matemático René Thom– estos puntos singulares toma-
rían el nombre de *puntos de catástrofe*, y hay que hacer notar que el término *catástrofe* no es usado aquí en el sentido
negativo convencional, sino sencillamente como punto en el
cual la naturaleza –en nuestro caso la narración, la obra lite-

raria– efectúa un salto, «toma una decisión» que cambia radicalmente las cosas no sólo cuantitativamente sino también cualitativamente, y pone en marcha la creación de un relato con una determinada forma y no otra, una *morfogénesis*. Ejemplos de «puntos de salto» son cosas tan comunes como el borde de una mesa, en el cual su superficie pasa de pronto a ser la pata, o cosas más complejas como el momento en el que una célula embrionaria por un patrón de actividad genética determinado «decide» evolucionar hacia una futura estructura de tejido cutáneo o bien hacia tejido ocular –tejidos, obviamente, totalmente distintos pero iguales en su origen–, o el momento en el cual una decisión en principio sin trascendencia hace quebrar el sistema financiero mundial, o el momento en el cual un gesto en apariencia anodino procura la caída del Muro de Berlín, o el plano secuencia de película en el cual una única palabra, «Rosebud», pronunciada en el lecho de muerte, pone en marcha una investigación de vida que llevará la peripecia a lugares nunca sospechados, o el momento en el cual caminando por una playa te das cuenta de que tienes a disposición de tu visión toda la esfera que te rodea menos un punto, menos un solo punto: el sol. Todos esos polos atractivos son puntos atractores, puntos de catástrofe, que determinan la *forma* final de un objeto, de una narración, de una teoría, de un poema, de una, en definitiva, obra entendida como una complejidad que interacciona con su entorno inmediato.

1.9 LA INTERMINABLE INTERACCIÓN. *WOODEN BOULDER*, DE DAVID NASH

David Nash (artista británico nacido en 1945) tras, según sus propias palabras, la fascinación que le produjo observar una gran roca junto a la corriente de un río en Ffestiniog, Gales, llevó a cabo en 1978 la obra que treinta años más tarde le haría célebre, *Wooden Boulder*. De un roble de doscientos años de antigüedad que había sido talado por sus pro-

pietarios, extrajo una «roca» de madera de cuatro toneladas. Después la transportó hasta el inicio de un riachuelo, muy cercano a su casa, y allí, un día del año 1978, la abandonó. Cada cierto tiempo regresó a observarla. Tras meses sin variar de posición, fruto de la crecida del río la roca de madera comenzó a rodar caudal abajo. En algunos puntos estuvo años detenida, en otros apenas días o minutos, se atascó en varios puentes, descendió pequeñas cascadas, flotó en lagunas a medida que el río ampliaba su cauce, y en todo ese proceso de gravedad, agua, sol y estaciones fue dibujando un camino, una ruta, un mapa de zigzags que modificaron el río, y también de golpes que le dieron forma a ella misma. De todo ello Nash tomó fotografías, datos y consignó en varios dibujos el mapa de la trayectoria. El proceso, que acertadamente él denominó como un *potencial continuo*, y que claramente remite a lo que técnicamente se llama Potencial Gravitatorio (una vez más la caída gravitatoria como metáfora primordial), se prolongó por tres décadas. El artista durante treinta años acompañó al proceso de formación de su obra sin intervenir pero fundiéndose con ella en la observación a medida que la obra también se fundía con el cauce del río. Una obra que crea paisaje a medida que el paisaje la crea a ella, y que, pensado como un sistema abstracto, no se diferencia de las rutas trazadas por un nómada, un viajero

psicogeográfico o un trozo de nave espacial que allí, y a pesar de viajar a la deriva, quiere contarnos algo, desea narrar.
Tampoco se diferencia de obras literarias de eminentes nómadas como lo es la del escritor Francis Ponge, o de las películas
del también francés Chris Marker. En 2008, la roca de madera desapareció durante años en un lago, hasta el 21 de agosto

de 2013, cuando el nivel del agua bajó y reapareció centenares de metros más atrás. Algo que ya había ocurrido antes: lugares del río donde la roca remontaba el cauce.

Tras esos treinta años de verdadera peregrinación, en 2008 Nash dio por concluida la obra de la «roca» que habiendo sido extraída del interior de un roble de doscientos años de antigüedad se rehizo y mutó en un proceso que evoca imágenes de muy diversas procedencias y disciplinas: creó una ruta, una topografía, una topología, propició una observación formalmente científica y estética, propició un viaje y la aventura que todo viaje trae consigo, agregó a su composición otros materiales, actuó como punto atractor de organismos que eventualmente hicieron en ella su casa, escenificó toda una estructura de cinética y de deseo. Sin duda, una de las obras mejor acabadas práctica y conceptualmente del land art del siglo xx. Inopinadamente, en su continuo golpearse y accidentes, guarda esta obra relación con la novela *Crash*, de J. G. Ballard y por supuesto con su homónima película, realizada por Cronenberg (que a su vez tienen un antecedente no siempre detectado en el cuento «Los perros, el deseo y la muerte», de Boris Vian). Lo que en *Wooden Boulder* es una «pulsión blanca» en *Crash* remite a una «pulsión negra», abyecta.

1.10 LA CONTINUIDAD DEL ESPACIO

Recordará el lector el célebre cuento «Continuidad de los parques», de Julio Cortázar, el cual narra la historia de un hombre que, en su casa, sentado en su sillón, está leyendo un cuento que versa sobre dos amantes y una infidelidad. Todo transcurre según los hábitos de lectura esperados hasta que, por un mecanismo narrativo, Cortázar se las ingenia para que ese hombre que está en su sillón y lo que lee se fundan en un mismo espacio, se infiltre el uno en el espacio del otro: uno de los personajes aparece por detrás del sillón y se encamina con intención de matar al lector que le está leyendo. Se ha creado un espacio continuo.

Wooden Boulder se desarrolla también sobre un espacio continuo, sobre un lecho que es un *espacio sustrato*: ese bloque de madera no se comportó como un objeto que puntualmente estuviera ahí colocado sino que se integró con un espacio de tal manera que puede decirse que la obra final –el recorrido en su conjunto– no es un agente externo sino que ha emergido del propio lecho. Como dice Fernando Castro Flórez, quien le dedica todo un capítulo a *Wooden Boulder* en su libro *Mierda y catástrofe, síndromes culturales del arte contemporáneo* (Fórcola, 2014), «[...] ciertas obras de Nash, un artista que conoce los árboles mejor que nadie, no están solamente en el paisaje sino que *son* el paisaje». Esta reflexión de Castro Flórez nos es útil para introducir esta obra como buen ejemplo de algo mucho más amplio: dos diferentes modos de pensar el espacio y las dinámicas que en él se van desarrollando. Digámoslo así: no es que alojemos objetos –obras– en casillas vacías que a tal fin nos estuvieran esperando, sino que el objeto y la casilla son la misma cosa; por realimentación, se crean el uno a la otra. Desde un *espacio sustrato*, y mediante diversas y variadas interacciones, emerge así una *singularidad*, una *forma* determinada: la obra. Todo ello ejemplifica una controversia mucho más general, y aún existente, entre dos modos de entender el mismísimo tejido de las acciones humanas así como la propia naturaleza, y que pueden resumirse en estos dos extremos. En primer lugar está la idea clásica, conjuntista o atomista, que tiene origen en Leucipo y Demócrito, que es retomada por Descartes y ya en la modernidad con total éxito sería formalizada por el matemático Cantor, mediante la cual se entiende el espacio como algo creado sobre un vacío –sobre una nada– con la suma o agregación de puntos u objetos estables (por ejemplo, en matemáticas, una recta, que es creada por la infinita suma de puntos sin «soporte» material, o la Historia entendida como la sucesión de «eventos» sin más trasunto, o la biología entendida como mera *expresión* puntual y discreta de unos genes sin lecho alguno que actúe sobre ellos). El problema que a partir de mediados del siglo xx comienza a plantear esta concepción espacial conjuntista y atomista es la siguiente: ¿y dónde se sustentan esos puntos, cómo puede construirse algo sobre una nada? Para dar respuesta a eso sin caer en paradojas y aporías de regresiones infinitas ya conocidas, aparece otra corriente, otro polo de pensamiento que, para empezar, niega la mayor y postula un regreso al origen del problema. De la mano sobre todo de la biología, y en unión con la matemática y con la termodinámica de los procesos irreversibles (Alan Turing, René Thom, Ilya Prigogine, así como otros desde el lado de la filosofía, y no siempre citados, como Gilles Deleuze o Michel Serres en *El nacimiento de la física en el texto de Lucrecio*), se postula una concepción del espacio más bien topológica, que tendría su origen en Aristóteles, habría sido ampliada por Lucrecio, y actualmente sería utilizada en diversas ramas del estudio de los sistemas complejos, la cual podemos resumir del siguiente modo: en el ámbito macroscópico,[1] el espacio puede considerarse no como una suma de puntos discretos sino como *un continuo*, un continuo disponible y ya dado en el origen, y en ese *espacio sustrato continuo* por interacciones y a través de distintas fuerzas competitivas de «puntos de salto», de puntos atractores, se van creando las formas y las obras (morfogénesis) que finalmente emergen. Ello da lugar a una diversidad que ya no es exactamente competitiva sino cooperativa (por ejemplo, el modo en que desde un embrión, por variación de su topología, es generado finalmente un cuerpo humano, o las formaciones de los diferentes tejidos sociales, o el modo en que cambian de forma y se desplazan los hielos del Ártico). En la obra de

---

1. Especificamos el ámbito macroscópico porque en el microscópico, como es sabido, la teoría cuántica postula que el propio espacio es una sucesión de puntos, está cuantizado, pero ése no es el campo de estas reflexiones acerca de los sistemas complejos.

Nash, cada parada del bloque de madera en el río –espacio sustrato– podemos interpretarlo como un punto singular tras el cual el sistema formado por al menos el binomio «río/bloque de madera» podrá tomar diferentes caminos: hay en cada parada un salto decisivo que llevará al bloque de madera hasta otro *punto atractor*, siempre de un modo impredecible. La constante realimentación río/bloque hace que el espacio sustrato y la obra sean inseparables sin poder determinar –como en el conocido ejemplo de la gallina y el huevo– «cuál fue primero».

1.11 BIOGRAFÍA DEL OBJETO

El Trozo de Carne
Cada trozo de carne es una suerte de fábrica, molinos y prensas de sangre.
Tuberías, altos hornos, cubas conviven en él con los martillos pilones, las almohadillas de grasa.
El vapor brota, hirviente. Fuegos oscuros o claros enrojecen.
Arroyos a cielo abierto arrastran escorias con la hiel.
Y todo ello se enfría lentamente en la noche, en la muerte.
Enseguida, si no la herrumbre, al menos otras reacciones químicas se producen, que desprenden olores pestilentes.

FRANCIS PONGE

Una literatura que en términos de espacio sustrato, complejidad y puntos singulares o de catástrofe podría considerarse homóloga a la obra *Wooden Boulder* de David Nash sería la del francés Francis Ponge (1899-1988). Baste leer «El Trozo de Carne» para advertir la intención de coalición en un mismo espacio sustrato de lo físico, lo metafórico, lo mecánico y la sublimación de las emociones que en ese vulgar trozo de materia propone Ponge. Una construcción que se vale de algunos elementos tan asombrosos como residuales para los cánones de la poesía. Acerca de esta escritura dijo Sartre, «no creo que se haya ido nunca más lejos en la aprehensión de las cosas». Como un proceso continuo y realimentado es posible reinterpretar hoy la obra de Francis Ponge, quien nos dejó tres textos tan clásicos como inclasificables, *Tomar partido por las cosas* (1942), *La rabia de la expresión* (1952) y *La fábrica del prado* (1971), y en cada uno de ellos una confluencia anómalamente perfecta de la intención poética, científica y narrativa del autor. Los tres se nos presentan trabados de una suerte de sincretismo que hay en las propias cosas, y en el tiempo que en ellas nace y se desarrolla. Para ello Ponge descubre una ingente cantidad de derivaciones y temas de apoyo, todo vale para expresar el proceso de escritura de lo que es un simple pinar, una simple naranja o un simple prado, objetos a los que somete a su minuciosa y compleja atención. Como afirma Miguel Casado, traductor y responsable del prólogo de la edición española que bajo el título *La soñadora materia* (Galaxia Gutenberg, 2007) reúne los tres libros:

> El escritor despliega una amplia diversidad de recuerdos para acercarse al motivo, desde el primer texto en que la lluvia es asediada visual y auditivamente, descrita en términos científicos, objeto de metáforas sucesivas que la toman ya como maquinaria, ya como concierto. Entre la exactitud y el azar cabe todo [...] es una *biografía del objeto*. [...] Ponge abraza –como resume Bernard Beugnot–, no sólo los tres reinos –mineral, vegetal, animal– y los cuatro elementos –agua, tierra, aire, fuego–, sino todos los sentidos –vista, oído, olfato, tacto, gusto–. [...] Pero no se queda ahí Ponge, el desencadenante también puede ser fonético (la proximidad *orange-éponge* [naranja-esponja]), o incluso gráfico [...], o puede llegar a confundir en el mismo plano la escritura y la realidad física, como ocurre en el texto dedicado a las moras.

Más adelante nos recuerda lo que acerca de Ponge señala Danièle Leclair: «la descripción del objeto no se limita a la de su forma, sino que pasa sistemáticamente por la experiencia de un cuerpo a cuerpo». O las palabras que le dedicara Philippe Sollers: «vemos en él, reunidos en una imbricación absoluta, a la vez el espesor del mundo verbal, la referencia a un campo concreto, a una física, que es la del prado, al mismo tiempo que una arqueología histórica y cultural que se encuentra en el interior del texto y enlazada con él».

Como la obra *Wooden Boulder* de David Nash, es la de Ponge una escritura construida sobre un espacio continuo en el cual, a través de singularidades, van apareciendo las más variadas formas; una biografía de las palabras y las cosas con todo cuanto una biografía implica: densidad histórica, la invención que es toda memoria y crecimiento compatible con el azar e irreversibilidad temporal.

Baste este otro pasaje del libro *Tomar partido por las cosas*, donde mediante un método de análisis sensatamente descabellado –casi *paranoico crítico* al modo daliniano– contrapone la irreversibilidad que le es propia a todo crecimiento vegetal con la oralidad de los humanos y de los animales, oralidad que como una pizarra siempre puede borrarse –recordemos la ya aquí citada recitación del poema «América» por el propio Whitman, la cual funda el Año Cero de la recitación en tanto que por ya registrada no puede ser borrada–. Una verdadera anticipación del concepto de fractalidad vegetal. Y aún más: Ponge identifica el crecimiento de una planta con la irreversibilidad de la escritura ya hecha pública, la cual sólo puede ser corregida mediante añadidos, mediante apéndices, nunca por sustracciones, como ocurre, como ya se ha dicho, con la propia realidad, a la cual sólo pueden sumársele cosas, nunca restarle. Dice el pasaje:

El vegetal es un análisis en acto, una dialéctica original en el espacio. Progresión por división del acto precedente. La expresión de los animales es oral, o mediante gestos que se borran unos a otros. La expresión de los vegetales es escrita de una vez por todas. No hay medio para volver sobre ella, imposibles los arrepentimientos: para corregirse hay que añadir. Corregir un texto escrito y publicado, por medio de apéndices, y así sucesivamente. Pero hay que añadir que no se dividen hasta el infinito. Existe en cada uno un límite.

Este proceder «pongiano», que no se limita a presentar adiciones y yuxtaposiciones sino que imbrica registros biológicos, psicológicos, matéricos y sociales en un continuo, se aprecia de un modo muy refinado en obras poéticas como la de Eduardo Moga, quien en *Las horas y los labios* (DVD ediciones, 2003) llega a citar a Ponge en uno de sus poemas. En efecto, los convólvulos del ojo se hacen en los poemas de Moga Boletín Oficial del Estado, el alambre guarda enlaces con la voz y el óxido es la viva expresión de la costra del silencio. En el terreno del ensayo de la sociología de las emociones, Eloy Fernández Porta aplica este pensar en modo de «deformaciones continuas» –que no continuas deformaciones– claramente topológicas, para armar textos que transitan entre variadas estilísticas y contenidos, los cuales no son meramente insertados sino que emergen de la propia textualidad, tal como lo atestiguan títulos como *Homo Sampler* (Anagrama, 2008). El propio Fernández Porta en una pieza sonora del artista Jaume Ferrete, afirma: «(yo) siempre había escrito con un pedal de voz», acertada imagen de las deformaciones continuas –derivas del timbre, tono y afinación– por las cuales pasan toda esta clase de textos. Desplazándonos de lo sonoro a lo propiamente musical, véase el álbum del grupo Vacabou *The drums of twilight* (Limbo Starr, 2013), donde es reutilizada la voz de un conductor de bus del Strip de Las Vegas. Los integrantes de la banda casualmente habían grabado con su propio teléfono la megafonía de las diferentes paradas del Strip que el conductor del bus en tiempo real iba anunciando a los pasajeros. Sobre esa base, sobre ese espacio continuo, años más tarde construirían con ello un disco de un solo corte de 45 minutos. Rica paisajística vocal e instrumental que hace emerger la voz de aquel conductor de bus –sin rostro conocido, correlato de esa ciudad/chacinería que todo deglute–, como la de un legítimo cantante: de aquella topología plana y meramente informativa que por megafonía dictaba las paradas del bus, y mediante puntos de salto, capas y procesos de simulaciones orgánicas, es convertida su voz en piezas musicales que alcanzan forma plenamente autónoma.

Regresando al terreno de la poesía, varios ejemplos de torsión de materiales: el poemario bilingüe gallego/español *Algo raro pasa raro* (La oficina de Arte y Ediciones, 2015), de Antón Reixa, construido con información aparentemente inútil, spam, residuos de segundo o tercer grado, aislados destellos de un acabamiento de los signos y de los objetos de consumo que el autor reconfigura en el hito emocional que hay en una pantalla de televisor apagada, o en las piedras que, desde la prehistoria, transportan las mujeres albañiles en sus cabezas, dando lugar a todo un torrente de arqueologías alternativas. O *Cuaderno de campo* (La Bella Varsovia, 2017), donde María Sánchez, y en una estética próxima al realismo especulativo, se interroga qué es un animal en su objetividad biológica sin renunciar a la memoria familiar y propia. Destaca también *Acabado en diamante* (La Garúa, 2009), de Javier Moreno, quien introduce la matemática como límite poético, real al mismo tiempo que metafísico, que hay en toda cosa, y arroja de un modo natural una investigación acerca de las intersecciones entre los lenguajes técnico-científicos y los mítico-populares. O Vicente Luis Mora en *Construcción* (Pre-textos, 2005), que se vale de trastoques científicos articulados como imágenes de melancolía, como por ejemplo: «dolor / que de la misma forma que el plutonio / requiere cuando llega al rojo vivo / más de mil años para contraerse». Mención aparte merecerían dos recientes poemarios. *Historial* (Calambur, 2017), de Marta Agudo, donde naturaliza la enfermedad como un segundo cuerpo que, paralelo, desde que nacemos llevamos dentro, original redefinición de la corporeidad de un historial clínico, y *Cinemascope* (Trea, 2018), de Sergi de Diego Mas, quien desde una actitud decididamente postpoética alcanza una personalísima voz en la torsión del metal y la carne, del mito del consumo y la metafísica que lo genera, el cuestionamiento de dos mitologías igualmente extremas: la romántica y la pop.

1.12 APORÍAS EN TORNO AL VACÍO Y LA NADA

Tal modo de entender el espacio macroscópico, como un *sustrato* que en potencia contiene puntos singulares, puntos de catástrofe que podrán aparecer o no según circunstancias, parece dar respuesta a una estructura realista y es por ello alternativa a algunos lugares comunes, aporías incluso, que se han venido dando en terrenos tan aparentemente alejados de la creación de las formas físicas y biológicas como por ejemplo la poesía, la cual, atendiendo a una de sus recurrentes máximas, «la poesía alcanza toda su potencialidad por lo que calla, no por lo que dice», cierra en falso la pregunta clave, la única pregunta que debería intentar responder satisfactoriamente una teoría de la poesía: «¿qué es una metáfora?». Sabemos que esta pregunta carece de respuesta unívoca, pero al menos sería deseable encaminarla por una vertiente más realista –y cuando decimos realista queremos decir *contemporánea*, ajustada en lo posible al *zeitgeist* de la época–, respuesta que desde luego nada puede tener que ver con la idea de que la poesía «calla» cosa alguna, ni mucho menos con el vacío al cual apelan algunas escuelas poéticas para filiar su genética. También parecen ser las *transformaciones del continuo* de las que hemos venido hablando una alternativa a las escuelas que postulan la existencia de una «estética del silencio», las cuales dicen tener a ese mismo vacío o enmudecimiento radical como materia primordial, u otras que especulan acerca de las propiedades genésicas de la nada. Naturalmente, abordando el asunto desde un plano realista y complejo, las formas, tanto en las artes como en cualesquiera otros modelos de poesía y pensamiento, no devienen de una exclusiva relevancia del vacío o de la nada o del silencio, sino que se *hacen forma* mediante una interacción continua entre la tendencia a lo absolutamente vacío y la tendencia a lo absolutamente lleno. Es ese vaivén, ondulatorio y realimentado, el que construye cualquier objeto cultural. La forma, en su viva construcción, va avanzando llevada por *puntos atractores* que son constante-

mente encarnados en el hecho mismo del *feedback* y la interacción cooperante entre las diferentes partes; es ese diálogo,
ese deseo de diálogo, ese goce del diálogo –y aunque sea un
diálogo «destructivo»– lo que va creando la forma, y por lo
tanto la emoción estética que derivará en el lector. Así, el aparente vacío del cual para algunas estéticas y modos de pensamiento todo mana, no sería tal, sino que vendría constituido
por el conjunto de tales puntos inestables, puntos de catástrofe, los cuales a falta de una cabal comprensión y a falta de un
vocabulario específico han sido clásicamente conceptualizados a través de frases problemáticas del tipo «lugares llenos
de vacío». Podemos imaginar la *Caja metafísica* de Oteiza,
los lienzos en blanco y atravesados por intersticios de Lucio
Fontana, la poesía del siglo xx que derivó de la mística clásica
–y después heideggeriana–, o podemos pensar en el Beckett
que niega poder expresar «algo», o en el primer Wittgenstein,
para el cual la mística y la ética no se «dicen» sino que por sí
mismas «se muestran», como ecos de esa idea de superiori-
dad del vacío, del «no poder decir», de la nada sobre la forma
que la colma. Pero no, el valor de esos autores y sus obras, el
motivo por el cual son continua fuente de inspiración para
otros, no deviene del quimérico vacío que en ellas yace sino de
la realimentación de sus respectivos espacios sustrato con los
puntos atractores que de ése emergen. Por su parte, en el ámbito del pensamiento, incluso algunas escuelas de gran prestigio e influencia, como el posmodernismo duro –postestructuralismo–, bien examinadas hunden sus raíces también en una
estética de la negatividad, una suerte de cartesianismo revisi-
tado que parecen conducir, en su caso, al vacío y la melancolía que aparece cuando la realidad se nos brinda sospechosa
de engañar constantemente a nuestros sentidos. Pero no es la
nada quien genera el espacio y sus formas, sino al contrario,
es el espacio colmado –el espacio sustrato– quien en interacción con las posibilidades compatibles con su propio entorno
genera las formas físicas, biológicas y estéticas. Respecto a la
supuesta existencia de la nada, cabe decir que –de poder darse, que no– en todo caso sería justamente al contrario: es el

espacio colmado quien la generaría, y no a la inversa. En este
sentido, el *ser*, aun siendo inestable y complejo por naturaleza
–aun no siendo el pétreo *ser* que enunció Parménides– siempre precede a la nada. Porque ninguna cosa puede ser creada
en la oscuridad total del mismo modo que nada puede ser
creado en la ceguera absoluta de un sol que lo ocupara todo.
Ni tan siquiera la célebre pieza del músico John Cage, *4'33"*,
que como es sabido se compone íntegramente de cuatro minutos y 33 segundos de absoluto silencio, puede ser ejemplo
ni del vacío ni del silencio, dado que esa pieza de lo que habla
es, precisamente, de la imposibilidad del absoluto silencio: la
respiración del músico, sus inevitables movimientos sentado a
la silla, el rumor del público, etcétera, es lo que in situ genera
finalmente la pieza, son esas anomalías las «paredes» del supuesto vacío y por lo tanto son su *forma*. La obra es creada en
la realimentación de la posibilidad del absoluto silencio y la
posibilidad del absoluto ruido –ambos imposibles en estado
puro–. En palabras del propio Cage, referidas a la noche del
estreno, en Nueva York, 1952, donde el público erróneamente interpretó que su intención era representar el silencio:

> No entendieron el objetivo. No existe eso llamado silencio. Lo
> que pensaron que era silencio, porque no sabían cómo escu-
> char, estaba lleno de sonidos accidentales. Podías oír el viento
> golpeando fuera durante el primer movimiento. Durante el se-
> gundo, gotas de lluvia comenzaron a golpetear sobre el techo,
> y durante el tercero la propia gente hacía todo tipo de sonidos
> interesantes a medida que hablaban o salían.

No es de extrañar que esta obra de Cage diera origen a lo
que más tarde –y hasta hoy– se ha dado en llamar música
noise, la cual, como su nombre indica, experimenta con el
ruido –*ruidismo*–. Por ello mismo tampoco es de extrañar
que no diera origen a un movimiento en dirección contraria,
a saber, un supuesto estilo musical llamado *silent*, el cual,
por descontado, no existe, y de existir toma forma hoy
como abuso del lenguaje en música *new age* relegada a crear

atmósferas en *spas* y en anuncios publicitarios. Y es que ella misma, *4'33"*, es ya el propio silencio, pero lleno de ruido.

Debemos aquí recordar un hallazgo científico, de primera magnitud también para las artes y la literatura pues tiene consecuencias directas en el lenguaje de esas disciplinas: desde que en 2012 se confirmó la existencia del bosón de Higgs, se sabe que el *vacío* no es la *nada*. Lo que se creía que era el vacío se halla lleno del *campo de Higgs*, que es el responsable de que el Universo tenga masa. El físico Álvaro de Rújula el día del hallazgo dijo: «ahora sabemos que el vacío es una sustancia, no es la nada. Una sustancia que uno puede hacer vibrar para siempre, y las vibraciones de la nada son estas partículas que se llaman bosones de Higgs». Nos encontramos pues ante un ejemplo de primera magnitud: el lenguaje ha creado la realidad misma y la realidad ha creado lenguaje. Lo que semánticamente antes estaba unido –y si no unido por lo menos sólidamente emparentado, *vacío* y *nada*– como si hubiera llegado a un punto de inflexión se ha bifurcado para siempre: el *vacío* pasa a tener también una nueva acepción física y técnica muy determinada –aunque con su respectiva metafísica y su poética, como ocurre siempre en la ciencia– y la *nada* queda reservada para el ámbito de lo difuso, lo popular o lo indeterminado. Naturalmente, esto no excluye que dentro de esa redefinida *nada* pueda llegar a haber, a su vez, otros vacíos y otras nadas.

Ello nos es muy útil para poner aquí de manifiesto que de igual modo que existe una retórica de la ciencia es pertinente hablar de una poética de la ciencia. El término ha sido usado numerosas veces tanto en obras de intención divulgativa como técnica. La obra de Michel Serres –lamentablemente muy poco traducido al español– da cuenta de ello en su pentalogía *Hermès*, donde señala que la ciencia sólo se mueve cuando recibe la infusión de algo caído del cielo, algo impredecible y milagroso, que constituye el «otro yo de la ciencia, su yo poético». El uso de la palabra «infusión» no es casual, en tanto anuncia que el contacto entre poesía y ciencia no se da por penetración directa –por adición o simple

yuxtaposición de elementos– de la una en la otra, sino por
dilución y flujo, lo que da lugar a una *intersección no vacía*,
la cual crea el sentido de apertura a múltiples posibilidades.
Adviértase que al igual que en el citado caso de Silesius, de
Cioran, de Deleuze o de *Wooden Boulder*, de nuevo es usada ahí la idea de algo que termina convergiendo –*cayendo*–
en la superficie terrestre, la cual, en tanto que porosa, absor-
be esa novedad. También Fernand Hallyn habla de una
«poética de la hipótesis» (*La structure poétique du monde:
Copernic, Kepler*, Seuil, 1987), y bajo esa óptica estudia las
obras de Copérnico y Kepler. Richard Brown utiliza una
idea parecida en *A Poetic for Sociology* (Cambridge University Press, 1977), M. Meyer en *Science as Questioning
Process: a Prospect for a New Type of Rationality* (1980),
llega a decir que «la lógica del descubrimiento es la metaforización». Y qué decir de Prigogine y Stengers en *La nueva
alianza, metamorfosis de la ciencia* (Alianza, 1983), donde
apelan directamente a la estructura poética de la realidad en
tanto que *compleja*. Siguiendo a Alfredo Marcos (*Hacia una
filosofía de la ciencia amplia*, Tecnos, 2000), podemos decir
que, en efecto, hay realidades básicas que impiden la existencia de un mecánico algoritmo que conduzca a una «máquina de descubrir» porque el propio acto de *descubrir* –y a
pesar de lo engañoso de la palabra– no descubre algo que
estaba oculto, no es quitar un velo o una máscara, no es
limpiar la lente antes sucia que ahora nos permitirá ver lo
que de facto ya estaba ahí, sino que descubrir es realmente
hacer aparecer algo que estaba, sí, pero en potencia, sin
forma, sin posibilidad de armarse a no ser que una mente
humana, en función de sus intuiciones, contexto e ideas previas, lo construyera o, en términos de Gilles Deleuze y Félix
Guattari, lo hiciera *devenir* a través de una «modulación».
En *Gilles Deleuze y la ciencia* (Editorial Biblios, 2014), Esther Díaz recuerda que el científico en su investigación modu-
la, y que «modular» es moldear las cosas al mismo tiempo
que devienen en algo nuevo siguiendo ritmos del pensamiento. Gutenberg no inventó ningún componente de la impren-

ta, ya existían las planchas para prensar el vino, los tipos móviles, el papel y la tinta; Gutenberg aplicó una combinatoria en un acto de creatividad para dar lugar a algo netamente distinto, algo que excede a las partes, y es así la imprenta una emergencia, un *sistema emergente*, algo que da un salto de lo cuantitativo a lo cualitativo. Tal ejemplo, meridianamente claro pues deriva de la tecnología y por lo tanto resulta más accesible, nos sirve para decir que en el plano de las teorías científicas, abstractas por definición, también es necesario ese plus de creatividad emergente que ningún algoritmo puede por sí mismo producir. De este modo descubrir es, literalmente, *hacer* un descubrimiento, construirlo. Porque cuando por descubrir se entiende simplemente quitar un velo que nos permita ver una supuesta realidad que ya había, o purificar la mente de cierto engaño dando lugar a simples fenómenos de catarsis, se produce entonces lo que en afortunada definición Francisco Fernández Buey denominó «la ilusión del método» (*La ilusión del método, ideas para un racionalismo bien temperado*, Crítica, 1991), donde defiende el corpus científico como una *red abierta* en lugar de la autista *estructura cerrada*. Hacer un descubrimiento es construir un organismo, crear, producir lo que no había, poetizar, conjeturar, inventar, y para ello no hay algoritmo ni método general de aplicación. Construir *correspondencias*, en suma, que antes no existían. Es en este sentido en el que hemos venido diciendo que a la realidad no es posible sustraerle nada sino que, por capas, siempre algo le es agregado; por descontado, también anuncia que la realidad de los productos culturales nunca deviene del vacío o de la nada. En la imposibilidad física de restarle cosas a la realidad se halla sólo la metafísica de los números negativos, a todas luces no existentes en la materialidad de las cosas salvo como útil –utilísimo– artificio operacional.

Por su parte, la realidad como adición y llevada a su límite utópico, se ha visto recientemente materializada en diversos movimientos políticos-estéticos como el *aceleracionismo* y el *aditivismo* (cuyos orígenes están también en las diferentes variantes de una de las más actuales corrientes de pensamiento anglosajonas, el *realismo especulativo*, al que volveremos más tarde), los cuales han producido sus respectivos manifiestos (ver *Accelerate*, Urbanomic, 2014, y *Aceleracionismo*, Caja Negra, 2017). Los orígenes del aceleracionismo son políticos: ya que parece evidente que el capitalismo no puede ser derrotado, acelerémoslo hasta que por sí solo reviente. El aditivismo se plantea algo similar, sobre todo con la aparición de las impresoras de objetos en 3D: existe la posibilidad de crear (sumarle al mundo) objetos absolutamente nuevos, cosas que antes no existían, y de este modo estamos en disposición de «llenar» el mundo de identidades únicas. Resulta obvio el carácter utópico de tales propuestas, que a su vez, y según tendencias, políticamente se subdividen en derechas e izquierdas (tal como argumenta y critica Andrew Culp en *Oscuro Deleuze,* Melusina, 2016). Pero, como ocurre con todas las utopías, van dejando obras por el camino, van produciendo resultados de orden estético. Acerca de este tema ha trabajado en extenso el neurobiólogo y escritor Germán Sierra en textos como «Literatura del Fin» (*Narrativas cruzadas, hibridación, transmedialidad y performatividad en la era digital*, Editorial Academia del Hispanismo, 2016) o en «What would an additivism literature be?» (*The 3D additivist cookbook*, 2016, disponible en web: <http://additivism. org/cookbook>), quien siguiendo la estela del corpus aceleracionista expone una suerte de ciclo general histórico que constaría de dos fases que se van alternando en el tiempo: un fase de *reproducción* –copiar lo que ya existe, del platonismo al clon, pasando por las cadenas de montaje aparecidas en el siglo XX o lo que después fue el posmodernismo–, y otra fase de *producción* o edición, en la que estaríamos hoy, la cual no trata de copiar lo que ya existe sino que anhela hacer cosas totalmente nuevas; en esta fase se instalan momentos históricos tan variados como las *vanguardias históricas*, las últimas técnicas genéticas, que lo que intentan hoy no es ya clonar ADN sino editar ADN, o la citada utopía aceleracionista que, en realidad, por inflación de la edición de cosas nuevas, lo que pretenden es romper ese ciclo de dos fases, salirse por la tangente al círculo histórico, reventarlo en suma.

Hay así en múltiples escuelas y versiones una poética de la ciencia que, como la poesía, se aplican en hallar *correspondencias* entre cosas que antes estaban separadas, lo cual es la base del mismísimo acto metafórico: construir semejanzas que salten a la vista; puede visualizarse como la zona de intersección de dos (o más) campos semánticos en un diagrama de Venn. Uno de los casos más interesantes de este «saltar a la vista» fue originalmente conceptualizado como *consilencia* (un «saltar juntos») por William Whewell (1794-1866), rescatado a finales del siglo XX por paleontólogos y naturalistas como Stephen Jay Gould o Edward Wilson, y hábilmente utilizado en el campo de la teoría política por el ya citado Fernández Buey (*Para la tercera cultura*, El Viejo Topo, 2013) a fin de hablar de esos casi epifánicos momentos en los cuales diferentes disciplinas, por ejemplo las ciencias biológicas y la sociología, desde orígenes muy lejanos pueden llegar a resultados similares, resultados que guardan una semejanza, una *correspondencia*, «saltan juntos». Ya en *Poética* de Aristóteles está dicho que la poesía es lo que nos hace ver que «éste es aquél». Que los lenguajes de investigación y construcción de la realidad de la poesía y de las ciencias sean distintos no contradice que sus métodos, en raíz, sean similares. Acaso las ciencias y la poesía pueden considerarse como diferentes manifestaciones de un mismo *espacio sustrato*, espacios específicos que a través de discrecionales evoluciones y particulares puntos de bifurcación y de catástrofe han ido adoptando muy diferentes *formas*.

1.13 *LEVEL FIVE*, VIDEOJUEGO INVERSO: DE LA IMAGEN FUTURA A LA EXTRACCIÓN ARQUEOLÓGICA

A una mujer, llamada Laura, cuyo marido ha fallecido recientemente, se le hace el encargo de terminar un videojuego acerca de uno de los hechos (reales) más extraños de la Segunda

Guerra Mundial, la Batalla de Okinawa. Dato cierto, histórico: miles de japoneses, aleccionados acerca de quién es el diablo, prefieren suicidarse antes de caer en manos de los aliados. Laura comienza a recabar información de antiguos combatientes, testimonios únicos (reales) que va incorporando al videojuego al mismo tiempo que ella se va sumiendo en un desencanto respecto a la especie humana, depresión que termina por provocarle conversaciones con su marido muerto. Tal es, grosso modo, el argumento de la película *Level Five*, realizada en 1997 por el francés Chris Marker (1921-2012). Como todas sus películas y cortometrajes, tiene *Level Five* un explícito carácter ensayístico; puede decirse que Chris Marker hace un cine-ensayo, género que él no inventa pero sí hace suyo de tan personal y acabada manera que lo parece (influencia que, expresada de sutil modo, y sobre todo en sus primeros cortometrajes, en el cine español se rastrea en los cineastas Isaki Lacuesta e Isabel Campo). Simultáneamente a la dimensión ensayística, y cuadrando un círculo, el cine de Marker se halla dotado también de una muy refinada sentimentalidad. Para ello se valdrá de toda clase de técnicas visuales y sonoras, antiguas y contemporáneas, y si no existe una técnica de la que pueda echar mano, como un Méliès moderno, él la inventa. Usará además material propio y ajeno, el cual inserta sin complejos y sin que por ello tengamos la sensación de estar asistiendo a un vulgar *copy-paste*. El tratamiento político, moral y metafórico que le da a su cine se halla de tal modo imbricado en la investigación estética que el conjunto fluye realmente como una bola de madera que David Nash hubiera lanzado a un río, con sus idas y venidas sin apenas darnos cuenta. En *Level Five*, que también es una sobrecogedora reflexión acerca del archivo y la construcción de la memoria, Marker introduce una extrañeza, una novedad en el terreno de los videojuegos: normalmente éstos son usados para desviar hechos históricos, crear ucronías y relatos alternativos, pero *Level Five* es todo lo contrario, el supuesto videojuego deberá ser utilizado para alumbrar el pasado de un modo exacto, histórico, para extraer la Batalla de Oki-

nawa del fango del olvido. Con ello abre la puerta a un concepto de tiempo, ya citado, en el cual el presente no va al pasado para mirarlo con nostalgia, para llorarlo, sino para
construir nuestra identidad hoy, una «arqueología inversa»
en la cual presente y pasado son entrelazados en un continuo:
un *tiempo topológico* en lugar del habitual tiempo cronológico. Más llamativa es si cabe la técnica fílmica: Laura (interpretada por Catherine Belkhodja), encerrada en su estudio,
espacio donde ella misma está produciendo el videojuego
llamado *Level Five,* le habla a una pantalla y nos habla a nosotros, y de esa misma pantalla va la protagonista extrayendo
los más insólitos materiales visuales que por cualquier cineasta normativo hubieran sido calificados de verdaderos desperdicios, cuando no de basura: de estética pixelada a estética
barroca, de primitivos programas informáticos a efectos visuales que ya cuando Marker hizo la película eran francamente chirriantes o pasados de moda, casi de una estética que
hoy llamaríamos *vaporwave*, o pasajes de estética publicitaria
y planos que podrían haber firmado los mismísimos Lumière.

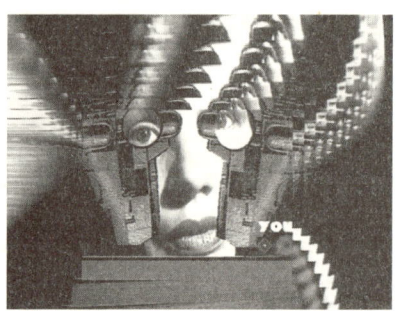

Y todo ello trufado con material de archivo real, de la Segunda Guerra Mundial, que también Laura va hallando en
diversas redes. Chris Marker –no intencionadamente pero al
cabo en evidente concomitancia– como si de un Francis Ponge de la imagen se tratara, diserta por boca de Laura acerca de
una simple roca que casualmente emerge del agua con forma

de hongo nuclear, o nos habla de las sucesivas pantallas de un
videojuego, las cuales Laura entiende como reflejo de la evolución de las ideologías: la última pantalla del juego –le dice
Laura al espectro de su fallecido marido– es la muerte. Aparece pues desde el principio también el diálogo con los muertos,
una pulsión universal espiritista, un deseo de oír una voz aún
más lejana que la de aquella primera grabación de Walt Whitman y su Línea Año Cero. Una suerte de heterotopía visual y
memorialística al servicio de verdaderos hallazgos metafóricos. Marker concibe así una imposible mezcla entre Resnais y
el arte digital, entre Spielberg y un Sebald ciberpunk (algo similar vemos en algunos textos ensayísticos del cubano Iván
de la Nuez, por ejemplo *El mapa de la sal* –Periférica, 2010–,
donde de un modo absolutamente coherente Orlan le habla
de tú a tú al Che Guevara, la televisión es la más acabada expresión de la caribeña Revolución y una silla eléctrica com-
parte universo con el espermatozoide que dio lugar a una de
las hijas de Madonna). En *Level Five* el discurso de la protagonista se hace por momentos netamente metafísico, e instantes después superficial o histriónico, para llegar a comunicar-
nos la angustia que le procura el encargo y cuanto va
descubriendo a medida que construye el videojuego.

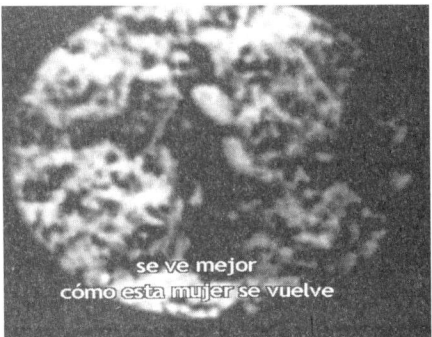

Marker ha dejado claro en sus películas que su trabajo
es, esencialmente, explicar el mundo a través de la combi-

nación y extracción arqueológica de imágenes de otros, imágenes de las cuales se ha apropiado. En un momento dado Laura descubre la siguiente secuencia, que corresponde a una filmación de archivo real de la Batalla de Okinawa: un cámara americano está filmando el momento en el que una mujer japonesa corre al lado de un acantilado. Entonces esta mujer se detiene, por algún motivo que desconocemos mira hacia atrás, a la cámara, durante un instante, y de inmediato echa a correr hacia el precipicio y se tira (una vez más el cuerpo que cae, campo gravitatorio). Inopinadamente, Marker pone esta pulsión de muerte en relación con un paracaidista que saltó de la Torre Eiffel porque también sabía que «le estaban mirando», lo cual abre toda una reflexión acerca de la muerte ejecutada mediante el poder que sobre el observado ejerce quien observa, quien registra una imagen de una vez y para siempre. El tema orwelliano y el tema paparazzi en un mismo recipiente. Sobre un espacio sustrato producto de material propio y ajeno, el desarrollo metafórico de la historia *Level Five* va atravesando toda clase de estéticas y tramas, capas y planos los unos en los otros infiltrados, que construyen asimismo multitud de singularidades. Finalmente, y no se sabe cómo, todo ello se nos presenta orgánico en el sentido literal del término: objeto que, vivo, crece al albur de su medio ambiente, con sus hallazgos e imperfecciones pero definitivamente coherente porque él también es medio ambiente.

Paradójicamente, *Level Five*, aunque crezca como un organismo, y haga emerger su propio hábitat –y quizá precisamente por eso–, puede también pensarse como lo que Sergio Chejfec, escritor argentino, en *Últimas noticias de la escritura* (Jekyll y Jill, 2015) ha llamado sencillamente *modo simulación*. Con la excusa de contarnos su relación personal con una común libreta de notas que ha comprado en un bazar chino, Chejfec va dejándonos diversas teorías de la escritura, y una de ellas es precisamente ese «modo simulación». La novedad del razonamiento de Chejfec, extremadamente sutil y rico como herramienta, es que opone el habitual término de *representación* referido a las artes y a la escritura, al de *simulación*, y además trata a esta última como «otra forma de realismo». En el apartado llamado «Desvío: ejemplos», dice: «La literatura ya no, o ya no sólo, como estrategia de representación sino como ámbito de simulación, al modo de las opciones digitales presentes en los mapas en línea, o directamente al modo de los juegos». Y más adelante: «[...] sería como otra forma de realismo, que encontraría en la simulación el soporte para proponer variados pliegues de sensibilidad». La novedad de Chejfec radica en que aplica tal esquema a la literatura, y qué duda cabe que *Level Five* puede tener ese carácter de obra en «modo simulación» y no en modo representación. Hacia ese lugar apunta el también autor argentino Reinaldo Laddaga: en su ensayo *Espectáculos de realidad* (Beatriz Viterbo Editora, 2007), se refiere a diversos escritores latinoamericanos como «productores de espectáculos de realidad, empleados a montar escenas en las cuales se exhiben, en condiciones estetizadas, objetos y procesos de los cuales es difícil decir si son naturales o artificiales, simulados o reales. Estos escritores toman los modelos para las figuras que describen menos de la larga tradición de las letras que de otra más breve, la de las artes contemporáneas», tanto que –continúa diciendo Laddaga–, es posible preguntarse si no obedecen secreta o abiertamente a una fórmula que podría cifrarse en estos cuatro pasos: 1) toda literatura aspira a la condición del arte contemporáneo, 2) toda literatura aspira a la condición de improvisación, 3) toda literatura aspira a la condición de la instantánea, 4) toda literatura aspira a la condición de lo mutante.

1.14 TRES HERRAMIENTAS PARA PENSAR EL MUNDO

Llegado este punto debemos explicitar un poco más algunas formas y mecanismos de los que se sirve la complejidad para desplegarse y catalizar la *emersión* de las cosas, sus propiedades emergentes, las morfogénesis de los distintos objetos y los seres, así como sus relaciones. Antes, cabe una acotación respecto a un término que hemos usado y que usaremos más adelante, *realimentación*. Tal como fue enunciada por el matemático Norbert Wiener, es posible definirla en dos sentidos: *realimentación positiva* y *realimentación negativa*. Será positiva cuando la señal que sale del sistema regrese a él para activarlo en la misma dirección de salida; por ejemplo, el acelerador de un coche, que siempre devuelve la señal al sistema motor añadiendo velocidad, la añade imparablemente, y de este modo la velocidad tiende a infinito. Y será una realimentación negativa cuando la señal de salida del sistema regresa a él para oponerse a su avance; por ejemplo, cuando pisamos alternativamente el acelerador y el freno de un coche, cuyo objetivo es mantener una estabilidad en el sistema coche, que la velocidad no tienda a infinito. En el campo de los movimientos y tendencias sociales, una realimentación continuamente positiva termina por reventar el sistema político y social, infinitamente acelerado; el ejemplo ya citado del aceleracionismo y el aditivismo vendría a constituir la mismísima esencia de la realimentación positiva premeditadamente aplicada al espacio de la producción y del consumo. Por el contrario, una realimentación negativa es cuando los agentes sociales inyectan en el sistema tendencias que contrarrestan la tendencia de los mercados a crecer indefinidamente, por ejemplo protestas sindicales o cualesquiera organizadas, que ante una tendencia de bajada de salarios obligue a subirlos (o por el contrario, cuando las empresas, ante una obligación de subida de salarios, despiden trabajadores como forma de contrarrestar el gasto).

Partiendo de la realimentación como marco general en el que los sistemas abiertos evolucionan (una determinada sociedad, un organismo vivo en interacción con su entorno, una obra literaria lo suficientemente rica como para entrar en diálogo con diferentes tiempos históricos que atraviesa, etcétera), hay algunas ideas que pueden ayudarnos a profundizar en esos modos de interacción, y que llevarán a conceptos como espacio sustrato, punto atractor o morfogénesis. El escritor, artista y filósofo Manuel de Landa ha ido vertiendo en diferentes textos (sobre todo aquellos en los que hace una relectura de las ideas de Gilles Deleuze y Félix Guattari) conceptos que nos resultan de gran utilidad. La única obra, de este original pensador, hasta el momento traducida al español es *Mil años de historia no lineal* (Gedisa, 2012), pero también destacamos aquellas que tienen que ver con lo que él ha llamado Teoría del Ensamblaje, *A New Philosophy of Society* (Continuum, 2006), *Intensive Science and Virtual Philosophy* (Continuum, 2002).

Siguiendo a De Landa, es posible clasificar los modos de pensar la materia y sus procesos de cambio y formación en tres tipos; a saber, pensamiento de poblaciones, pensamiento intensivo y pensamiento topológico.

1) Pensamiento de poblaciones: los grandes grupos de individuos y sus sociedades, así como otras entidades físicas, son poblaciones que evolucionan porque, en primer lugar, se replican, son *replicantes*, y para ello usan los siguientes elementos y métodos: los genes (que son modelos y plantillas), los memes (que son conductas por imitación) y las normas (conductas fijadas por las obligaciones comunitarias). En segundo lugar, para que en esas poblaciones existan cambios y por lo tanto producción de realidad ha de existir una *variación*, una diversidad, los individuos han de ser diferentes entre sí. En tercer lugar ha de existir una *población mínima* para que los cambios se propaguen (un grupo aislado tiende a morir por incesto cultural o genético porque las variaciones no se consolidan). Y en cuarto lugar han de existir *filtros externos* a la población, un medio ambiente que discrimine entre las diferentes evoluciones (el caracol puede alimentarse de lechuga pero no de la tierra en la que tal lechuga se halla plantada, ejerciendo así esta tierra de filtro para la supervivencia del caracol). De este modo, para que exista la aparición de una forma nueva, para que haya morfogénesis, debe haber una comunidad de replicantes, sujeta a una diferencia, y que esté territorializada en algún espacio sustrato que ejerza de filtro. En este sentido es la *diferencia* lo que asegura la existencia de una *repetición*, y viceversa (nótese el evidente eco con la obra *Diferencia y repetición*, de Gilles Deleuze). Dicho de otro modo: si todos los individuos fueran idénticos no podrían replicarse porque para que exista una replicación hace falta que existan al mismo tiempo elementos iguales y disímiles, y además todo ello ha de estar sujeto a un filtro. Todos los sistemas complejos, desde el ecosistema de la selva de Borneo, a la organización de cualquier ciudad, pasando por una red social o por el termostato de una calefacción doméstica, trabajan ese régimen de *variación por repetición*, de realimentación al cabo.

2) Pensamiento intensivo: es ésta una idea importada directamente de la física, concretamente de la termodinámica, y, más concretamente, de la diferencia existente entre magnitudes extensivas y magnitudes intensivas. Una *magnitud extensiva* es aquella que puede sumarse y restarse sin que por ello varíen las condiciones de los sistemas, por ejemplo: la masa es una magnitud extensiva, por ello podemos sumar 1 kg de arroz a otros kilogramos de arroz y la única variación resultante es que tendremos más arroz, más peso: no hay en el sistema llamado «2 kg de arroz» ningún cambio cualitativo respecto al sistema llamado «1 kg de arroz». Sin embargo, las *magnitudes intensivas*, mucho más interesantes y activas que esas otras, son aquellas que, en primer lugar, no pueden sumarse, y en segundo lugar cualquier variación de su magnitud genera inmediatamente una actividad real, un flujo de materia o energía, un potencial de movimientos e intercambios. Por ejemplo, la temperatura. Tenemos una habitación a 40 °C, separada por una puerta de otra habitación que está a 20 °C. Si abrimos la puerta que las comunica, la temperatura final, producto de la unión del aire de las dos habitaciones, obviamente *no* es la «unión» o suma de las dos temperaturas, no tendremos una temperatura final de 60 °C. Lo que ocurrirá es que el aire de ambas salas se mezclará para dar lugar a una temperatura que aproximadamente será media aritmética de las dos, es decir, unos 30 °C. De este modo, los dos sacos de arroz (su masa) podían sumarse, pero la temperatura no puede sumarse. Esta característica de la temperatura se dice que es propia de las *magnitudes intensivas*, como también lo son la densidad, la velocidad, la presión, así como otras características de los cuerpos como el olor, el sabor o el color (los colores no se suman, se mezclan para dar lugar a un color nuevo).

Lo que nos interesa aquí es que *siempre que tengamos una diferencia de magnitudes o propiedades intensivas, habrá un flujo, un movimiento, que dará lugar a la posibilidad de una forma nueva de las cosas en juego, a una morfogénesis.* Es por ello que cuando abrimos la puerta que separa las dos habitaciones que están a diferentes temperaturas, inmediatamente es generado un flujo de aire, un movimiento de masa de aire, con su energía, su trabajo y su potencia, que da lugar a un sistema climático final diferente. Pongamos por caso un mapa de los continentes de la Tierra y un mapa del clima de la Tierra. Podemos dibujar un común mapamundi que, elaborado con las magnitudes extensivas, sólo hace referencia a cómo han sido sumadas o restadas esas masas de tierra que son los continentes. Por el contrario, dado que cada día el sol ilumina una parte del Planeta, la cara opuesta a la iluminada está oscura y fría, y tal diferencia de temperaturas es la que genera lo que comúnmente llamamos el clima. Si dibujamos un mapamundi pero en este caso del clima de la Tierra deberemos representar las altas y bajas presiones que mueven masas de aire, vientos y lluvia, y será éste un mapa *intensivo:* tales movimientos dan lugar a constantes cambios, a determinadas «formas de planeta» que antes no existían, modificaciones al cabo cualitativas. Este mapa del clima es un caso particular de lo que en terminología de Gilles Deleuze es un Cuerpo Sin Órganos (CsO), una clase de «cuerpo desterritorializado» que aparece siempre que entran en juego configuraciones de materia o de símbolos que implican magnitudes o propiedades intensivas, es decir, diferencias de magnitud que generan flujos, circulaciones y en última instancia realimentaciones. La subjetividad de cada uno de nosotros, que es creada siempre por intensidades, también es un CsO, de ahí que tal concepto haya sido abundantemente usado y comentado en los últimos treinta años por las teorías desarrolladas sobre la biopolítica foucaultiana y en general por las *teorías de género*. Pero un cuadro o una pieza musical, por ejemplo en virtud de las diferencias de colores y timbres, también son CsO. Es ésta pues otra forma de mapear y conceptualizar el mundo: pensamiento intensivo.

Y para lo que aquí nos interesa, nos preguntamos ahora, ¿cuál es la magnitud intensiva de un texto, de una obra literaria o plástica, hace funcionar en flujo y establecer un movimiento real y cualitativo en ella? Postulamos que el Cuerpo sin Órganos (CsO) de una obra no puede ser otro que el conformado por los cambios en el *sentido* de lo que el texto está diciendo. En efecto, del mismo modo que la diferencia de temperaturas pone en marcha masas de aire que dan lugar a nuevas formas climatológicas, lo que en un texto pone en marcha su propia morfogénesis, sus relecturas y transformaciones en el tiempo y en los diferentes campos sociales, son las metáforas que la obra despliega, metáforas que sólo pueden venir dadas por los diferentes sentidos (diferentes intensidades) de las frases e imágenes dadas en la obra. No en vano toda metáfora es el resultado de la confluencia de dos o más sentidos, dos o más campos semánticos, en una sola zona –espacio sustrato– de expresión. La metáfora crea realidad porque en ella hay diferencias de sentidos –diferentes intensidades–, y así el *sentido* de una palabra es la *magnitud intensiva* que, al entrar en contacto con el sentido de otra vecina o diferida, genera un flujo de interpretaciones, el cual dará lugar a que la obra fluya hacia una determinada imagen y relectura. Ampliando esto a «intensidades de segundo grado», podemos decir que la conocida técnica de generar obras mediante el apropiacionismo (introducir elementos de otras obras en una obra dada y ver cómo esto modifica su sentido), será realmente un apropiacionismo activo y generador de formas nuevas cuando las partes introducidas generen diferencias de intensidad, dife-

rencias de sentidos, cuando cree un Cuerpo Sin Órganos, un
cuerpo desterritorializado. De lo contrario, el apropiacionismo se revelará estéril o simplemente efectista, algo similar a coger un mapamundi y sumarle o quitarle masas de
tierra como si de una mera adición o puzle se tratara. El único
modo de generar un Cuerpo sin Órganos en un mapamundi
es modificando fronteras que de veras hagan fluir masas humanas, economías o relecturas de la Historia y modificaciones de fronteras de ámbito geopolítico. Así, y ciñéndonos
aquí a las obras literarias y artísticas, el apropiacionismo
que nos interesa es aquel que en virtud de las diferentes intensidades de los sentidos involucrados crean un Cuerpo sin
Órganos. Dicho de otro modo: la magnitud intensiva en una
obra es el sentido y campos semánticos de las palabras en
juego, cuyas diferencias crean lo que comúnmente llamamos metáfora: nuevo sentido, creación de realidad. Y una
metáfora se realimenta. La metáfora es realimentación entre
las palabras en juego o no es metáfora.

3) Pensamiento Topológico: si el primer modo de pensar la
complejidad –por no decir pensar el Mundo–, era el Pensamiento Poblacional, que como habrá resultado obvio hundía
sus raíces en Darwin hasta llegar a las teorías evolutivas de la
genética contemporánea, y si el segundo modo de pensar
la complejidad, el Pensamiento Intensivo, venía inspirado
por la termodinámica y las diferencias entre magnitudes intensivas que dan lugar a saltos cualitativos, el tercer y último
modo de pensar las cosas, el Pensamiento Topológico, es un
corpus que se sirve de las matemáticas, concretamente de algo
que ya hemos citado en otras secciones, los *puntos atractores.*

Todas las cosas, además de estar sujetas a poblaciones (es
decir, ser relacionales), y además también de poseer propiedades intensivas (temperatura, color, densidad, velocidad,
sentido, subjetividad que hace fluir a esas poblaciones), están dotadas de capacidades y *tendencias,* de aspectos que
son *virtuales pero al mismo tiempo son posibles, aspectos a
los cuales los sistemas tienen tendencia a acercarse.* Deleuze,
en su clásico de 1968, *Diferencia y repetición* (Amorrortu,

reedición de 2002), e inspirado por la definición de lo virtual en Bergson, decía: «lo virtual no se opone a lo real sino tan sólo a lo actual [...]. Lo virtual debe ser definido como una parte del objeto real, como si el objeto tuviera una de sus partes en lo virtual, y se sumergiera allí como una dimensión objetiva». ¿Cómo puede esto ayudarnos aquí y ahora? De Landa, en *Intensive Science and Virtual Philosophy* (Continuum, 2002) interpreta esta virtualidad en términos de lo que la física da en llamar *punto atractor*, que viene a ser el lugar al que un sistema dinámico *tiene tendencia a aproximarse*. Aquí se abren dos posibilidades. Si el sistema es un sistema clásico, lineal, este sistema caerá finalmente en el punto atractor. Por ejemplo, un péndulo simple, que siempre tiende al estado de reposo vertical, de modo que su punto atractor es ése, aquel en el que finalmente se detiene en la vertical. Es éste un caso de *punto atractor estable*. Decimos así que el péndulo *tiende* a ese punto atractor y finalmente se detiene porque *cae* en ese punto atractor (del mismo modo que las lenguas muertas son así llamadas porque hace siglos que han caído en un punto atractor estático). O por ejemplo, un planeta ideal, que se halla orbitando en un atractor que en realidad no es un punto sino una elipse, planeta del cual diremos que tendió a un atractor cíclico para finalmente perpetuarse en él (como el caso del latido del corazón, o el ciclo de rotación terrestre, el ciclo del sueño, el ciclo menstrual y en general cualquier sistema sujeto a un ritmo). Sin embargo no todos los atractores son tan estables, y así, en los sistemas no lineales aparecen los atractores caóticos (y no hay que tomar aquí caótico en el sentido común de la palabra), conceptualizados por primera vez por el matemático Henri Poincaré, los cuales son puntos en los que el sistema a estudiar *nunca cae*, nunca llega a tocarlos, pero a los que se acerca infinitamente, *tiende a ellos infinitamente*. Pongamos por caso sistemas como la tectónica de placas, la meteorología, los crecimientos de una población, las lenguas vivas, o el agua de un río cuando fluye en régimen turbulento, que se mueven por dinámicas no lineales. Son estos atractores caóticos a lo que, en su propia terminología, Deleuze denominaba «lo virtual que hay en los objetos», ya que, en efecto, el punto atractor «no se opone a lo real sino tan sólo a lo actual». Dicho de otro modo, estos atractores son reales, de hecho ejercen una atracción sobre el objeto, lo atraen hacia él, aunque no son actuales en tanto que no se están dando en ese momento ni en ningún otro momento, no están ocurriendo. Podemos pensarlos como algo así como la fantasía en el pensamiento: tendemos hacia nuestras fantasías (atractores caóticos) aunque nunca lleguemos a alcanzarlas. Y es a esta tendencia hacia los puntos atractores a lo que Deleuze llamó *devenir*, el devenir de los objetos, y que de algún modo, y aunque no sean exactamente lo mismo, a efectos prácticos ya hemos abordado al hablar de los puntos de catástrofe o singularidades descritas por René Thom (*Parábolas y catástrofes*, Tusquets, 1993). Por otra parte, en *Postpoesía, hacia un nuevo paradigma* (Anagrama, 2009), puede verse cómo utilicé este concepto de atractor para hablar de los mecanismos de formación de los poemas.

En suma, toda obra que pueda llamarse contemporánea, o lo que es lo mismo, que participe de una determinada complejidad, en primer lugar se halla insertada en una población que es una red lo suficientemente variada que asegure la existencia de su propagación con sus consecuentes mutaciones; en segundo lugar, creará su propio cuerpo de metáforas por las diferencias de intensidad entre los campos semánticos que sus partes involucran, y en tercer lugar, deviene en una morfogénesis gracias a sus propios puntos atractores, puntos que si la obra es rica –es decir, compleja– no podrán ser otra cosa que atractores caóticos, lo cual garantiza su continuo movimiento, su continuo hacerse y deshacerse. La obra compleja generará pues, desde su propio espacio sustrato –desde un espacio que no es una fantasmal suma de puntos en el vacío–, todas estas transformaciones poblacionales (réplicas con variaciones), campos semánticos intensivos (flujos, CsO, deterritorialización) y puntos atractores (tendencias, devenir). Por motivos obvios, las obras que hasta aquí hemos venido

introduciendo, así como las que introduciremos, son susceptibles de ser estudiadas como la suma de estas tres perspectivas. Y estas perspectivas abrirán la puerta para afirmar que
en estos espacios continuos no hay lugar para la fragmentación, para las así llamadas obras *fragmentadas*, y, por extensión natural, que las obras producto de técnicas apropiacionistas no son otra cosa que la natural intersección entre dos
o más planos de realidad (espacios sustrato) en los que una
población (una obra) ha ido desarrollando sus significados y
metáforas a lo largo del tiempo. Una obra, aunque en apariencia pueda ser reducida a sus partes, siempre es producto
de interacciones entre esas partes, lo que aquí estamos llamando flujos en red, cuya totalidad da lugar a propiedades
emergentes. En virtud de estas propiedades que *emergen*, vemos ahora con evidencia que la fragmentación se hace imposible como hipótesis de análisis válida: no sólo el agua no
puede ser explicada mediante la mera suma de oxígeno e hidrógeno, sino que tampoco un Estado puede ser explicado
por la mera suma de sus Instituciones y de sus territorios, así
como una novela tampoco puede entenderse como la suma
de sus elementos por muy fragmentados que parezcan. Es
lo que en capítulos anteriores hemos tipificado como la
mutación de la simple suma de las partes de un sistema
$(A + B + C... + N)$ en una rica multiplicación $(A \times B \times C... \times N)$.
En nuestro lenguaje, interacción que hace que algo emerja
como novedad, como obra autónoma, como sistema emergente y con su propia identidad, por borrosa que ésta sea.
Los enlaces, los *links* que atraviesan la totalidad, no pueden
ser otros que las diferentes metáforas que la recorren. Existe
emergencia si y sólo si es creada una original identidad.

1.15 FORMAS QUE EMERGEN DEL ESPACIO
SUSTRATO. MONUMENTOS

Cuando es abordado el tema del espacio y del lugar, resulta
habitual citar el concepto *no lugar*, consignado en 1992 por

el antropólogo Marc Augé en su conocido ensayo *Los no lugares, espacios del anonimato* (Gedisa Ediciones, 1992, reedición 2008). Pero en ese mismo libro Augé nos dejó también el breve texto «Un Lugar Antropológico», aparentemente más modesto pero lleno de utilísimas reflexiones acerca de cómo la espacialidad y la aparición de sus formas estructuran una cultura. Tales reflexiones, a su vez arrojan luz acerca de la pertinencia del espacio sustrato y de los puntos de singularidad de los que venimos hablando. El *lugar antropológico* referido por Augé es ante todo lo que en nuestro lenguaje llamaríamos una topología, en la cual aparecen líneas vitales, que se cruzan, y es en esos cruces donde el espacio, hasta entonces plano, indiferenciado e isótropo, adquiere un rango de lugar vivido. Pensemos en las confluencias de calles y de caminos, en las plazas y los mercados, los edificios institucionales, el banco del parque donde invariablemente se reúne una pandilla, todo ello no son sino puntos de intersección de diferentes trayectorias sociopulsionales que singularizan el lugar: al mismo tiempo que tienen un porqué y un pasado, generan muchos otros porqués futuros, hay una realimentación pasado-futuro, crean actualidad. Bien mirado, una posible definición de una *actualidad* es aquello que, en un instante dado, resulta de una realimentación entre un pasado y un futuro: paradójicamente los términos que entran en juego en lo actual nunca están en lo actual.

Un caso especial lo constituyen los monumentos, discontinuidades del espacio aparecidas para conmemorar o recordar un determinado acontecimiento. Tal como dice la etimología, monumento (*monere*: advertir, recordar) es la expresión tangible de la permanencia, de la duración. El monumento da a una comunidad la ilusión de una continuidad en las generaciones. Sin esa «ilusión monumental» la Historia sería aún más abstracta de lo que lo es. Monumento, una discontinuidad en la piel terrestre –en la «neurosis terrestre», como antes la hemos llamado–, una forma que emerge del espacio sustrato común no sólo para recordar

sino para generar tiempo histórico, así como para propiciar
la ilusión de que quienes nos han preexistido aún siguen
aquí, y que, además, si el monumento es lo suficientemente
sólido, esos humanos que ya han existido paradójicamente
nos sobrevivirán. El monumento es así una excepción, algo
que aparece como distinción en la continuidad isótropa que,
sin él, le sería natural al espacio. Y *distinguir* viene de la voz
latina *stinguere*, del campo semántico de *stimulus* y de
stylus: punta, estilo, aguijón. El monumento, es en sí una
discontinuidad en un territorio, aguijón que aguijonea la
continuidad temporal del crono, la pincha, la desinfla, para
fundar otra clase de tiempo continuo, mezcla de acontecimientos densos, vívidos, memoria impura, llena de partes
reales e inventadas en las que se mezclan la Historia y lo
experimentado por una comunidad pero no registrado salvo
en sus mitos locales. El monumento como una clase de catástrofe que ha cristalizado de modo estable. Pensémoslo
así: el tiempo de una sociedad va deviniendo en régimen estable hasta que un acontecimiento marca un punto de bifurcación, y del mismo modo que el agua al llegar a 0 °C puede
pasar al estado de hielo (que es estable porque toda parte de
hielo es igual a su vecina), o a otro estado llamado nieve
(que por el contrario es inestable y dotado de diferentes
identidades pues no hay dos copos de nieve idénticos), así
también un acontecimiento en el seno de una sociedad puede ejercer de punto crítico en el cual la sociedad, tras un re-
vulsivo, puede pasar a un estado más o menos estable, que
se visualizará en la construcción de monumentos de toda
clase, o por el contrario puede pasar a un prolongado estado
convulso, en última instancia a una catástrofe en el sentido
matemático del término, que dará lugar a inestables movimientos de personas, monedas y símbolos que les unen. En
ambos casos hay un verdadero cambio de estado, hay un
salto de lo cuantitativo a lo cualitativo, pero en el primero la
emersión de monumentos en el espacio asegura y crea una
topología de estabilidad (hielo), y en el segundo caso las catástrofes son los sucesivos monumentos que constantemente

levantados y derribados no terminan de crear una topología estable (copos de nieve). Pongamos por caso la Unión Europea, primer macroestado de la Historia construido sin derramamiento de sangre (estable respecto a esa topología), pero extremadamente convulso e inestable en cuanto a sus luchas económicas internas y flujos migratorios externos.

Por otra parte, resulta interesante señalar que en ocasiones, como ocurre en algunas comunidades de África occidental, el monumento es el propio cuerpo de los hombres y mujeres vivos, y los territorios de los pueblos son mapeados a imagen y semejanza de esos cuerpos. Eso genera toda clase de relatos en los cuales la singularidad que es el cuerpo puede sér separada de su sombra, momento en el cual la sombra, sin identidad ya, sin cuerpo y sin lugar al que incardinarse, vaga sola por el territorio, y es entonces cuando el cuerpo físico muere. O por ejemplo, en la política como símbolo, por la cual el monarca es un monumento que al mismo tiempo centra en él todo el espacio simbólico y de poder de su territorio. Tal monarca acostumbra a tener un doble de sí mismo, un esclavo que, al modo de lo que en Occidente llamamos guardaespaldas, protege al rey, hace de coraza respecto a agresiones externas. Pero no sólo es una coraza sino una «exocoraza», un «exorey», ya que si el rey muriera por culpa de que su doble no hubiera hecho bien su trabajo de defensa, inmediatamente el doble moriría también. El rey debe ser guardado en todo momento porque es el punto singular, el punto atractor, la *forma política* que emerge estable de un espacio sustrato constituido por una indiferenciada muchedumbre de súbditos. Tal simbología y potencia de creación de formas singulares que encarna el reino, es común en las citadas zonas de África y, mecanizada de otro modo también en Occidente, como lo es el Rey en nuestras monarquías o como lo son los Parlamentos en nuestras Repúblicas, con sus respectivas embajadas y representaciones en otros territorios (Rey o Parlamento que virtualmente se haya encarnado en muchos centros). Hasta aquí el caso de la multiplicación y dispersión en dobles de la figura real, es

decir, la multiplicación del monumento –del punto singular–
que da cohesión al espacio sustrato que es una comunidad.
Pero el caso opuesto, de concentración máxima o condensa-
ción del cuerpo del rey, también es bien conocido: se trata
del monarca sometido a la inmovilidad total, condenado a
residir sin moverse en la residencia institucional, en su trono, obligado a ser preservado por sus vasallos como si de un
objeto se tratara. Esta pasividad o *masividad* hasta la hipertrofia del cuerpo real es algo que ya en su día llamó la atención a antropólogos como Frazer y Durkheim, quienes com-
probaron que se da en dinastías muy alejadas las unas de las
otras en el espacio y en el tiempo, como la del México antiguo o Japón. Resulta llamativo que en estos casos el cuerpo
del monarca, y en una eventual ausencia, pueda ser sustitui-
do por un objeto como el trono, la corona o un ser humano
incluso, quien es condenado también a una inmovilidad mineral, asegurándose así la función de centro atractor, de
confluencia en él de todas las geometrías, físicas o simbólicas, del reino, y todas las sociopulsiones. Las culturas Occidentales también participan de estos mecanismos pétreos,
pensemos en la propia materialidad de los edificios-poder
como La Casa Blanca o el Kremlin.

El *otro* y su alteridad lo hemos definido en Occidente
como un agente extraño, absolutamente separado de nosotros hasta que lo hemos traído y lo hemos expuesto como
monumento estable para el goce y disfrute de nuestra cultura. Pero ya pertenecía a nuestro mismo paisaje, siempre estuvo en el mismo espacio continuo, que es todo el espacio
sustrato: el *otro* es también una singularidad que, como nosotros, *aparece*. Porque los espacios antropológicos tampoco son objetos construidos como una agregación de puntos
en un vacío, sino que al igual que las obras son lugares construidos ya inicialmente como espacios *continuos*, netamente
continuos, en los que en esa continuidad de pronto puede
aparecer una singularidad, un apunto atractor, una intensidad, una catástrofe que –y esta es una de las novedades de
esta visión– nunca se halla totalmente desconectada del es-

pacio continuo, nunca rompe el espacio para generar ahí un
vacío, nunca genera un *gap*. Del mismo modo, cualquier
organismo es un espacio continuo aunque posea órganos
diferenciados (lo hemos dicho: un ojo no es lo mismo que la
piel pero pertenecen a un mismo espacio sustrato: ese conglomerado, no obstante armónico, que aún no llegamos a
entender del todo y al que llamamos cuerpo). Es por ello que
la así llamada *fragmentación* (puntos o zonas singulares desconectadas de un paisaje) que se le atribuye hoy al espacio
social, cultural o a internet, y en particular a algunos de sus
productos culturales, no es tal. La errada idea de la existencia de lo fragmentado parte de haber asimilado la óptica del
espacio como *suma de elementos discretos*, y no como *un
sustrato continuo desde el cual, debido a la concurrencia de
distintos filtros y puntos atractores, van emergiendo las formas*. Un Monarca o un Parlamento nunca son sólo ellos. El
sol no se halla desconectado de la Tierra, no es una fragmentación de la Tierra, sino un elemento diferenciado pero
unido, un punto atractor aparecido en un espacio continuo
y común a nosotros. Tampoco nunca un monumento se halla desconectado de su espacio social, y, del mismo modo,
los productos culturales estructurados como fragmentos no
son otra cosa que una ilusión: si una obra no poseyera un
mismo espacio sustrato no podría ni tan siquiera ser entendida por un cerebro. Cuando el sujeto occidental sale de su
mapa y viaja para encontrarse allí afuera con el *otro*, fragmenta el espacio social de aquél, lo selecciona y lo trae de
vuelta como relato, como punto aislado que viene a sumarse
al elenco de trofeos que abarrotan nuestros museos. Pero
una mirada poscolonial nos revela que ese *otro* pertenece
también a nuestro mismo lugar: no era un punto aislado
sino un punto singular de un continuo. De hecho, antes que
nosotros ese *otro* ya estaba ahí. No puede ser más acertada
la queja de Hastings Banda –quien fuera líder del movimiento nacionalista de Malawi y primer presidente de ese
país–, cuando en réplica al supuesto descubrimiento de su
continente por parte de los países europeos, dijo: «en África

no hay nada que descubrir. Nosotros siempre estuvimos allí».

John Everett Millais, popular sobre todo por su cuadro *Ofelia*, es también autor de un modesto y tardío dibujo –de hecho es una de sus últimas obras–, en el cual es mostrado un explorador europeo que yace muerto en mitad de la sabana *(veldt)* en tanto con indiferencia es contemplado por dos africanos. Esa mirada de los africanos sobre el cadáver del explorador abre sin duda la brecha, el vértigo, de un acercamiento a la realidad desde el *otro lado:* se trata de una total inversión del punto de vista del *yo* europeo, una negación de la fragmentación, una tímida pero rotunda preparación para la construcción de un espacio sustrato común. No queda claro en ese dibujo quién es el bloque de madera que rueda río abajo y quién es el propio río, pero da igual, al cabo ambos coadyuvan para generar una misma cosa. A su modo, desde su cultura, desde su espacio físico y simbólico, esos dos africanos que indiferentes miran al occidental que yace muerto, nos están advirtiendo de aquello que anunciaba el astronauta de la postal: *We will return.* Ahora los que regresan son ellos.

1.16 *WHERE WESTERN CIVILIZATION ENDS*
(DE ATENAS A SANTA MÓNICA)

Pero no hay mayor espacio sustrato que la masa sociocultural y política generada en el propio movimiento de las civilizaciones. La cultura helénica en el 400 a.c. –y acaso mucho
antes la minoica– comienza a viajar hacia el Oeste y en ese
proceso va creando sus movimientos topológicos, sus formas y singularidades, hasta, por mediación de pioneros que
llevados por carretas de caballos cruzaron todo un continente, en el siglo XIX alcanzar en la línea de costa del Pacífi-
co su fin estable y su finalidad. Se genera así en esa franja de
costa norteamericana un *punto de acumulación*, una densidad de civilización, como si toda la masa cultural de la vieja
Grecia se viera en California agregada y potenciada a través
de sus productos, ya transformados. En ese momento, en ese
final geopolítico, hace su real aparición el *mito de la línea*, el
ansia de viaje y conquista occidental, que debe continuar,
debe hallar una salida, y para ello no tiene más remedio que
constituirse en movimiento vertical: el cohete, la conquista
del espacio. Y quienes no podemos ascender a los cielos hemos de conformarnos con un sucedáneo, una apariencia de
movilidad: dar vueltas y más vueltas en la noria que a modo
de irónico duelo cinético se erige en la playa de Santa Mónica, última frontera de Occidente.

Todo ese viaje es lo que relata la obra en marcha *Where
Western Civilization Ends* (iniciada en 2011) del artista
Luis Macías, quien para dar vida a esa idea de inicio heleno y a ese final californiano de nuestra civilización se vale
de múltiples metáforas visuales: la existencia de un Músculo Universal que une ambos extremos espaciales y temporales (Atenas-California), la evolución desde la Grecia antigua hasta hoy de la energía disponible y de la combustión
de los materiales (una ecología materialista), la Historia
como digestión de diferentes alimentos en un mismo y común estómago (usos de la alimentación), la nada casual

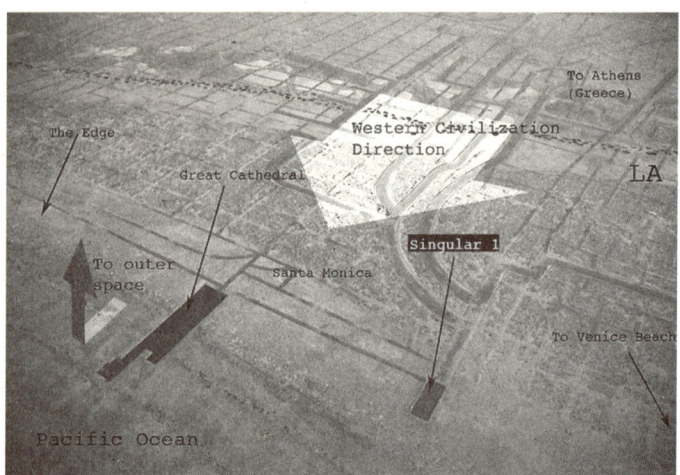

This map (without the data) is an aspect of Singular1. Santa Monica.

Outer space
(Culture)

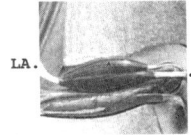

LA. .Athens

Planet Earth
(Civilization)

nomenclatura de los elementos químicos (de Demócrito al acelerador de partículas de Stanford), la transformación y cosificación del concepto de belleza (de las cariátides del Partenón a las patinadoras de Venice Beach), la invención de los mapas y por lo tanto la política de fronteras, etcétera. Decenas de fotografías, mapas, anotaciones técnicas o líricas integran esta obra en marcha, suerte de conceptualismo no tanto objetual como sí cultural.

Bajo la recurrente imagen –pero no sólo– del templo griego, el autor crea mezclas y heterotopías de tal evolución de Occidente, y al mismo tiempo construye un discurso paralelo. Atenas y California: queramos o no, simbólicas patas de la doble hélice de nuestro ADN cultural. El autor, como si de un visitante de una cultura ajena se tratara, aterriza dos veces al año –verano e invierno– en Los Ángeles y sus colindantes Santa Mónica y Venice Beach, y allí observa y recorre a pie los lugares de culto turístico, los monumentos legitimados y los vertederos de aguas fecales que desembocan al océano, toma muestras, levanta planos de líneas divisorias que se detectan en el asfalto, examina los objetos que aparecen en la playa traídos por las corrientes desde el otro lado del océano, halla toda clase de signos del fin y de la finalidad de aquel mundo heleno, que, como hiciera Chris Marker con la Batalla de Okinawa, después reinterpreta, manipula y torsiona para dar forma a la obra pero sin borrar nunca el referente nuclear. Hay en todo ese tránsito y deriva de culturas el eco casi moral y parabólico del ya citado Bas Jan Ader: el barco que cuando tenía diecinueve años lo traía desde Holanda a California encalló muy cerca de esa costa en la que hoy Macías recoge cosas, al cabo restos de nuestra cultura. Como ya hemos dicho, Bas Jan Ader, trece años más tarde de su primer naufragio partiría solo y en un pequeño bote, esta vez desde la Costa Este, para acometer su última acción: experimentar la deriva en el movimiento contrario, ir de América a Europa. Se supone que murió ahogado. En *Where Western Civilization Ends,* decenas de fotografías, que también son mapas y conceptos, arman una obra, la cual, al

igual que el proceso de torsión histórica que quiere darnos a
entender, a fecha de hoy tampoco ha finalizado, como si
también la obra estuviera aún en su propia deriva oceánica.
Puede seguirse en la página: www.luismaciasartwork.com
Hay una clara intención en *Where Western Civilization
Ends* de crear un comprehensivo espacio sustrato, para lo
cual se parte de la siempre problemática tesis de lo heleno
como origen de las democracias modernas, y sobre ese lecho
a través de cizallamientos, estiramientos y oblicuas concep-
tualizaciones se crea una *topología alternativa de Occidente*, una forma aparentemente amorfa de «lo nuestro», con sus
puntos de catástrofe y reveladores saltos. Cuando Nietzsche
susurró al oído al caballo «madre, soy tonto», en realidad
–ahora lo sabemos– estaba diciendo: «este caballo nos llevará a California pero para él no habrá regreso».

1.17 EL EXILIADO. LOS DURMIENTES DE ÉFESO.
OTRA TAXONOMÍA DE LOS TEXTOS

Recordemos que el colono, el explorador, el occidental que
parte para traer fragmentos de tierras ignotas y construir
aquí su narrativa de *el otro* y de *lo otro*, realiza ese viaje
como construcción personal o colectiva, pero en todo caso
se trata de un viaje deseado, buscado, de modo que su contrafigura no puede ser otra que la del *exiliado*, aquel que
expulsado de su tierra es condenado a viajar sin retorno. No
busca el exiliado la construcción de *el otro* sino todo lo contrario, la *aparición de otros* que sean como él, que sean él,
otros que, por así decirlo, le devuelvan su humanidad, ahora
perdida. Platón mete en una caverna –al cabo un búnker– a
un grupo de humanos que nada saben del mundo exterior,
las sombras que esos prisioneros ven proyectadas en las paredes de la cueva son tomadas por éstos como la vida real,
no meras ilusiones. Fuera de la caverna, arriba, se halla el
mundo real, al cual no tienen acceso; digamos que los humanos de la caverna son unos exiliados tan antiguos que

han olvidado toda memoria de lo que algún día fueron. Cuando uno de ellos es impelido a, escalón tras escalón, salir de la caverna, es cuando Platón nos anuncia que ese viaje representa el acceso de ese hombre a la Verdad, al conocimiento, a la filosofía y, por último, con la visión directa del sol –dice Platón– el acceso al conocimiento del Bien. Cuando este prisionero regresa a la caverna para contar a sus antiguos compañeros dónde está la Verdad, éstos, incrédulos, le toman por loco, se burlan de él, y en una clara alusión a la condena a muerte de Sócrates afirma Platón que hasta serían capaces de matarle llegado el caso. Porque en ese regreso este hombre remite sus experiencias y su discurso a lo que hay *arriba*, en la superficie terrestre, y no podría ser de otro modo: una vez que, convertido en un «humano completo», ha regresado «abajo», es su imperativo existencial narrarlo todo de la misma manera que quien mira a través de un telescopio se ve obligado a reinterpretar lo visto allí arriba en clave terrestre, o del mismo modo que aquel que habita un búnker remite toda su experiencia a lo que sabe o especula que hay en la superficie, sobre su cabeza. Ésa es, en este contexto, la moraleja a extraer de la muerte de Sócrates, aquel humano que habiendo subido desde la caverna a la superficie –o por volver a la terminología inicial de estas páginas, habiendo traspasado la Línea Año Cero que separaba la ilusión de la realidad– y una vez experimentado el Bien y el conocimiento –proceso que podemos identificar con un legítimo *apropiacionismo*–, ha bajado para contárnoslo a nosotros, que, ignorantes, seguimos encadenados a tópicos de orden cavernícola: incluso a riesgo de ser condenado a beber la cicuta, cuanto sale de la boca de Sócrates remite a ese momento de realidad exterior en el cual él y sólo él miró cara a cara el único punto que nos es vetado mirar: el sol.

Y es que los exiliados, al contrario que el colono, en realidad nunca regresan, no pueden, y si lo hacen es a riesgo de tal incomprensión u ostracismo; son doblemente exiliados: el tiempo no corre de igual manera dentro de una cultura –siempre endogámica, cavernosa– que fuera de ella. El mito de la caverna y la figura del exiliado toman cumplido símil en la película *El planeta de los simios*. Al final de la cinta, el personaje encarnado por Charlton Heston encuentra la cabeza de la Estatua de la Libertad asomando en la arena de una playa para darse cuenta de que, en primer lugar, tras años de viaje interestelar no ha arribado a un lejano planeta sino que ha regresado a la Tierra, habitada ahora por primates no humanos, y en segundo lugar que como consecuencia de aquel viaje, efectuado a una velocidad próxima a la de la luz, se ha cumplido aquello que anuncia la Teoría de la Relatividad Especial: en la nave el tiempo se ha contraído, y lo que en la Tierra han sido siglos en la nave han sido apenas unos años. Algo similar le ocurre al preso de la caverna platónica cuando ya en posesión del conocimiento, del Bien y de la Verdad, regresa a lo que era su casa bajo tierra para comprobar horrorizado que aquellos que había dejado ya no son los mismos sino –acaso simios o protohumanos– unos seres incrédulos, ignorantes, necios y vengativos. La relatividad del tiempo ve aquí, en símil, cumplido su mecanismo trasladado a la relatividad histórica y moral que de pronto media entre el astronauta y los que en tierra se quedaron.

En el Corán hay un pasaje *(Azora, 18)* que significativamente remite a la leyenda cristiana de Los Durmientes de Éfeso, así como a los desfases temporales y los consiguientes conflictos de los que venimos hablando; dice: «Los hundimos en el sueño de una cueva un cierto número de años. Luego los despertamos para saber cuál de los dos bandos calcularía mejor la duración del periodo que permanecieron bajo tierra». Tal como Enrique de Rivas nos recuerda en «Tiempo y espacio del exilio» (*Archipiélago*, n.º 26-27), el dramaturgo egipcio Tawfiq al-Hakim (1898-1987) escribió en 1933 *La gente de la caverna*, obra de teatro donde reinterpreta aquel pasaje del Corán de este modo: dos neocristianos perseguidos por el emperador Decio encuentran refugio en una cueva y se quedan dormidos junto con un pastor que ya estaba allí. Al despertar, le dan unas monedas al pastor y lo envían a la ciudad a por víveres. El pastor vuelve sin nada pues las monedas que le han dado tienen más de trescientos años. Los perseguidos, confundidos, parten a la ciudad para buscar los lugares y las personas que en su día conocieron. Reconocen casi todo, pero a ellos nadie les reconoce. No tardan en descubrir que sus nombres son objeto de culto y que se les venera como a santos y mártires. Asustados, deciden regresar a su lugar natural, al tiempo de la cueva, para siempre. Los de fuera, sabedores de ese regreso, levantan sobre la cueva, ahora tumba, un monumento para perpetuar su memoria. Es ésa una experiencia de choque típica de los regresos, similar a la que reiteradamente cuentan aquellos que regresan de guerras (Vietnam, Irak), o la que cuentan los exiliados (Guerra Civil española, alemanes exiliados en Estados Unidos tras la Segunda Guerra Mundial), aquellos que tras años lejos intentan recuperar sus patrias: durante el sueño en la cueva, durante el exilio, su memoria permaneció detenida, congelada, así que ahora está «intacta», mientras que fuera de la cueva para los otros ha transcurrido el tiempo histórico, y su memoria, transformada por el devenir y por la experiencia, ha tejido la red que conforman las distintas configuraciones de los hechos. Es tal asimetría histórico-temporal lo que genera la diferencia sustancial entre el colono (viajero, turista, internauta) y el exiliado (desplazado por guerras, incomunicado, ciudadano de países con veto en el acceso a la Red, etcétera).

Es en este sentido en el que decimos que el caballo de Nietzsche, aquella bestia de carga que en una errancia que duró más de veinte siglos tiró de las carretas que nos llevaron a todos de Atenas a California, es un exiliado: ese caballo no regresa, y si lo hace es para ser una y otra vez públicamente maltratado. Quien sí regresa es el jinete que lo montó, el colono, el conquistador, quien a su regreso arma su relato de *el otro*. Así las cosas, las narraciones occidentales, típicamente cimentadas en el sentimiento del desastre, en la posibilidad real de un Fin, apocalípticas en suma, se ven en la duda de a qué modelo atender: si a la construcción más bien fantástica y puramente ficcional –que no por ello no real– de aquel colono que de regreso construye sus narraciones en función de resonancias de temor/atracción y siempre fragmentadas de cuanto ha visto, o si por el contrario atiende al pathos del exiliado, quien ha sido expulsado de un tiempo y una realidad sin posibilidad de regreso, y en cuyas construcciones narrativas necesariamente se trasluce una experiencia distinta, más amarga y vívida –aunque no por ello más real que la otra–, la cual conlleva, sobre todo, una intención última de restitución de un paraíso original, de un Centro perdido a través del compromiso entre culturas. Moisés y su cruce del mar Rojo es un modelo fundacional de literatura de exilio; Ulises y su salida y su regreso a Ítaca el modelo fundacional del viajero/colono. De este modo, las habituales categorías literarias, e incluso los propios géneros literarios que acostumbramos a taxonomizar como novela, poesía o ensayo, con sus subdivisiones, pueden abrirse ahora a otra clasificación articulada en torno al eje de los diferentes modos de cómo narrar la única experiencia que existe en Occidente, la experiencia del viaje: *narrativa de colono* o *narrativa de exilio*, ambas, y si de textos occidentales estamos hablando, necesariamente apocalípticas, llenas de soles y *yoes* multiplicados que obligan a desgranar algún desastre acontecido siempre a causa de agentes externos al sistema propio –ya sea planetario, nacional o doméstico–, y todo ello provisto de un anhelo de restitución de un orden, de un Centro perdido –no pasemos por alto que no sólo el mito de la caverna ejemplifica el drama del exiliado, sino también otro de los mitos más usados en nuestra cultura como herramienta explicativa, el de Edipo–. En el caso de la literatura de colono, el Centro que ésta busca restituir atenderá principalmente a espacios y argumentos más o menos fantásticos pero verosímiles, sólidamente construidos ad hoc. Y en el caso de la literatura de exilio, la narración buscará la restitución de un Centro de intenciones más bien moralizantes, posicionado en grandes o pequeñas utopías; la verosimilitud vendrá en ese caso dada no por la construcción ad hoc de un mundo paralelo sino por un apelar a una realidad, casi siempre en clave dramática, vivida en primera mano. Claro está que el hecho de que en una determinada obra prime una orientación u otra dependerá, para empezar, del peso que cada una de esas dos características tenga dentro de la narración original, y en segundo lugar del pulso de la época histórica en la cual sea leída y releída. En un ejemplo antes citado, Sebald utiliza la imagen de un cadáver hallado bajo el hielo de los Alpes, que emerge por sí solo debido a los propios movimientos glaciales. Del cuerpo sólo quedan «un montoncillo de huesos limados y un par de botas con clavos». El autor alemán nos trae esa anécdota –que presenta como real– para hablarnos de que todo lo que regresa lo hace en estado de degradación, en forma de basura aún sin reciclar, así como de la infinita distancia que media entre los que se van y los que quedan. Auster, lejos de la pérdida y la melancolía que ésta arrastra, utiliza una imagen similar para hablarnos de cómo no hay distancias: un hijo halla bajo el hielo el cadáver de su padre, muerto esquiando veinticinco años atrás. «Pasado el susto inicial se agacha para observar el rostro más de cerca y entonces siente que está mirando a un espejo, un reflejo de sí mismo», porque para su conmoción comprueba que el rostro del padre, invariable por hallarse helado, es más joven que el de él mismo a fecha de hoy. En Auster tal reencuentro se convierte así en la fiesta de todos los reencuentros, en el desperdicio que regresa perfectamente reciclado y listo para volver a usar. Ambos reencuentros, igualmente impactantes, como dos partículas de luz que aparecen tras la colisión de la materia con su antimateria, emergen en direcciones exactamente opuestas: el primero en modo exilio, el segundo en modo colono. Pero ello no impide que ambos textos, leídos en un futuro puedan invertir su signo. De igual modo ocurre para una misma obra: conocidas son las interpretaciones que a lo largo de los siglos cíclicamente ha experimentado *El Quijote:* del orbe de lo humorístico, satírico e imaginativo cuando fuera editado, al de la mitológica identidad de una nación que todo lo ha

perdido. Los ejemplos podrían sucederse con toda obra digna de perdurar, característica esta que, precisamente por
evolutiva, denota la vigencia de un texto, su particular recla-
mo: «estoy vivo porque muto». Cuando Chanel comerciali-
za los pantalones vaqueros rotos invierte el signo del originario relato punk, que de exiliado pasa a netamente colono.
El *rizoma* tal como en *Mil mesetas* fue conceptuado por
Deleuze y Guattari, y que allí en «modo exilio» es utilizado
para explicar primitivos mecanismos de red por los cuales se
mueve una determinada contracultura, ve invertido su signo
a «modo colono» cuando es utilizado para explicar esa otra
red que es la sociedad de consumo, sin por ello perder su
vigencia; antes al contrario, la refuerza. *La metamorfosis* de
Kafka, que coincidiendo con el auge del psicoanálisis en el
siglo xx acostumbra a ser leída en clave de crisis de la identidad personal, puede leerse hoy, palabra por palabra y frase
por frase en clave geopolítica y de crisis económica con tal
de sustituir a Samsa por Alexis Tsipras, al apoderado del jefe
por la Troika y a los padres de Samsa y a su hermana por los
países de la Unión Europea. En 1971 Pink Floyd graba su
concierto *Pink Floyd en Pompeya*, que es recogido en una
homónima película. Concierto que nace mítico, melancólico
y propicio a la especulación estética: sin público, la banda,
completamente sola y situada en mitad del milenario Anfi-
teatro pompeyano, desgrana sus canciones para las piedras,
para la Historia, para los ecos de una cultura grecolatina
revisitada por el pathos romántico de la música del rock
progresivo y sinfónico. Tal combinación anuncia su carácter
implícitamente anómalo, fraterno a lo residual y candidato
a generar lecturas fuera de la normatividad. Unos 44 años
más tarde, el grupo Deerhoof, de quienes se puede decir sin
temor que sus canciones son tan caóticas que no parecen ser
metáfora de nada –ni siquiera metáfora del propio *ruidismo*
pues tampoco se ajustan a las pautas de ese estilo–, es invitado a tocar en las instalaciones del acelerador de partículas
CERN; la invitación viene del programa de colaboraciones
denominado Ex/Noise/CERN. En el corazón del búnker más

El ruido del big bang. Deerhoof improvisando una pieza ruidista en el corazón del CERN (2015), sin público

Pink Floyd en Pompeya (1971). Toca sin público, toca para el ruido de la Historia

grande jamás construido por cualquier civilización, ahí donde se alojan los imanes que darán aceleración a los miles de
partículas que después colisionarán a velocidades cercanas a
las ocurridas en el big bang, la banda interpreta una pieza
improvisada. «Música experimental vs. física experimental»,
podría haberse llamado el evento. Vídeo oficial y artículo
pueden verse aquí: <http://home.web.cern.ch/about/upda-
tes/2015/09/indie-band-deerhoof-experiment-sound-cern>.

¿Música para el origen del Universo? ¿Ruido para el
origen del Universo? Si Pink Floyd en Pompeya era un canto decididamente romántico, armado en la exaltación de la
estética decadentista del siglo XIX, del escenario de carácter sublime, de la épica de unos varones que en soledad
parecen hacer música contra los elementos, contra piedras,
contra la propia Historia, y todo ello con tecnología sonora de última generación en 1971, también la experiencia de
Deerhoof en el CERN parece ajustarse a ese mismo pathos
pero en signo inverso, imagen especular pues lo que Pink
Floyd construyó en la superficie terrestre es hoy invertido
bajo tierra: esa mujer y esos tres hombres que integran
Deerhoof no cantan a la nostalgia ni a la belleza de un escenario decadente sino a una tecnología que, aunque nos
lleve atrás en el tiempo –ni más ni menos que al big bang–,
parece estar diciéndonos que es *un arma cargada de futuro*. Podemos decir que contra lo que dicta la apariencia, y
por el modo de apropiarse de las ruinas del pasado, Pink
Floyd en Pompeya es una narrativa en la que prima el pathos exilio: Pink Floyd escenifica en Pompeya el *ruido de la
Historia*, el hermanamiento con pueblos y espíritus que ya
no existen, porque Pink Floyd en realidad actúa en una
cueva, la cueva del tiempo, que tiñe de nostalgia y mito.
Por el contrario, la experiencia de Deerhoof en el CERN, y
a pesar de darse en la madre de todos los búnkeres, es concebida para una supuesta fraternal unión entre el humano
y el *ruido del big bang*, el ruido del pasado de todos los
pasados, sí, pero en clave decididamente futura, optimista,
exploradora, carácter de colono. Y es que habiéndosenos

terminado la exploración de la Tierra, colonizamos así el mismísimo origen del Universo, el big bang. Estos dos ejemplos, por sí mismos, vistos aisladamente, no informarían más que de un sentir particular de una sociedad en un momento determinado, no trazarían una silueta o una forma continua. Lo que nos importa es la intersección, los rastros que el parcial solapamiento de ambos eventos conserva o deja a un lado.

En efecto, es en el espacio de intersección entre el «modo colono» y el «modo exilio», es en esa zona en la que se funden a la vez que se diferencian Sócrates y sus asesinos, es en esa zona en la que se juntan y se diferencian los nativos –exiliados en su propia tierra– y el explorador que en el cuadro de John Everett Millais yace muerto, es en esa zona en la que la mujer japonesa de *Level Five* mira hacia atrás y, antes de arrojarse al vacío, interacciona con aquel que la está registrando para siempre en una película, es en esa zona en la que es posible la aparición del espacio tibio que media entre el frío cemento de nuestras ciudades y su ardiente corteza tejida de cuerpos y cables que transportan señales, nuestras señales, es en esa zona en la que ahora el *vacío* y la *nada* por mediación del *campo de Higgs* se desdoblan en significados que no obstante guardan ambiguas intersecciones entre sí, o es en esa zona en la que el partido de fútbol televisado deja un espacio de «indefinición de ley» entre el televidente y el árbitro, sí, es en esos lugares de todas esas y muchas más intersecciones donde se da el *espacio sustrato*, el espacio topológico, el espacio del *nómada*, el espacio de las posibilidades de aparición de nuevas formas, el espacio de lo que difiere de sí mismo en el continuo cambio de sus *magnitudes intensivas*, y siempre en razón al intrínseco modo de construir una narración, bien sea colona, bien sea de exilio, porque todas las cosas son generadas en la interacción de dos movimientos que, opuestos, vienen larvados en la Historia de Occidente: *volver para contar (Ulises), y exiliar para que alguien lo cuente (Moisés).* Es en esta topología común a ambos donde decimos que se hallan vertidos los residuos,

los desechos que ninguna de las dos partes quiere para sí
pero que no obstante el resultado final necesita para definirse como parte esencial de una cultura. Ocurre también con
el ruido, que, implícito, es generado en cualquier mensaje.
Ocurre también en el hecho mismo de la impureza que se da
en toda traducción de una lengua a otra –algo migra del
texto original para que otra cosa permanezca en el nuevo texto–, tara que por esa *intersección* de sentidos entre dos
lenguas distintas da cuenta de la riqueza de la traducción. Y
todo eso también es superficie terrestre, la infusión no vacía,
genésica, del exiliado bajo tierra y del colono que, agotado
el territorio, se lanza a la conquista del espacio exterior e
interior porque lo que de verdad le gustaría es poder mirar
de frente al sol y sabe que ni puede ni jamás podrá. Sin esa
intersección conformada de impurezas y basura todo sería
distinto; probablemente, incluso, tendríamos otro cuerpo.
Mi madre me contó una historia: cuando era pequeña fue a
jugar con una amiga a unos campos un tanto alejados del
pueblo donde vivían. Tras pasar la tarde en el río, cansadas,
se quedaron dormidas en una sombra. Cuando se desperta-
ron, de noche, y alarmadas por lo tarde que era, corrieron
hacia sus casas. Cuando llegaron al pueblo –como si fueran
colonas y su sueño hubiera reparado algo en el mundo, o
como si fueran exiliadas y su sueño las hubiera separado del
mundo para siempre–, se enteraron de que la Guerra Civil
española había terminado.

1.18 LA VELOCIDAD DE LA LUZ DE LAS COSAS

Ante la idea, más o menos generalizada, por la cual se afirma la existencia de una Naturaleza original y externa al humano, conviene recordar que la Naturaleza –y mucho antes
de la era Antropocena en la que, seguro, ya vivimos–, es la
resultante de la interacción entre una cultura y un entorno
que, más o menos abstracto –e informe aún– la rodea. La
arena de las playas de Normandía contiene partículas fruto

de transformaciones geológicas de miles de años, contiene
también muestras volcánicas, y prehistóricas algas marinas,
y trozos de conchas de ayer en contacto con trozos de hoy, y
arena que son microcantos rodados hechos de plástico de
millones de tapones de botellas hoy indistinguibles a simple
vista de la arena de roca, y restos de carne de pez y heces,
también corroídos trozos de metralla, pólvora, cristales de
botellas de refrescos, hierro procedente de cascos aliados y
alemanes, trozos de huesos que parecen puro calcio, arena
hecha de carcasas de transistores, de fiambreras y de cucharas, y mucho más, aún contiene muchísimas cosas más esa
arena, y todo, absolutamente todo ello, ya es natural. ¿Hay
algo o alguien que pueda dar cuenta de la complejidad, de
los múltiples mundos y tiempos que en red hay en un solo
metro cúbico de arena de esa playa?, ¿hay algo que pueda
dar cuenta de la política, la química, la Historia, la física, la
meteorología, la producción de bienes de consumo, la ecología, la moral y sus interpretaciones, la sentimentalidad doméstica y la fuerza de los Estados que hay en un metro cúbico de arena de Normandía natural, 100% natural?

Conviene, así, y para hallar un buen ajuste de qué es un
objeto complejo, revisar la idea que tenemos de lo natural y
lo artificial. El relato convencional nos dice que la humanidad ha seguido una línea de evolución más o menos recta,
que iría de lo natural en su origen a una creciente artificialidad. Si esto fuera cierto habría que admitir que todo pueblo
no occidentalizado, y por lo tanto también sus artes, son
aún hoy originales y naturales, de algún modo están en estado puro. Pero suscribir esa idea es tanto como decir que esos
pueblos no han evolucionado, son estructuras pétreas, son
piedras o menos que piedras ya que hasta las piedras evolucionan en sus formas y son erosionadas por el agua y el viento. Pensar que, por ejemplo, los indios hoy norteamericanos
estaban en un supuesto estado puro antes de que llegaran a
sus costas los navíos holandeses, además de constituir un
disparate antropológico sumamente etnocéntrico, es negar-
les a esos pueblos su condición de humanos, ya que sólo lo

no humano permanece inalterable en el tiempo. En efecto, antes de llegar Occidente a «contaminarles» ellos ya tenían su propia Historia «contaminada», sometida a sus propias evoluciones y su complejidad. Cualquier cultura, por el mero hecho de existir, desde su minuto cero es artificial en su despliegue vital e interacción con su entorno. Ante tanta búsqueda de raíces incontaminadas en las artes, conviene también recordar que los caballos dibujados en las cuevas de Chauvet no son más naturales ni menos artificiales que los que aparecen en *La rendición de Breda*. Tampoco un pincel de Velázquez es más natural que un lápiz digital, ni el data-art (arte hecho con datos extraídos de los análisis big data) es más artificial que los óleos de las Guerras Napoleó-nicas, las cuales al fin y al cabo no trataban sino de ilustrar pictóricamente los datos estadísticos de muertos y vivos en la batalla. Toda Naturaleza es artificio; más específicamente: toda Naturaleza es Naturaleza Humana. El caso del *paisaje* resulta ejemplarizante. En Occidente el término *paisaje* tardó siglos en aparecer, hasta entonces los hombres y las mujeres ni atravesaban ni contemplaban paisajes sino simplemente lugares, accidentes geográficos (lagos, ríos, cordilleras) o poblaciones y villas con nombre propio. En *Vida y muerte de la imagen* (Paidós, 1994), Régis Debray nos recuerda que en muchas culturas, como en la helénica, el mundo bizanti-no o la latinidad medieval, al mismo tiempo que la palabra paisaje no existía tampoco la palabra *arte*. En *Diccionario de las artes* (Planeta, 1995), y precisamente en la entrada correspondiente a la palabra Arte, abunda Félix de Azúa en el hecho de que *arte* es un concepto filosófico que asoma la cabeza tímidamente en el Renacimiento y sólo se verá con-solidado en el Romanticismo. Hasta entonces únicamente existían las *artes*, una pluralidad de prácticas las cuales lejos de tener que ver con lo que hoy llamamos obra de arte reunían oficios de variado pelaje; de los artesanos de la pin-tura a las artes de pesca. Nada, en su esencia, separaba las artes de las técnicas. También, como acabamos de decir, sa-bemos que las culturas en las que no existió la palabra *arte* son las mismas en las cuales no existió la palabra *paisaje*. Hasta el siglo XVI Europa desconocía tal campestre concepto, el cual aparece por primera vez en 1549 de la mano de Robert Estienne. Lo curioso es que en aquel inicio la palabra paisaje no designaba nada que tuviera que ver con la naturaleza o el campo, sino una especie de cuadros hasta entonces nunca vistos. Dos siglos más tarde, en la *Enciclopedia*, la entrada dedicada a *paisaje* dice todavía: «ese género de la pintura que representa los campos y los objetos que se encuentran en ellos». Nada dice de la existencia real y material de esas cosas que se ven representadas en los paisajes. De modo que aquí la reproducción antecede al original. Los paisajes de los campos que pisamos han salido de los cuadros, y no a la inversa. Yendo más hacia atrás, y visto como un ente autónomo que habla por sí mismo y es capaz de suscitar emociones, el paisaje no aparece ni en lo que hoy llamamos arte paleolítico, ni en las decoraciones de papiros egipcios, ni en las cerámicas griegas, en las cuales los lugares y los espacios están subordinados a los mitos. Los campos y prados ornamentales de las villas romanas son ilustraciones de temas mitológicos o canónicos, nunca de la naturaleza mineral y vegetal realmente existente. En el primer milenio del cristianismo su ausencia se hace aún más patente, en el cual la verdad cristiana, vista a través de los libros de santos, deja de lado el hábitat: para un humano del siglo XIII el bosque del Edén es más digno de ver y experimentar que cualquier bosque contiguo a su casa pues la imagen bíblica le es más útil a fin de establecer lazos con sus congéneres y con su entorno material. Sólo a mediados del siglo XVI esa *interface* que hasta entonces era *el campo* comenzará a tomar categoría suficiente como para ser visto por sí mismo. A tal liberación del paisaje habría contribuido Calvino, quien al prohibir la pintura religiosa no dejaba otro tema a los pintores que el mundo profano. El paisaje, antes reservado a textos sagrados, podemos decir que, gravitante, sigue así una vez más *el movimiento de la caída de los cuerpos*: desde los divinos cielos y sus sagrados textos a la superficie terrestre, a las cosas materiales que se integran en lo hemos llamado «neurosis del planeta». Al mismo tiempo que el paisaje emerge comienza también a tomar forma como tema autónomo el *rostro humano*, el retrato como género de introspección en el personaje. Paisaje y rostro avanzan juntos, si bien en sentidos contrarios: las naturalezas vegetal, animal y mineral se objetivan, lo que antes era un incomprensible caos de cordilleras ahora son los bellos Alpes –no por casualidad aparece entonces la cartografía moderna–, y lo que antes eran rostros comodín, subordinados al tema sagrado, comienzan a hablar acerca de sí mismos, acerca del retratado, se subjetivan. Podemos suponer lo extraño que sería para un habitante anterior a esa fecha haber contemplado una pintura de lo que hoy llamamos un paisaje, algo así como para nosotros en algún momento del siglo XX comenzó a hacerse extraño que el arte representara objetos aparentemente sin vida ni sentido simbólico, por ejemplo la fotografía de un mero circuito electrónico, o en el ámbito del sonido grabaciones de esa corriente que luego dio en llamarse *música concreta*, sinfonías hechas con ruidos extraídos del natural, sonidos que hasta entonces eran «musicalmente mudos». La reinterpretación de lo que es y no es paisaje, ligada íntimamente a aquello que es o no es *natural*, llega hasta hoy expuesta en un buen termómetro: la publicidad. Uno de los movimientos que inventó la comunicación de masas, el nazismo, fundó su propia idea de naturaleza, prístina e inmaculada, a imagen y semejanza de la supuestamente natural raza aria, nudista, vegetariana, tabacofóbica y necesitada de un «espacio vital» tal como había sido enunciado por Friedrich Ratzel en *Politische Geographie* en 1897, lo cual se evidencia en sus películas de propaganda. A un publicista estadounidense de los años posteriores a la Segunda Guerra Mundial, excitado por el ethos del progreso tecnológico y sus bondades, jamás se le hubiera ocurrido publicitar un automóvil –como sí ocurre hoy– apelando a un campo de trigo que el conductor plácidamente atraviesa, sino al modo en que el vehículo y sus caballos de potencia se integran *natu-*

ralmente en la vida de la auténtica naturaleza de su época, las urbes modernas y el universo simbólico maquínico.

Tales construcciones de lo que es Naturaleza, y por lo tanto de la dicotomía natural/artificial, hunden sus raíces en la noción de lo que en cada época es considerado Absoluto/ Relativo. Lo *natural*, concepto que en el imaginario colectivo es entendido como una cosa que está ahí afuera, esto es, objetivada ya desde su nacimiento, por esa misma definición no puede ser sino algo que *en un tiempo remoto apareció de una vez y para siempre*, algo que bajo ningún concepto podrá ser modificado. Pero si lo natural no puede ser modificado no podríamos ni tan siquiera alimentarnos de ello, no sería posible una interacción con esa supuesta entidad natural, y por lo tanto tampoco una realimentación en ella. A todas luces, lo que comúnmente llamamos naturaleza (animales, plantas, minerales, procesos biológicos) no cae dentro de ese caso: desde el citado ejemplo del *paisaje* (el campo) a cuantos imaginemos, la naturaleza es la resulta de una interacción del humano con «una cosa» que hasta entonces carece de identidad y forma, y que tras la interacción se ve transformada; del alfarero que manipula las formas del barro a la manipulación genética, la realimentación mundo-humano no sólo es incesante sino que es la única que existe en tanto es la única que nos es dada conocer y nos afecta. De modo que, bien mirado, lo único Absoluto, lo único que –de existir– legítimamente podría ser calificado de *natural*, lo único que –por seguir la definición de naturaleza como Absoluto– nos es dado de una vez y para siempre y de un modo prístino e inalterable atraviesa los siglos y el Universo, son las así llamadas *constantes del Universo*. Por tales constantes entendemos una serie de valores numéricos del supuesto mundo de «ahí afuera», tales como la *constante de gravitación universal*, la *carga del electrón*, la *constante de Planck* o la *velocidad de la luz en el vacío*, valores que están fijados para siempre y sobre los cuales la acción del ser humano resulta inútil: nada puede modificar esas constantes del mismo modo que no hay explicación al porqué de su valor. Ni tan siquiera varían al variar el sistema de referencia de quien las observa. Son algo realmente Absoluto, lo único que ninguna cultura puede ni podrá modificar porque, y entre otras muchas cosas, una mínima variación de sus valores conduciría a un Universo totalmente diferente al conocido, y por supuesto a la imposibilidad de cualquier forma de vida conocida; como mucho, las podemos interpretar: bien como límites reales en las teorías científicas, o bien como límites de especulación en la ficción. Son, por así decirlo, las Líneas Año Cero Absolutas. Más allá de ellas no hay colonizador ni explorador que de facto se interne, ni exiliado que allí pueda ser expulsado. Más allá de ellas todo es estricta irrealidad, algo que va más allá de toda ficción verosímil, no detentan ningún *afuera*; todo lo humano y toda especulación creíble está más acá del territorio que esas constantes demarcan. Son algo así como el límite absoluto marcado por Wittgenstein cuando en su *Tractatus Logico Philosophicus* nos dice: «los límites de tu mundo son los límites de tu lenguaje». Por el contrario, lo que acostumbramos a llamar la Naturaleza, la hierba, rocas, animales, los propios seres humanos, nada tienen de Absolutos ni de entidades separadas de nosotros; de hecho, son entes con capacidad de realimentarnos física y simbólicamente. La *complejidad material* aparece pues, precisamente, en aquello que no es Naturaleza, en aquello que no es Absoluto: esas hierbas, animales, rocas o ideas –movimientos sociales, artes, productos científicos– susceptibles de hacerse *sistemas*, susceptibles de entrar en fase de realimentación con su entorno, con nosotros.

Y también así ha mutado esa cosa tan poco natural que a lo largo de los siglos hemos llamado *cuerpo:* un cuerpo del siglo II no es el mismo cuerpo que un cuerpo del siglo XVII, ni que otro del siglo XXI. El cuerpo individual no es un ente natural, sino un conglomerado definido según contextos; salvo su esencialidad cromosómica, carece de Absolutos y responde por ello a una complejidad. Cierto que existen rasgos más o menos generales que se propagan en el tiempo: en todas las épocas el cuerpo del varón ha sido diferente al de la mujer y al del hermafrodita, y el cuerpo del amo/patrón/jefe siempre ha sido diferente al del esclavo/proletario/asalaria-do, y el cuerpo del ídolo de masas siempre ha sido diferente al de sus correligionarios/fans, pero la síntesis de cada uno de ellos, producto de las relaciones que se establecen tanto con el poder como lo que en cada caso y época es considera-do mundo, supramundo e inframundo, difieren a lo largo del tiempo. Todos esos cuerpos trabajan en zonas que no son Absolutas, que no son naturales, y por ello Relativas. Esto se ve claramente en las relaciones de confrontación que aparecen cuando el biopoder –administración reglada de la higiene, de la sexualidad, de la demografía, etcétera–, y en un alarde de objetivización de sí mismo, es decir, de cons-trucción de sí mismo como un Estado, normativiza una idea de cuerpo y especialmente la idea de *género*, la cual colisio-na con los individuos que, a su vez, quieren objetivarse a sí mismos, los ciudadanos que desean ser productores de sus propios cuerpos. El límite Absoluto, lo único realmente na-tural que posee un Estado es aquello que define como tal: la confluencia bajo un seno legislativo de individuos confor-mados en sociedad, a los cuales, salvo a riesgo de disolución del propio Estado, no puede normativizar hasta sus últimos extremos. Ésa es la particular velocidad de la luz del Estado, su límite irrebasable so pena de destruirse a sí mismo, o sólo rebasable en el campo del deseo canalizado en ficción. Por su parte, el individuo y toda esa complejidad llamada *géne-ro*, que en absoluto responde únicamente al sexo biológico sino que es resultante de campos sociales, lingüísticos, cultu-rales, biológicos y psicológicos, tiene como límite irrebasa-ble la reconstrucción de su dimensión cromosómica, impo-sible de modificar, la cual conforma por ello su Absoluto, su particular velocidad de la luz. De modo que los debates en torno al género, uno de los propiamente nuevos a partir de la segunda mitad del siglo XX, se dan en la zona en la que ni el Estado, canalizado a través de los diferentes biopoderes, ni el cuerpo autoconstruido y canalizado a través de la ob-jetivización de uno mismo, son completamente naturales

–ni el Estado es completamente Absoluto si es un verdadero Estado, ni el género es completamente una definición cromosómica si es un verdadero género– sino complejas y realimentadas construcciones culturales que como toda construcción cultural son artificios al mismo tiempo que poseen sus límites. Es en esa tierra de nadie donde hoy se libra y realimenta la batalla de la objetivización/no objetivización del cuerpo. En efecto, mi cuerpo no es igual que el cuerpo de un humano del siglo II porque el tiempo en toda época ha ido desplazando los límites de los cuerpos, los límites supuestamente absolutos, sus «velocidades de la luz». El cuerpo que habita hoy los mapas de la Tierra terminados no puede ser igual que el cuerpo que vivió en una Tierra plana y por descubrir. El cuerpo que habita hoy en espacios expresamente diseñados a acogerlo –butacas que como un guante te reciben al sentarte, armarios con cajones dispuestos a la altura de las extremidades corporales–, no puede ser el mismo cuerpo que aquel que habitó en una época en la que el entorno material carecía de tales homologías y acompañamientos. El cuerpo que tiene su extensión natural en la Red no puede ser el mismo que aquel que se comunicaba tan sólo con sus cuerdas vocales o con un tam-tam. El cuerpo que habitó la época en la cual la musculatura masculina tenía como único fin el trabajo manual, y las mamas femeninas la de producir leche, no puede ser igual que el cuerpo en el cual esas partes del cuerpo cumplen funciones de orden estético y político. El cuerpo que habitó una época en la cual el canon venía medido por el Hombre de Vitruvio de Leonardo no puede ser igual que el que vino regido por el Modulor de Le Corbusier, o el que hoy en modo radicalmente abstracto y derivado de las tecnologías de la salud se explicita en un mero número: Índice de Masa Corporal (IMC). En *El Proceso de la civilización* (FCE, 1987), Norbert Elias da cuenta de cómo en lo referente a las costumbres en la mesa y al uso de utensilios, en el Renacimiento los comensales se separaron de los platos –abandono de las manos como herramienta directa para usar los intermediarios cubiertos– al mismo tiempo que se separaron de los otros comensales al proponer platos individuales. La separación de lo material a través de utensilios corre así en paralelo a la separación de los cuerpos entre sí, los cuales ya no podrán ser los mismos, y cuyo límite es esa costumbre, dada sobre todo en algunos países de América Latina y en Estados Unidos si nos ceñimos al ámbito Occidental, de evitar el contacto directo de los labios con el vaso, para lo cual se sorben los líquidos utilizando esa *interface* que es una pajita, así como, en cuanto a la separación de los cuerpos los unos de los otros, existe esa costumbre principalmente anglosajona por la cual en un lugar concurrido –tiendas, centros comerciales, pasillos de metro, etcétera– al pasar al lado de otro cuerpo, y aun si tan siquiera rozarlo, estás obligado a susurrar un *«excuse me»* –bisbiseo que, por cierto, recuerda al sonido de sorber líquido a través de una pajita–. Lo que en cada época es dado por límite corporal, por verdadera naturaleza, por Absoluto, va así ampliando o disminuyendo sus fronteras, a la postre Relativas. Ocurre incluso en la fisonomía de las deidades: el cuerpo de Jesucristo pasó de ser representado cubierto con túnicas doradas y con los brazos abiertos, a hacerlo desnudo y crucificado, y más tarde con un pantone pop en los vitrales de las iglesias de la Teología de la Liberación. O qué decir del cuerpo del monstruo: las representaciones zoomórficas del interior de las iglesias románicas, en el gótico salen y se hacen gárgolas en tejados, acaso hoy drones. O qué decir del cerebro, el cual, y acaso como le ocurre a la construcción del género, es hoy motivo de exploración con construcciones límite que son a su vez metáforas. Es un tópico –y sobre todo en la llamada *ciencia cognitiva*– comparar el cerebro con un disco duro o con una computadora que procesa información. Pero el cerebro no funciona como un ordenador. La metáfora del cerebro como máquina que almacena datos y dispone de ellos cuando las circunstancias lo requieren está en cuestión. Un argumento a favor de su no estructura de computadora es que, al contrario que los ordenadores, el cerebro no recuerda bien; de hecho, recuerda muy mal. Para la informática y sus propósitos, el cerebro es un objeto-basura. Un ordenador, dadas unas instrucciones correctas, es capaz de reconstruir perfectamente una imagen, un texto, o «abrir» un archivo de la índole que sea. Por el contrario, el cerebro no dispone de bits ni de algoritmos, y cuando ha de recuperar información tiene muchas dificultades, y para colmo casi nunca la recupera bien o en su correcto orden. De ahí que en nosotros exista eso que comúnmente llamamos memoria: una construcción que, según las circunstancias presentes, se nutre de datos ciertos y de otros inventados. En efecto, el cerebro no recuerda bien casi nada, sin embargo *reconoce* muy bien las cosas. Hay un experimento que lo demuestra: si te dicen que dibujes de memoria y con el mayor detalle posible un billete de cinco euros, seguramente no pasarás de trazar el número 5 y a lo sumo las estrellas de la Unión Europea. Sin embargo, si acto seguido ponen un billete ante tus ojos, por un proceso complejo en el que intervienen múltiples factores aún desconocidos al instante reconoces cada uno de los detalles del billete. Al contrario que un ordenador, no tenemos la imagen exacta del billete de cinco euros «almacenada en una memoria», no la «recuperamos» de ningún sitio pues nunca ha estado en nuestro cerebro. Ni tenemos un disco duro en la cabeza, ni las neuronas almacenan memoria de detalle alguno. La memoria es un proceso aún no entendido y seguramente los especialistas habrán de encontrar su explicación en posteriores desarrollos de las teorías de sistemas complejos. Ello prueba que aquella idea transhumanista según la cual el cerebro podrá descargarse en un ordenador no es más que ficción.

Resulta obvia la histórica necesidad de explicar el cerebro mediante las máquinas o teorías más avanzadas de cada época, mediante tecnologías límite. En su libro *Our own image* (Pegasus Books, 2016) George Zarkadakis describe seis metáforas que se han empleado en los últimos 2.000 años para tratar de explicar la inteligencia humana. Según la Biblia, los seres humanos se formaron a partir de arcilla o tierra, que después Dios dotó de un espíritu, que es nuestra inteligencia. En el siglo III a.C., la invención de la ingeniería hidráulica hizo popular la inteligencia humana como un modelo hidráulico. El flujo de diferentes fluidos en el cuerpo (los «humores») fue representación de nuestro funcionamiento físico y mental. La metáfora hidráulica persistió durante más de 1.600 años. En torno al año 1500, la aparición de los autómatas de resortes y engranajes, y sus posteriores alianzas con las ideas del pensador René Descartes, pondrían de moda la idea de que los seres humanos somos máquinas de origen mecánico. Un siglo más tarde el filósofo inglés Thomas Hobbes sugirió que el pensamiento surgió de pequeños movimientos mecánicos en el cerebro. En torno al año 1700 los descubrimientos sobre la electricidad y la química llevaron a nuevas teorías de la inteligencia humana, otra vez de naturaleza metafórica. Después, inspirado en los últimos avances en las comunicaciones, el físico alemán Hermann von Helmholtz comparó el cerebro con un telégrafo. En los albores de la informática, década de 1940, se dijo que el cerebro funcionaba como una computadora: el propio cerebro es el hardware, y nuestros pensamientos son el software. Lo que hoy se denomina *ciencia cognitiva* fue puesta en marcha por la publicación de *Lenguaje y habla* (1951), del psicólogo George Miller, quien propuso que el mundo mental podría ser estudiado aplicando conceptos de la teoría de la información, la computación y la lingüística. Este tipo de pensamiento fue llevado a su máxima expresión en el breve pero influyente libro *El ordenador y el cerebro* (1958), escrito por uno de los matemáticos más brillantes del siglo XX, John von Neumann, quien declaró rotundamente que la función del sistema nervioso humano es «prima facie digital». Aunque reconoció que poco se sabe sobre cómo emerge la memoria, trazó paralelismos entre los componentes de las máquinas de computación de su tiempo y los componentes del cerebro humano. En efecto, cada explicación del cerebro refleja, en metáfora, el pensamiento más avanzado de su época, que edifica así su límite, su particular velocidad de la luz.

Y es que vemos «velocidades de la luz» por doquier, límites que constituyen aparentes Absolutos, las naturalezas de
cada una de las cosas, las cuales no pueden ser traspasadas
sin que en ese tránsito el objeto en cuestión sea, según casos,
mutado o destruido. Tales Absolutos se erigen en bordes,
frontera y clausura de las cosas: puntos singulares en tanto
que barreras culturales. La velocidad de la luz –y por lo tanto la clausura– de las distintas fes religiosas son sus respectivos dogmas. La velocidad de la luz de la duda aparece cuando debemos optar entre dos decisiones, instante en el que la
decisión es tomada, deshaciéndose así el nudo de la duda.
Como ya hemos sugerido, para Wittgenstein la «velocidad
de la luz» de cada individuo es «el límite de su lenguaje». La
«velocidad de la luz» del ídolo de masas se articula en su
vida privada, en tanto ha de carecer de intimidad si quiere
conservar su estatus: la vida privada del ídolo de masas es la
vida privada de cada uno de sus fans, los cuales proyectan e
identifican su propia privacidad en el ídolo, reasignándose-
la. Caso parecido es el del Monarca; la diferencia radica en
que, al contrario que el fan, el súbdito no proyecta en aquel
su vida privada, la privacidad del monarca ha de permanecer como lo que la palabra indica, algo estrictamente oculto.
La «velocidad de la luz» para el posmodernismo fue el 11-S
en tanto más allá de ese desastre su lógica se colapsa, lo cual
–conviene recordar–, guarda semejanza estructural con el
así llamado *desastre del 98,* por el cual tras perder las colo-
nias de Cuba el paradigma social español y en especial el literario muta dando lugar a toda una generación que es obligada a repensar sus límites, su clausura, su Absoluto, dado
hasta entonces como «natural». Del mismo modo, puede
detectarse hoy en la literatura no sólo nacional sino mundial
lo que podemos llamar una *Generación 11-S.* Resulta difícil
encontrar hoy una narración que bien en directo o en diferido no se vea condicionada por el intento de explicación y/o
exorcización del trauma de las Torres Gemelas. Si las palabras de aquel barbudo que fue Walt Whitman, leyendo su
poema «América» resuenan como Línea Año Cero de la re-

citación, como línea más allá de la cual no sabemos cómo se entonaba un canto, no menos cierto es que resuenan las palabras de aquel otro barbudo, Bin Laden, en su primitivo vídeo casero grabado días después del atentado: «La historia será testigo de que somos terroristas. Sí, matamos inocentes americanos», en lo que constituye una verdadera Línea Año Cero, pero en este caso no del sonido ni de la dicción sino de la siembra de un asintótico terror futuro: hoy por hoy es difícil imaginar la existencia real de una expresión de terror ubicada más allá del 11-S y del entorno que funda.

1.19 LA VELOCIDAD DE LA LUZ DE
LOS RESIDUOS. EL NÓMADA

¿Quién en pleno verano no ha sentido alguna vez que en el interior de cada instante está el final del verano?

Pocas cosas hay más propias de la superficie terrestre que los residuos, cierto que a veces, ritualizados, los enterramos como se entierra a los muertos, pero tarde o temprano emergen, resplandecen cuando futuros arqueólogos los encuentran. La mayoría de la información valiosa que nos han dejado culturas pasadas no es la hallada en sus «museos» sino aquello que nos dejaron sin querer, su basura. Cierto también que somos la primera generación que dejará basura espacial, pero ésta, desintegrada, termina por caer a la Tierra. Y para aquella que aún orbita, existe un programa de desplazamiento de la misma, un dispositivo especial pergeñado por el Estado ruso, que lanzará los satélites inservibles y demás chatarra a una órbita superior a la geoestacionaria, no por casualidad llamada *órbita cementerio* –la analogía semántica con nuestros cementerios delata la imposibilidad de remitir todo, ya sea física o simbólicamente, a algo que no sea la Tierra–.

Residuo (de latín *re-sidere*) quiere decir *aquello que no deja avanzar a la realidad, lo que la obliga a permanecer sentada y estática*, lo que corta el flujo del tiempo y sus cíclicas realimentaciones. Por este motivo la basura, al contrario que las otras cosas, no puede tener su particular límite –su particular «velocidad de la luz»–, pues si nos atenemos a su definición *ya ella misma es un límite*, ya ella misma es un *absoluto*, una inamovible Naturaleza. La basura es la frontera que, latente, habita en todas las cosas, y que de hacer caso a la citada etimología *(re-sidere)* cuando se manifiesta las obliga a permanecer sentadas, inactivas, sin posibilidad de acción ulterior. Sin embargo, tal límite, etimológico, se ve constantemente cuestionado por los procesos de reciclaje de los residuos, que en el campo de las artes vienen a materializarse en las diversas técnicas de las que se vale el *apropiacionismo* cultural. Las zonas muertas de los patios y los huecos de los muros de las casas acostumbran rellenarse con material de demolición de otras casas, reunión de espectros que en todo momento acompañan a la nueva edificación: texto-vivienda que es palimpsesto, superposición de elementos, de los cuales sabemos qué son ahora pero no sabemos exactamente de dónde han venido ni qué fueron, no sabemos quién habla en ellos ni para quién hablan; en la basura el emisor y el receptor siempre están por definir del todo. Es pues el del residuo un especial caso de desplazamiento del borde y de la clausura de los objetos, de su Naturaleza: carece de ella; como si alguien se hiciera la retórica pregunta: ¿cuál es la velocidad de la luz de la luz?, y comprobara que contra todo pronóstico tal nuevo límite existe. Son procesos que se dan cuando más allá del límite impuesto por una supuesta y propia naturaleza descubrimos que hay algo o alguien susceptible de poder contestarnos, susceptible de hacernos ver las cosas desde el «otro lado»; la existencia de un sistema de referencia que también pueda contarnos un relato *de allí*. Podríamos pensar que la particular velocidad de la luz de la *cordura* es la *locura*, pero tal límite es aparente pues en el otro lado, pasada esa barrera, hay algo más; a saber, el individuo loco, que también puede enunciarnos, señalarnos, también puede definir su particular velocidad de la luz sobre nosotros los cuerdos, de modo que por necesidad ha de aparecer en este punto la noción de *consenso*. Hemos desplazado así las fronteras que parecían fijas, hemos ido más allá de lo esperado a través de pactos con sus límites. En *Hermes III. La Traduction* (Minuit, 1974), Michel Serres habla de *objetos-mundo*, objetos que, por su dimensión y artificialidad, están en la misma dimensión y orden de magnitud que el mundo, lo cual implica que el mundo no puede reciclarlos (cohetes, plásticos o radiaciones en el orden físico, y sobreinformación en el orden social y simbólico), son basura en el sentido literal del término: por sus grandes dimensiones o por su carácter netamente artificial no pueden ser reabsorbidos, y por lo tanto no dejan avanzar al flujo orgánico. Pero de ser cierto que no puedan ser reciclados, no sería por el carácter artificial ahí denunciado, sino precisamente por todo lo contrario, por ser plenamente naturales en tanto que, según Serres, son límites, son *objetos-mundo*, son Absolutos en nuestra terminología: verdaderas velocidades de la luz, verdaderas *constantes* del Universo. Lo cierto es que, contradiciendo en este punto a Serres, hace tiempo que hemos aprendido a reciclar esos residuos, a darles una dimensión inferior al mundo. La sobreinformación y sus aparentemente no reciclables daños colaterales nos hablan, son hoy eco activo y rica materia prima tanto de ciencia como de otras muchas narrativas artísticas, y por su parte los residuos físicos son hoy sustanciosas fuentes de dinero –físico y virtual– en los mercados de la industria de la reutilización. Hasta los cuerpos de los infantes, huérfanos o violentamente abandonados por sus progenitores, y convertidos así en basura, despojados de los límites que definen lo humano, son objeto –previo pago monetario o simbólico, claro está– de adopciones y reabsorciones por parte de los países del Primer Mundo. La historia de las artes, la historia de los movimientos sociales, la historia de los Estados, la Historia misma, no es pues ese supuesto anhelo de progreso cifrado en la continua purificación y refinamiento de sus productos, sino –y he aquí lo que nos interesa– todo lo contrario, el reamasado y la resignificación de lo que en cada caso es considerado residuo. El mundo conocido no es un despliegue de inmaculadas esencias de una cultura, no es el avance de esa representación del mundo que acostumbra a separar las cosas en enfrentados y metafísicos pares tales como bueno/malo, interior/exterior, real/ideal, ficción/realidad, naturaleza/cultura, etcétera, sino que se trata del límite grueso, extenso, dotado de la materia residual de ambas partes. Si *metáfora* viene de la palabra latina *metaphora* (traslado, desplazamiento, o *metapheró*, «yo transporto»), parece que hemos llamado al residuo activo, el que sirve de material de reapropiación y por lo tanto de creación, a aquel que desde aquella cosa que era el *residuo* y que parecía *no dejar avanzar a la realidad y que la obligaba a permanecer sentada*, ha pasado hoy a ser agente provocador: *traslado, desplazamiento* o, en otras palabras, metáfora. Así pues *residuo* y *metáfora*, opuestos si hacemos caso a sus etimologías, vienen ahora, activamente, a identificarse en la reapropiación. La basura, física o simbólica, es así un muy especial objeto, de característica única, cuyos límites son borrosos: la basura *carece de naturaleza propia en tanto su clausura puede ser constantemente desplazada*, redefinida, de modo que también es eso que llamamos *metáfora*. Tanto puede transformarse en materia de colono como en territorio de exiliado: realimentaciones extremas y apropiacionismos son aquello que la definen. La basura es por ello lo menos natural, lo más artificial en su constante metaforización, y por lo tanto resulta ser lo netamente cultural, lo constitutivo de toda cultura. Si lo que define las cosas, su naturaleza, se hallaba en sus límites irrebasables, en su frontera, entonces el residuo, la basura, al carecer de tales fronteras resplandece como materia prima en su asombrosa plasticidad formal y simbólica. Bien observado, lo que Goya rescata de Velázquez no es su excelencia sino los residuos de sus obras, aquello que en su día las academias desecharon en Velázquez, aquello que tiraron a la basura, aquello que ya entonces era zonas muertas por no llegar a ser entendidas del todo. De ahí, de esa ductibilidad, también la capacidad de la basura para generar rechazos por parte de lo estatutario y lo normativo. No pasemos por alto que el libro que ha dado lugar a más alegorías y metáforas, la Biblia tal como la conocemos hoy, es puramente un residuo, la resulta de una traducción popularizada de los Textos Sagrados judíos, que eran excesivamente filosóficos y complejos, a fin de que el vulgo pudiera entender y asimilar la «Palabra de Dios». La Biblia es el primer producto pop de consumo a gran escala de la Historia, lo que hoy día sería la copia china de un producto de diseño de una prestigiosa marca comercial.

Pero si como hemos dicho la narración occidental es constitutivamente apocalíptica, y siendo ese carácter apocalíptico su Absoluto, su naturaleza y su particular e irrebasable velocidad de la luz, entonces ¿cómo es posible que exista lo que acostumbramos a llamar *narración postapocalíptica*? ¿Cómo es posible que exista algo *post*, algo más allá de lo apocalíptico, lo cual, ya de por sí es un límite, un final por definición no cruzable? La única respuesta satisfactoria a tal aparente contradicción es que en realidad ninguna narración tiene un borde estable, y así, como el residuo y como la metáfora, también *toda narración carece de naturaleza propia en tanto su clausura puede ser constantemente desplazada*. Narrativa occidental y residuo y metáfora se identifican pues. De ahí que siempre exista un más allá, un espacio de la narración que aspire a la restitución de un Centro –por inestable que éste sea–, un colono o un exiliado que bien de facto o bien con utópica intención ansíen fundar lo post. De algún modo, en *Consideraciones acerca del pecado*, Kafka lo dijo: «a partir de cierto punto no hay retorno. Ése es el punto que hay que alcanzar». Más allá de esa frontera de no retorno hace su aparición el carácter postapocalíptico de los textos. Allí donde aparece un texto (Apocalipsis) aparece simultáneamente su post-texto (post-Apocalipsis, que en la modernidad casi siempre se ha manifestado como relato pesimista, y en la posmodernidad como relato de triunfalista conectividad). Pero apocalipsis y postapocalipsis, y al contrario de lo que indica el modo de pensar dialéctico, incluso enfrentados no se refutan, sino que se realimentan siguiendo los flujos del pensamiento en clave de *complejidad*. La historia de la escritura, y en particular de la literatura, es pues la de un residuo que constantemente funda fronteras blandas, porosas, móviles, y lo que era post-apocalíptico deja de serlo para hacerse apocalíptico, que a su vez tendrá su nuevo estado post-apocalíptico, etcétera. Dicho de otro modo: el fin no existe, siempre pasa algo que nos salva del fin, tan sólo hay que esperar un indeterminado intervalo de tiempo. Por ello dentro de tales fronteras narrativas, las culturas, subculturas y complejidades van siendo restituidas no por su desaparición sino por el reamasado de lo antiguo en lo nuevo. Del mismo modo que las cosas se distinguen de otras por sus *constantes*, por sus aparentes límites infranqueables, por sus siluetas y contornos –si no vemos una orilla no podemos saber si lo que nos muestra la fotografía es un fragmento de mar o de una pecera doméstica–, del mismo modo, decimos, es en la frontera entre la narración y su posnarración, es en ese lugar de precario y transitorio contacto, donde se crea el espacio de posibilidad, el espacio sustrato, para la emersión de una forma compleja, la cual se desarrollará tras la confluencia de campos de fuerzas que remiten a los ya citados puntos de bifurcación, puntos de catástrofe y singularidades. Un cuerpo, desde su estado fetal, avanza en una sucesión de fronteras entre la narración que de facto ya es y la posnarración que también a cada instante ya es, realimentación que *propicia su forma*. Así también proceden los contornos de una nube, de un lago, de cualquier obra literaria a lo largo del tiempo. Tal emersión de una silueta no puede entonces tratarse como una trayectoria predefinida sino como una suma orgánica: fragmentos que para dar un todo interaccionan entre sí –se multiplican entre sí–. En apariencia, y en razón de una lógica esencialista, el concepto es paradójico, pues presupone que en un mismo instante, y sin destruirse, se reúnen contrarios. Pero esta clase de cohabitaciones se rastrean en extenso en la tradición, tal es el conocido caso de *De Rerum Natura* de Lucrecio, quien estudia tal

cohabitación en los fluidos, o también es el caso de la cohabitación de vida y muerte que en *Civita Dei* enuncia san
Agustín, cuando dice que, lógicamente, cuando morimos no
estamos en la muerte sino *después* de la muerte, así que es
claro que desde que comenzamos a vivir en este cuerpo individual la muerte está ya en cada uno de nosotros. En ese
constante contacto entre ambas partes –vida y muerte, apocalíptico y postapocalíptico– es donde lo vivo puede definirse como tal. Si en cada instante de la vida no existiese también la muerte estaríamos en aquella sucesión de tiempos
muertos que Borges relató en su alegoría «El Inmortal», y si
en cada instante no existiese también la plena vida estaríamos en esa cancelación del tiempo que es la nada. Vivir, y
sus productos, es instalarse en la sucesión de instantes en los
cuales se ponen en intersección vida y muerte, dando lugar
al impuro residuo que llamamos existir: realimentación que
da lugar a una forma individual –el yo– o colectiva –las sociedades y sus mitos y aspiraciones–. En el apogeo del verano, en cada uno de sus instantes, sentimos que, en efecto,
está ya contenido todo el fin del verano, todo su posverano,
todo su septiembre y toda su muerte, sin la cual agosto nada
sería; no hay competencia entre vida y muerte, y si la hay se
ve disuelta en un mutuo apoyo. La así llamada paradoja del
león y la gacela ejemplifica tales mecanismos de cohabitación de contrarios que sin tropiezo se resuelven en sistemas
realimentados: el león sabe que le conviene atacar a una manada de gacelas pues de este modo sus probabilidades de
éxito se multiplican: si no caza un ejemplar determinado
seguro que podrá cazar a otro. Por su parte, la gacela sabe
que le conviene ir en manada ya que así es más probable que
no sea ella la elegida por el león. De modo que ambos, león
y gacela, y contradiciendo toda lógica de juego basado en
competencia, supuestamente parten con objetiva ventaja.
¿Cómo es posible que en un juego ambas partes tengan ventaja? La paradoja se diluye cuando en vez de pensar en
términos de dialéctica y competencia, en vez de pensar
en términos de vectores que van a un encuentro en «modo

choque», lo hacemos en términos de –como vida y muerte, como narración y posnarración– ciclos y cooperada realimentación; león y gacela conforman un indivisible *sistema* cuyas partes al mismo tiempo que compiten a vida o muerte se ayudan –se ayudan precisamente porque compiten–. Vemos ahora que cuando Kafka dijo, «a partir de cierto punto no hay retorno. Ése es el punto que hay que alcanzar», en realidad se quedaba con una sola mitad del proceso, la que hay en el «poslugar», en la posnarración, dejaba así atrás la posibilidad de realimentación que llega del pasado. Muchos años más tarde, Jacques Derrida sería protagonista de una anécdota útil para completar aquella idea de Kafka: en 1966 es invitado al Coloquio de Baltimore «Los Lenguajes Críticos y las Ciencias del Hombre», reunión que se haría célebre porque en su transcurso –y a pesar de los ataques no exentos de sadismo por parte de Lacan–, el aún poco conocido Derrida leyó su conferencia «La estructura, el signo y el juego en el discurso de las ciencias humanas», la cual –aunque naturalmente esto aún no se sabía– contenía ya todo el programa de lo que luego se dio en llamar *deconstrucción*. La reunión, a instancias de la Universidad Johns Hopkins, se había planteado para dar a conocer el estructuralismo en Estados Unidos, motivo por el cual estaba la plana mayor del mismo; no es de extrañar pues el revuelo ocasionado por la llegada de un joven que cuestionaba las mismas bases de ese sistema de pensamiento. David Carroll, de la Universidad Johns Hopkins, recuerda: «estábamos descubriendo lo que era el estructuralismo y de pronto él ponía en tela juicio lo que apenas comenzábamos a aprender. De inmediato sentí que era un acontecimiento». Durante el debate, Jean Hyppolite se confiesa tan maravillado como desconcertado y le dice a Derrida: «no veo exactamente dónde quiere llegar», a lo que él responde: «yo mismo me preguntaba si sabía dónde quería ir. Por lo tanto, le responderé diciendo que, precisamente, lo que intento es alcanzar ese punto en el que ni siquiera yo mismo sé dónde quiero ir». Kafka, colono a veces, exiliado otras, dotado de una teleoló-

gica vectorización de la experiencia, quería alcanzar el punto de no retorno. Derrida, explorador y colono al mismo
tiempo, se coloca en la anchura de la frontera, en el punto en
el cual los *juicios finales*, realimentados, quedan en suspenso: todo es narrativo y posnarrativo simultáneamente, todo
es apocalíptico y postapocalíptico al mismo tiempo, el punto en el cual todos somos *nómadas*, legítimos rehacedores
de los residuos de una cultura, figura esta la del nómada que
faltaba aquí por enunciar, y que, bien diferenciada, completa lo dicho con la tríada *colono-exiliado-nómada*. El *nomadismo estético*, que es el vagar propio del *espacio sustrato*.

No resulta difícil relacionar los *relatos de exilio* con
aquellos contextos de interacción humana que clásicamente
han venido considerándose testigos y denunciantes de modos de enajenación llevados a cabo por el modo de narrar
colono –véanse las formas de «sospecha de lo real» que cul-
minan en Foucault y su noción de *dispositivo* como red de
elementos que conforman un ente represor–. Por su parte,
tampoco resulta difícil relacionar los *relatos colonos* con
aquellos que manifiestan cierta ingenuidad de moral universalista, tal como la candidez rousseauniana, por la cual la
Naturaleza es esencialmente bondadosa, y que, por extensión, a veces es ampliada a nuevas naturalezas tales como la
digital, encarnada en la versión apolínea de la red internauta. Cabe así la pregunta, ¿en qué contexto se dan hoy las
relaciones propias de la complejidad? Quizá la respuesta sea
negativa respecto a la narrativa colona, la cual, en tanto que
relación apocalíptica, no descubre a un *otro* dotado de su
propio *yo* sino a un *yo* creado e imaginado a imagen y semejanza de quien relata. Pero tampoco parece posible la complejidad contemporánea en la experiencia y narrativa del
exilio pues ésta hace lo propio desde la búsqueda del *absoluto* reconocimiento *en el otro*, que es otra forma de lo apocalíptico en tanto que se sitúa en un lugar tan cercano a los
otros que no hay suficiente perspectiva ni distancia como
para ser realimentado por ellos. Por el contrario, en los flujos, redes, envío y reenvíos de la contemporaneidad lo com-

plejo aparece en la experiencia del *nómada*, la experiencia de la intersección no vacía, fruto de lo que las otras dos, extremales, van dejando a un lado: sus desechos. Es ahí, en el seno de esos residuos, sin límites absolutos y sin «velocidades de la luz», donde en forma de redes y subredes se instala toda la complejidad de eso que llamamos una narración, una subjetivización del mundo. Y es a su vez en la intersección y superposición de esos espacios creados por subjetividades nómadas donde aparecen redes más amplias que dan lugar a eso que llamamos la complejidad de una cultura. Como el caso de K, el agrimensor de *El castillo*, cuyo cuerpo es residuo administrativo y contractual pues «no pertenece ni al pueblo ni al Castillo, está de más en todas partes», y que bien podría haber sido el destinatario del mandato de Michel Serres en *Atlas:* «Ahora llegamos a la cuestión fundamental de todo atlas: ¿de qué hay que trazar un mapa? Respuesta evidente: de los seres, los cuerpos y las cosas que no se pueden concebir de otra forma». A menudo olvidamos que en la tormenta hay algo más que el rayo (colono) y el trueno (exiliado): el nómada resplandor –difuso como una nube, reticular como un cerebro, fluido como un residuo– que media entre uno y otro.

1.20 OJOS DE ESTATUA/OJOS EN DUERMEVELA

Que en el imaginario occidental la mímesis galvaniza resonancias monstruosas, lo sabemos. Nada habría más absurdo primero, e inquietante después, que un espejo que nos reflejase exactamente, como cuando nos vemos en esas cámaras de seguridad que no sabemos por qué «imitan» nuestros movimientos. Pero la mímesis repetida ya es el colmo pues lo que era único –lo espectacular e inesperado que hay en toda imitación– pasa a convertirse en una regularidad, repetición que a su vez puede verse mimetizada: exacta definición de lo terrorífico. El primer avión que se estrella contra un edificio es dramático en cuanto a las víctimas que

genera y es extraño en cuanto a la perplejidad que instantáneamente hace aparecer, pero un segundo avión resulta insoportable por el atisbo de estadística, de regularidad que
anuncia. Como se verá más adelante cuando hablemos de
cómo hicieron su aparición esas dos primas lejanas –para
nada hermanas– que son la tecnología y la ciencia, el relato
cristiano tiende a admitir lo monstruoso en tanto que permite la existencia de algo inesperado absoluto, que es lo
que en su tradición se llama *milagro* –como una clase de
tecnología, aparato tecnológico que fascina por sus prestaciones fuera de toda predicción, por ejemplo las continuas
renovadas prestaciones de una computadora, y de ahí que
el cristianismo siempre se haya llevado bien con la magia, o
con la tecnología en tanto que magia, al punto de que el
Papa maneja Twitter–, pero tiende a no admitir como esencialmente buena la mímesis debido a lo que potencialmente
tiene ésta de propagación de alguna clase de mal: el pecado
sólo es pecado si es conducta repetida –de ahí que las religiones nunca se hayan llevado bien con la ciencia, la cual
busca regularidades, repeticiones–. Sea como fuere, la mímesis plantea conflictos en todas las culturas. Hemos citado
ya el caso –y no será la última vez– de lo desagradable y
sobre todo estéril que sería que la traducción de un texto
tuviera en el idioma de destino el mismo *sentido* que en el
idioma original, porque para obtener un resultado mimético no habría hecho falta la traducción, ya bastaba con el
original. Si esa conducta repetida se repitiera estaríamos en
el pánico: la supuesta disolución de todas las lenguas en
una, el regreso a un estado anterior a Babel. A todo propie-
tario de una determinada obra o invento sujeto a copyright
le desagrada ver su obra mimetizada en la Red; si tal mímesis se repite y además es exacta, lo que era mera sorpresa, e
incluso halago de su vanidad, rápidamente se convierte en
denuncia por robo, apropiación indebida o plagio. La regularidad crea monstruos, en todos los sentidos.

Roger Caillois, en su breve ensayo de 1935, *El mimetismo y la psicastenia legendaria* (traducido al castellano en

diversas publicaciones, por ejemplo *Revista de Occidente,* n.º 330) sostenía que, en contra de lo que dicta la biología evolutiva, el mimetismo al que se pliegan numerosas especies de animales y plantas no tiene nada que ver con un instinto de supervivencia sino con un instinto de renuncia y de abandono, a través del cual «la vida da un paso atrás». No podemos estar de acuerdo por entero con ello pero sí con que cierta actitud mimética es inherente al hecho de habitar un entorno, y por lo tanto es igualmente inseparable tanto de la supervivencia como de un cierto abandono a las inercias que desactivan la complejidad. El espacio de creación de sentido, de creación de una narración, que se genera cuando al mirarnos en un espejo nuestra imagen es mimética pero no exacta –mimética pero no absolutamente mimética: sin ir más lejos, el espejo invierte la derecha y la izquierda de la imagen–, es lo que da lugar a las diferencias que precisa nuestra individualidad, nuestra conciencia, para poder afirmar que nosotros no somos ese del espejo, sino este otro de carne y hueso que está aquí afuera, dotándonos así de *sentido* como individuos, de algo que no es posible copiar exactamente, del mismo modo que lo que dota de sentido a una lengua es su imposibilidad de ser traducida exactamente.

Nuestra cotidianidad se desarrolla principalmente en ámbitos iluminados, el mundo está lleno de luz, todo cuanto nos rodea es tocado por la radiación visible que llega del sol o de la luz artificial; todo menos una cosa: el interior de los cuerpos. Llama la atención que dentro de los cuerpos todo sea oscuridad, que los órganos internos se hallen destinados a jamás ser tocados por la luz –común principio de vida–, y que si tal contacto ocurriese sería debido a una tara, un defecto, una enfermedad: la apertura del cuerpo en la mesa de operaciones o la introducción de videocámaras. Esa inadecuación *dentro oscuro/afuera iluminado*, que vista rápidamente puede parecer simple oposición, es transformación activa en la superficie del cuerpo, en la piel, *interface* que actúa como interruptor, on/off, epidérmico humus, reflejo y efecto diferido de causas tanto internas como externas al cuerpo. Pero también esa diferencia que hay entre la oscuridad del interior del cuerpo y la iluminación de fuera se ve anulada, se extingue, en un momento muy cotidiano y por ello poco especial: cuando por la noche todo es oscuridad, *cuando exterior e interior del cuerpo se vuelven indistinguibles*, de ahí el miedo y rechazo de los humanos a lo oscuro. El interior del cuerpo, sin ya contraste con su exterior, siente que se mimetiza con ese afuera, siente que se disuelve y es captado por ese otro «interior corporal» que a consecuencia de la oscuridad de la noche es entonces el mundo. El cuerpo humano se ve así atrapado, fagocitado, por «el interior del cuerpo del mundo», el cuerpo del mundo nocturno. De este modo los sentidos, ubicados en la superficie de nuestro cuerpo, tienden a perder eficacia, casi a anularse, de ahí el acto reflejo de cerrar los ojos y a través de los corredores del cerebro percibir que a pesar de todo no estamos muertos, antes de caer en el descanso del sueño. A la total identificación del yo con el entorno Mario Perniola la llama «el sex appeal del realismo psicótico» (*El arte y su sombra*, Cátedra, 2002), en tanto que lo característico de la patología llamada psicosis es la identificación total con el mundo exterior, la fascinación por la exterioridad al punto de perder el sentido de la frontera entre el yo y lo otro. Pero en el caso de la oscuridad total, la fascinación por el exterior cambia de signo para convertirse en una expresión de miedo o terror: no es la identificación con la oscuridad lo que acontece en la noche sino la deglución del yo por parte de ésta. Falta luz, siempre falta luz dentro, de modo que no deja de extrañarnos que la luz, para poder entrar en un cuerpo, no utilice, no pueda utilizar, ninguno de los agujeros que poseemos –boca, fosas nasales, ano, poros epidérmicos, etcétera– sino que lo haga a través de algo que no es propiamente un agujero, sino un aparato propiamente dicho, un traductor de la complejidad: los ojos. Sólo esas esferas dejan que la luz entre en nuestros cuerpos, para lo cual la decodifican en la retina, la reducen a unos pocos píxeles que luego serán amplificados y recodificados en forma de sustancias químicas que a su vez el cerebro recreará en las imágenes que finalmente vemos; ése y no otro es el modo, a través de un complejo mecanismo de mutaciones, en que la luz entra en nuestro cuerpo. De ahí que quienes se dedican a la neurociencia digan que el cerebro nunca ha estado en la realidad de ahí afuera, ni tan siquiera ha estado de excursión ni de picnic; vemos una clase de simulación del mundo, no el mundo. En un viaje a México DF, alojado en un hotel de la Colonia Roma, me dieron una habitación de cuyas paredes colgaban cabezas de pequeños ángeles, digamos que querubines, de escayola. El hecho resultaba extraño pues las cabezas, en gran número, se sucedían en fila de una pared a otra. Todas ellas, como ocurre en las esculturas que imitan a la antigüedad clásica, tenían las pupilas blancas, veladas, esa sensación zombi que nunca deja de sorprendernos: rostro con ojos que nada ven. Sabemos que en su origen las estatuas clásicas tenían los ojos pintados, y que si nos han llegado de ese modo tan blanco es porque la meteorología y los microorganismos han ido actuando en los pigmentos, deshaciéndolos, pero inmediatamente me vino a la cabeza la idea de que no era que los ojos de aquellos ángeles de la pared, ni tampoco los ojos de las estatuas griegas y romanas, carecieran de pupila sino que en realidad tenían los párpados bajados, los ojos cerrados; en otras palabras, esos ojos duermen, siempre han dormido y dormirán eternamente. Como los Durmientes de Éfeso, o como dos amigas que tras dormirse bajo un árbol regresan a su pueblo y de pronto la Guerra Civil ha terminado, son esos ojos velados unos ojos de colonos o exiliados en cuyas pupilas blancas como pantallas, blancas sin signos aún impresos, se prefigura lo que luego llamaremos pintura, cine, televisión, videojuego, y en suma las representaciones del narrar colono y del narrar del exilio. En esos párpados que la decoloración de los pigmentos ha ido cerrando estaban ya en potencia todos los colonos y todos los exiliados pero también toda la complejidad que media entre ambos, a saber, el momento de la duermevela, que ni es sueño ni es vigilia, ese momento propiamente *nómada* en el que no sabemos si abrir los ojos o cerrarlos ya del todo. En la duermevela el cerebro, como el insecto que depreda –como el colono– puede abrir los ojos y volverse mimético con el entorno para efectuar el asalto a la realidad de afuera, a la caza del mundo. Y el cerebro también, como el exiliado, como el insecto pasivo, puede continuar con los ojos cerrados, dormirse para disolverse en la oscuridad, para que no haya salto alguno, para que no haya depredación, sino disimulada cohabitación con su entorno, oscuro. Pero puede también dar paso a la complejidad y permanecer en duermevela: ni depredador ni eterno mimetizado, ni colono ni exiliado, estado *nómada*, construir el espacio en red donde van a dar los residuos de ambos. Hay estatuas colonas, hay estatuas de exilio y hay estatuas nómadas, estas últimas son las que nos interesan.

De ahí la importancia de los ojos; definen el rostro. Todos hemos experimentado lo difícil que resulta mantener una conversación con un rostro cubierto con gafas de sol perfectamente reflectantes, o por supuesto con un rostro velado por un burka, prenda que añade a la veladura una connotación represiva. Los ojos no sólo definen la expresión del yo, sino que condicionan la recepción del relato oral. La iconoclasia condenó la existencia de imágenes religiosas, especialmente aquellas que representaban rostros con ojos abiertos. En el mundo occidental la última manifestación de iconoclasia de envergadura fue la llevada a cabo por Calvino. La iconoclasia, y en espacial la borradura de la mirada, atraviesa los siglos en muchas y variadas direcciones. Su manifestación culta llega hasta hoy en la forma del arte abstracto. Su manifestación bárbara en forma del autoproclamado Estado Islámico ISIS, quien dinamita todo rostro de piedra o mármol que se le pone delante. La borradura de la mirada es por ello una primordial agresión. Esa costumbre, ya común en las fotografías de los diarios, de sobreponer una franja negra a los ojos de los niños o directamente emborronar sus rostros a fin de pre-

servar su identidad. No hay mayor acto de despersonaliza-
ción que desproveer a un humano de su mirada, reducirlo
a un cuerpo sin expresión, o como mucho a cuerpo de expresiones únicamente *relacionales:* de qué modo viste, de
qué modo gesticula, de qué modo se peina, pero no de qué
modo mira. El caso opuesto a la iconoclasia hoy lo representa la proliferación de imágenes, especialmente del cuerpo, y más especialmente autorretratos, *yoísmos* y *selfies*
que inundan las redes digitales y la publicidad en las ciudades; o ese caso extremo de hiperrealismo que son los televi-
sores de pantalla plana, los cuales, en una sísifa carrera
hacia el máximo detalle de la imagen, trabajan en contra
de la abstracción como modo de representación. El mar es
liso, pero el viento, en ráfagas, lo provee de rizos y olas.
Desde el propio mar ese efecto apenas puede verse, pero sí
desde el aire, desde un avión, aéreo momento en el cuál se da
la distancia necesaria, ni muy cerca ni muy lejos, para poder observar el fenómeno: vetas de agua sobre el agua, lar-
gas y estrechas, provistas de cierta pauta periódica, como
las franjas de la piel de los tigres o de las cebras, pero también vetas de agua que guardan un asombroso parecido
con las llamadas estrías de la piel que, sobre todo en mus-
los y glúteos, aparecen cuando un cuerpo se ha sometido a
repetidas y súbitas ganancias de peso y adelgazamiento. El
estado físico anterior a otro estado no se recupera con tal
de obtener el número anterior, la báscula es un mecanismo
que restituye el número pero no da fe de las huellas, de las
estrías dejadas en el cuerpo, nada regresa a lo que era pues
nada puede anular la irreversibilidad que el tiempo ejerce
en el espacio y en los cuerpos. La única especie animal conocida que una vez domesticada ha regresado a su estado
salvaje es el dingo, perro de las praderas australianas, pero
ni siquiera podemos estar seguros de si mirando atenta-
mente a los ojos de esos animales no veamos en ellos el residuo de los dos estados anteriores de su propia especie
–totalmente salvaje/totalmente domesticado–, el movimiento de ida y vuelta que no vuelve a lo que era pues en esa

operación ya algo ha cambiado, algo se ha realimentado de otro modo, algo es ya un sistema nómada, ni el salvaje colono ni el domesticado exiliado. O el caso de los zapatos, que provistos de cordones para ser anudados expresan la determinación colona. Y su caso opuesto, los zapatos que carecen de atadura de modo que el pie entra solo, como es el caso de sandalias, mocasines o zapatillas domésticas, mecanismo este propio de quien cierra los ojos para suavemente introducirse en el sueño nocturno, mimetizarse con la oscuridad, penetrar sin fricción en una narrativa de exilio. Los zapatos, tema común en la iconografía de la modernidad. Van Gogh pintó en 1887 *Zapatos de labriego*, sus cordones desatados dan cuenta del descanso, de la pausa del colono, que ara la tierra. Cien años más tarde, Warhol, con una técnica que recuerda a la radiografía, representó un cúmulo de zapatos de mujer urbana, todos ellos sin cordones. Pero también está el calzado que se ajusta al pie mediante un sistema intermedio, el *velcro*, pasajera adherencia, unión transitoria, legión de diminutas púas terminadas en gancho, que dispuestas en matriz por simple presión van a reunirse con su contraespacio, la superficie de fibras sin orden ni pauta que, enmarañadas sobre sí mismas, se esponjan en un sinfín de bucles en el zapato. El velcro no es ni la agresividad de las púas, ni el tontiloco caos rizomático de la esponja que las acoge, sino la reunión y realimentación de las dos partes. El velcro cumple así la errancia del nómada, explora un territorio al mismo tiempo que pegando y despegándose refunda sus propios pasos y rehace sus mapas. A efectos de mecanismo cumple las funciones del cordón –se mimetiza con él–, pero también se mimetiza con el zapato que carece de cordones pues cumple la función de no estar atado, esposado, encarcelado; su estado es el de la continua duermevela, el de los ojos velados. Fue desarrollado en 1951 por el ingeniero suizo Georges de Mestral al comprobar que en sus paseos por el campo los frutos de la planta del cardo, *arctium*, se quedaban sólidamente adheridos a sus pantalones y al pelo de su perro. Cordones hay de muchas clases, cordón náutico, cordón sanitario, cordón policial, cordón umbilical, cordón montañoso, cordón espermático, cordón industrial. Que sepamos, aún nadie ha dedicado una obra, una película, una pieza de teatro ni un óleo al *velcro*. Va siendo hora. Nick Cave, ese músico australiano que ha deslumbrado a propios y extraños con su libro de viajes *La canción de la bolsa para el mareo* (Sexto Piso, 2015), esa bolsa blanca para vómitos que hay en los aviones, vertical y –bien mirada– preparada para sin esfuerzo acoger el poema que quieras escribir, ha escrito una canción titulada *El blues del bosón de Higgs*:

> Estoy cansado, busco un lugar donde detenerme.
> Todos los relojes se han detenido en Memphis ahora.
> Oigo a un hombre predicando en un lenguaje
> completamente nuevo. Sí.

Pues de eso hablamos: de un lenguaje nuevo.

SEGUNDA PARTE

Tiempo topológico. Lo fragmentado y lo constante. Apropiacionismo

Primer estado de la red: tiempo topológico

1.1 ESPACIO (NO TIEMPO) RELACIONAL EN LA RED

Buena parte de los estudios literarios que abordan tanto las obras como el propio concepto de lo que es literatura, se articulan en torno a la idea no tanto de espacio como sí de tiempo. Y resulta lógico. La tradición sólo puede considerar una obra como objeto de estudio si el tiempo está incardinado en ella, si la Historia, cuyo substrato es el tiempo, la ha legitimado. Una obra que no puede ser entendida bajo la organización temporal de la literatura, no existe para la literatura. Una obra que no puede ser desmenuzada en parámetros temporales, tampoco existe. Ese proceder, muy útil a la hora de estudiar los productos insertados en la Historia, tiende a ver mermada su potencia –en ocasiones incluso fracasa– cuando intentamos aplicarlo tanto a obras que están en internet como a la naturaleza de la propia Red digital. Porque lo que caracteriza a internet no es el *tiempo*, sino el *espacio*. El modelo temporal de «fuera de la red» acostumbra a estar fundamentado en las relaciones entre objetos unidas por un tiempo cronológico o vectorial, es ese tiempo el que «pega» un objeto a otro en la cadena lógica que conforma la causalidad y por lo tanto la historia; pero en internet los objetos se relacionan o son «pegados» los unos a los otros por otra clase de adhesivo: las relaciones que ofrecen los enlaces en un *espacio topológico*. No son sólo los enlaces o *links* que acostumbramos a utilizar en internet para navegar de un lugar a otro –que, obviamente, también–, sino las propias asociaciones espacial-conceptuales que se generan entre las partes de una misma obra, y que en tiempo real vemos en pantalla. Esa diferencia, temporal/espacial, es la que hay entre «contar una historia» –técnica más propia del mundo fuera de internet– y «construir una historia» –técnica que se da con toda su potencia en internet.

A menudo, por ejemplo, para analizar los blogs, su naturaleza, su porqué, su sentido, su legitimidad como elemento realmente eficaz para transmitir información literariamente «valiosa», se compara a éstos con los diarios, las memorias o el género epistolar, modelos todos ellos fundamentados en el tiempo. Pero los blogs pertenecen a otro ámbito, a otro espacio en el que los análisis temporales tienden a fracasar, o por lo menos a no exigir toda su potencialidad. Un blog es fundamentalmente un espacio, un objeto espacial hecho para un *lugar* determinado, en el que aparece una información que se relaciona entre sí por asociaciones muy diversas, dadas instantáneamente, todas al mismo tiempo, y en las que caben desde asociaciones semánticas a visuales, todas más emparentadas con ciertos tipos de «espacios» que con el flujo del tiempo. Lo que une los elementos de internet no es un vector de tiempo sino una Red en un espacio, ya sea el espacio real de la pantalla u otro espacio conceptual construido ad hoc. Si hubiera que dibujar el pegamento de ambos mundos, para el mundo de fuera de la Red habría que pintar una flecha vectora que se intersecta con otras, y para el mundo de internet una red que crea su propio orden topológico y relacional, donde las flechas dejan de ser tales pues, de existir, toman a cada instante un sentido u otro.

Naturalmente, la imagen está exagerada, en ambos ámbitos hay espacio y hay tiempo, ya que no puede existir espacio si no existe tiempo, pero queremos poner de manifiesto la tendencia en ellos: el modelo más fructífero para estudiarlos y representarlos es el temporal en el mundo analógico y el espacial en el digital. La mayoría de obras en Red, si nos fijamos, se fundamentan en relaciones casi ex-

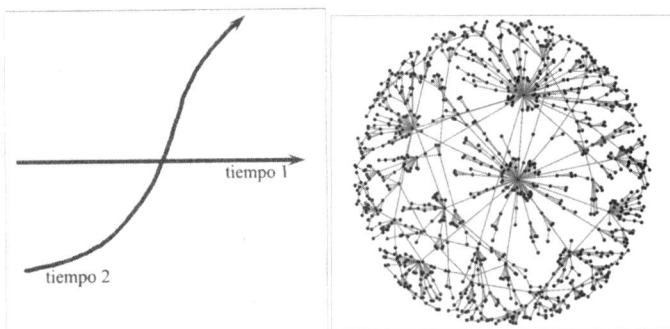

Izquierda: Representación simbólica del cruce de tiempos lineales
Derecha: Representación topológica (espacial) de un modelo en red

clusivamente conceptuales, pertenecen a un «espacio de conceptos». En el caso de las obras literarias hechas ad hoc para la Red, a través de una estructura aparentemente fragmentada y seca en un primer nivel, a través de materiales visuales en un segundo nivel, y a través de los *links* que nos llevan a otras pantallas en un tercer nivel, en cada uno de esos pasos el tiempo sólo ha intervenido como un agente subordinado, no como *agente provocador*. Un caso de fuera de la Red muy aproximado a la Red son las enciclopedias, las cuales de algún modo la ejemplarizan. Está claro que las enciclopedias son artefactos que no pertenecen a la Historia de la Literatura, ni a la Historia de la Ciencia, ni a la Historia de las Ideas, ni por lo tanto a la Historia del Tiempo, su relato está fuera del tiempo, se hallan organizadas según un espacio abstracto que no es otro que el índice alfabético, ése y no otro es el *espacio relacional* dentro de una enciclopedia. La enciclopedia es un objeto inclasificable, salvo por su orden alfabético, y ése es su pegamento, su abstracto espacio-guía. Naturalmente que en una enciclopedia existe el tiempo, podemos hablar en ella de «lo temporal», pero ni es relevante ni sustancial ni, desde luego, un uso de la misma bajo ese parámetro brinda las posibilidades que sí nos ofrece su uso mediante el *espacio* que fija el índice alfabético. En la Red, este tipo de espacios *relacionales* se enriquecen aún más.

Podemos pensar en la Red como en una vasta colección de materiales organizados por relaciones propias y en principio extrañas, como el análisis que haría de la Cultura Humana un ente que llegara de otro planeta. Algo así se llevó a cabo en la exposición «Museo Marciano de Arte Terrestre» (Barbican Art Gallery, Londres, marzo de 2008) comisariada por la estadounidense Lydia Lee y el italiano Francesco Manacorda, en la que se planteó cómo analizaría/organizaría la Historia del Arte (humano) un arqueólogo marciano recién llegado a la Tierra. Ese marciano no sabe nada acerca de nuestro pasado, y no obstante se propone hacer un Museo de Arte Terrícola. Las asociaciones resultantes son impensables para nosotros, los objetos crean entre sí otros lazos que no son los del Tiempo de la Historia del Arte, sino uniones planteadas en otro tipo de espacios. Porque para un antropólogo marciano que nada sepa de nosotros, la civilización humana es una civilización sin Historia, es decir, sin Tiempo normativo que la vehicule, así que toda ella se comprime en un puro presente; es puro Espacio. En la *Art Review* la describían así:

> Así se crean extraños agrupamientos de objetos y originales yuxtaposiciones, parodiando en cierto modo la forma en la que los antropólogos occidentales han interpretado desde su particular perspectiva las culturas de los pueblos sin historia. Dispuestos en ese supuesto museo marciano de acuerdo con la función o el uso, a veces totalmente disparatado, que se les atribuye, los artefactos son clasificados en amplias categorías como parentesco y filiación, magia y creencia, ritual y comunicación y agrupados luego en las subcategorías de veneración de los antepasados, reliquias y espíritus, objetos ceremoniales y contactos culturales. Así se exhiben máscaras, trajes y objetos utilizados en supuestas ceremonias de los terrícolas, se documentan formas de intercambio como son los regalos o se muestran lo que se califica de intentos de comunicar con seres de

otros planetas. En la sección dedicada a los antepasados, los antropólogos marcianos explican cómo los humanos creen que los muertos no han muerto del todo y sus espíritus influyen positiva o negativamente en las generaciones posteriores.

Esto tiene precedente en el conocido cuento de J. L. Borges, «El idioma analítico de John Wilkins», en el que se dice que en una enciclopedia china son ordenados los objetos del Mundo según unas listas de clasificación absolutamente extrañas:

> En sus remotas páginas está escrito que los animales se dividen en (a) pertenecientes al Emperador, (b) embalsamados, (c) amaestrados, (d) lechones, (e) sirenas, (f) fabulosos, (g) perros sueltos, (h) incluidos en esta clasificación, (i) que se agitan como locos, (j) innumerables, (k) dibujados con un pincel finísimo de pelo de camello, (l) etcétera, (m) que acaban de romper el jarrón, (n) que de lejos parecen moscas.

Fue precisamente de este cuento de donde Foucault extrajo la idea que le valió para formular su concepto de *heterotopía*, un espacio que establece relaciones entre objetos en principio no relacionables de manera evidente, y mucho menos relacionables a través del tiempo cronológico.

Estando de visita, en 2010, en la Universidad de Cornell, detecté en mi habitación de hotel una concatenación espacial de objetos, ejemplo de las relaciones espaciales a la que nos venimos refiriendo, *Cadena lógica en un hotel de Cornell*:

Un alienígena que hubiera llegado a mi habitación de hotel con intención de estudiar las costumbres de la especie humana, bien pudiera haber pensado que, en efecto, en el planeta Tierra los cuadros de caza se colocan encima de los microondas y éstos a su vez encima de las neveras porque, lógicamente, los animales pasan «directamente» del cuadro al microondas y de ahí al frigorífico. *Cazar, cocinar, refrigerar*. El tiempo, en esa disposición, interviene sólo de manera

Cadena lógica en hotel de Cornell: 1. Cazar,
2. Cocinar, 3. Refrigerar

tangencial, lo importante son las nuevas relaciones espaciales que se dan entre objetos. Si las rompemos, la imagen deja
de tener sentido.

Veamos otro ejemplo de relaciones espaciales, *Fractal
Time/Fractal Zone*. Se compone de la representación matemática del crecimiento del contorno de un tumor, que casi
es fractal, y de tres objetos cuyos contornos recuerdan a ese
crecimiento fractal: unos pétalos de flores de un árbol de
Brooklyn caídos sobre un charco; la manera en cómo se ex-
tendieron sobre la acera círculos de papel salidos de una
bolsa de basura de Manhattan, y el contorno del pelo de
Michael Jackson. Se organizan en el espacio las relaciones
semánticas entre las partes, a través de redes propias. Todos
esos contornos parecen fractales.

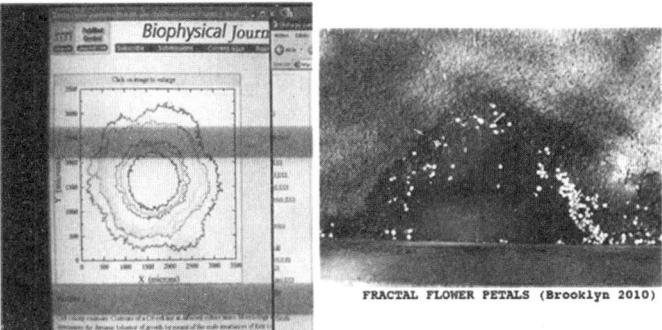

FRACTAL TUMOR (Biophysical Journal 2003)

FRACTAL FLOWER PETALS (Brooklyn 2010)

FRACTAL PAPER (Nyc, 2007)

FRACTAL HAIR (Motown 1972)

(AFM)

Fractal Time/Fractal Zone. Conceptos como tumor, pétalos, matemática, papel, peinado, fractal, *Biophysical Journal,* Brooklyn, Manhattan, Motown, acera, asfalto, pantalla, vinilo, etcétera, se unen por relaciones que nada tienen que ver con el tiempo, crean su propia red semántica y metafórica

1.2 TRADUCCIÓN-TOPOLOGÍA

Esta disposición en principio extraña, esta forma de organizar materiales, tiene que ver en última instancia con el problema ya aquí tratado, el de la traducción. ¿Qué es esta importación de objetos o ideas sino una traducción del sentido de un objeto a otro nuevo sentido, a través de una inédita relación establecida entre los materiales? Traer algo y dejarlo en otro receptáculo es darle una traducción y una nueva semántica que, lejos de tener que ver con el tiempo, multiplica el espacio a través de la transcodificación aplicada. Leemos bajo un código, y de pronto ese código cambia, pero no cambia del todo. Traducir es perder cierta información para generar otra. Algo se pierde en el camino para ganar otra cosa. Esto tiene mucho que ver con lo que la matemática llama *topología*, disciplina que estudia no lo que miden los objetos o sus distancias sino las *transformaciones continuas* de esos objetos: cómo un objeto puede ser deformado de manera continua hasta llegar a ser otro de apariencia totalmente distinta *aunque topológicamente sean la misma cosa*. «De manera continua» significa aquí que en tal transformación ni se rompe el objeto ni se genera ningún agujero nuevo.

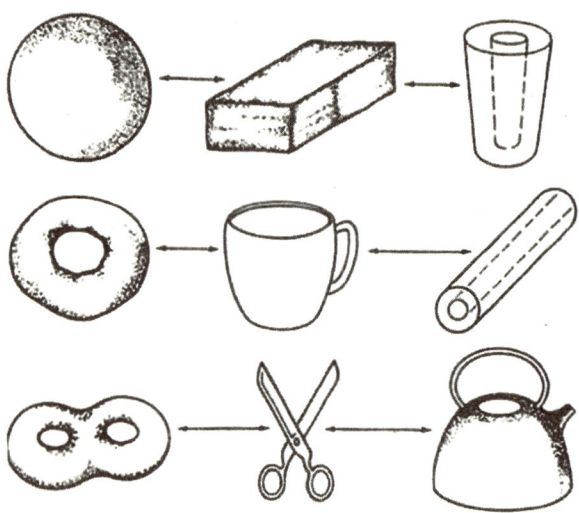

Diversas transformaciones topológicas que llevan a objetos distintos pero equivalentes (en cada serie horizontal los objetos son topológicamente iguales)

El ejemplo clásico es el de la rosquilla o *donut* que, tras deformarlo, se convierte en una taza de asa o en un tubo abierto en sus dos extremos. Desde un punto de vista topológico la rosquilla, la taza con asa y el trozo de tubo son el mismo objeto ya que todos ellos tienen *un solo agujero;* o dicho de otro modo, puedo obtener una taza con asa o un tubo transformando una rosquilla de manera continua, sin romperla y sin abrir o cerrar ningún nuevo agujero. No obstante, obviamente, su apariencia ha cambiado: uno se ha «traducido en otro», de alguna manera no son ya la misma cosa. Topológicamente yo soy el mismo que cuando nací, mi cuerpo tiene los mismos agujeros que cuando nací, pero mi aspecto no es el mismo: envejezco; por lo pronto, cada quince años todas las células del cuerpo –salvo cierta clase de células cerebrales y otras de los ojos–, se renuevan, mueren totalmente, son otras.

Todo esto se relaciona con cierta literatura –incluido el género ensayístico– que opera importando materiales ajenos para mezclarlos con los propios, deformar productos originales o de segunda generación, sacarlos de quicio, desviarlos y enchufarlos a otras corrientes, que no son casi nunca temporales sino espaciales en el sentido en que estamos usando la palabra espacio. En general, a esa técnica la llamamos *apropiacionismo.* Vistas a posteriori, esas literaturas no cuentan una historia (en el tiempo) sino que fundamentalmente construyen una historia en relaciones espaciales. El horizonte utópico de la modernidad trabajó sobre todo en el acoplamiento del humano con la máquina –el sueño del *cyborg* es principalmente un mito moderno, y ya antes Newton hablaba del Mundo como una Máquina, sólo que acoplada a Dios en vez de al humano–. Pues bien, toda máquina, principalmente, «cuenta una historia», genera una historia, en tanto que sus procesos básicos se relacionan con el tiempo o con la eficacia energética de sus piezas en virtud de su desarrollo temporal. Hoy, fruto de la utópica hiperconexión entre individuos, así como de otras utopías pop fraguadas en la posmodernidad, el horizonte utópico es otro, la Red: el ser humano desea estar fundido en una Red Global, y las redes, al contrario que los *cyborgs,* no hablan de tiempo sino de topologías y de espacios.

Un trabajo en el que se ven aunados sistemas complejos, azar y transformaciones topológicas es *Spore 1.1,* del estadounidense Douglas Easterly, que de un modo abstracto e inopinado hiperconecta la cotización bursátil global con un ecosistema. Se trata de un robot que cuida de una planta regulando sus flujos de agua y luz en función de las bajadas y subidas de la bolsa mundial. La «forma mercado» se traduce en la «forma planta», que puede morir, sobrevivir o agonizar. Una similar idea de traducción hipervincular, pero más evolucionada y compleja en tanto que además incluye a la Red como elemento principal, es la que en el campo de las emociones y de la creación de identidad ha llevado a cabo Enric Socias en *Income Mood,* disponible en <http://www.enricsocias.net/mood/>. Se trata de construir una personalidad en función de las sacudidas de las transacciones especulativas del mercado bursátil. Un trabajo en el que el rastreo en tiempo real de los valores bursátiles de empresas presentes en los principales mercados mundiales afectan de forma directa a un hipotético personaje protagonista, que ve así dinámicamente modulado su estado de ánimo y las expresiones que de ese estado se generan. Una lectura en clave emocional de los cambios en bolsa, no exenta de metáforas, que tiene que ver con los flujos y absorciones libidinales que generan los mercados. Si nada es detectado, nuestro personaje y el sistema en sí caen en un estado de letargo y apatía. La captación de cambios vienen vinculados, por supuesto, a las horas hábiles de los diferentes mercados en su huso horario. De nuevo, la forma «mercado bursátil» es topológicamente traducida en la forma «individuo emocional».

1.3 TIEMPO TOPOLÓGICO (HIPPIES DIGITALES)

Nos remontamos a la idea de tiempo puesta en práctica por el artista norteamericano Robert Smithson –prematuramente fallecido en Amarillo, Texas, 1973, al desplomarse la avioneta desde la cual inspeccionaba la obra de grandes dimensiones que tenía en proceso de acabado–, uno de los fundadores del Land Art y del Arte Conceptual de los años sesenta, quien, a su vez, extrajo su idea de temporalidad de los textos del antropólogo Lévi-Strauss, principalmente de *El pensamiento salvaje* (1962) y de conferencias que luego serían compendiadas en *Mito y significado* (1972). Tal concepto de tiempo postula que no existe el progreso, al menos en el sentido convencional y vectorial de esa palabra. En efecto, solemos pensar que civilizaciones anteriores a la nuestra poseían un pensamiento menos avanzado y menos sofisticado que el actual, pero quizá no sea así, quizá el así llamado «hombre primitivo» era un artefacto tan inteligente y sofisticado como nosotros lo somos hoy. No en vano, cuanto más pasa el tiempo más entendemos aquel pasado. Es decir, tanto el paso del tiempo como nuestro desarrollo *nos acercan al hombre primitivo en vez de alejarnos de él*, de manera que, en cierto plano, nuestro tiempo es su mismo tiempo. Si el hombre primitivo fuera menos sofisticado que nosotros, el paso del tiempo nos alejaría de él en vez de acercarnos, cosa que no ocurre. Esto constituye una de las ideas clave para visualizar y relacionar los materiales de que disponemos a la hora de crear obras bajo ese concepto de temporalidad. No se trata de una apología del primitivismo cultural, común a las vanguardias y a los artistas europeos de inicios del siglo xx, sino a la idea de que el tiempo es algo que no avanza según una recta y sí según un entrelazamiento de capas de momentos históricos que en ese apilamiento se van cediendo materiales las unas a las otras por una especie de ósmosis o capilaridad, lo cual fructifica en una red de relaciones, afectos y conceptos. El tiempo de las obras, así vistas, no es un tiempo vectorial, no es un tiempo cronológico sino un *tiempo topológico*. Cada punto de la Historia es una superposición-red de toda la Historia. Esta idea fue ampliamente desarrollada en 1962 por el californiano George Kubler en su libro *La configuración del tiempo* (Nerea, 1988). Una interesante y reciente compilación de conceptos relacionados con lo que aquí llamamos Tiempo Topológico se da en el libro *Heterocronías. Tiempo, arte y arqueologías del presente* (CENDEAC, 2008), donde se recogen artículos seleccionados por Miguel Ángel Hernández-Navarro. El propio Hernández-Navarro, dice: «si hay algo que quedó claro a lo largo de la segunda mitad del siglo pasado es que la historia no puede ser pensada –al menos *sólo* pensada–, diacrónicamente [...], pasado, presente y futuro –experiencia, acción y expectativa–, no sólo suceden diacrónicamente sino también de modo sincrónico. No sólo uno detrás de otro sino todos al mismo tiempo, anudándose en una simultaneidad temporal». Asimismo, en *Cronografías: Arte y ficciones de un tiempo sin tiempo* (Anagrama, 2017), Graciela Speranza examina en detalle el concepto de tiempo en la obra de Robert Smithson a fin de hallar ejemplos de su temporalidad. Por ejemplo, examina el tiempo en el cuento «El Inmortal», de Borges, al cual considera precursor del concepto de tiempo que Robert Smithson iría dejando a lo largo de sus escritos y obras, como por ejemplo cuando el artista de New Jersey, en *Un recorrido por los monumentos de Passaic*, dice: «Estoy convencido de que el futuro se está perdiendo en algún lugar de los basureros del pasado no histórico [...] El tiempo convierte las metáforas en cosas».

La mecánica de lo que aquí venimos llamando Tiempo Topológico parece ser algo parecido a esto: los procesos temporales son orgánicos y el propio tiempo deja zonas muertas, lugares en los que bien sea por no encontrarse el marco epistemológico adecuado –información no construida–, o simplemente por imposibilidad física –información perdida–, no fue posible la transmisión de información, de modo que desde el presente regresamos a ese pasado a fin de rellenar el hueco muerto, hueco muerto el cual, en ese regresar, es interpretado desde el hoy, quedando así inmediatamente actualizado según una transformación. Esa pasta de acontecimientos mezclados, es el presente.

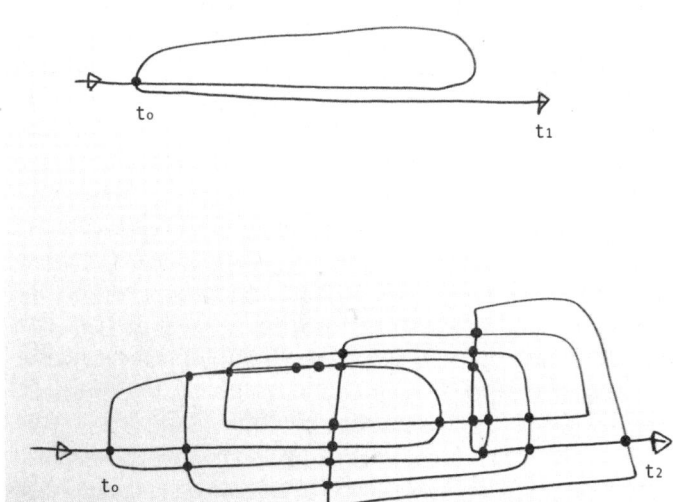

Representación (simbólica) de dos instantes de Tiempo Topológico

Arriba: Un primer ciclo de retorno temporal, desde un presente t_1 regresamos a un t_0

Abajo: Superposición de retornos a t_0, muchas veces repetidos, desde un momento posterior, t_2

Esperando un tiempo suficientemente largo, los puntos de confluencia (círculos negros) tienden a recubrir todo el espacio

El tiempo, en esta representación simbólica, lejos de ser un vector es una curva que, en efecto, vista en general, y según dicta el Segundo Principio de la Termodinámica, avanza en el tiempo, pero vemos que ese avance no cesa de construir *loops*, regresa continuamente al pasado para actualizarlo en un punto determinado, y en otro punto determinado, y en otro más, de manera que finalmente esos *loops,* que eran curvas simples, trayectorias de dimensión 1, van generando una colección de puntos densos (puntos en color negro) que ya no son una simple curva, o cuanto menos han generado un objeto intermedio entre una curva y una superficie, algo parecido a lo que damos en llamar fractal. Una nube de trayectorias que cruzan los tiempos y espacios para dar lugar a los *acontecimientos*, que son los objetos que verdaderamente dan sentido a la experiencia humana. El tiempo se convierte en un objeto con un *espesor* determinado, lo que lo convierte en posible estudio, tan siquiera de modo cualitativo, de la *topología*. Ésta sería una posible representación del proceso que convierte al tiempo vectorial en otra clase de tiempo, un *tiempo extenso,* en una superficie o en un volumen. Se entiende, así, por *tiempo topológico* aquel que busca asociaciones entre objetos, ideas o entes que se dan simultáneamente, en esa «superficie o volumen de puntos del acontecimiento presente», aunque algunos de esos objetos, ideas o entes hayan sido originados hace siglos y otros hace apenas un minuto. Dicho de otro modo: la memoria no es un archivo al que acudir para «saber qué ocurrió», sino que realiza el movimiento inverso: el pasado viene al presente para construirnos hoy, para hablarnos de cómo somos hoy. Una arqueología que no da a luz a la nostalgia de un pasado sino a la construcción de una identidad hoy.

Como coherente símil de las dificultades que aparecen si supusiéramos el paso del tiempo como sinónimo de una mayor y mejor evolución humana, podría ser lo ocurrido a la hora de datar la edad de las pinturas rupestres. Este ejemplo es recogido del artículo «Sobre Una Pared» (Stephen Jay Gould, Drakontos, 1999). Hasta bien entrado el siglo xx, se creía que los humanos primitivos, es decir, el hombre de Cro-Magnon, era un estadio mucho más atrasado que el nuestro en lo que se refiere a evolución cerebral. De hecho, si hiciéramos una encuesta a pie de calle acerca de este asunto aún hoy la mayoría de los interpelados contestarían que sí, que el hombre de Cro-Magnon era claramente menos inteligente que nosotros y por lo tanto menos evolucionado. Tal idea es debida a un hecho, más bien simplemente gravitatorio, que a veces se pasa por alto. Los objetos de nuestros antepasados acostumbran a hallarse en el subsuelo, en capas más antiguas que la tierra que hoy pisamos, de modo que esa secuencia espacial provoca la idea de que aquel arte prehistórico, de formas toscas y manifiestamente peor acabado que un Miguel Ángel, es también «peor arte». La consecuencia inmediata es pensar que sus artífices, el hombre de Cro-Magnon, eran también «peores» que nosotros, que estaban menos evolucionados o que carecían de nuestra inteligencia. Esta idea se hallaba más o menos asentada hasta que fueron descubiertos los dibujos de arte rupestre en cuevas que hoy a todos nos son familiares: Altamira y Chauvet. La perfección en las formas de caballos al galope, de bisontes en proceso de ser cazados, o de humanos organizándose en torno a un fuego, era tal que lo primero que se hizo fue intentar datarlas, conocer el periodo aproximado de su ejecución, pues no estaba del todo claro cómo supuestos seres primitivos, dotados de un cerebro manifiestamente atrasado, habían podido ejecutar aquellas formas tan acabadas. Pero cuando los arqueólogos se ponen a la tarea de determinar la fecha de esas pinturas aparece un problema, que lo cambia todo: por las capas de sedimentos y por la profundidad a la que se encuentran, resulta más o menos sencillo datar piezas antiguas que se hallan enterradas, pero ¿cómo datar un agujero? Una cueva es una oquedad, no tiene un referente temporal lineal como sí lo tienen los sedimentos por capas de tierra, una oquedad se halla «suspendida» en el tiempo, desconectada de toda pista cronológica. Y si no se puede datar un agujero, ¿cómo entonces se pueden datar unas pinturas –sin que sean destruidas en el proceso– encontradas en las paredes de ese agujero? Hoy día es fácil conocer la edad de las pinturas de la cueva de Chauvet por métodos físicos de espectrometría de masas, desarrollados en los años ochenta, pero hasta entonces, la edad de esas pinturas era inferida a partir de argumentos historiográficos y estilísticos de este tipo: esos bisontes tienen un estilo claramente más tosco que las pinturas griegas del siglo IV a.C., por lo tanto son anteriores a éstas. Pero ¿no es acaso también aparentemente más tosco un Picasso que un Velázquez? ¿E implica ello que Picasso y sus contemporáneos eran anteriores a Velázquez y, además, menos inteligentes que Velázquez? Parece que el método de análisis a través del estudio de las formas y de la secuencia de estilos no es precisamente el mejor ni para datar las pinturas de las cuevas ni mucho menos para deducir de ello que el hombre de Cro-Magnon era menos inteligente que nosotros. La fecha de las pinturas de la cueva de Chauvet, hoy bien determinada, arroja una fecha anterior incluso a la que los errados métodos basados en los estilos artísticos de corte evolucionista habían predicho. Hoy, y por muchas variadas evidencias arqueológicas y antropológicas, se acepta que el hombre de Cro-Magnon tenía nuestra misma capacidad cerebral, razonaba mediante una inteligencia más o menos igual a la nuestra, y, en definitiva, si lo tuviéramos delante potencialmente podríamos, tras cierto proceso de educación, hablar con él. Que no supiera lo que nosotros sabemos hoy no equivale a decir que, en potencia, no tuviera las mismas capacidades para aprender –del mismo modo que hoy un niño aprende–. De modo que menos evolucionado no quiere decir ser menos inteligente. La capacidad intelectiva es la misma.

Dicho de otro modo, cuando los arqueólogos se enfrentan a aquellas pinturas rupestres no se hallan ante el curso de un tiempo cronológico sino ante algo que puede valernos como buen símil de tiempo topológico, de una verdadera arqueología contemporánea: el pasado se ve actualizado en los ojos del humano que hoy lo contempla, en sus herramientas actuales de análisis y en la poética que le es propia al momento actual.

Y uno de los lugares donde conviven hoy al mismo tiempo y conectados todos los objetos, ideas o entes, ya sean originales, copias o errores, antiguos o contemporáneos, es internet, un espacio físico y simbólico en el que el tiempo parece realmente la suma de todos los tiempos, todas las capas de tiempo, infiltradas las unas en las otras. Es uno de los lugares donde también vemos encarnado el tiempo topológico. No en vano, en apariencia la pantalla se refresca a cada instante sin degradación ni pérdida de materia –salvo catástrofe del disco duro– para que podamos llegar a cualquier lugar del tiempo topológico a través de sucesivas capas de archivos «realmente existentes». Internet es una arqueología contemporánea, un gran Contenedor de Tiempo en el que, paradójicamente, se ha borrado el tiempo. Bajo esta óptica, cualquier cosa que haya llegado desde tiempos remotos hasta nuestros días es tan contemporánea como lo es un objeto de última generación, ya que el tiempo topológico, el tiempo de las relaciones, las copias y las reinterpretaciones, todo lo actualiza.

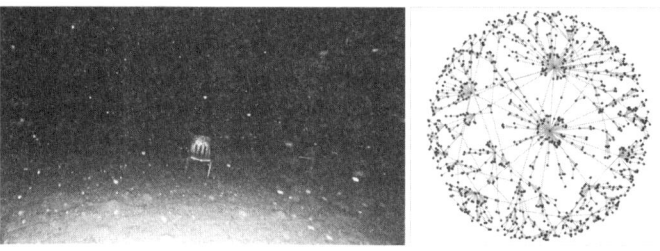

Un «instante» de un mar y sus partículas y sus objetos, y una representación topológica (no temporal) de las relaciones entre esos objetos y partículas en ese mar

Otra manera de visualizar esta imagen sería la siguiente: internet es un océano al que vamos tirando cosas, algunas se van al fondo, otras flotan y otras quedan suspendidas entre el fondo y la superficie; todas son llevadas por unas corrientes que no llegamos a controlar. Y que esos objetos estén en el fondo, en la superficie o en suspensión no depende de *cuándo* los hayamos tirado, ni depende de lo antiguos o contemporáneos que sean, sino de una característica de cada objeto que nada tiene que ver con el tiempo: su *densidad*. Si hacemos una foto de un instante de ese océano, lo que veríamos no sería el tiempo cronológico de lo que hemos tirado, sino una topología que relaciona objetos, un tiempo topológico.

Partimos del hecho cierto de que la Naturaleza no existe, la naturaleza es un mito fraguado durante siglos y galvanizado en el romanticismo como figura materna. Lo que sí existe es su dimensión estética, que es el *paisajismo*, y su dimensión factual que es la *agricultura*. Ahora bien, asumiendo la noción de Naturaleza clásica, podemos pensar que la 1.ª naturaleza es aquello a lo que comúnmente llamamos Naturaleza, a la cual le siguió una 2.ª Naturaleza que a partir del siglo XIX fue la ciudad –nuevo y legítimo hábitat de las llamadas sociedades modernas–, y ahora estamos en una 3.ª Naturaleza que es internet y por extensión la sociedad de la información. Pero ocurre que aún somos salvajes en esta 3.ª Naturaleza, somos auténticos hippies digitales, primitivos en un Cosmos que aún se está creando, estamos aún perdidos y asistiendo a una cosmogonía, estamos en un momento en el que la indefinibilidad de las cosas es lo que abunda en la Red: no es que haya territorios separados por fronteras, sino que toda la Red es una frontera, y como ocurre en toda frontera, se dan las condiciones de espacio híbrido, no puritano, para que aparezca lo nuevo, la experiencia del constante experimento. Internet es, de momento, una gran cueva, un espacio vacío, en el cual, como en Altamira o Chauvet, no es posible inferir cronologías de una manera especialmente directa.

Ése parece ser ahora el estado de nuestro contenedor de tiempo topológico llamado internet. No existen objetos pasados ni futuros, todo parece darse al mismo tiempo. El Gran Archivo.

Es el ejemplo del viejo Fragmento 124 de Heráclito: «el mundo más bello es la basura esparcida al azar». Lo que, de paso, nos vale para reforzar la idea de que lo antiguo y lo contemporáneo no son lo mismo, pero se intersectan. Ese estado, aparentemente perjudicial, de desorden y entropía,

Izquierda: Aparente caos de la red. *Derecha:* No obstante hay un orden y unas relaciones de muchos tiempos históricos concitados en un instante dado (Tiempo Topológico)

resulta altamente beneficioso: sabemos ya que todo Sistema Complejo –sistema abierto, que se desarrolla no como una organización sino como un organismo– está vivo porque en el desorden y en el aumento de entropía se encuentra una vía para, desde ahí mismo, generar organismos nuevos.

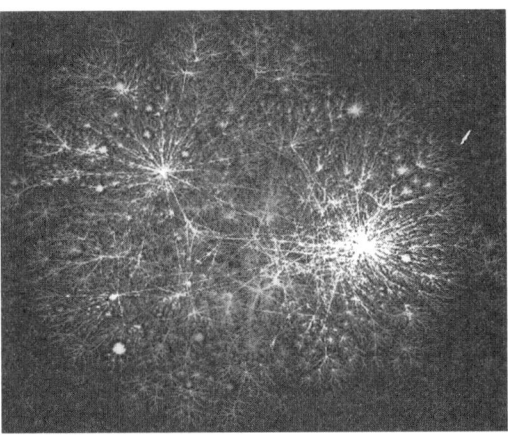

Representación de la topología de la red *www*, internet. Tiene la misma topología que la red neuronal del cerebro o la red trófica, entre otras muchas.

Las actuales investigaciones en el campo de la espacialidad son en gran parte deudoras de determinados modos de
relación con la realidad dados en el *estructuralismo* y el *posmodernismo*. Además de la ya citada heterotopía propuesta
por Foucault, un importante teórico de la espacialidad, Edward Soja, dedicaría uno de sus libros más relevantes, *Geografías posmodernas* (*Postmodern Geographies*, Verso New
Left Books, 1989) a este asunto, que en la actualidad vuelve
a cobrar importancia en las relaciones de los artistas y las
redes. O el propio Fredric Jameson en su *Teoría de la posmodernidad* (Trotta, 1991) quien ya habló de la necesidad
de leer espacialmente tanto los cuerpos como las ciudades.
La Red ofrece una posibilidad de reinterpretar en términos
de complejidad aquellas ideas estructuralistas y posmodernistas.

Toda esta aparente ruina de puro presente que es aún
internet no se identifica, desde luego, con la ruina romántica, necesariamente nostálgica, ni tampoco se identifica con
argumentos futuristas, que son la ruina romántica proyecta-
da al futuro, sino con una ruina en el puro presente. Y esto
es una novedad que guarda relación con la manera en que
cada artista crea su identidad en tiempo real. Como consecuencia de la globalización, los artistas hoy carecen de raíces
identitariamente bien definidas, las raíces son personales y
las va creando el propio artista a medida que crece y navega
física y virtualmente. Los autores más que nunca son nómadas, *semionautas*, y no tienen problema en asumir que su
raíz es la suma de todos esos lugares espacialmente lejanos o
cercanos, antiguos o contemporáneos, que han visitado. En
un texto que en sus pocos años de vida ya se ha convertido
en un clásico, a estos artistas Nicolas Bourriaud los denomina «radicantes» (*Radicante*, Adriana Hidalgo editora,
2010, *The Radicant*, Lucas & Sternberg, 2009), palabra
que hace alusión a ese tipo de plantas trepadoras que, como
las hiedras, validas de pequeñas adherencias –que no raíces–
avanzan por las tapias y van dejando atrás esas viejas adherencias sin que ello les cause problema alguno. En esos bre-

ves contactos la planta y los poderes de turno intercambian información y materia y después la una se olvida de los otros y sigue otro camino; una suerte de *nomadismo estético*. Tales ideas, pero específicamente aplicadas al arte colaborativo, también habían sido desarrolladas por el aquí ya citado Reinaldo Laddaga en *Estética de la emergencia* (Adriana Hidalgo Editora, 2006), así como por el propio Bourriaud en *Estética relacional*. Digamos que como radicante que es, el artista ha desarrollado técnicas para utilizar el poder normativo en su beneficio, para violentar el poder «desde dentro» sin que ello sea impedimento para conformar una estética plenamente crítica y autónoma.

No obstante, no debe pasarse por alto que sobre todo ello planea el fantasma de la inocencia; la idea de que la ubicuidad y aparente inmaterialidad de la red tiene como resultado un espacio de libertad que no es tal. De hecho, pocos ámbitos de la sociedad se hallan más sujetos al orden del control del capital que la red. Esta apariencia de fantasmal libertad y libre flujo llega a su paroxismo en redes sociales como Facebook o Twitter, donde en un aparente vergel el sujeto se mueve libremente olvidando que son espacios que tienen dueño, no en vano cotizan en bolsa, en cualquier momento pueden cortar la comunicación a su antojo. Esto reformula el clásico dilema de trabajar desde dentro –a costa de hacer el juego a los poderes pero ganando en eficacia contracultural–, o trabajar desde fuera –desarrollar redes realmente autónomas pero con el peligro de la consiguiente pérdida de eficacia debido al autismo–. La mayoría de las obras eficaces se mueven en la búsqueda del equilibrio entre esos dos polos. A la estrategia mediante la cual en un tiempo como el contemporáneo, hiperconectado hasta la extenuación, el artista construye un estado de relación crítica con el medio, la llamamos *azar inverso* –tendrá más adelante un capítulo aparte–, y que consiste en, precisamente, ir en contra de la Red, separar las cosas en vez de unirlas, buscar la epifanía no en la conectividad que hoy proponen los discursos normativos sino todo lo contrario: la total desconexión entre cosas, o la conexión mediante estrategias y redes alternativas al *mainstream*. Esta «desconexión» respecto al mundo guardaría cierta semejanza con recientes utopías como el *aceleracionismo*.

1.4 SEXUACIÓN DEL ESPACIO EN LA RED

Formulémonos una pregunta aparentemente chocante: ¿tiene sexo la red? Tomemos de ejemplo-modelo el caso de las narraciones clásicas del *género negro*. Estamos acostumbrados a que en las películas de cine negro –o en sus homólogos en la literatura y el cómic– el detective sea un varón blanco que en su vagar por la ciudad buscando pistas y mapeándola la haga suya. Por encima del bien y del mal, y más allá de las normas establecidas, se mueve a sus anchas de un lado a otro de la urbe con el único propósito de dar con el asesino, algo que obtendrá a cualquier precio: bien sea a costa de asumir una conducta de héroe épico o bien de héroe trágico. La ciudad, dominada por la corporeidad del detective, y a imagen y semejanza de él, queda así masculinizada, y, en tanto que masculinizada, también feminizada al modo del macho convencional: la ciudad es el espacio vaginal, el hueco, que aloja todo cuanto el detective quiere que en ella sea alojado. Acontece ahí el mecanismo de sexuación del espacio en uno de sus modos más intensos y también más aceptados por el público y en general por el consumidor de ficciones. En esta clase de cine o novelas, la presencia de la mujer juega, no obstante, un papel fundamental en la trama, pero lo hace como ser oculto, semivelado y siempre distanciado. Como ha señalado Joan Copjec («Phenomenal No-phenomenal: Private Space In Film Noir», *Shades of Noir*, Verso Press, 1993), la pista que resuelve el misterio se halla a la vista de todos pero nadie la ve, hay una distancia aparentemente infinita respecto a ella. Sólo el detective tras muchas pesquisas se da cuenta de ello, y esa pista distante y no obstante absolutamente cercana que lo resuelve todo acostumbra a concentrarse e implosionar en la figura de la mujer (fatal). En virtud de esa distancia, y para que la trama funcione correctamente ante el espectador, los encuentros sexuales entre el detective y la mujer han de adoptar una forma y una topología muy particular, han de permanecer desactivados, todo encuentro sexual ha de producirse de modo no pleno y no satisfactorio para ambos. La mujer es pues un elemento más que en una verdadera silueta o forma de represión aparece y desaparece en el espacio de una ciudad masculinizada. En *Deconstructing Space*, Sue Best señala que la mujer queda en tales casos encriptada en la trama, en el rompecabezas de la narración; se trata de una mujer-enigma a la que sólo se accede en caso de tener las claves correctas. La feminidad aparece pues doblemente representada: como metáfora del cuerpo urbano y como distante y semioculto elemento del desenlace, que a su vez es correlato de la ciudad, quedando así diseñado el círculo vicioso de su comportamiento.

Rosalyn Deutche en *Men in The Space* (MIT Press, 1996), y acaso con un exceso de celo, ha criticado los estudios de los geógrafos posmodernos, como por ejemplo los llevados a cabo por Edward Soja en el aquí ya citado *Geografías posmodernas*, comparando el papel del geógrafo con el del detective de cine negro que campa a sus anchas por las topologías urbanas y desvela los diferentes contubernios creados por las administraciones, las políticas de ordenación de los territorios y la propia filosofía o historia de las ideas –especialmente las ideas de la modernidad, época en la que como es sabido primó la exaltación del tiempo (utopías, tiempo utópico) sobre el espacio–, pero siempre volviendo a utilizar los espacios como objetos esencialmente femeninos en el sentido de «feminidad del cine negro» que aquí estamos dando a ese término. Retrocedamos en el tiempo para comprobar que la sexuación del espacio aparece ya en Platón. La cita es larga pero merece la pena reproducirla:

(el espacio), puede ser llamado siempre por el mismo nombre pues nunca se alteran sus características, sigue recibiendo a todas las cosas pero nunca toma en sí mismo la impronta permanente de ninguna de las cosas que le han penetrado, es una especie de material modelable y neutro en el que se estampan impresiones cambiantes, creadas por las cosas que lo penetran, haciéndolo aparecer diferente en momentos diferentes. Y las cosas que entran y salen en ese espacio son copias de realidades eternas, cuyas formas este espacio adopta [...] Debemos hacer una triple distinción del espacio y pensar en aquello que va a ser (nacimiento), aquello en que se convierte (útero) y el modelo al que se asemeja (padre). Podemos sin duda hacer uso de la metáfora del nacimiento y comparar el receptáculo espacial con la madre, el modelo con el padre, y lo que producen entre ellos como su descendencia.

La imagen –diseñada por el varón– de mujer como puro espacio equivale a la de receptáculo, plástico y modelable, del que todo puede brotar. Como una red en la que cada nodo sea una caja vacía dispuesta para acoger cualquier concepto, cajas vacías dispuestas a alojar en ellas los diferentes sistemas dinámicos. En las historias de cine negro la mujer aparece pues, en primera instancia, como una fuerza desestabilizadora del quehacer del detective, una perturbación en tanto que una mujer que se resiste a ser recluida, a *ser* un espacio concreto. El papel del detective será, en última instancia, someterla a fin de intentar restituir el orden normativo, espacial y temporal, lo que arrastra una importante carga de violencia sexual.

Si en lugar de *ciudad* escribimos *redes sociales*, y en vez de mujer, *contracultura*, tendremos un calco de lo que representa internet hoy para las instancias de poder: un escenario en el que bajo el presupuesto del desarrollo de una «personalidad social», ésta –como la figura de la mujer en el cine negro– se halla sometida no sólo a férreos controles sino a verdaderos modelados. Es cierto que de vez en cuando el poder deja que el internauta se pronuncie, especialmente en las redes sociales, incluso permite que sean agredidos sus órganos más sensibles, pero el recreo termina pronto, exactamente cuando los mecanismos de control deciden que por hoy se ha acabado el juego, o cuando, directamente, cortan el cable –es tan sólo un instante, como quitarse una tirita, duele pero pasa pronto– que te conecta al mundo virtual. ¿Y la sexualización de la propia Red? ¿Es, como la ciudad en el cine negro, un espacio sexuado por agentes masculinos, es decir, feminizado al estilo y manera en que la masculinidad normativa lo ha venido haciendo? La respuesta debe pasar por tener claro el hecho de que la red, en caso de ser un *organismo*, por definición de organismo deberá estar simbólicamente sexuada –un ser vivo real o metafórico siempre tiene sexo, aunque sea como renuncia–. En caso de ser una *máquina*, no necesariamente tiene por qué estar sexuada –un automóvil, una ciudad, una piedra pueden tener sexo o no, dependiendo de cómo queramos corporeizarlos–. Es importante darse cuenta de que, en general, la sexualización de personas, objetos o conceptos cualesquiera, es condición indispensable para considerar a esas personas, a esos objetos o a esos conceptos como semejantes a nosotros, es decir, como iguales, como humanos susceptibles de llegar a pactos con ellos. Todo aquello que no sexuamos –una piedra, un árbol, un esclavo o cualquier entidad plana y sin escala– no es considerado como semejante en tanto que no reconocemos en ello un género. Sólo aquello en lo que reconocemos un género, con todas sus variantes, evoluciones y, en su caso, estados mezcla, se nos hace equivalente a lo humano. Establezco un contrato social –y el respeto humano que se deriva de ello– con una piedra de Chillida porque la sexualizo: ya no es piedra. Todo escultor lo que hace es sexuar la materia mediante el procedimiento de resignificación de una de sus partes. Pero no establezco un contrato social, ni el respeto que se derivaría de ello, con una piedra cualquiera porque no la sexualizo. El alpinista sexualiza la roca que escala, también el cantero la roca a la cual da forma, pero no sexuamos las piedras cuando en un sendero las pisamos con el fin de apoyarnos para pasar de largo. La Red la consideramos un ser semejante a nosotros porque la hemos sexuado, y además de una manera que nada o poco difiere de la sexualización que se da fuera de la Red, en el mundo analógico y sus textualidades. De hecho, todo internauta da por sentado que los *trolls*, los *haters* y los *hackers* son varones, y que Anonymous es un grupo de hombres (y los imitadores de Anonymous también). Y aun si hubiera alguna mujer entre ellos (que obviamente las hay) no se la podría identificar como tal porque ha asumido un modo viril, confrontacional y agresivo que a fecha de hoy aún nadie identifica con la feminidad. En la película de David Fincher sobre Mark Zuckerberg, que viene a ser un retrato mitológico del Fundador de Facebook, éste es descrito como la «expresión patológica» de un *carácter personal* (ingeniero informático, misántropo, inútil emocional, todo el día en batín) que en el imaginario colectivo sólo puede ser corporeizado por un hombre. Consideramos así la Red –el «espacio Red»– un organismo feminizado en el sentido convencional del término. Un espacio femenino conquistado por varones y usado al modo del varón: la versión 2.0 del detective de cine negro que a sus anchas transita y resuelve entuertos.

1.5 POSTDIGITALISMO

Entendemos aquí por *postdigitalismo* aquello que está más allá de lo digital porque, en un movimiento de bucle, ha recuperado parcialmente características analógicas o porque pone en conexión la esfera digital y la analógica. El postdigitalismo entra de lleno en la filosofía de los sistemas complejos en tanto que maneja el binomio *analógico/digital* como binomio *adentro/afuera* de un sistema, espacio en el que se establecen flujos orgánicos de ida y vuelta. Una vez superada la utopía digital de los años noventa y del cambio de siglo, así como las ideas más o menos fantásticas acerca de las posibilidades salvíficas ofrecidas por la realidad virtual, el postdigitalismo, y acaso también en un movimiento de escape del monumentalismo artístico de finales del siglo XX, aborda obras que funden el mundo de las redes informáticas con el espacio matérico, y lo hace de un modo aparentemente más humilde que a finales del pasado siglo, más doméstico, a imagen y semejanza de una rescatada tienda de barrio (red analógica) que, no obstante, se hallase hiperconectada (Red). Una solución de continuidad totalmente lógica en tanto que la *Red* es inseparable de la materia realmente existente en *red;* no en vano, además de la obviedad de que quienes manejamos las redes somos cuerpos dotados de una carne y una psique –es decir, de una historia–, la Red son cables, ni más ni menos que cables que empaquetan el planeta Tierra, sujetos a tanta degradación por calor, presión, fricción y en suma entropía como, sin ir más lejos, nuestros intestinos. Habría que abandonar la idea pseudorreligiosa que rodea la virtualidad digital y comenzar a pensar la red como lo que es: una madeja, la cual bien a través de tierra firme o bien atravesando el abisal suelo de océanos rodea literalmente la Tierra. En el ámbito de las artes ha habido y hay muchas muestras de intentos de tal fusión analógico/digital que dan lugar al postdigitalismo. Por ejemplo, piezas que llevan a cabo una acción performática al mismo tiempo en el espacio físico-matérico y en el virtual. Joseph DeLappe, en *The Salt Satyagraha Online* (2008), realiza la Marcha de La Sal que en 1930 hiciera Gandhi, pero en la conocida plataforma *Second Life*. Al mismo tiempo, el propio artista hace la marcha en el espacio real, durante veintiséis días. Tal simultaneidad abre un espacio de cuestionamiento de las posibilidades del mundo digital si no van imbricadas en el espacio físico. Pero donde puede verse de manera más palpable la relación entre la ubicuidad de lo digital y la incardinación de la materia en el espacio físico es en el giro que ha tomado el uso de las nuevas técnicas cartográficas en las prácticas artísticas. El teórico Juan Martín Prada dedica un capítulo a esta cuestión en *Prácticas artísticas en internet en la época de las redes sociales* (Akal, 2012), en el cual señala el auge de interesantes propuestas que han aparecido una vez que el ordenador ya se ha deslocalizado, una vez que se ha pasado de la fase de la mesa de despacho –la fase *desktop*– a la actual movilidad de las máquinas portátiles y *smartphones* que permiten acceso e intervención en la información digital desde casi cualquier lugar. De la misma manera que las empresas a través del llamado *big data* nos localizan y nos sirven información que depende del lugar donde nos encontremos –lo que no hace sino reforzar el control que de los sujetos posee el Mercado–, el artista puede utilizar esa «tara» en su beneficio y así crear piezas en las que lo digital y la propia historia del lugar se hibriden, dando lugar a algo que tiene mucho que ver con lo que en su día se llamó land-art, pero reconfigurado en el ámbito postdigital. Así, aparece el geoetiquetado, la asignación de determinados archivos digitales a motivos específicamente localizados en un punto terrestre. Una manera de hacer *mapas densos*, no sólo abstracciones descriptivas, sino cartografías cargadas de historia, en una suerte de entrelazamiento de lo espacial y lo temporal personal que construye mapas más orgánicos de lo que podría esperarse en el contexto digital; unos mapas expandidos, mapas con «espesor». Se trata de un espacio y un tiempo llevados a la esfera de la intimidad, y no tanto –como sí ocurría con el monumentalismo modernista y posmodernista–, a grandes acontecimientos históricos o eventos de mercado. Ello tiene que ver con lo que podemos llamar *docuficción*, la cual no la entendemos aquí en el sentido habitual del «falso documental», sino como la representación artística de una experiencia íntima *que no oculta el trayecto que de principio a fin lleva al artista a la consecución de la obra:* el trayecto de construcción de la obra entra como una parte más de la obra, y, como sabemos, todo trayecto, por su propio imperativo material, es una combinación de fragmentos analógicos y digitales. La política de fronteras llevada a cabo por los diferentes Estados propicia también el auge de la utilización de las redes para elaborar piezas que investigan el concepto de frontera en clave crítica. La denuncia de que internet tiene poco de sistema transfronterizo y que depende del lugar donde físicamente te encuentres, es puesto en forma de obra por el proyecto *Border Xing Guide*, de Heath Bunting. Ahí Bunting documenta en una web caminatas hechas a través de fronteras físicas geopolíticamente conflictivas, siempre por lugares no transitados y escapando de las aduanas. Pero a la web con esa documentación sólo se puede acceder desde puntos muy concretos del Planeta, y sólo está disponible desde unas determinadas conexiones, especificadas mediante coordenadas en la web, de tal manera que quien quiera acceder a esos relatos de viajes transfronterizos deberá trasladarse físicamente a esos puntos de frontera, tomando así importancia la materialidad de la acción, la carne, el propio cuerpo. Una gran cantidad de obras explotan este nuevo land art, este nuevo arte de la tierra, mezcla de las redes virtuales y del territorio, para dar lugar a esta clase de arte que bien podría denominarse *topocrítico*. En el orden general del nuevo land art, una obra que reúne muchas características de lo que aquí estamos llamando postdigitalismo es *Dead pixel in Google Earth* (2008), de Helmut Smits.

El artista calculó cuánto mide en el espacio físico real un píxel de su pantalla de ordenador –cuando el satélite tiene el mayor grado de zoom–, y encontró que se trata de un cuadrado de 82×82 cm. En un parque de las proximidades de su estudio, en Róterdam, marcó un cuadrado de esas dimensiones en el césped, que después literalmente quemó, lo que da lugar al título, *Píxel muerto en Google Earth*.

Algo parecido, bajo el nombre de *arte post-internet*, ha sido recientemente planteado por Karen Archer, quien para abordar las características propias de este tipo de intervenciones, en 2014 ha coordinado una serie de mesas redondas en el ICA de Londres, con la participación y exposición del trabajo de artistas como Oliver Laric, Harm van den Dorpel, o Artie Vierkant. También, en Ullens Center For Contemporary Art, Pekín, en 2014 se realizó una muestra bajo el nombre *Art Post-Internet*.

1.6 EXONOVELA

El exoesqueleto es el esqueleto externo continuo que recubre toda la superficie de animales artrópodos (arácnidos, insectos, crustáceos, miriápodos y otros grupos relacionados), donde cumple una función protectora, o de respiración o mecánica, proporcionando el sostén necesario para la eficacia del aparato muscular. También se llama exoesqueleto al excremento, frecuentemente mineralizado, que excretan los corales.

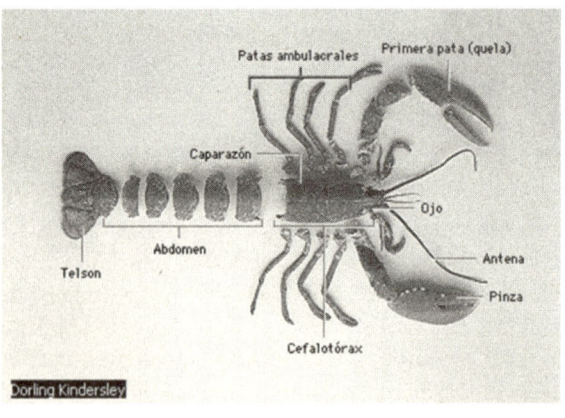

Valiéndonos de este concepto raíz, podemos intentar definir, en primera aproximación, qué sería la exonovela: «aquello que sostiene a una novela, que le da solidez interna al mismo tiempo que la protege, y sin la cual ésta no sería posible». La exonovela no sería, así, una mera protección ni adorno a la novela sino que cumpliría una función fisiológica del mismo modo que el caparazón de un cangrejo no sólo le protege; el caparazón también es cerebro en diferido, sistema nervioso, sistema motor, etcétera. La Red es un lugar interesante para utilizarlo como ejemplo de contemporánea exonovela.

Supongamos una novela, en formato clásico, en papel, en la que se dieran las direcciones necesarias de internet para encontrar otros componentes importantes de la novela, partes de la narración que necesitaran otro soporte u otros lenguajes. Es ésta una ampliación del concepto «nota a pie de página», remitiendo a un *site* de la Red en vez de a tal o cual texto en papel, lo que, además de tener la ventaja de ser accesible de manera inmediata, es interesante porque podemos hacer que esa especie de nota deslocalizada no sea sólo una simple nota, sino un componente argumental de la trama. De esta manera, la novela utilizaría no sólo otros soportes más allá del papel, sino, lo que es lo importante, otros lenguajes en esta exonovela *separada del cuerpo de la novela* en el sentido de que no se llega a ella mediante un enlace directo, ni mecánico ni electrónico.

Esta exonovela puede estar compuesta por diversos materiales, como pueden ser blogs confeccionados por el autor, ad hoc, específicamente para la novela, o pueden ser blogs con existencia previa e independiente a la novela, caso que constituiría un acto de apropiacionismo tal como se viene entendiendo esta palabra en las artes visuales. También se pueden crear webs que sostengan la novela a través de diversos materiales, vídeos en red expresamente hechos para la trama, con materiales inéditos o refundiendo lo que ya hay en la propia Red, o se pueden crean perfi-

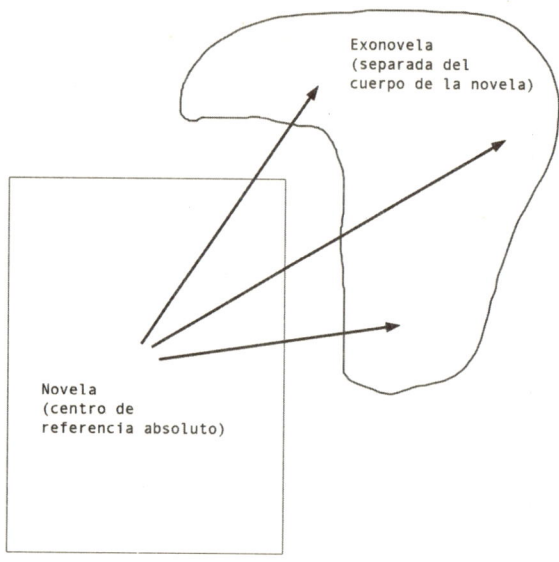

les en las redes sociales que sean personajes de la novela, o incluso enlazar con perfiles de las redes sociales reales, que pasarían a formar parte automáticamente de la ficción como nuevos personajes. Las posibilidades son muchas. Además, ocurre que la novela podría evolucionar si el autor permite que esos blogs, y facebooks, perfiles de Twitter y vídeos sean abiertos para que el lector pueda dejar comentarios, añadir matices o incluso tramas paralelas a la novela. Ahí ya entraríamos en prácticas de expansión, como por ejemplo las *fanfiction*.

Es un tipo de exonovela que aumenta, pues, la complejidad con los materiales que se van añadiendo. El modelo que se sigue de este tipo de exonovela, es el de una coraza y apoyo que está fuera del cuerpo del libro, está deslocalizado, y por ello conceptualmente guarda un símil con el exoesqueleto de ciertos corales, constituido por sus propias excrecencias y casi separado del propio coral. Al tratarse de un libro en papel, en el que nos limitamos a consignar los *links* a los que hay que ir en la computadora, está bien claro que el libro es el *centro de referencia absoluto* de la novela, y sólo a través de la información que proporciona el libro se puede acceder a la exonovela, depositada en la Red.

Pero si el libro es digital, pongamos en soporte *tablet,* que permitiera *links* directos a internet en tiempo real, así como la inserción de vídeos y sonido en la propia pantalla, el texto matriz deja de existir, no sería ya la referencia absoluta de la obra, porque en este caso estamos en la configuración típica de internet, que no tiene Centro, o el centro es en cada momento el lugar en el que un navegante está situado. Los flujos van y vienen en los dos sentidos.

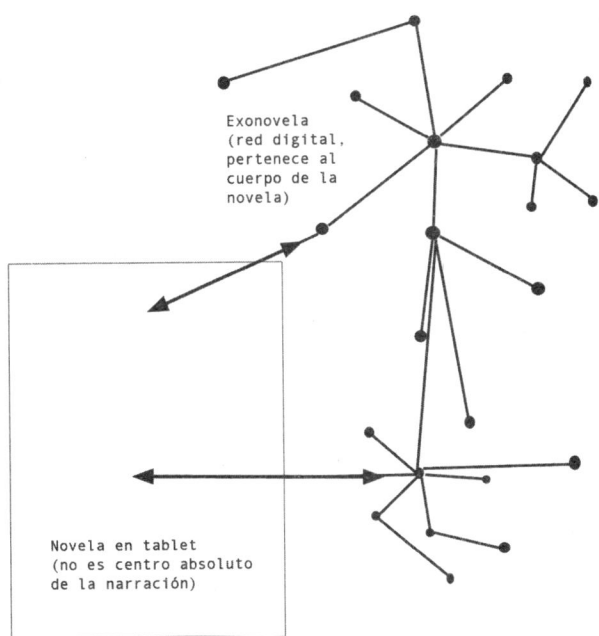

Un símil: típicamente, el lector tiene una única perspectiva respecto al libro, es como el espectador de teatro, que se
sienta en un punto fijo y ve pasar la historia por un escenario
rectangular. El cine en sus orígenes también era así. El francés Méliès, célebre por introducir a finales del siglo XIX la
idea de cine como espectáculo y no sólo como documento,
así como el inventor de los primeros efectos especiales, y re-
cordado sobre todo por su conocida pieza *Viaje a la Luna*,
rodaba y montaba de ese modo cuasiestático sus películas,
de frente a la escena y bajo una única perspectiva, como si
fueran teatro. La cámara era el equivalente al espectador.
Sólo se movían los personajes en la película, la cámara era el
propio espectador.

Fotograma de una película de Méliès: la perspectiva
del espectador es la de una representación teatral

Pero a principios del siglo XX a alguien se le ocurrió que
la cámara podía filmar avanzando con los actores, rotando
por detrás de ellos, haciendo plano y contraplano. Es como
si dijera: vamos a abarcar todos los puntos de vista para que
el espectador se mueva con la cámara, para que sea un espectador ubicuo, móvil, vamos a levantar al espectador de
su butaca de teatro para meterlo en el escenario y vea lo que

había detrás. Esto parece un símil aceptable de lo que podría ser la novela expandida en la Red a través de su correspondiente Exonovela, no conformarse con que el lector sea sólo una persona en una butaca que mira de frente una página de papel, sino que se desplace por los otros sistemas y soportes que le proporciona internet. Es esta una idea sumamente ambiciosa si se quiere llevar hasta el final, en la cual el autor ya no es un escritor propiamente dicho sino una especie de compositor de una sinfonía textual y sonoro-visual. Cuando se halle lo suficientemente desarrollada vendrá a competir en la práctica con lo que hoy es el cine, y en la teoría con lo que en su día fue la arquitectura como soporte artístico capaz de albergar y transformar a las demás prácticas artísticas. Es una idea que viene del Barroco: la pretensión de llenarlo todo, ocupar todo el espacio disponible, agotar todas las posibilidades técnicas: la idea no sólo de movimiento (velocidad) sino de movimiento acelerado (velocidad que se ve incrementada).

Lo fragmentado y lo constante

2.1 LA FALACIA DEL OBJETO FRAGMENTADO

Entre otros muchos tipos de agrupaciones, los objetos producidos por una cultura podemos clasificarlos en tres clases:
el objeto encontrado, el objeto manipulado y el objeto inventado. En cuanto a las también muchas clasificaciones de
cómo construir realidad, podemos dividirlas (por ejemplo
siguiendo a Jorge Wagensberg en el imprescindible *Ideas sobre la complejidad del mundo*, Tusquets, 1985/2003) en tres
tipologías: el conocimiento científico, el conocimiento artístico y el conocimiento revelado. Y explícita o tácitamente,
solemos hacer estas asociaciones:

Objeto encontrado → Conocimiento revelado
Objeto manipulado → Conocimiento artístico
Objeto inventado → Conocimiento científico

Pero lo cierto es que, y siendo ciertas y utilísimas tales
clasificaciones, si se estudian con detenimiento todos los objetos en mayor o menor medida participan de las tres correspondencias; casi todo lo que abordamos se halla en un *estado mezcla*. Lo habitual es que la construcción de un objeto
sea la resultante de algo encontrado, algo manipulado y
algo inventado, operado a través de un conocimiento que es
combinación de lo artístico, lo científico y lo revelado. No
queda claro dónde comienzan y terminan las diferencias:
también hay dudas entre los significados de objeto encontrado, manipulado e inventado. Asimismo, no es posible

definir todos esos términos sin tener en cuenta las etapas y contextos históricos en que fueron y son producidos los diferentes objetos. Incluso cuando hablamos de entidades supuestamente no concebidas por el ser humano –por ejemplo, lo que comúnmente damos en llamar Naturaleza–, no hacemos sino remitirnos conceptual y simbólicamente a un campo semántico articulado en una cultura determinada, que nada tiene de «natural». Y aún dentro de una misma cultura, lo natural no significa lo mismo para un campesino que para un ecologista conservacionista, para un político que para un científico, para un nómada que para un turista. En un solo objeto podemos encontrar todas estas manifestaciones no sólo superpuestas sino entrelazadas. Desde un punto de vista contemporáneo, estas clasificaciones –objeto encontrado, manipulado e inventado–, tomadas de manera unívoca y por lo tanto rígida, sólo tienen sentido en negativo, como ejemplo de lo que no es aconsejable hacer si lo que se quiere es entender u organizar los objetos bajo una cultura de la complejidad. Por ejemplo, en el transcurrir de un desayuno, y a través de un objeto común, un envase de leche, es detectable una estructura *relacional* entre al menos tres elementos en los que son representados tres conceptos de tiempo:

1) El dibujo de una pastora que ordeña una vaca alude directamente al tiempo mítico, pretendidamente desdibujado, de la «madre naturaleza», la visión romántica de un origen temporal, nostalgia del tiempo del «érase una vez» de los cuentos.

2) La fecha de caducidad que exhibe el cartón de leche nos pone directamente en el futuro; concretamente, cuatro meses más tarde del momento en que estamos desayunando. Es el tiempo del crono, del reloj y de la proyección de un futuro que tanto ha explotado la novela de ciencia ficción y en general las diferentes épicas de la conquista.

3) El código de barras, un poco más oculto, en la parte inferior del envase, llama a un tiempo estático, mineraliza-do, el platónico lugar donde habitan las ideas puras, el tiempo de la mística y del dato a secas; la trascendencia a través de la materia. Una marmórea Jerusalén Celeste.

De modo que este banal objeto de consumo narra, cruza-das, prácticamente todas las formulaciones temporales co-nocidas. ¿Es esta visión/lectura, en su conjunto, una mirada fragmentada? No, es una mirada *compleja,* establecida a través de redes conceptuales y relacionales que, en caso de no adaptar adecuadamente la mirada, pueden dar la impresión de responder a fragmentos deslocalizados.

Y es que cuando hablamos de fragmentarismo, o de literatura «fragmentada», damos por sentado que existe una literatura «no fragmentada», es decir, que existen ciertas partes que permanecen inconexas hasta que son legitimadas por un orden que les da coherencia como un todo. Esa coherencia legitimadora es lo que, en la dimensión temporal, lleva a cabo la Historia de la Literatura: dotar de un sentido cronológico a aquello que aparentemente no lo tenía. Paradójicamente, al dotarlo de sentido cronológico, de algún modo lo paraliza en el tiempo, lo fija a un marco y a una hermenéutica determinada, despojando así al objeto de sus características cinéticas. Suelen llamarse obras «no fragmentadas» aquellas que poseen un claro orden temporal interno. *Cien años de soledad* no es fragmentada porque aunque la narración vaya en ocasiones de atrás hacia delante en el tiempo, o se produzcan saltos, al final el lector es capaz de organizar todo eso bajo un claro vector temporal. Una canción típicamente pop o rock no es fragmentada porque el oyente está adiestrado para estructurarla tanto en los ritmos textuales como en ritmos sonoros, a través de estribillos y repeticiones, lo que, al menos como «esquema esperado», conduce a un final coherente o «bien definido». De hecho, podría utilizarse como criterio para distinguir la música «comercial» de la «experimental» el modo en que el oyente es capaz de asimilar lo oído a esquemas temporales, bien sean organizados en su propia biografía (recuerdos e improntas sentimentales a las cuales la canción remite), o bien sea organizados internamente, en la propia canción (cómo una secuencia remite a otra, o cómo se rompe pero más tarde vuelve a aparecer).

O un objeto asumido por una cultura como *natural*, pongamos por caso una playa, no es fragmentada porque la hemos domesticado, diseñado, hemos establecido una narratividad, una historia interna de usos y significados comunes a todas las playas, por la cual ésta se nos presenta como un objeto dotado no sólo de un espacio, sino de un tiempo y un sentido. En el terreno del diseño tampoco conviene una fragmentación de los discursos; esperamos que un sacacorchos, y nada más verlo, nos cuente su historia –para qué sirve ese objeto– de una manera temporal y secuencialmente clara. En el terreno de las costumbres culinarias esperamos que la secuencia de la ingesta se nos aparezca como aperitivo-primer plato-plato principal-postre. Todas estas narrativas no fragmentadas participan de un orden temporal reconocible. Y ésa es también la función de la institución llamada Museo: realizar una transformación entre lo que estaba sin filiar, lo que era un objeto aislado, y el objeto insertado en un tiempo cultural, una narrativa. Sólo recientemente –menos de cincuenta años– los museos han comenzado a hacer funciones de galerías de exposiciones, y ocasionalmente, y casi siempre bajo la pantalla de algún comisario invitado, es decir, externo al corpus de la propia institución, reorganizan sus fondos bajo criterios no temporales sino conceptuales. Caso célebre el de la muestra que en 1990 Derrida organizó en el Louvre en torno a la ceguera y la lágrima en el dibujo, sea éste de la época histórica que sea, a quien le siguieron otros externos como Peter Greenaway o Jean Starobinski.

Respecto a la estructura interna de una obra, acostumbra a decirse que es fragmentada cuando no es posible asignarle un curso temporal a sus partes, o lo que es lo mismo, cuando se nos aparece como una sucesión de imágenes que sólo podemos filiar a una espacialidad. De modo que sólo podemos hablar de *fragmentarismo* cuando lo que se nos presenta es una narrativa de orden espacial, no temporal. Como si el tiempo, a tales propósitos, se hubiera anulado. Pero ello no impide que no podamos ordenarlas conceptualmente, atendiendo a criterios no temporales. Dentro del Tiempo Topológico hemos señalado un ejemplo paradigmático: la enciclopedia, *naturalmente fragmentada pero no por ello incoherente*. Normalmente se admite esta falta de temporalidad en la poesía, que a estos efectos prácticos se comporta como una especie de «enciclopedia de símiles y metáforas», pero no se admite de una manera tan dócil en la narrativa. Las llamadas obras fragmentadas se entienden como una sucesión o collage en el que las únicas uniones son yuxtaposiciones más o menos caprichosas, pero esta asunción es contradictoria con la propia definición de *obra*, o dicho de otra manera, *afirmar que una obra es fragmentada equivale a no haber entendido la mecánica interna de la misma*. En efecto, en sentido estricto, no puede existir una obra absolutamente fragmentada, pues, de existir, el cerebro no podría tan siquiera percibirla como tal. La lógica interna de la obra fragmentada se conduce por otro tipo de criterios, por ejemplo, analógicos, conceptuales, relaciones semánticas y metafóricas, criterios que se constituyen en *espacios*, ya sean éstos espacios realmente «espaciales», es decir, medibles con alguna clase de regla, o espacios conceptuales. Un ejemplo claro de esto puede verse en la poesía «no narrativa», en la que abundan los ejemplos de tales espacios que unen lo aparentemente separado. Por el contrario, en la novela, esta narratividad no temporal no llega entenderse en muchos casos.

En lo que fuera la posmodernidad, quedó bastante concretado y sellado un consciente fragmentarismo en las artes y en la literatura, que no era sino un anticipo de la fragmentariedad actual en todos los ámbitos y acontecimientos cotidianos, especialmente en lo que se da en llamar sociedad de la información y del consumo. Pero la palabra «fragmentario» no es inocente, oculta un vicio que conviene señalar. Decir que algo es fragmentario alude a la presunta existencia de un mundo previo, perfectamente unido y estable, que después fue roto. De modo que el adjetivo, «fragmentario», así usado es el resultado de una posición eminentemente nostálgica y, como tal, estéticamente conservadora. No trata de esto el fragmentarismo al que nos referimos, no supone, como algunas veces se afirma, una disolución o rotura de un mundo previo que era unitario y acotado y cerrado, no se trata de que el jarrón se haya roto y ahora estemos pegando aquellas piezas del jarrón bajo otro orden, sino que se trata de una nueva clase de orden no establecido necesariamente en la temporalidad que hasta mediados del siglo XX organizaba no sólo la Historia sino las costumbres y, por lo tanto, también la estructura estética, política y moral de las sociedades occidentalizadas. En efecto, quienes elaboran las así llamadas obras «fragmentadas», por lo general no tienen conciencia de estar creando su obra desde un mundo roto, sino desde un mundo que en forma de sistema complejo y perfectamente coherente se presenta ante sus ojos. Arrojamos sobre el mundo una *lectura compleja*. Esto tiene que ver con los modelos de redes. Digámoslo así: tras haber estudiado los objetos como partes, como sistemas aislados, ahora queremos conocer sus relaciones a través de modelos topológicos, y esas relaciones nos hacen ver las cosas de manera aparentemente fragmentada porque, tal como hemos argumentado, las ligazones no suelen darse en un plano temporal. Hay una reorganización, espontánea o no, que genera nuevos objetos y nuevos objetivos: un Realismo Complejo. Los intentos de reunificar todo eso no son otra cosa que nostalgia de algo que, a su vez, también era mera ilusión, una mentira consoladora, a saber, la existencia de una temporalidad más o menos lineal, de una Historia del Arte y de la Literatura legitimadora, de un discurso que sujeto al imperio del crono habitaba en el interior de las obras. Pero las obras no llevan dentro un reloj, su único reloj son los diferentes contextos y heterocronías en los que se van depositando. El sentido de la obra se halla fuera de ella, en los diferentes contextos que va atravesando.

Hagamos un experimento: abramos cualquier revista de arte contemporáneo y examinemos las fotografías que la ilustran, rápidamente veremos que en la mayoría de los casos éstas, por sí solas, no nos dan una idea cabal de la obra que supuestamente describen; en la mayoría de los casos no podremos entender, y a veces ni tan siquiera vislumbrar de qué va una obra si no leemos el texto explicativo que la acompaña, sobre todo tratándose de instalaciones o de arte performativo. Lo mismo ocurre con la mal llamada literatu-

ra fragmentada: puede que no sepamos ni tan siquiera el tono
o el estilo de la obra si abrimos una página al azar y leemos un
trozo. ¿Quiere decir esto –siguiendo el ejemplo–, que el mundo del arte se ha fragmentado?, ¿quiere esto decir que lo que
se nos presenta en esa revista es el resultado de un mundo
previo –una obra– roto por el artista? En absoluto.

Podemos ilustrar esto con dos ejemplos en el cine: *Alphaville* de Godard y *Inland Empire* de David Lynch. Si buscamos un fragmento cualquiera de *Alphaville*, por ejemplo en
YouTube:

<http://www.youtube.com/watch?v=SHikpdf8ktM>,

la impresión que tendríamos es que ese trozo de película
representa totalmente a la película, es un representante óptimo. En cuanto a las intenciones últimas del director, el fragmento reproduce bastante bien el todo: personajes que se
plantean las grandes dudas existenciales, cine que, por boca
de los actores, repiensa al cine en términos literarios o netamente filosóficos. Naturalmente, con tan sólo inspeccionar
ese fragmento no podremos hacernos cabal idea del «argumento» de la película, pero sí de la idea que subyace y del
tono.

Podemos ahora buscar un fragmento de *Inland Empire*:
<https://www.youtube.com/watch?v=pzOgkX98PsU>.

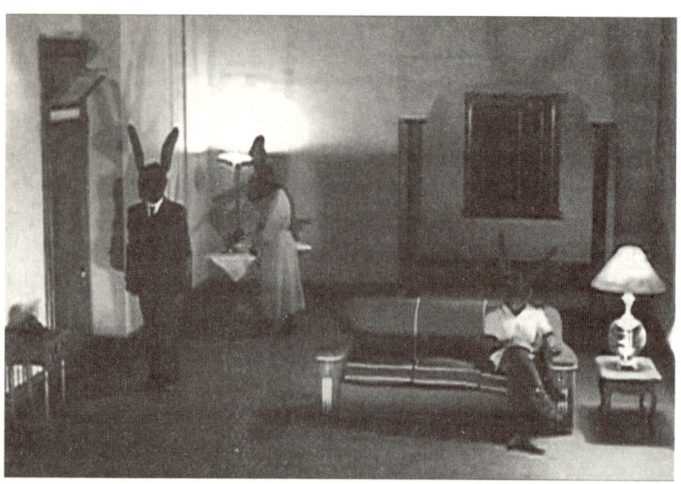

La diferencia con el ejemplo de Godard estriba en que tomando ese trozo –el cual incluso se trata del tráiler– o cualquier otro trozo de *Inland Empire* la impresión que nos llevaremos es la de que no podemos hacernos cabal idea de la película. El motivo no es otro que la película de Godard, por vanguardista que sea, de algún modo sigue las narrativas temporales clásicas de la literatura –en este caso una extraña y acertada mezcla de derivaciones de las vanguardias y poesía del silencio–, y la de Lynch, no. Esta diferencia perceptual entre los argumentos de cada film induce a pensar que *Inland Empire* es una simple superposición de imágenes. Pero, naturalmente, no es así. La película de Lynch es un óptimo ejemplo –por extremo– de aquello a lo que nos referimos cuando hablamos de que las relaciones entre las partes de un todo no es que respondan a una previa destrucción de un mundo cuyos trozos ahora se reordenan en otra composición, sino a una nueva configuración conceptual del mundo que se nos presenta como experiencia directa y en red. Digamos que Lynch propone nuevas formas estéticas, distanciadas de la teoría pero al mismo tiempo suficientemente novedosas para la teoría. Como ejemplo premonitorio del triunfo de una aparente fragmentación: en el año 1982, aprovechando que la plana mayor del cine internacional se hallaba en Cannes, Wim Wenders rueda un documental al que, no por casualidad, titularía *Room 666*. La mecánica fue la siguiente: le pidió a lo más granado de la escena culta cinematográfica de la época –Fassbinder, Godard, Herzog, Antonioni, Ana Carolina, Mike de Leon, y más– que fueran a la habitación n.º 666 de un determinado hotel de Cannes, y allí, habiéndose quedado cada uno de ellos solo en la habitación, le contaran a una cámara instalada sin camarógrafo cómo veían el futuro del cine. Godard, el que más se extiende en sus argumentos, desarrolla un criptodiscurso de horizonte marxista que, visto desde ahora, es el que menos acierta acerca de lo que el futuro le depararía al cine. Por el contrario, quienes hacen las predicciones más ajustadas son Paul Morrissey y Steven Spielberg, no por casualidad unido el primero al cine underground neoyorquino de la mano de Warhol, y el segundo a la maquinaria industrial hollywoodiense. Morrissey concluye que el cine se verá subsumido o superado por la televisión, y Spielberg, que se convertirá en una industria concebida para y por el dinero. Bien, pocas cosas más fragmentadas hay que la televisión con sus 999 canales, y pocas cosas hay más ubicuas y redefinibles en la Red que el dinero.

2.2 LOS INVARIANTES EN UN PROCESO
(LA OTRA CARA DEL FRAGMENTARISMO)

Hay algo que sistemáticamente se olvida, algo que constituye la otra cara de la moneda del fragmentarismo y sin la cual éste no podría darse: los invariantes que por necesidad aparecen en cualesquiera procesos. En efecto, no se puede transformar una parte del mundo ni crear un nuevo objeto o un nuevo concepto sin que algo permanezca constante en ese turbio y ubicuo proceso que es la creación. Esa *constante* es, paradójicamente, lo que caracteriza a la transformación, lo

que la dota de una «personalidad» y de una identidad lo
suficientemente sólida como para conformar el nuevo objeto. Pensemos en el ya muchas veces aquí aludido problema
de la traducción. Si el texto original y el traducido fueran
exactamente iguales, el nuevo texto dejaría de tener sentido
porque para eso ya está el texto original. La traducción existe y alumbra sentidos porque resulta de una combinación de
algo que se queda y algo que se pierde, es ese juego entre el
aparente defecto y la aparente exactitud lo que interesa de
una traducción. La identidad total resulta tan improductiva
como la diferencia total.

En el año 1972 se lanza al espacio la sonda Pioneer, y
científicos de la NASA diseñan un dibujo que, grabado en
una chapa metálica, irá adosado a la nave. Mediante ese dibujo, los extraterrestres, en caso de hallar la sonda Pioneer,
deberían saber cómo somos los humanos. Se trata pues de
un resumen de nuestra civilización.

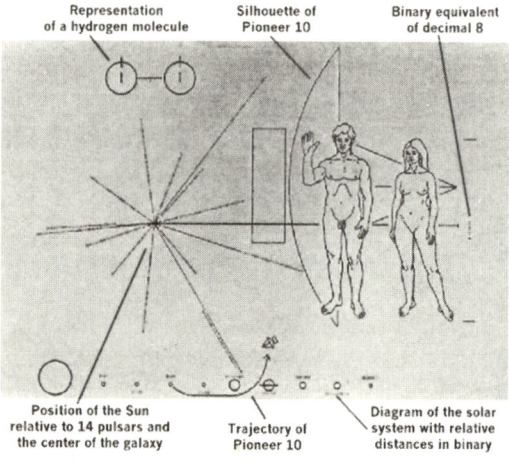

En una experiencia similar, en el año 2008, y a propuesta
de la Agencia Espacial Europea, fue llevado a cabo un con-
curso público a fin de enviar al espacio un mensaje que tam-

bién resumiera al ser humano y, por supuesto, entendible por una civilización avanzada. En esta ocasión el mensaje debía ser en formato vídeo. El ganador fue un spot publicitario de snacks Doritos, *Tribe*, de 30 segundos de duración, cuya señal codificada fue enviada por los radares del EISCAT European, en su estación ubicada en el Círculo Ártico: <http://www.youtube.com/watch?v=EWpnehprYc0>.

En este spot aparece un muchacho que deja sobre la mesa una bolsa de Doritos, momento en el que, espontáneamente, los Doritos abren la bolsa desde dentro, salen al exterior de la misma, y sobre la mesa bailan una danza tribal en torno a un bote de salsa de tomate, el cual adoran como a un dios.

En primer lugar, la comparativa de estos dos ejemplos nos informa de que en 1972 enviábamos ciencia a los marcianos y en el siglo XXI enviamos publicidad, lo que ya de por sí no es un cambio en absoluto superficial por cuanto afecta a la misma antropología de las costumbres. En segundo lugar, resulta muy dudoso que un alienígena llegara a un conocimiento cabal de nuestra civilización a través del dibujo enviado por la NASA; si ni tan siquiera un humano medianamente culto podría deducir el significado de esos dibujos, cómo podría hacerlo un alienígena. Responde, pues, el primer ejemplo, a una visión no sólo totalmente antropocéntrica sino sintética, aspira a una síntesis de la totalidad de lo humano occidentalizado. Caso diferente es el spot de Doritos en el que aparecen muestras y fragmentos de un humano real, una danza, simbolizada por los snacks, y la adoración a un dios cuando éstos danzan en torno a un bote de tomate. Aparece también una muestra de comida, y un domicilio, y una puerta y un sofá. Todo ello actúa de puntual cata o muestra selectiva de lo que es la civilización humana y sus deidades ritualizadas. El primer ejemplo aspira a mostrarnos la totalidad del mundo desde fuera, el segundo tan sólo un *fragmento* del mundo. El primero es un jeroglífico, un objeto codificado al que sólo se tiene acceso si el receptor se halla en posesión de las claves necesarias –científicas en este caso–, de tal manera que funciona por pensamiento silogístico, típico de las narraciones de detectives o juegos de mesa como el ajedrez. Por el contrario, el segundo funciona como analogía, pensamiento analógico propio de lo que comúnmente llamamos metáfora; como si nos dijeran: «este objeto A es como si fuera este otro objeto B aunque quede claro que no lo es». El primero responde al silogismo aristotélico en versión pura y el segundo a las reglas del *pensamiento analógico*, el cual tiene mucho que ver con el pensamiento sistémico del que venimos hablando.

Dejando aparte todas esas consideraciones de las diferentes narrativas, suficientemente significativas de por sí, interesa destacar que la comunicación entre los humanos y los extraterrestres –caso de poder producirse–, no sería posible sin la existencia en cualesquiera de los mensajes de algo común a esos alienígenas y a nosotros. Acaso lo dijera Wittgenstein en una de sus máximas «si un león hablara, no le entenderíamos». Porque algo ha de mantenerse *constante* en la transformación emisor-receptor, un elemento cultural mínimamente común. Como el caso de un texto traducido de un idioma a otro, cuya eficacia se da en la combinación de lo que realmente se traduce –se mantiene constante de un idioma a otro–, y de lo que se pierde por el camino y ha de inventarse –algo que cambia para siempre para que aparezca el milagro del texto en el nuevo idioma–. Sin la acertada modulación entre constante vs. cambio, la comunicación no es posible.

Deliberadamente he usado el ejemplo del mensaje a los extraterrestres, tan real como aparentemente descabellado, para poner de manifiesto que incluso en un grado tan extremo y en todo discurso por «fragmentado» que sea, ha de existir también algo que en esa fragmentación permanezca igual a sí mismo. Esto se ejemplifica diáfanamente en los procesos físicos, culturales y biológicos, los cuales para que se produzcan han de poseer *constantes*. En la física, típicamente, las constantes son la carga del electrón, la constante de Planck o la constante de Gravitación Universal, entre otras, magnitudes sin las cuales ningún proceso conocido podría darse. En las matemáticas también encontramos la existencia de constantes necesarias para que se lleve a cabo una simple mutación algebraica. En una ecuación de variables x e y, que, en su modelo más sencillo es la recta $y = ax$, la constante es «a». Y es ese término «a» quien relaciona las variables x, y, a través de su valor, es «a» lo que no cambia en el espacio matemático que se esté considerando. En pocas palabras, x e y mutan, pueden mutar, pueden tomar infinitos valores, gracias a la constante «a», que las relaciona. O la ley de Gravitación Universal, que en su versión escalar es:

$F = GM_1M_2/r^2$

Donde la G, *constante de gravitación universal*, resulta ser un invariante en la «transformación» o perturbación que una fuerza F establece entre dos masas M_1 y M_2

O la típica transformación de cambio de escala que se da en los mapas, que por definición conserva las proporciones y es una transformación relativa, no absoluta. Como ocurre también con la maqueta de un edificio, que por definición ha de mantener constantes las distancias relativas –las proporciones– entre las paredes y la altura del edificio. La maqueta es útil porque algo cambia –el tamaño, obviamente menor que la escala real– y simultáneamente otra cosa permanece constante: las proporciones entre sus partes. Para Aristóteles, la analogía es el resultado de una relación, A/B = C/D, donde la constante viene dada por el cociente. Por ejemplo: Vejez/Vida = Noche/Día. «La vejez es la noche de la vida.» De nuevo algo se mantiene constante en la transformación metafórica. Afirma René Thom en *Estabilidad estructural y morfogénesis* que en todo cambio ha de haber algo que lo atraviese y salga indemne del proceso, algo que no se vea afectado. Eso que no cambia es el *sujeto* de la transformación que, si bien no tiene por qué ser en todo momento constante, sí que ha de ser *periódicamente constante:* tenemos algo que entra en una caja negra, lo que ocurre dentro no lo sabemos, incluso puede desaparecer, pero al final algo emerge de la caja. En esa entrada y esa emersión final ha de haber un *sujeto* que se conserve. Esta periodicidad está enunciada también en muchos ámbitos de la epistemología popular. Álvaro Cunqueiro, en *Tesoros y otras magias* (Tusquets, 1984, edición de César Antonio Molina) refiriéndose a los mitos dice que sólo puede existir aquello que está obligado a repetirse. Él lo enuncia en negativo: «el mito nunca existió porque no aparecerá de nuevo». Lógicamente una transformación que lo cambiase todo, que no tuviera un invariante, carecería de consistencia dado que equivaldría a crear algo desde la nada. Si nada se conserva, no hay agente provocador «pasivo», y decimos pasivo porque las constantes no actúan como aceleraciones sino como «inercias», paisajes, telones de fondo, sustratos que por omisión, por brazos caídos, se hacen imprescindibles para que el proceso de cambio se produzca. Esto desemboca directamente en lo dicho en la Primera Parte cuando al hablar de tres modos de pensar en el mundo (Pensamiento de Poblaciones, Pensamiento de Intensivo y Pensamiento Topológico) señalamos que las poblaciones de individuos evolucionan, van mutando y provocan verdaderas morfogénesis, porque hay en ellas una *diferencia*, sí –que en este caso sería lo *nuevo*–, pero también una *repetición* –la constante–. Y la topología tiene que ver con esto. Como hemos señalado, la topología «deforma» un objeto, deforma un campo, pero conservando ciertas características de ese objeto –normalmente, lo que se *conserva* es el número de agujeros que el objeto posee–. El número de agujeros es la constante o invariante de la transformación topológica.

En el estudio de la evolución del universo, y en general en el estudio de los sistemas físicos, cobra capital importancia el concepto «invariante bajo transformaciones», desarrollado en 1915 por la matemática Emmy Noether, y publicado en 1918 en un célebre artículo que recogía el hoy llamado Teorema de Noether. Se trata de la existencia de una serie de entidades tales como el *momento lineal*, la *energía* o el *momento angular*, que permanecen inalteradas cuando se aplica sobre ellas una transformación, ya sea ésta una transformación espacial (translación en el espacio), una transformación temporal (traslación en el tiempo), una transformación rotacional (giro), o una transformación de escala (técnicamente llamada, *transformación conforme*). O las llamadas *transformaciones gauge*, que darán lugar a la ley de conservación de la carga eléctrica. Detalles técnicos aparte, son las constantes que se mantienen en esas transformaciones lo que garantiza la existencia de leyes físicas tal como las conocemos. Que una parte o una característica de un objeto varíe ante ciertas transformaciones, *y que al mismo tiempo* otra parte de ese objeto no varíe garantiza la existencia de cualquier ley o continuidad de un corpus teórico. Sólo cambiaría totalmente aquello que sufriera una transubstanciación, únicamente posible en el orden místico-simbólico. La ciencia y la poesía usan, así, un mismo mecanismo investigador: la búsqueda de constantes que sean comunes a dos o más objetos claramente diferentes, y cuanto más separados o diferentes sean esos objetos, mejor, más importante y poderosa será entonces la metáfora o el principio físico en cuestión. De este modo, el conocimiento y las artes realmente existentes pueden enunciarse como una infinita cadena de transformaciones parciales de unos objetos en otros. La creación de «familias de objetos», o *familia de auras*.

2.3 CATÁSTROFES NATURALES, JEKYLL Y HYDE

Cuando hablamos de transformaciones en el terreno de las narrativas, en las que intervienen sujetos, ocurre que o bien cambia el sujeto o bien cambia el contexto. Una transformación total (sujeto + contexto), carece de verosimilitud. *Dr. Jekyll y Mr. Hyde* es uno de los casos paradigmáticos de cambio de sujeto pero no exactamente de contexto. Desde el punto de vista del observador o espectador, el entorno social de Jekyll y Hyde permanece lo suficientemente inalterado como para ejercer el papel de *constante de la transformación*. Aunque con razón Nabokov señaló en su *Curso de literatura europea* que Jekyll y Hyde se mueven en entornos diferentes, e incluso llega a hacer un plano de la casa en el cual se ve que residen en dos espacios diferentes, no hay duda de que el efecto que la narración produce en el lector es el de que la constante es el entorno social de los dos personajes. En la película *Carretera perdida*, David Lynch da un paso más radical: un hombre es encarcelado. Una mañana el carcelero detecta que quien hay en la celda es otra persona, es otro actor y otro personaje en la ficción, con otro rostro, otra voz, otro lenguaje, otra familia, otros amigos, otro trabajo, en definitiva otra vida. Al ser otra persona, no puede imputársele el delito de su «predecesor», de modo que las autoridades no tienen más remedio que liberarlo. Este argumento, que lleva al límite el tema clásico de «cambio de sujeto», se sostiene porque aun así en la película hay algo del contexto que permanece constante: la cárcel y el carcelero –invirtiendo el clásico kafkiano «preso-carcelero»–. El caso contrario se da cuando un sujeto se mantiene constante y lo que cambia es el contexto; el protagonista, inalterado física y moralmente, se ve de pronto transportado a un lugar que ha sufrido grandes modificaciones. Ello resulta típico en historias de cine apocalíptico o de catástrofes naturales: una ola gigante arrasa una megalópolis cualquiera y la familia protagonista –que

está unida y cuya identidad permanece constante– ha de
escapar a toda prisa en el monovolumen porque el entorno, el paisaje, el contexto, ya es otro irreconocible.

Consideración aparte merece la más violenta mutación
que hasta la fecha el siglo XXI ha conocido, el 11-S. De algún
modo, todas las películas de desastres nucleares, guerra total, hundimientos de ciudades, Apocalipsis y demás relatos
fantásticos, no hacían sino inconscientemente prepararnos
para ese momento en el que dos aviones impactaron contra
dos torres sembrando con ello el pánico en Nueva York y en
el mundo occidental. Tenían razón los creyentes en disparatadas teorías de la conspiración, todo estaba escrito, sí, pero
no por oscuros agentes conspirativos –he ahí el clásico error
de las teorías conspirativas– sino por la ficción. De este
modo, las ficciones no hicieron más que su trabajo: para que
llegado el momento del desastre, el momento del cataclismo
–que tenía que llegar del mismo modo que tenía que llegar la
conquista del Everest, la vuelta al mundo en menos de ochenta días, la Segunda Guerra Mundial, y del mismo modo que
tendrá que llegar el viaje tripulado a Marte y aún más allá–
para que llegado ese momento, decíamos, nuestro incons-
ciente, vía la paranoia, tuviera ya una *constante* ensayada,
una tabla a la que agarrarse a fin de soportar el tránsito a un
nuevo entorno de sometimiento social, individual y geopolítico. En efecto, como decía Álvaro Cunqueiro, al contrario
que los mitos, todo ocurre para repetirse, pero no una si no
cientos de veces, aunque sea en una mezcla de Hollywood y
vida experiencial que aún no terminamos de comprender
del todo. Todas estas formas y expresiones de lo constante
dan cuenta, en definitiva, de la imposibilidad de la fragmen-
taridad total. Algo ha de dar unidad a un proceso. Lo cual
lleva directamente a una de las técnicas narrativas contemporáneas más usadas: el apropiacionismo.

3

Apropiacionismo

3.1 INTERCAMBIO DE VALORES EN LA ECONOMÍA CULTURAL

Señala Boris Groys en *Sobre lo nuevo* (Pre-textos, 2005) que un producto cultural destinado a ser considerado como señero por parte de una determinada comunidad no puede ser una creación que emane directa y plenamente de la cultura normativa, de la cultura de la archivística valorizada. En efecto, algo que habla desde, para y por la tradición culta no es capaz de generar cambio alguno ni de presentarse como un verdadero hallazgo útil a una sociedad. Del mismo modo, dice que un producto cultural no podrá constituirse como un agente destinado a perdurar si únicamente se desarrolla en el ámbito de lo popular o de la así llamada baja cultura. Y añadimos: lo que partiendo de la cultura popular se queda en lo popular es aquello a lo que comúnmente llamamos «moda». Y lo que partiendo de la alta cultura se queda en la alta cultura es la propia definición de lo erudito. En ambos casos, se trata de ejercicios que, no exentos de valor específico, no dejan de practicarse desde cierto autismo. Por el contrario, lo verdaderamente *nuevo* siempre es aquello que teniendo un origen en la tradición culta remite a lo profano, a lo no santificado, a lo popular, en tanto que ejemplifica o da cuenta o informa de la realidad de «ahí afuera», de la realidad no académica. Y viceversa, lo verdaderamente nuevo es la obra que partiendo de materiales profanos se hibrida con el ámbito de la alta cultura, la trae a sus costas y de este modo la transforma y se transforma a sí misma. Es esta hibridación entre las dos esferas lo que le da a un emergente objeto cultural un estatuto de *verdad*. Estamos, así, hablando de flujos entre un adentro y un afuera, de instituir un espacio intermedio que, literalmente, es creado como legítima novedad por la obra. Y decimos «estatuto de verdad» porque en el ámbito de las artes y sus influencias en las construcciones sociales *lo que limita la verdad no es lo falso sino lo insignificante*, y toda construcción, teórica o material, autista resulta insignificante a efectos de construir el relato de una cultura. Si bien el arte renacentista no hablaba en absoluto de la dimensión sociológica de las clases populares de su época, sí que su hallazgo fue sin renunciar a la tradición culta e informar del mundo físico de «ahí afuera», el mundo ubicado más allá de la tradición religiosa, el mundo que dotaba de perspectiva y paisaje real, es decir, paisaje profano, a lo que antes eran representaciones planas y abstractas. *Las señoritas de Avignon* de Picasso resultó algo realmente nuevo porque ponía en contacto una determinada realidad callejera, clásica desde el Barroco en la historia de la pintura, con una manera de narrar que rompía las leyes de la óptica geométrica de aquella tradición culta. La genialidad de Marx, el motivo por el cual su obra sirvió y sirve en gran número de contextos sociales, consistió en poner en relación algo tan técnico, idealista y desde luego nada evidente como lo es la filosofía de Hegel con la producción de tangibles mercancías y el músculo de la clase trabajadora. Por supuesto, el *ready-made* duchampiano es quizá el caso en el que esto se expresa más radicalmente: un urinario en un museo a través de la cita directa pone en contacto el mundo de la fabricación en serie con la tradición expositiva culta y, en último extremo, museística. Así, la acción de Duchamp vendría a ser un caso límite, la representación paródicamente valiosa, de algo que, como se ha dicho, es connatural a todo producto artístico y a cualquier época, con la particularidad de que en el extremo radical duchampiano se produciría una mutación definitiva, un «cambio de fase» sin posibilidad de retorno –como cuando a 100 °C el agua líquida rompe en vapor y se va, y aunque después enfríes la que queda o rellenes el recipiente, el agua allí disponible siempre será otra agua: rellenar el recipiente tan sólo sería una ilusión de identidad, una permanencia de *constante* absoluta, que no es tal.

Ninguno de los ejemplos dichos copian tradiciones precedentes, más bien las hibridan y superponen a elementos nuevos, propios de la cultura popular del momento en el que aparecen. Así, la respuesta a la pregunta acerca del valor de una obra no hay que buscarla en un «valor en sí» sino en el *intercambio de valores* que ésta genera entre lo culto y lo profano. Y se trata de una *economía* en toda regla porque hay *intercambio*. En este sentido, toda obra que merezca ser catalogada de sustancial será la resultante de, al menos, dos apropiacionismos convenientemente estetizados: la obra puede ser leída tanto desde el ámbito popular como desde el ámbito culto, y ése es el motivo por el cual toda obra que permanece en el tiempo siempre nos parece «mucho más popular que lo popular y simultáneamente mucho más culta que lo culto», combinación que no puede sino conducirnos a la sensación de ser la obra «mucho más real que lo real». Es esa sensación de continua *realidad extrema* la que convierte a la obra en algo susceptible de ser releído en toda época. Si faltara cualquiera de esos dos componentes, la obra no alumbraría significado nuevo alguno. En términos de metáfora, el objeto cultural, ya sea artístico, literario o científico es aquel que estructuralmente opera como una parcial unión de dos campos: el profano y el culto. Esto se ve materializado en el intercambio de información entre los dos polos, de tal modo que se trata de una *transacción de valores que, sin anularlas, reubica o trastoca las correspondientes jerarquías*, economía cultural que ni eleva ni rebaja el valor de ninguna de las partes sino que las pone en diálogo e intercambio simbólico. De este modo, el fin último de toda obra no es suprimir la barrera entre el ámbito popular y el ámbito culto sino, paradójicamente, todo lo contrario: *uniéndolas, reforzar esa separación por medio de una redefinición de cada*

una de golpe y para siempre. Y en esos movimientos, expo-
nencialmente multiplicados en nodos, operan hoy los mecanismos de intercambio en modo red, la forma que tiene la
complejidad de atravesar lo que en capítulos anteriores se
ha denominado Línea Año Cero de las cosas.

¿Y qué ocurre, en este contexto, con las copias? La idea
de la existencia de las copias sólo puede darse en un plano
conceptual muy general. Por ejemplo como categoría cuando afirmamos que dos cuadros son renacentistas –la copia
como determinado estilo histórico–. O cuando decimos que
dos canciones son del género pop, donde la copia actúa
como concepto musical. Pero esas comparaciones ni ensan-
chan ni retraen fronteras, son tautológicas en el sentido de
que no aportan nada nuevo: decir que una canción de Beat-
les y una de Radiohead pertenecen al género pop –es decir,
en ese plano son copia la una de la otra– es importante como
taxonomía pero ni suma ni resta valor a ninguna de ellas, *no
aporta transacción de valor entre ellas*, de modo que no hay
novedad ni hallazgo, no hay flujos que amplíen el campo
semántico de esas cosas. Caso diferente sería poder llegar a
afirmar que una canción de Radiohead y una composición
de Wagner poseen algo en común; eso sí que establecería un
intercambio de creación de valor en cuanto a qué es y qué no
es una copia. En la narrativa y en la poesía, también el común ejemplo de la intertextualidad de objetos conceptualmente disímiles pone de manifiesto que todo se origina a
través de citas transformadas por ámbitos de la creación externos a esas propias citas. El valor que genera la reproducción de *La Gioconda* hecha por Warhol es precisamente
poner en contacto lo que de culto puede anidar en la sociedad de la reproducción automática, y por lo tanto la sociedad de consumo. El hallazgo de Maxwell, de Newton o de
Einstein, por citar casos paradigmáticos, no fue sólo encontrar una nueva formulación de los mismos temas de siempre
–la dinámica de los cuerpos y sistemas–, sino que esas nuevas formulaciones se hicieran a expensas de algo no sólo
propio de la física, sino de lo profano: la materia, el espacio,

el tiempo y la luz, aplicados a casos que una sociedad puede tocar y experimentar. De hecho una de las mayores objeciones que hoy en día se le ponen a campos de investigación netamente teóricos, como por ejemplo la Teoría de Cuerdas, es que, al menos de momento, pertenecen a una verdadera ciencia ficción en tanto que elaboración matemática sin aplicación real –pega que, dicho sea de paso, no debería escandalizar pues es común en los inicios de toda teoría–. A fecha de hoy, la Teoría de Cuerdas es un desarrollo en cierto modo autista no porque no tenga valor en sí –que lo tiene, y mucho– sino porque carece de valor para una cultura en tanto que sociedad susceptible de acoger esa teoría y reconducirla en algún uso. De idénticas críticas –y naturalmente en otro plano– son susceptibles obsesiones grupales como por ejemplo el coleccionismo de todos los muñecos históricamente comercializados de la saga de *La guerra de las galaxias*, así como en general todo lo que son denominadas prácticas *freak*. No es que no sean legítimas, ni que no sean de incalculable valor dentro de su campo, sino que carecen de interés para las grandes comunidades. No hay que confundir esto con las subculturas; una subcultura, un underground nunca es *freak*. Las subculturas trabajan siempre, además de al margen de la normatividad, desde una base particularmente erudita, y lo que desean es crear valor a través del mecanismo de la dinamización de espacios cultos, ponerlos en relación con lo profano de manera radical. Asimismo, el valor de las recientes teorías de *sistemas complejos* es poner en relación espacios clásicamente separados: la física con la sociología, la biología con la física; poner en contacto los seres vivos con el abstracto campo de la física-matemática, hasta hace pocos años vetado.

En estas dinámicas de *crear valor* se enmarca, como caso particular, la técnica *apropiacionista*, la cual se diferencia de las prácticas de creación habituales, es decir de las llevadas por eso que comúnmente llamamos «inspiración», en que es autoconsciente: pretendidamente, no oculta sus materiales de construcción y de uso, sus referentes de inspiración no sólo están a la vista sino que son en sí mismos la obra o parte de la obra. Uno de los trabajos más importantes, por precursor, de la técnica apropiacionista fue el llevado a cabo por Robert Rauschenberg. Tal como nos recuerda Juan Martín Prada en *La apropiación posmoderna* (Fundamentos, 2001), fue Leo Steinberg en 1972 quien en su ensayo *Other Criteria* habló por primera vez de un posmodernismo en las artes, y para ello utilizó la obra de Rauschenberg; en concreto, una serie de 1965 en la que usa obras clásicas del barroco para barajarlas con otras de muy distinta procedencia temporal y espacial. La radicalidad de esta obra sólo puede entenderse como un cambio de paradigma que cuestiona las ideas modernas de *originalidad, autenticidad, tradición, Historia del Arte, museo,* y *clase.* En cierto modo, es correlato del ya aquí citado cuento de Borges, «El Idioma Analítico de John Wilkins», en el que se nos cuenta cómo un individuo hace una clasificación de las cosas del mundo ateniéndose a criterios en apariencia disparatados por cuanto mezclan planos categoriales, cuento del argentino del cual –como también ya se ha dicho– derivaría Foucault su conocida acepción de la heterotopía. El mecanismo que opera en la obra de Rauschenberg es el de la Historia del Arte como de un supermercado en el que cada cual confecciona su carro de la compra. Una totalidad hecha de traslaciones en el espacio y en el tiempo, «otra» composición dinámica de lo historiado: en un sentido topológico, las obras cambian de forma pero conservan algo que las define aún, algo que habla de su origen. La tendencia, históricamente fijada en la tradición, de pensar en términos de «perspectiva», se pierde porque no puede haber perspectiva si barajamos el tiempo. Es un nomadismo estético. Como recuerda Leonard Barkan en «Ingestion/What's for dinner?», en revista *Cabinet,* n.º 63, alguien que careciera de educación religiosa y conocimientos del Nuevo Testamento, observando la Historia de la pintura de tema religioso llegaría a la conclusión de que el cristianismo es un club de fiestas gastronómicas.

3.2 EL OCASO DE LA ESTÉTICA, EL *GAP* QUE SEPARA Y UNE A BORGES Y BURROUGHS

Hace escasas semanas llevé a mi gato –lanuda bola gris– a que le cortaran el pelo. Lo dejaron prácticamente irreconocible; si no fuera por la expresión de los ojos no hubiera dicho que aquel era mi gato (lo cual me hizo sonreír: días atrás había visto un documental en el que Derrida afirmaba que los ojos es la única parte del cuerpo que no cambia con los años; como una huella dactilar hecha de luz, la mirada del niño se mantiene hasta la vejez). Cuando regresamos a casa, desde el primer instante en que lo saqué de la bolsa se comportó de manera extremadamente extraña. Observaba el entorno como si el propio espacio fuera un nuevo ser, como si el espacio fuera un animal o una persona, algo o alguien recién aparecido en su existencia de gato. Inspeccionaba todos los rincones y pisaba el suelo con precaución, como si fuera la primera vez que estuviera en la casa. Ese comportamiento duró al menos una semana. Lo que había cambiado era él, su pelo y su cuerpo, pero se comportaba como si la transformación se hubiera operado en el mundo externo a él, en su *afuera*, como si hubiera regresado a un lugar dotado de otras formas, configuraciones espaciales y olores. Y me pareció un verdadero caso de cambio o desplazamiento de sistema de coordenadas. Su percepción, ante un mismo entorno, había efectuado un mínimo pero radical desplazamiento –un *shift*–, un nuevo punto de vista hasta el extremo de no reconocer como idéntico lo que en efecto sí era.

Lo que se ha venido llamando «ocaso de la estética» u «ocaso de la teoría del arte», acontecido en la segunda mitad del siglo XX, y el cual es consenso admitir que comienza con Heidegger, continúa con Gadamer y alcanza su zenit en los argumentos deconstruccionistas de Derrida, ha terminado por desarrollar la convicción de que las obras carecen de sentido y trascendencia por sí mismas; las obras no son otra cosa que sus interpretaciones, las cuales, a su vez, en un continuo juego de alteraciones y traslaciones del sentido, son interpretaciones de otras tantas interpretaciones que les precedieron. Así, la aspiración que a partir de Kant se había impuesto la estética de convertirse en un verdadero corpus, en una disciplina autoconsistente, declina en favor de las propias obras que son, en función de esas interpretaciones y reinterpretaciones, *las que imponen los caminos y las legalidades de una teoría, y no a la inversa.* La estética no puede entonces identificarse con una disciplina sino con un *saber*, una especie de «artesanía del pensamiento de las formas» por la cual nos enfrentamos a las obras sin que en ellas exista trascendencia previa alguna, sólo reglas cambiantes para cada una de las piezas; algo así como un proceder que, empírico e *inductivo*, nunca llegara a forjar una verdadera teoría: cada caso particular no remite o deviene necesariamente a una totalidad. Es por ello que en los últimos cincuenta años la estética no ha cesado de buscar metodologías en otros lugares, de tomar prestados conceptos que no eran suyos; importar ideas para más tarde poder exportar. En esas importaciones entran en juego nociones que aquí han de interesarnos, como por ejemplo el *sujeto* y el *yo*. Recordemos que el sujeto nada tiene que ver con la subjetividad, sino que aparece cuando el *yo* se piensa como un objeto, el sujeto es algo externo a la identidad individual, una construcción que, entre otras, tiene como finalidad superar los atolladeros y aporías que aparecen cuando hablamos del yo. Por eso nos es posible hablar de cosas como el «sujeto moderno», el «sujeto histórico», el «sujeto de derecho», etcétera. El *yo*, sin embargo, no remite a ningún discurso externo. En tanto no se especifique nada más, el yo es un frasco vacío. Dicho de otro modo, el «sujeto» es un concepto, y el «yo» no es sino un origen de coordenadas, *un punto desde el cual alguien nos habla*, un espacio sin contenido en tanto que no se ejercite esa opción de enunciar un discurso y decir *quién* realmente habla, quién realmente nos está hablando, momento en el cual el yo, de pronto colmatado, se dota de contenido. Es lo que se llama el *anclaje deíctico:* la inserción de un discurso

cualquiera en un eje de coordenadas que de pronto es definido por el yo. A estas partículas como «yo», «tú» o «aquí»,
es a lo que Jakobson llamó *shifters*, que podrían traducirse
como *conmutadores* (*shift*: del inglés, pequeño desplazamiento, corrimiento), las cuales marcan el lugar determinado desde el que el hablante enuncia su discurso. Bertrand
Russell les llamó *indexicals*, y haciendo una extrapolación
ciertamente extrema creemos que en la Teoría de la Relatividad Especial son lo que vendría a cumplir la función de
tiempo propio, tiempo que mide el reloj de un observador
–un hablante– desde un sistema de referencia determinado,
y que es distinto al tiempo que mide otro observador –otro
hablante– situado en otro sistema de referencia inercial. Al
contrario que el *yo*, y en su condición de discurso bien establecido, el «sujeto» nunca puede ejercer de *shifter*, nunca
puede desplazarse, nunca es comodín de nada. Nuestra hipótesis es que si la estética, como parece ser cierto, y especialmente en la segunda mitad del siglo XX, ha ido disipando
su discurso en beneficio de las interpretaciones en las que lo
que manda es la obra y no el corpus teórico externo, podemos pensar también que lo que ha ocurrido es que la estética
ha dado el paso de considerar las obras como «sujetos» a
entenderlas ahora como «yoes» que a través de sus conmu-
taciones –de sus *shifters*– van cambiando de sistema de referencia, de eje de visión, perdiendo así la teoría estética toda
aspiración de alimentar un sentido último unívoco y tras-
cendente. Emile Benveniste ya había llamado *histoire* al conocimiento que consideramos objetivo y bien establecido
–donde se encuadra la noción de «sujeto», así como la de las
ciencias en general–, para oponerlo a *discours*, enunciacio-
nes en las cuales aparece el *shifter* y con ello toda la desaparición de un intento de objetivación. La Historia de la estética se cifra pues en la disolución de una *histoire* en un
discours. Nuestra segunda hipótesis es que en esta disolución del sentido unívoco del objeto estético, principalmente
víctima del deconstruccionismo de Derrida, hay un mecanismo, casi siempre velado, que genera productos estéticos pre-

cisamente en virtud de esas bastardas e impuras traslaciones de sentido: cuando desde un sistema de referencia en el cual hemos dotado de un sentido a una obra, y mediante un leve desplazamiento –un *shift*– pasamos a otro sistema que otorga otro sentido a la misma obra, *en esa traslación de sentidos se genera un residuo*, un sedimento –un excremento, si se quiere–, algo que en ese camino de traslación es abandonado y que por lo general, por aparentemente inútil, acostumbra a no ser considerado. Es ese *residuo,* producto de la traslación, lo que provoca que el cambio de sentido que acontece en la relectura de una obra no sea una mera reasignación arbitraria, no sea un «todo vale», en tanto que sin ese residuo la traslación no hubiera sido posible. Es como la lata de sardinas que no puede reciclarse –transformarse– en pongamos por caso un tornillo sin que en esa traslación material –y de sentido– algo sea expulsado o generado por el camino, a saber, partes sobrantes del material así como el gasto energético que en forma de calor necesariamente se deriva del proceso que lleva de la lata al tornillo, y con ello toda la cantidad de gestos y mecanismos colaterales pero imprescindibles para que tal reciclaje realmente ocurra: el gasto individual y social que supone ese balance de absorber y desprender calor (industria adecuada, transporte, estética adecuada, política propicia comercial, etcétera). Tanta importancia tienen las reinterpretaciones y asignaciones de sentido que una obra puede ostentar, como el examen de lo que en esos procesos fue desprendido por el camino, la microhistoria de sus *residuos*, que son los que realmente dan cuenta de la trayectoria, del *camino*, del contexto social, estético y político en el cual se ha ejercido esa transformación, procesos que, en suma, dan cuenta de lo que hemos llamado el *nomadismo* de la obra. Incluso, en ocasiones, son esos residuos los que no sólo han dado lugar a la nueva interpretación de una obra sino los que por sí mismos son utilizados para dar lugar a productos nuevos. La poesía china fue introducida en la lengua inglesa por Ezra Pound, quien no sabía el idioma chino, a través de su libro de poemas chinos

Cathay, para lo cual se basó en los manuscritos acerca del idioma japonés y chino del estadounidense Ernest Fenollosa, quien a su vez tampoco sabía chino y quien había tomado sus notas de intérpretes japoneses que traducían a su vez comentarios de profesores japoneses. De este modo, ¿qué hay de chino en la versión de Pound? Probablemente nada. Nos lo recuerda Eliot Weinberger en *Las cataratas* (Duomo Ediciones, 2012): «lo asombroso fue que lo más moderno (en poesía inglesa) provenía de poemas de más de mil años de antigüedad erróneamente traducidos y tras una cadena de variaciones». Así que podemos decir que *Cathay*, y la poesía inglesa ideogramática que ese libro funda (el primer Eliot, Zukofsky, Oppen, Olso, Duncan) es el residuo, la eyección producto de una transformación, a saber, el *shift* que Fenollosa había efectuado al tomar aquellas notas, entre 1896 y 1901, acerca de la poesía china, la mayoría incorrectas. Se diría más: la invención para Occidente de China y de su cultura, de su potencia poética, de su lengua pictórica evocadora y sustantiva, no adjetiva y (como aún se mantiene en los más degradados discursos de filosofía new age) esotéricamente «energética», acontece en esa misma época, cuando Fenollosa –y luego Pound– define el idioma chino, y por extensión su cultura, como una «imagen en movimiento». Baste aclarar que, naturalmente, nada del idioma ni de la cultura china demuestra tales ideas exóticas, a la postre construcciones coloniales y sensaciones preconcebidas que aún se mantienen en el grueso de la sociedad. Pocos años más tarde de las publicaciones de Pound, y a la luz de la idea del idioma chino como una suma de «imágenes en movimiento», Serguéi Eisenstein abordaría el estudio del idioma chino y de ahí derivará su teoría del montaje fílmico y su ensayo de 1929, «El principio cinematográfico y el ideograma».

O pongamos el caso de Borges y Burroughs, dos autores clave en la regeneración de la literatura de la segunda mitad del siglo xx, dos autores tan distintos en cuanto al *target* de su obra y su público como al mismo tiempo tan iguales: el uno ejemplo paradigmático de los procesos apropiacionitas en clave culta y el otro artífice del apropiacionismo en clave underground. La obra de Borges ejecuta el desplazamiento, el *shift*, de teorías bien establecidas en el campo de la filosofía, las matemáticas o la mitología clásica, al cuento, al relato corto, no exento de grandes dosis de humor y manipulaciones de lo absurdo que llevan incluso a trascender a los materiales de los cuales se apropia. Pero, como argumenta Carlos Abraham en *Borges y la ciencia ficción* (Quadrata, 2005), no todo el público conoce que una buena parte de los cuentos de Borges, hoy célebres por sus paradojas filosóficas y sus lances realmente brillantes hacia toda clase de conocimientos, son trasposiciones en algunos casos muy directas de cuentos de ciencia ficción de autores como Wells, Bradbury o Lovecraft, o de cuentecillos de terror de autores hoy desconocidos y de novelas de serie B de su época, operación que él hace reemplazando hábilmente ambientes y personajes. Las alusiones a demiurgos y alienígenas por referencias a paradojas matemáticas, como ocurre en el cuento «El Libro de Arena», que es transformación del cuento «There Are More Things» de Lovecraft, «una fábula que podemos considerar como una *ghost story* borgiana, una variante de la *ghost story* clásica», dice en relación a ese cuento Marcos Ricardo Barnatán en *Borges, biografía total.* O como ocurre en el cuento «El Evangelio Según San Marcos», donde es imposible no encontrar el paralelismo con «Las Calles de Ascalon», de Harry Harrison, relato este aparecido en 1962 en la antología *More Penguin science fiction.* Por no hablar de paralelismos estructurales como el que ocurre en «La Biblioteca de Babel» con el cuento «La Biblioteca Universal» de Kurd Lasswitz, o sus constantes alusiones en entrevistas a inspiraciones extraídas de materiales del universo popular de su época. Todo ello son residuos de las transformaciones –los cambios de puntos de vista, los *shifts*– que los cuentos de Borges dejan a su paso, lo cual no menoscaba sus resultados, antes al contrario, los hace aún más meritorios en tanto la transformación, por inopinada, es extremadamente audaz, diríamos que gigante. El caso de

Burroughs es arquetípicamente inverso: sus obras, prodigio de la apropiación y del *cut-up* puesto a servicio de las culturas underground, y con una enorme influencia en el cómic, las teorías *queer*, el graffiti, el *pulp* o la música punk, se nutren sin reparo del registro culto y consagrado como Blake, Rimbaud, Kafka, Nietzsche o Joyce, así como de disciplinas propias de la escena académica, como la lingüística, la robótica o la virología, que él deforma y adapta a sus obras sin apenas rastro de la normatividad de aquellas. Es el propio mecanismo de trasposición lo que en Burroughs juega el papel de residuo que el *shift* deja a su paso. ¿Qué le pasa a mi gato, pues?, ¿de dónde ese *shift* en su comportamiento? La respuesta se halla en el residuo de su transformación, en el pelo que se quedó en el cubo de la basura de la clínica veterinaria. Alguien debería hacer algo con ese pelo, ya nómada.

3.3 NOMADISMO ESTÉTICO

Repitámoslo: no puede haber perspectiva si barajamos el tiempo, y la primera y más fundamental representación que nos inserta y enraíza en una perspectiva es el espejo, objeto que informa de un punto de fuga ubicado en algún lugar del paisaje que refleja. Pero el nómada carece de tal clase de espejo; se halla inmerso en un paisaje que no atiende a un punto de fuga único, traza trayectorias no lineales, que no por ello erráticas. El *nomadismo estético* en el que se encuentran sumidas las artes y la literatura del siglo XXI constituye la culminación del apropiacionismo iniciado a principios del XX y consolidado en su segunda mitad. No se trata ya de traer materiales de diferentes ámbitos de la Historia del Arte para crear un nuevo sentido, una nueva obra, sino que la poética y la biografía del artista ya es eso, una apropiación y rearmado de referencias fruto de los tránsitos privados, estéticos y éticos, que ha realizado a través de un planeta globalizado. De esta manera, el artista contemporáneo se arma de una identidad que nada tiene que ver necesariamente con la de sus orígenes geográficos, típicamente unidos al tiempo, al lenguaje y a la tradición de un lugar –nada hay más disparatado hoy que hablar de arte estadounidense, arte francés o arte español o de cualesquiera de las regiones geopolíticas de los Estados–, ni con movimientos estéticos universalmente definidos, sino de una identidad que es la resultante de las múltiples identidades que ha «transitado». Más que raíces, el artista hoy posee y practica *adherencias, flujos por contacto*. Este proceso implica necesariamente dejar atrás el término «perspectiva» en el sentido de fuga hacia/desde un origen determinado de coordenadas del cual todo mana, o las clásicas tipologías de la Historia del Arte, al menos tal como se venían entendiendo, términos estos que involucran necesariamente la idea de un tiempo seriado y solidario al marco externo del sujeto; por el contrario, conviene dejar a un lado el tiempo cronológico en favor de, tal como lo hemos definido, un «tiempo topológico». Ya en la primera etapa de la posmodernidad –que en términos cronopolíticos podemos acotar entre lo que se dio en llamar *crisis del petróleo* de 1974 y la caída del Muro de Berlín en 1989–, lo espacial primaba claramente sobre lo temporal. Ya Jameson en *Teoría de la posmodernidad* advertía de que por extraño que pudiera parecer existía un carácter no temporal de la Historia, de tal manera que los productos sociales, y en particular las artes, ya sólo podían entenderse «saltando hacia delante y hacia atrás en un tablero que concebimos en términos de distancia». Creemos que de eso trata la mutación de la Historia –tiempo–, en Geografía –espacio–. La mutación del estudio de la temporalidad en topología. Y, como hemos apuntado, no es el levantamiento de un mundo fragmentado y rearmado con trozos de lo antiguo, sino su transformación en algo que tiene apariencia de nuevo y por lo tanto es netamente nuevo. En este sentido, decía también Jameson en *Teoría de la posmodernidad:* «(hay) una coexistencia no tanto de mundos múltiples y alternativos como sí de borrosos conjuntos inconexos y subsistemas autónomos que se siguen traslapando perceptualmente, como hipnóticos planos de profundidad en un espacio multidimensional». Lo apunta Juan Martín Prada en su ya citado texto: «ciertamente, el mundo posmoderno no es un mundo donde la unidad de lo real se haya fragmentado, sino en el que lo múltiple aparece de manera espontánea». Creemos que, con matices, hoy, en una etapa posterior al posmodernismo, esta imagen sigue funcionando, pero en forma de red, si bien ésta ya no regula sólo los productos estéticos y sociales sino que –y éste es un cambio definitivo– construye realmente la personalidad de los sujetos de tal modo que el binomio obra/red sociocultural se hallan complejamente entretejidos en una misma imagen-sistema-red. Se trata de un arrastre de lo que hubo y lo que hay hacia un espacio «borroso», donde las cosas pierden su territorio específico. Y esto, ya inseparable del ciudadano, forma parte de lo Real. Aquello que se le echaba en cara a la última fase del posmodernismo, a saber, un esteticismo vacuo por cuanto constituía un producto de universos autistas, no es que se haya retirado hoy en beneficio de un regreso a unos valores pre-posmodernos, sino todo lo contrario: promocionado por la fuerza de su cuerpo moribundo ha rebasado su propia Línea Año Cero y ha ocupado también el campo de la construcción de la individualidad, y por lo tanto de lo social, para convertirse en otra cosa; es política en el sentido estricto del término. Las redes crean nodos bien diferenciados cuyos enlaces de unión pueden dejar de existir en cualquier momento para aparecer otros; esta *complejidad* resulta inseparable del nomadismo estético también en el sujeto. Un nómada que a medida que avanza estudia y mapea su entorno, un nómada un tanto extraño pues al mismo tiempo que construye un territorio –está dentro de esa ruta, pertenece a ella– se convierte en antropólogo del territorio –está fuera del mapa, se distancia a fin de poder explicarlo.

3.4 INICIOS DEL CONFLICTO ENTRE LOS ORIGINALES Y LAS COPIAS. TECNOLOGÍA VS. CIENCIA: LA TÉCNICA COMO METÁFORA DE LA POLÍTICA REAL

En los actuales conflictos acerca de qué es un original y qué es una copia se ven implicadas dos áreas del desarrollo humano que lejos de ser iguales ni tan siquiera son hermanas, como mucho primas: la técnica y la ciencia. Detengámonos un momento. La explicación obliga a rastrear la propia definición de Ley Natural y los lazos de ésta con la política.

En *El capital* Marx deja claro que a su juicio el inventor –esa persona que a través de una original ocurrencia fabrica un utensilio que antes no estaba alojado en el mundo–, no es más que una pieza ciega, una especie de funcionario del despliegue histórico de la industrialización, que le supera como individuo: «una historia crítica de la tecnología demostraría qué poco pertenece a un único individuo cualquier invento del siglo XVIII». Ello tiene que ver con el conflictivo concepto de *patente*, aparecido en relación con los inventos en la Era Moderna y consolidado en la Revolución Industrial. Antes, en la Antigüedad, la propiedad privada se hallaba sujeta a serias objeciones en tanto se entendía que el Creador, mediante la Naturaleza, había puesto a libre disposición del humano todo cuando éste necesitaba. El invento y el inventor vienen a introducirse en ese contexto como agentes realmente inéditos, revolucionarios y, como tales, problemáticos. De hecho, la ecuación que hoy nos parece una obviedad, «*autoría* equivale a *propiedad*», es algo que no se conceptualiza hasta finales del siglo XVIII, y corre paralelamente al conflicto entre el derecho del príncipe a detentar el *monopolio* de una mercancía –típico del absolutismo– y el derecho del individuo a reconocer como suya la *patente* de algo que él mismo ha creado/inventado/generado, y por lo tanto su derecho a explotarlo. Ahora bien, la concepción del invento protegido y referido no a una cosa material sino a una *idea*, es decir, «la invención de la idea de una cosa», lo que hoy llamamos *propiedad intelectual* (aunque en estricto la propiedad intelectual no prohíbe la copia de una idea sino la expresión específica y material de esa idea, pero eso ahora podemos dejarlo a un lado), hunde sus raíces en un proceso histórico mucho más complejo y abigarrado, pues cuando aparece es creada también por primera vez en el horizonte conceptual de Occidente la posibilidad de que pueda haber *ideas* que antes no estaban en la Naturaleza. Ello, a su vez, pone en cuestión la noción aristotélica de que las capacidades humanas son imitación de la naturaleza: cuanto el humano lleva a cabo es una imitación de algo que ya existía. Aparece pues sobre la mesa de debate el hecho mismo del humano como Creador. Recordemos que el concepto de *idea*, el cual para nosotros hoy no es más que la aparición de una feliz *ocurrencia* salida de una mente pensante, en su concepción original, para Platón, designaba únicamente modelos primigenios de todo cuanto ya existe, de modo que cualquier idea surgida de un cerebro era copia de otra cosa anterior al ser humano. Como nos recuerda Hans Blumenberg, en *Historia del espíritu de la técnica*, la mutación de tal concepto, aunque no con mucho éxito, habría aparecido ya en el siglo xv de la mano de Nicolás de Cusa, quien para ir en contra de los escolásticos y sus tradicionales ideas del ser humano como ser vivo esclavo de la naturaleza, establece la figura del *laico:* el humano de la experiencia cotidiana, el que sabe medir, pesar y contar, el que construye utensilios para uso casero, y cuya producción, por lo tanto, no puede ser imitación de la naturaleza. En su *Diálogo*, dice: «Las formas esenciales de cucharas, escudillas y ollas han sido realizadas únicamente mediante un arte humano». Es aquí donde se establece por primera vez la comparación separativa entre las creaciones humanas y la creación divina. Ocurre que, en realidad, a ojos del sistema social del tardomedievo, esta figura del laico y sus actividades, poco valoradas en esa época, es introducida con calzador para, como se ha dicho, ir en contra de la soberbia intelectual de los escolásticos, de modo que en realidad la actividad del laico no dejaría de ser considerada como obra menor, y si cabe aún más menospreciada por el hecho de necesitar para ser legitimada una justificación ad hoc, exterior al orden intelectual imperante. De ahí que la distinción introducida por Nicolás de Cusa no prosperara. No en vano, ya en los inicios de la Era Moderna, los tratados de pintura y de otras «nobles artesanías» serían legitimados al ser incorporados a la literatura y a la retórica. No así ocurría con las denominadas «artes mecánicas del laico», a las cuales les estaba vedado tal territorio de prestigio. La historia de la Era Moderna es también pues la historia de cómo esas prácticas laicas, nacidas como verdadero underground de su época, y tomando desprevenidos a los poderes y a los valores establecidos, fueron escaramuza tras escaramuza escalando posiciones hasta alcanzar la hegemonía de la que disfrutan hoy día un automóvil, una silla o una videoconsola. Por su parte, tan arraigada estaba la creencia de que el humano no podía aportar a la naturaleza nada que ésta no contuviera ya en sí misma, que, no sin controversia, fue Montesquieu quien en 1719 por primera vez mandó a la Academia de Burdeos, la cual presidía, que se escribiera una *historia de la superficie terrestre* pero atendiendo sobre todo a las transformaciones que a lo largo de la historia el humano había operado en ella. Una tarea que hoy nos parece extraña pues, por medio de una realimentación, sabemos que no hay transformación efectuada por los humanos en la que no intervengan también las fuerzas terrestres y viceversa, pero que en su día constituyó una revolución en cuanto a construcción de la cosmovisión occidental.

Por su parte, los inventos dotados de mecanismos, en la Edad Moderna serían presentados ante la sociedad como objetos que mediante un simple peso o una basculación dan lugar a efectos que extraordinariamente consiguen burlar a la mismísima Naturaleza. Esto ya se hallaba en el origen griego de la palabra *mecánica* (*mekhané*: ardid, artificio, maquinación), pero aparece aquí algo que aún hoy acostumbra a pasarse por alto: para los hombres, mujeres y niños del siglo xvii los inventos eran un modo de violar la Ley

Natural, oponerse a la Ley Natural, y la Ley Natural era aquello en lo que se fundamentaba el poder político, conceptual y metafóricamente construido a imagen y semejanza de aquélla: una ley a la vez física y moral que exige obediencia. La mecánica, el invento, era pues una síntesis de asombrosos trucos que el poder político, a fin de salvaguardar su estatus, rápidamente reconduciría como vehículo de entretenimiento de masas. Dicho de otro modo, *la técnica sirvió como herramienta de confrontación con el poder, hoy le llamaríamos una herramienta política, que luego fue reabsorbida por el poder como instrumento de control social.* Aún hoy, a través de diferentes máquinas electrónicas, aparecen incesantemente redes que se organizan para reivindicar acciones o generar reacciones políticas antes de, habitualmente, ser subsumidas de nuevo por los poderes políticos. En este sentido, pensemos cómo algunas herramientas, por ejemplo Twitter, cruciales para las revueltas de la Primavera Árabe, fueron rápidamente capadas o reconducidas. O pensemos en lo que en los años setenta y ochenta fuera llamado *arte digital*, rico y estéticamente revolucionario en tanto que en ausencia de programas informáticos comercializados cada artista estaba obligado a generar sus propios programas. Hoy, subsumido el software por los programas informáticos que proporciona el mercado, y sin conocimientos de programación, el artista utiliza programas o domesticadas Apps que ya sean las empresas o el software libre les suministra; en cualquier caso, es herramienta de segunda mano. De ahí que hoy una vertiente creativa fructífera sea, precisamente, desviar el uso para el cual una determinada herramienta informática fue puesta en el mercado. Recordemos, por ejemplo, cómo David Byrne, cantante del hoy desaparecido grupo Talking Heads, en 2003 utilizó el conocido programa de presentaciones de imágenes Power Point para, con los iconos y diferentes métodos de señalización que le son propios a ese programa, realizar obras visuales; en definitiva pintar. Ello fue recogido en el libro *Envisioning Emotional Epistemological Information* (Steidl and PaceMcGill

Gallery, 2003). Merece la pena leer sus propias palabras, en la revista *Wired* (septiembre de 2003):

> Empecé a ver Power Point como un metaprograma que organiza y presenta material creado en otras aplicaciones. Inicialmente, hice presentaciones sobre las presentaciones y eran casi sin contenido. El contenido, me di cuenta, estaba en el medio mismo. Descubrí que podía introducir mis fotografías, vídeos cortos, imágenes escaneadas y música. Lo que es más, la aplicación puede ser hecha para funcionar por sí misma [imágenes continuas]. Aunque todo empezó como una broma, pronto me di cuenta de que en realidad podría crear cosas hermosas. Yo podía retorcer el programa a mi antojo, y utilizarlo como un creador artístico. Las piezas se convirtieron en cortometrajes: Algunos eran dulces, otros de miedo, otros de misterio. Descubrí que, incluso sin texto, podría hacer obras que trataban acerca de algo, algo más allá de sí mismas, y que ello podría tener resonancia emocional. ¿Qué me había encontrado?

Una de las piezas es su intervención de una fotografía de la oveja *Dolly*.

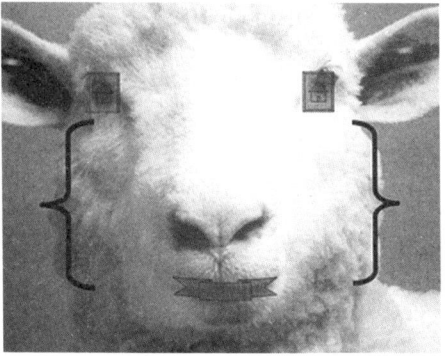

Fotografía de la oveja *Dolly* intervenida por David Byrne mediante un desvío del uso del programa Power Point

Acerca de esta pieza, David Byrne dice:

Al pensar en el diseño gráfico, diseño industrial y lo que podría realmente ser la vanguardia del diseño, me di cuenta de que ello no podría ser sino la ingeniería genética. *Dolly* (descanse en paz) representa lo último en diseño, y es, en su caso, un diseño que nosotros no podemos ver. *Dolly* se parece a cualquier otra oveja, y ése es precisamente el quid de la cuestión. El dogma de algunos diseñadores gráficos es que su trabajo sea invisible. Esta perfección se ha logrado con *Dolly*.

La ingeniería genética, utilizada en su dimensión prometeica y espectacular, representa la última versión del mito de la «tecnología milagro», del autómata barroco, la herramienta que viola la Ley Natural. Hoy, en la era de la descomposición del capitalismo clásico, o al menos de sus mutaciones definitivas y su irreversible *cambio de fase*, variados movimientos ya citados, de carácter tecnovitalista como el *aditivismo* o el *aceleracionismo*, reivindican el uso desviado de la tecnología para aparición de un humano nuevo o un ente posthumano.

También el reciente desarrollo del tratado masivo de datos, *big data*, usado por las empresas de toda índole para proyectar comportamientos de consumidores y explorar formas de mercado, está dando lugar a su correspondiente desvío en factura artística, el Art-Data, uso de tales datos puramente mercantiles como expresión plástica. Tal es el caso de los datos que las plataformas de venta de discos disponen de las innumerables versiones de la canción de Joy Division, *Love Will Tear Us Apart*, datos usados por el artista informático Peter Crnokrak para dibujar un mapa que en el sentido de las agujas del reloj da cuenta de todas las versiones y *covers* de la canción, desde su aparición en 1979 hasta 2012, atendiendo a fecha de publicación, artista y discográfica. Los anillos interiores representan gráficamente el impacto de carácter emocional producido por la canción en diferentes versiones y épocas.

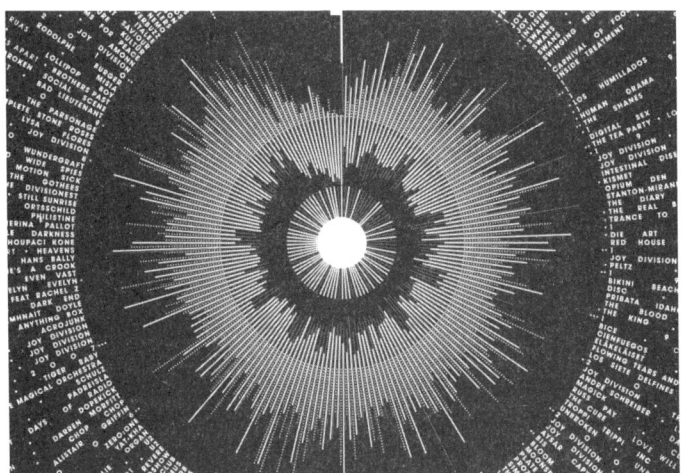

Representación cronológica y emocional de 33 años de las diferentes
versiones y *covers* de la canción *Love Will Tear Us Apart* (Joy
Division, 1979), hecha por Peter Crnokrak en 2012

Detalle

Pero en la legitimación de aquella existencia de maravillas externas a la Naturaleza, el cristianismo primitivo jugó un papel decisivo. Para Aristóteles, la idea de la máquina como nueva creación hubiera sido algo totalmente absurdo pues el humano no tiene necesidad alguna de crear algo que de todos modos, tarde o temprano, la naturaleza le proporcionará. Pero no ocurría así con el cristianismo en la época del Imperio romano. De hecho, el mismo concepto de *milagro* en la tradición cristiana atestigua que para los cristianos la naturaleza no es algo que por sí misma proporcione al humano cuanto necesita, sino que ha de existir una mano externa, la mano de Dios, que de vez en cuando injerte espectaculares acontecimientos, verdaderas maravillas. Así, ante los ojos del Imperio romano, no es de extrañar que el cristianismo apareciera, en primer lugar y ante todo, no como una religión sino como una secta que además de desequilibrar el orden establecido pregonaba la perturbación de las leyes de la naturaleza. Es por ello que la magia siguió y sigue subsistiendo sin ser molestada ni reprochada en exceso por la cultura cristiana. Cuando llegó el barroco, como se ha dicho, las máquinas lúdicas creadas para el mero entretenimiento del pueblo eran ya la verdadera expresión de objetos que van en contra de la Ley Natural, que la violentan al punto de erigirse en maravillas y constituir la expresión misma del poder del humano sobre «lo natural», hecho que fue aprovechado por la política como metáfora justificativa de su propio poder. De los autómatas del siglo XVIII a los *cyborgs* (el *cyborg*, «ese sueño de la testosterona», que dice la artista canadiense Char Davies) no hay más que una línea recta. De las hoy obsoletas Exposiciones Universales al *smartphone*, también. Al fin y al cabo qué es un *smartphone* sino toda una exposición universal transportada en un bolsillo.

Ahora bien, sería un error pensar que esta historia de la técnica, aquí muy abreviada, se halla en la misma línea conceptual que la historia de las ciencias. De hecho, en cierto modo, técnica y ciencia son opuestas en origen. Cuando Galileo introduce la matemática formal en los estudios de la mecánica y la caída de graves, lo que hace es, precisamente, dar carta de defunción a la idea de *magia naturalis*, la idea de que la naturaleza se deja (o no se deja) engañar por inventos mecánicos, autómatas o milagros. Y es ahí cuando se funda la ciencia tal como hoy la entendemos, en la certeza de que la Ley Natural no es un ente moral provisto de estrategias que ayudan o dificultan el desarrollo de los humanos: los inventos y los efectos de la técnica no son fruto de ir ni a favor ni en contra de la naturaleza, sencillamente se insertan en ella como elementos coadyuvantes para formar un Todo. De este modo, vía aquélla la ciencia galileana comienza a desaparecer, a extinguirse, también la metáfora de ley política y ley moral como equivalente a Ley Natural. Deja de tener sentido la supersticiosa convicción de que la Naturaleza, como si fuera un sujeto, puede ser engañada o superada por las artes humanas; sencillamente todo forma parte de un sistema planetario que crece y se realimenta sin conflicto. La creencia, aún hoy persistente, de la Naturaleza como dadivosa Madre y dechado de la Ley Natural, tan presente en los movimientos de orden ecológico-panteísta, así como su opuesta, la Naturaleza como algo a lo que hay que vencer para posicionar al humano sobre ella, tan presente en los movimientos vitalistas-tecnológicos, no beben sino ambas del falso mito de la mecánica y la invención como maravilla, como milagro, y, de rebote, no hacen sino dar pie a la metáfora absolutista del poder político como émulo de una supuesta Ley Natural.

Y es ahí donde aparece la falsa dicotomía, de la cual aún no hemos salido, entre natural/artificial. En realidad, o todo es natural o todo es artificial. Defender lo contrario, además de responder a un modelo de mandato divino, resulta manifiestamente ilógico. Digámoslo así: la hegemónica propagación *tecnológica* que hoy conocemos es el resultado de la reabsorción por parte del sistema social y del mercado del fenómeno de la máquina como milagro, consolidado en el barroco y llevado hoy al infinito, es decir, un aparato o dispositivo maquínico que consolida la antigua idea de «ir en contra (o a favor, según tendencias) de las leyes de la naturaleza». Y, por su parte, la *ciencia* es la cohabitación del humano con el principio de que siguiendo y utilizando las leyes de la Naturaleza –qué si no, nada hay fuera de ella– es posible crear una idea de «naturaleza paralela» –las teorías y las experimentaciones– que sin embargo no refuta a la Naturaleza. De ahí que *el carácter de la ciencia sea siempre metafórico respecto a la Naturaleza pero no opuesto a la Naturaleza*. Ése es su gran hallazgo, aún hoy no comprendido por buena parte de la población, que suele creer que o bien la ciencia es la mismísima realidad, la Naturaleza (idea sumamente ingenua), o bien que la ciencia es un discurso totalmente alejado de la realidad y de la Naturaleza (idea conspiranoica). Por todo ello, Galileo habría establecido un principio de filosofía política, no siempre bien reconocido, de primera magnitud, que es posible resumir así: *la Ley Natural y la ley política no son la misma cosa, ni tan siquiera son metáfora la una de la otra, y por lo tanto la ley política podrá cambiarse y derribarse a decisión de los ciudadanos sin que por ello tenga que acontecer una catástrofe natural (una catástrofe en la Ley Natural).* Paradójicamente, los relatos apocalípticos actuales, del más conservador *mainstream* hollywoodiense al más contracultural ciberpunk epigonal, con sus tramas en las cuales la tecnología bien salva o bien destruye al ser humano, no hacen sino insistir en aquella falsa ecuación de Ley Natural = ley política. El mismo género de la ciencia ficción –el cual más bien debería llamarse «tecnología ficción» ya que de ciencia acostumbra a tener poco– se halla lastrado de tal mitología, lo cual, en una escala de valores que va de lo escaso a lo superlativo, en ocasiones convierte al género en un ejercicio reaccionario.

El hecho es que hoy en todas las capas de la sociedad se detecta el rastro de una idea pre-tecnológica y pre-científica: la tecnología como milagro o maravilla –basta ver de qué modo ésta se publicita y se distribuye, basta ver los ríos de tinta que aún hoy hace correr el mito del humano conectado a la máquina o la máquina que supera y suplanta al humano–, y la ciencia como ley absoluta –basta ver cómo cualquier teoría, por disparatada y acientífica que sea, mediante acto de fe es realmente creída por gran parte de los ciudadanos con tal de llevar adjunto el adjetivo «científico».

Por todo ello, la materialización de un artefacto físico –lo que llamamos un «invento»–, en tanto que heredero de aquel objeto mágico, en tanto que heredero de aquel objeto único salido de la cabeza de una mente tan privilegiada que es capaz de violar las leyes de la naturaleza, ha perdurado como algo sujeto a una *patente*, que por supuesto podrá ser vendida, alquilada, subrogada o heredada. Pero no así ocurre con lo que comúnmente llamamos ciencia, cuyo corpus teórico no sólo se acepta como un saber universal, sino que es de obligada pertenencia a una comunidad: por definición, una ciencia que no es comunitaria no es ciencia sino secta. Los textos científicos y las visiones del mundo que se derivan de éstos se hallan sujetos a una autoría, sí, pero no a una propiedad intelectual susceptible de ser pasada de padres a hijos, ni a proporcionar réditos monetarios directos. No es posible vender la mecánica cuántica matricial de Heisenberg, ni la teoría electromagnética de Maxwell, aunque sí cualquier máquina derivada, directa o indirectamente, de ellas. Dicho en terminología jurídica: en las obras artísticas o tecnológicas se tipifica el término *obra derivada*, que básicamente penaliza toda obra que abiertamente y sin ocultación por parte del autor es transformación de otra que le precede como modelo. Sin embargo, en las ciencias tal figura jurídica, por innecesaria, no existe: se acepta abiertamente que toda obra científica es *obra derivada* de otra.

Todo ello, *mutatis mutandis*, ha contribuido a edificar la actual separación entre la literatura llamada «de creación» (obras de ficción, que funcionan en el mercado y en el imaginario colectivo como un «invento» personal, como una máquina, cuya «patente» resulta inviolable), y los textos de teoría literaria y ensayo (que funciona en el imaginario colectivo como una ciencia, por lo tanto susceptibles de ser

citados o apropiados sin que ello represente un acto ni inmoral ni punible). De todo ello se derivan, cómo no, los
problemas acerca de la pertinencia y legitimidad de las diferentes técnicas apropiacionistas que las artes y la literatura
vienen practicando de manera explícita al menos desde los
años sesenta del siglo xx. Todo autor hoy, realmente de vanguardia, trabaja en ese filo de lo legal/ilegal o no trabaja. Hacemos notar que el apropiacionismo es un hecho connatural
a toda cultura y a la evolución del conocimiento –*La Eneida*
se lee en clave de *remake* de la *Ilíada*, y el niño, nada más
nacer, copia a la madre para poder sobrevivir y evolucionar
más tarde hacia una personalidad propia–, pero nos referimos aquí a otra cosa: cuando el apropiacionismo se hace
explícito y es utilizado como gesto que expone su técnica
abiertamente, como método de confección de obras. Lo que
viene a decirnos el apropiacionismo es que en realidad el
campo en el que se ha movido la creación humana es un terreno en el que confluyen los dos extremos, lo propio y lo
ajeno, un reconocimiento de un territorio común, el cual en
cada autor irá tomando diferentes formas y topologías. No
en vano, ese territorio común es perfectamente rastreable en
la evolución de la ciencia y de la técnica antes esbozada. Por
ejemplo, se sabe hoy que dos de los artífices de la ciencia
moderna, Galileo y Descartes, ocultaron en sus escritos las
influencias de la artesanía y de las técnicas de talleres de artesanos que les servirían como estímulo para construir sus
posteriores teorías, despojadas así de toda «impureza».
Hoy, en general, se admite que la ciencia, del mismo modo
que las artes, ya no tienen inconveniente en *mostrar su rastro*, en propagar sus fuentes de inspiración por humildes que
éstas sean. De hecho, en el ámbito de la divulgación científica acostumbra a ocurrir que es muy celebrado cuando un
científico anuncia que tal o cual resultado vino inspirado
por cualquier detalle doméstico o cotidiano o, mejor aún,
un detalle anecdótico venido de una esfera culta que no es
propiamente científica. Más allá de esta clase de anécdotas y
detalles, de lo que estamos hablando en tales casos es de un

apropiacionismo en toda regla: recolección de ideas de otros científicos y su resignificación, así como la recolección de detalles inspiradores en ámbitos dispares, artísticos y domésticos. El científico que elabora su corpus en ese contexto, es también, por derecho propio, un *nómada estético*.

Sobre esos mimbres apropiacionistas, y dando un paso al frente, podemos ahora ya identificar dos extremos igualmente viciosos que, casi de un modo patológico, en el ámbito cultural dominan hoy los mitos y creencias acerca de la copia. Por una parte, lo que aquí hemos venido llamando invento mecánico –del autómata barroco al *smartphone*– no es sino el precursor del mito romántico mediante el cual una obra de arte se le *aparece* al creador, como genio que es, y, por lo tanto, se trata de una obra única e irrepetible cuya copia no podrá estar sujeta más que al reproche. Y por otra parte, en el extremo contrario, el mito de la ciencia como un saber prístino e infinitamente transmisible sin degradación ni pérdida, que dará lugar a la mitología opuesta a la romántica: la leyenda generada por el pop según la cual todo es copiable sin que por ello exista menoscabo del objeto original en cuestión.

3.5 IMPOSIBILIDAD DE LA COPIA Y MITOLOGÍA POP (1). EL RESIDUO INFINITESIMAL

Marx, en uno de los capítulos más célebres de *El capital*, «El fetichismo de la mercancía y su secreto», razonaba acerca del carácter inmaterial, casi místico, que posee toda mercancía:

> A primera vista, parece como si las mercancías fuesen objetos evidentes y triviales. Pero, analizándolas, vemos, que son objetos muy intrincados, llenos de sutilezas metafísicas y de resabios teológicos. Considerada como un *valor de uso,* la mercancía no encierra nada de misterioso, dando lo mismo que la contemplemos desde el punto de vista de un objeto

apto para satisfacer necesidades del hombre o que enfoquemos esta propiedad suya como producto del trabajo humano. Es evidente que la actividad del hombre hace cambiar a las materias naturales de forma, para servirse de ellas. La forma de la madera, por ejemplo, cambia al convertirla en una mesa. No obstante, la mesa sigue siendo madera, sigue siendo un objeto físico vulgar y corriente. Pero en cuanto empieza a comportarse como mercancía, la mesa se convierte en un objeto físicamente metafísico. No sólo se incorpora sobre sus patas encima del suelo, sino que se pone de cabeza frente a todas las demás mercancías, y de su cabeza de madera empiezan a salir antojos mucho más peregrinos y extraños que si de pronto la mesa rompiese a bailar por su propio impulso.

De este modo, respecto a la madera la mesa cobra una especie de *aura*, opera una aparente transubstanciación de su materia de origen. Lo que antes era un objeto invisible, un tronco sin otra cualidad que pasar inadvertido, se ha convertido en algo por algún motivo preciado, codiciado y usado no ya como simple material madera. Hay ahí un elemento de fetichización por parte del mercado sobre las cosas, que tampoco escapa al reino animal, como vemos cada vez más por ejemplo en la conversión del animal a secas en mascota doméstica. Pero todo objeto, queramos o no, y en toda sociedad, ya sea liberal, comunista o socialdemócrata, e incluso más allá del orbe lo que podemos llamar pueblos occidentalizados, termina convertido en mercancía fetichizada; el propio término «mercancía fetichizada» es ya en sí mismo una redundancia. Una mesa y su diseño, un automóvil y sus prestaciones, un paquete de galletas y sus novedosas propiedades alimenticias convenientemente etiquetadas, un niño que agoniza en el Tercer Mundo y es rescatado por alguna multinacional de la ayuda humanitaria, todo ello, en tanto que estrategia diseñada y comercializada, en tanto que producto que será de algún modo usado, asciende automáticamente a fetiche. No podemos escapar a ello. De modo que la pregunta no es si acontece o no la fetichización sino qué caminos toma, su pertinencia, su adecuado uso, su crédito o descrédito, su valor para la sociedad en la cual se ve implantada. Tal como nos recuerda Greil Marcus en *Rastros de carmín* (Anagrama, 1993), la *metáfora* es una transformación mediante la cual las cosas ordinarias –digamos la madera antes de ser mesa– son investidas de alguna clase de misterio, de alguna clase de fetichización –ningún comprador elije una mesa porque sí–, de tal modo que las metáforas son «utopías incipientes», las metáforas son la magia que opera sobre las cosas comunes a fin de transubstanciarlas en objetos especiales. Y en ello hunde sus raíces la idea de la copia, así como la pérdida o el mantenimiento del carácter de fetiche de aquello que es copiado. La citada idea, cuajada en el romanticismo, que sostiene la existencia de obras únicas, no copiables e irrepetibles, naturalmente abunda en la fetichización por sustracción de elementos y potencialidades del mundo, por resta de las posibilidades disponibles –«este soy yo, y soy único», reclama el objeto tocado por el aliento romántico–, y por su parte el pop, aunque no siempre lo reconozca, abunda en la fetichización por medio del método exactamente opuesto: la sacralización de las cosas y sus repeticiones ad infinitum. Diríamos más: por paradoja, el pop, con esa repetición potencialmente infinita del objeto, lo que hace es fetichizarlo aún más de lo que lo estaba el original, le otorga a la copia una «hiperaura». La oveja *Dolly*, aun siendo una copia, es mucho más «original» que su referente inmediato, la oveja común. Es tan original que ha ascendido a mito, a milagro, a maravilla.

Y no hay mejor ejemplo que ilustre la fe ciega en la existencia de una copia perfecta que el archivo informático, ese objeto que aparentemente se propaga por las redes sin degradación ni pérdida de cualidades, y el cual puede llevar a pensar que la copia perfecta realmente existe. Abundemos en la imposibilidad de esa copia perfecta. Para ello tomemos dos ejemplos clásicos, paradigmáticos de apropiacionismo:

1) el conocido cuento «Pierre Menard, autor del *Quijote*», de Borges, en el que un escritor de principios del siglo xx

se plantea escribir dos capítulos de *El Quijote*, palabra por palabra siendo una persona del siglo xx;

2) la serie fotográfica que en 1981 la fotógrafa Sherrie Levine realiza sobre fotografías que Walker Evans había hecho en la época de la Gran Depresión norteamericana. Evans fotografía esas fotografías –que resultan indistinguibles del original–, y titula su obra, *After Walker Evans*.

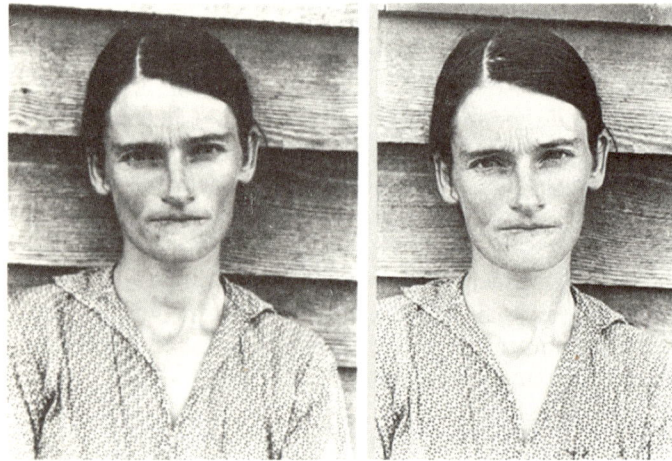

Izquierda: original de Walker Evans (1936), donde retrata las consecuencias de la Gran Depresión norteamericana en Alabama. *Derecha:* fotografía de la serie *After Walker Evans*, de Sherrie Levine (1981)

Lo que el cuento «Pierre Menard, autor del *Quijote*» parece plantear es algo tan aparentemente sencillo de responder como: ¿es posible la creación de una obra realmente original a través de una copia?, cuya respuesta más obvia es «no, no es posible». También Levine en *After Walker Evans* parece preguntarse lo propio. Pero no nos apresuremos a dar respuestas negativas, pues inspeccionados con más detenimiento ambos son ejemplos de cómo la copia ubicada en un espacio y un tiempo distintos al espacio y al tiempo de la obra original, crea una nueva identidad, una identidad dotada de plena individualidad. Si asumimos como cierta la hipótesis de que una obra es tal, es decir, se conforma como objeto singular, y en virtud de algo que, siguiendo a Benjamin, habitualmente se ha venido llamando «aura», el apropiacionismo no eliminaría tal aura sino que *la trasladaría del ámbito de la metafísica al realista ámbito de las relaciones y diálogos que se establecen entre las dos obras –la obra original y la obra producto de la apropiación–*, así como también la traslada al ámbito sociocultural y sociopolítico en el que la copia aparece. Tras esa traslación de contexto, queda claro que no existe la obra original porque *todas sus copias están dotadas de nuevos «sentidos», y por lo tanto también son originales*. Ello se ve perfectamente ejemplificado hoy con la fotografía digital, la cual, en apariencia, a efectos del receptor/consumidor de imágenes, es siempre idénticamente igual al original, perdiéndose así el concepto de «originalidad» tal como se había entendido hasta ahora en la Historial del Arte, al menos desde el romanticismo, y especialmente en la museística. En el ámbito digital la copia no existe, vemos y manipulamos siempre originales. Lo que equivale a decir que, invirtiendo el razonamiento, manejamos siempre copias. Sea como fuere, lo que circula es un archivo –al cabo un texto en tanto que se halla cifrado en un lenguaje informático discrecional–, que después es traducido a imagen en una pantalla. La fotografía digital, pues, lo que realiza es una traslación conceptual: de la materialidad de la fotografía en papel pasamos mediante el archivo digital a definirla como escritura, como texto encriptado en el archivo informático que el consumidor nunca ve, como un libro que en una imprenta es susceptible de reproducirse infinitas veces sin dejar cada una de esas copias de ser un original. La apropiación trabajada en fotografía puramente analógica, en papel, que de las fotografías de Walker Evans llevara a cabo Levine, es por ello un acto profundamente radical que, en su día, se anticipó y prefiguró el debate acerca de la apropiación digital en el ámbito de la imagen. Como ocurre en todo juego, las apropiaciones nos ponen ante algo medular: la ambigüedad, que conduce a preguntas como: ¿es o no es realmente Pierre Menard el autor de un nuevo *Quijote*? ¿Es o no Levine realmente la autora de sus fotografías? Levine define el visionado de su obra como una «experiencia de intranquilidad», algo que la obra original, por sí sola, no puede suscitar. De modo que sí que hay algo nuevo, algo constitutivo que por la vía del «nuevo contexto» en el que se ve insertada la copia la convierte en legítima obra.

Así, apropiarse parcialmente del lenguaje de otro es asumir o revindicar, según casos, la identidad cambiante a través del tiempo tanto del sujeto que produce las obras como la de las propias obras: el contexto en el que hacen su aparición. En el ámbito literario, esto llega a su extremo más depurado en el cuento «Pierre Menard, autor del *Quijote*», cuando, como sagazmente apunta Graciela Speranza en *Fuera de campo* (Anagrama), «nadie como Borges consiguió prodigarnos el tropezón conceptual, el escándalo lógico» desplegado en la antepenúltima página del cuento, cuando se cita una frase textual de *El Quijote* e inmediatamente después se nos dice: «Menard, en cambio, escribe», y entonces Borges vuelve a poner la misma frase, exactamente la misma, pero esta vez atribuida a la mano de Pierre Menard. Como continúa diciendo Speranza, «la frase sacude al lector con estas dos palabras, *en cambio*». Así, Borges propone la paradoja más fenomenal de la historia de la literatura. Después, se nos dice que el fragmento de Menard, idéntico al de Cervantes, es *mucho más rico*. «Menard, que no ha copiado ni imitado a Cervantes, ha escrito unos capítulos indiscernibles –línea por línea, palabra por palabra–, ha producido, de hecho, una obra original, tan original que no tiene precedentes en la literatura universal.»

Ese *nomadismo estético*, vía apropiacionismo, se ve ejemplificado hoy en obras colectivas que han modificado no sólo las técnicas sino los propios objetivos del apropiacionismo, ya sean tanto en el espacio físico como en el de las redes –aunque es en estas últimas donde, por su propia naturaleza han proliferado–. Pongamos por caso *You're Not My Father*, de Paul Slocum. Se trata de una pieza en vídeo constituida por *remakes* de diez segundos de duración de una escena de la teleserie *Full House*. La particularidad radica en que cualquiera podría enviar su *remake* a Paul Slocum, quien luego los montaría en una serie, dando lugar a una larga secuencia de reinterpretaciones amateurs, <http://turbulence.org/Works/notmyfather/>. Como se aprecia, este tipo de apropiación resulta diferente de las que anteriormente hemos señalado, propias del posmodernismo o de sus orígenes. Hay una modificación en las pretensiones: antes se trataba casi exclusivamente de piezas destinadas a cuestionar nociones como Historia del Arte, originalidad, genio o museo. Hoy, superada esa fase –al menos en las artes, no así tanto en la literatura–, se trataría más bien de traducciones a un espacio común y socialmente aceptado. Como si –como le ocurre a todas las minorías sociales– superada la primera fase de reivindicación de igualdad respecto a lo normativo, nos halláramos en un segundo estadio caracterizado por la diferenciación, crear una identidad propia bien definida, que no se presenta como directa oposición a un pasado sino como una «integración en la diferencia». Esto se aprecia en el hecho de que hasta ahora el apropiacionismo era una movilidad casi exclusivamente de «arriba abajo», en la que productos culturales fuertes, de gran tradición y prestigio histórico eran «profanados» y «devaluados» con materiales supuestamente innobles. Actualmente esa movilidad se combina a la par con el recorrido de «abajo arriba»: materiales innobles son llevados a la esfera de la alta cultura. Tal mixtura tanto en pretensiones como en técnicas es lo que le aporta complejidad al apropiacionismo hoy porque, en realidad, tales traslaciones de arriba abajo, y de abajo arriba, responden a un mismo movimiento, complejo y realimentado: llevada a cabo la una implica automáticamente y por necesidad que se acometa la otra. Es como el problema de la gravitación del sistema solar: hoy sabemos que tan cierto es que la Tierra gira en torno al Sol como que éste lo hace en torno a la Tierra; depende del sistema de referencia que elijas.

Ya Duchamp había hablado del concepto de *infradelga-do* para referirse a cosas que pareciendo idénticas, no lo son: «el calor de un asiento –del cual alguien acaba de levantarse– es un infradelgado». «Dos formas producidas en el mismo molde, difieren entre sí por una cantidad *separativa*, infra-delgada». Duchamp dice que el término infradelgado es de imposible definición única. De ahí que la posibilidad de la copia perfecta sea un imposible, algo sólo pensado como realizable –es decir, como actividad motivo de aplauso– en la metafísica pop, y algo en absoluto realizable y negativo –es decir, moral y jurídicamente punible– en la mitología román-tica. La realidad es bien distinta a ambos polos, en tanto que la copia es un problema de aproximación infinita a un origi-nal sin llegar jamás a alcanzarlo. La matemática nos brinda un ejemplo iluminador: es habitual, cuando una función matemática es demasiado compleja y por lo tanto de muy di-fícil manejo, generar a partir de ella otra función aproximada, más sencilla, con la que poder trabajar más cómodamente sin por ello ver mermados los objetivos del análisis. Esta aproxi-mación, que se hace mediante las llamadas Series de Taylor, asume que tal aproximación entre las dos funciones nunca es perfecta: en la nueva función siempre queda un *residuo*, un *resto* que se escapa a la copia perfecta. Eso que se escapa, ese *resto* o *residuo*, es a lo que Duchamp bien podría ha-ber llamado infradelgado: la parte que, aun siendo infinité-sima, distingue a la copia del original. Pero ocurre que en el ámbito de las artes y las apropiaciones, *es precisamente ese resto, ese residuo que hace diferir al original de la copia, lo que genera que el nuevo conjunto sea una nueva obra.* Un artista que trabaja directamente con la idea de la «aproxi-mación infinitesimal» a un referente dado es Pep Vidal, quien en buena parte de su obra aborda lo que podemos llamar la «física de la medida y sus alegorías». Tal como él mismo cuenta en la revista *Input*, n.º 3, desplazado al norte de Canadá se propone llevar a cabo la pieza *Following the*

(Magnetic) North Pole. Consiste en mediciones del Polo Norte magnético, el cual, como sabemos, es naturalmente móvil, y que en los últimos doscientos años ha sufrido un desplazamiento de unos 1.400 km. Valido de los instrumentos de medida actuales comparará sus resultados con otras medidas que él mismo hará con primitivos instrumentos, con los instrumentos utilizados años atrás para ese mismo fin. Ello, naturalmente, arrojará a fecha de hoy resultados distintos, así como distintos errores en las medidas. Tales errores son *residuos* en cuanto a la aproximación de la magnitud del campo magnético real en el Polo Norte magnético actual. Pero son esos residuos y diferencias los que definen y dan sentido a la *obra*.

Valga ese ejemplo para señalar que hay toda una vía de investigación acerca de la verdadera naturaleza de los *residuos* entendidos en un sentido amplio: residuos físicos –lo que comúnmente llamamos basura–, y residuos simbólicos –lo que por los motivos que sea se ha convertido en despreciable o incomprendido en el imaginario colectivo–. Dicho de otro modo, hay una pregunta que queda aquí abierta: ¿qué sentido tiene reciclar un residuo, «borrarlo» de la faz de la Tierra, si es precisamente ese residuo una de las partes constitutivas de la singularidad e identidad de un objeto? Vemos así que de uno u otro modo el problema de la copia se reduce a dos posibilidades con igual resultado. O bien todas las copias son originales porque todas las copias son distintas al modelo original –el contexto social cambia y ello ya de por sí «relee» la obra, pero es que además la materialidad cambia en los procesos mecánicos: el resto, el residuo, lo infradelgado–, o bien las copias son todas ellas copias pues son exactamente iguales al original –caso de la fotografía digital–. Pero lo cierto es que cada obra, bien sea *derivada* o bien sea *transformativa*, siempre es un original en virtud de ese *resto*, de ese residuo que necesariamente aparece por el mero hecho de ser copiada. Es decir, por paradójico que parezca, la *copia* no es antitética al *original*.

La construcción de una obra a través de la aproximación infinitesimal y no coincidente con otra predecesora, es una técnica llamativamente escasa hoy en el terreno de la narrativa, pero muy usada en la poesía, de la cual casi puede decirse que no hay poemario reciente que no eche mano de algún recurso de imitación aproximativa y explícita, entendiendo que no hablamos de manierismos ni plagios, sino de una verdadera *imitatio autoris* como recurso de diálogo, bien irónico, bien sentimental, con un referente bien establecido. En su libro de poemas en prosa, *Estamos todos, aquí no hay nadie* (Renacimiento, 2015) José Ignacio Montoto escribe:

> Así dormita el ángel de la historia en las cornisas del tiempo, esperando convertir en paloma el murciélago que lleva dentro. Con la misma vehemencia que la justicia desenfunda la espada del derecho y la deja caer en la balanza del bien y del mal. Allí, bajo ese amasijo de guerras, se esconde la *iustitia* celeste con rostro de progreso y alma de diablo. Una tormenta de píxeles que se pierden tras los vídeos de *youtube*, espera el huracán mortal de la catástrofe. *Este huracán es lo que nosotros llamamos progreso.*

Poema que aproxima al mismo tiempo que resignifica en la contemporaneidad el conocido texto de Benjamin *Angelus Novus*. Por otra parte, respecto a recientes utopías derivadas de la adición de objetos nuevos (no copias) al mundo, el ya aquí citado escritor y neurobiólogo Germán Sierra, ahondando en el análisis de utopías y pensamientos extremos derivados de las conexiones entre el humano y la máquina, sostiene que la historia del ser humano pasa fundamentalmente por dos fases, repetidas en ciclo: la fase de reproducción (copiar objetos) y la fase de producción (editar objetos). La primera corresponde a la idea de que el humano debe copiar cosas, y cuantas más mejor, y así, la segunda mitad del siglo xx se habría caracterizado por la producción en cadena de cosas idénticas, la copia de objetos ad infinitum, y llegaría a su paroxismo con la idea de la clonación humana, la cual no deja de escenificar una utopía en tanto que no puede haber dos humanos iguales, además de ser intrínsecamente inútil pues un mismo objeto o persona en dos contextos distintos ya no es el mismo objeto o la misma persona –principio este por el cual, como hemos señalado, el *apropiacionismo* opera en las artes como legítimo generador de obras–. Y la segunda fase sería la de la producción de cosas, y es aquella en la cual lo que queremos no es copiar ni clonar cosas sino producir cosas nuevas, totalmente nuevas, cosas que antes no existían sobre la faz de la Tierra –pensamiento éste muy próximo a una suerte de vanguardias históricas revisitadas–. En esta fase caracterizada por la ilusión de crear cosas que antes no existían, afirma Germán Sierra, nos encontramos ahora, y en esa línea se instalan los ya citados *aditivismo* (no copiar cosas sino sumar al mundo cosas que antes no existían) y el *aceleracionismo* (generar cosas nuevas hasta el infinito de modo que el capitalismo explote y se convierta en una entidad desconocida hasta ahora, totalmente nueva); así, estas dos corrientes corresponderían a dos utopías de esta misma fase de producción de cosas nuevas en la cual nos hallamos ahora, y que no por utópicas dejan de producir obras artísticas. Véase el caso del rupturista Kenneth Goldsmith, escritor de reciente conceptualismo online, quien en una de sus obras propone «imprimir internet», todo lo que hay en internet, *Printing Out The Internet* (22 de mayo de 2013), lo cual, aun siendo una solución imaginaria a un problema imaginario, deja un rastro real, eyecta un residuo representante de lo que no pudo ser hecho: los millones de páginas que, en efecto, fueron impresas. Construir algo totalmente nuevo o copiar totalmente lo que ya existe: dos utopías de las cuales sólo es posible salir si nos atenemos a una cosmovisión compleja y realista: ni la una ni la otra, sino estados híbridos y realimentados entre la copia absoluta y la novedad absoluta. En *La furia de las imágenes, notas sobre la postfotografía* (Galaxia Gutenberg, 2016), Joan Fontcuberta dice: «Querría concluir este capítulo insistiendo en lo que constituye el núcleo doctrinal de la postfotografía, esto es, la problematización de la condición de autor. Una imagen siempre superpone miradas: las miradas de quienes la producen y las miradas de quienes la observan. Podemos considerar, especulativamente, que toda imagen concita también la superposición de autorías».

3.6 FAMILIA DE AURAS

Una manera de obtener resultados parecidos, pero no trasladando objetos en el tiempo sino en el espacio, podría enunciarse como una variante del clásico tema del espejo. Pocas veces se hace notar que cuando nos miramos en un espejo no vemos nuestra figura «original» sino una transformación espacial de ella misma, transformación que es inversa, invierte su signo ($A = -A$; la mano derecha y la izquierda quedan invertidas), de tal modo que el espejo nos lleva a una nueva identidad que, con el paso del tiempo y por un asunto de mera estabilidad psicológica o estabilidad del *yo*, terminamos por asumir como nuestra. Incluso las fotografías, los retratos, lo cuales no invierten nuestra figura, no son copias exactas, pero no porque sean defectuosas, sino porque nos crean en «otro lugar» –en el papel de plata, en el lienzo, en la pantalla–: nos recrean. En la conocida canción *Man in the Mirror,* Michael Jackson establece su particular epifanía moral y transformista mirándose al espejo, hablando con el «yo malo» del espejo:

> Estoy empezando por el hombre del espejo.
> Estoy pidiéndole que no sea así.
> Y ningún mensaje puede ser más claro.
> Si quieres hacer del mundo un sitio mejor
> Échate un vistazo a ti mismo y cambia.

El tema del espejo, usado casi siempre a modo de fábula, se convierte así también en un generador nada inocente y moralista de dobles seriados y ligeramente desviados. En *Culturas del cambio, átomos sociales y vidas electrónicas,* editado por Arts Santa Mònica, se describe un singular método utilizado para dotar de autoconciencia a robots humanoides, así como la manera de inducir a tales robots la capacidad para transmitirse información entre ellos (Steels, L., Spranger, M., «The Robot in the Mirror», *Connection Science*, vol. 20, n.º 4, 2008, pp. 337-335). A lo primero que les obligan es a hacer movimientos ante un espejo para verse como si fueran «otro robot», y desde ahí tomar «conciencia» de su cuerpo; es una copia de sí mismos lo que les hace tomar conciencia de la existencia de «el otro». Lo que tenemos en ese ejemplo es algo mucho más complejo que la simple copia o el simple original, se trata del entrelazamiento de ambos, un nudo de copias que conservan parte del aura del original pero dotadas del suficiente *residuo* como para erigirse ellas mismas en diferentes entre sí, en originales por pleno derecho. Lo que se ha creado, en esas copias, es lo que podríamos llamar una familia de sujetos dotados de su correspondiente *familia de auras*, utilizando aquí el término «familia» en sentido estricto: algo se transmite de cuerpo a cuerpo y algo radicalmente cambia. Bernardí Roig, artista visual que de modo explícito ha trabajado la traslación de referentes literarios (Bernhard, Beckett u Ovidio) a su obra escultórica y fílmica, así como el problema que aquí nos toca, las metamorfosis (ver catálogo de retrospectiva *Cuidado con la cabeza*, Madrid, 2016), me relató una anécdota que recuerda al modo que hemos citado de generar identidades en robots, y que de algún modo indica que ese método tiene carácter Universal en tanto que acontece en toda cultura. En un viaje al continente africano –y en algún lugar cuyo nombre ahora mismo se me escapa–, ofertaban al turista un breve viaje en globo, que él contrató. Pero fletaban dos globos al mismo tiempo, que ascendían paralelos «para que te vieras a ti mismo en el otro globo». Dicho de otro modo, para que te hicieras una idea de cómo te vería alguien en ese instante de ascenso, cómo te vería alguien si pudiera verte desde allí, desde el cielo. Tal anécdota, que parece entresacada de algún pasaje de Lezama Lima, responde también al porqué de la construcción de las torres Gemelas: una vez dentro, mirar por una ventana y verte a ti mismo en la otra torre, en otro lugar que al mismo tiempo es igual al lugar en el que te encuentras. Todo ello tiene que ver con uno de los principales temas de preocupación de las sociedades contemporáneas: la *identidad*, esa alucinación del ego en tanto no existe como tal, sino como una multiplicidad de copias distinguidas por su correspondiente familia de auras.

La copia seriada de Pierre Menard, las fotos de Levine, el ya citado remake *You're Not My Father* o las copias a través de espejos hablan por una parte de la pérdida de la metafísica aura del original, pero al mismo tiempo, en tanto nuevos originales, de la adquisición de una renovada aura que –y aquí está lo novedoso– no es *metafísica* sino *relacional*: la gestión de su significado viene establecida a través de los lazos con las condiciones estéticas y sociológicas del nuevo entorno de la obra, así como con los lazos con el que fuera el presunto objeto original, con la Historia de la museística en definitiva. De este modo, la apropiación, además de estética, conlleva por definición una dimensión política, no siempre reconocida, la cual se desarrolla con toda su potencia estética en los *sistemas complejos:* a partir del juego y la ironía crítica se destruye la sacralización del objeto artístico pero para dar forma a algo útil y relacional: la posibilidad de que la obra genere una *familia de auras* a través de sacrílegas traslaciones de sentidos, profanaciones. Porque en las prácticas artísticas contemporáneas la dimensión política no habla tanto de temas de lucha de clases –que se dan por implícitos–, como sí del cuestionamiento de los flujos de la obra hacia la sociedad, y de la transformación de la metafísica clásica por la cual la obra antaño se hallaba dotada de una intención original que, inamovible, cruzaba los pueblos y las culturas de tal modo que se constituía en una herramienta de poder. Cuando Levine «re-fotografía» la pobreza de las familias de la Gran Depresión de Estados Unidos, aparte de elaborar una radical investigación acerca de los conceptos de espacio y tiempo en las representaciones, una investigación que golpea el sentido común de lo culturalmente establecido como Historia y Arte, lo que hace es, por una parte, contravenir la inmutabilidad de la obra, la hace fluir por otros cauces de sentido social –detecta fuentes, afluentes y sumideros antes no vistos–, y por otra parte, a través del mecanismo de la ironía, pone de manifiesto la perversión que existe en estetizar el drama de un pueblo haciéndolo pasar por «arte social» –a la manera en que, por ejemplo, el fotógrafo Sebastião Salgado y otros estetizan el así llamado Tercer Mundo, cuya pobreza queda así presa de un banal ejercicio de estilo.

Así, los productos artísticos son legítimamente revisables, troceables y combinables con el propósito de hacerlos salir de su marco natural, hacerlos exteriores al espacio que se les suponía natural. Cuando Duchamp le pinta bigotes a la *Gioconda* y retitula el cuadro *LHOOQ*, lo que está haciendo es sacar a la *Gioconda* de su quicio –como hiciera Einstein con la teoría de gravitación newtoniana: tomar una teoría bien establecida e investigar tanto sus aciertos como sus taras por el método de estirarla al máximo, buscar sus límites aparentemente absurdos, como por ejemplo postular la existencia de una velocidad máxima, una velocidad irrebasable por cualquier cuerpo, la velocidad de la luz, algo que en principio choca con el sentido común–. Una variante interesante de la obra *LHOOQ* es la que lleva a cabo la artista Paloma Blanco con sus *Pornotapados:* a las modelos de las fotografías de las revistas porno les dibuja ropa, las «viste», y les asigna roles de ama de casa en virtud de una nueva escenografía ad hoc. Transforma un material pornográfico en otro netamente costumbrista con una dosis muy fuerte de humor y expresionista parodia. Paradójicamente, tal operación lleva al porno a manifestarse en toda su potencia: la imagen original cobra fuerza por su exterioridad, manifestada en este caso en el rol de la hacendosa ama de casa. Huelga decir que la tradición de «ilusión erótica» a través de recatados modelos que implican una fuerte dosis de gozo y culpa y castigo –relaciones sexuales con mujer monja, mujer santa, mujer pudorosa, mujer virgen, etcétera–, tradición ejemplificada casi a tiralíneas en el rol erótico que la candidata a la Casa Blanca Sarah Palin ejerciera sobre el electorado estadounidense, tiene una tradición muy antigua explotada, por ejemplo, por Hitchcock, en clave masculina, con un Montgomery Clift sacerdote en *Yo confieso*. Paloma Blanco, con un bolígrafo BIC y poco más, lo lleva al extremo por medio de mostrar el porno en su contracontexto. En el caso de *LHOOQ*, su exterioridad se despliega en un cambio de sexo; en palabras de Duchamp, «lo curioso del mostacho y la perilla es que cuando los miras la Mona Lisa se convierte en un hombre. No en una mujer disfraza de hombre, es un hombre real, y éste fue mi descubrimiento». Naturalmente, ambas obras cuestionan la idea de «original», «genio», «expresión innata», «eternidad», etcétera. Y, naturalmente, como en todos los ejemplos que hemos puesto anteriormente, necesitan de un receptor dispuesto a «terminar» la obra.

Un caso interesante de apropiacionismo, esta vez por borrado o supresión de elementos, es el que lleva a cabo Martijn Hendriks, quien interviene la película *Los pájaros* mediante el borrado de, precisamente, los pájaros que aparecen en pantalla. La eliminación del elemento –que en realidad es una suma– que aporta el ingrediente terrorífico de la cinta, consigue un resultado aún más terrorífico: los personajes se mueven como si estuvieran evitando una absurda y fantasmática presencia. No en vano, el título de la obra es *Give us Today our Daily Terror*.

<http://www.youtube.com/watch?v=ANk1FKMKLFU>.

En el terreno de la poesía más reciente, el poeta David Refoyo se vale del apropiacionismo en *Donde la ebriedad* (La Bella Varsovia, 2017), que como el título anuncia toma como referencia el clásico de Claudio Rodríguez, *Don de la ebriedad*, para llevarlo a un trazado de caminos personales, extremadamente vitalistas, así como al propio tejido de la contemporánea sociedad de consumo. El resultado es un mosaico-red en el que insospechadamente Claudio Rodrí-

Give us Today our Daily Terror, 2008, Martijn Hendriks (*Los pájaros sin pájaros*). La actriz es atacada por una fantasmagoría

guez aparece perfectamente insertado en la cadena de lo que aquí hemos llamado una «familia de auras».

3.7 IMPOSIBILIDAD DE LA COPIA Y MITOLOGÍA POP (2). UN BAR MODERNO QUE HAY EN MIAMI

En 2011, en un bar de Miami llamado Lester's, ubicado en la antigua zona industrial Wynwood, hoy reconvertida en un barrio de galerías de arte emergente y locales voluntariosamente modernos, se exhibían a la venta casetes de grupos locales, todas ellas maquetas caseras grabadas en cintas, que se publicitaban como *copias únicas*. En una hoja aparte, esas bandas de música afirmaban rechazar tener página web debido a la perversión que supone que algo pueda ser copiado digitalmente. El romanticismo inyectado en el pop, o viceversa.

Lo que en la cultura occidental creíamos absoluto, monolítico y no compuesto en partes, está lleno de subentidades potencialmente infinitas. Sólo en una imagen idealista un objeto es igual a sí mismo (A = A); sólo mediante el idealismo es posible defender el principio de identidad en su versión monolítica. Nunca nada es igual a sí mismo, en alguna medida todo difiere de sí, todo ente *desconfía de su identidad*. Un elemento A no es A sino que además es B, C, D... Lo hemos apuntado: el yo no es un único sol. La posibilidad del clon no es otra cosa que un eco de un fantasmal pensamiento conformado en identidades cerradas. Tal utopía de identidad concurre incluso en uno de los temas científicos que cíclicamente se pone de moda, la teletransportación, la cual en su versión fuerte, es decir, el desplazamiento real de un objeto de un lugar a otro sin que éste vea afectada alguna de sus características, resulta ser un mito. En efecto, el Principio de Indeterminación de Heisenberg, en su versión *posición-cantidad de movimiento*, en principio impediría la teletransportación real y objetual por cuanto para poder realizarla hace falta conocer previamente y con total exactitud el *estado* de cada una de las partículas que conforman el objeto a teletransportar, y eso pasa por conocer con total precisión simultáneamente su posición en el espacio y su velocidad, cosa que, como sabemos, no es posible. Lo hemos dicho, pero cabe recordar que la clonación total se nos aparece como proyección utópica, llevada al paroxismo en mito pop y su reproducibilidad infinita, imposibilidad evidente cuando se entiende que un cuerpo no es sólo un conjunto de partículas posicionadas en un espacio y un tiempo, sino que también es en sí mismo un campo de irradiación físico y sociocultural determinado por el complejo contacto con otro campo colectivo que opera como contexto; no hay manera de clonar un cuerpo. Lo que algunos pensadores posmodernistas, y en especial Baudrillard, dieron en llamar la Simulación Total no es menos refractaria a lo posible, pues toda simulación se fundamenta en un principio muy concreto, y sin el cual se desmorona su sentido: *lo simulado no debe ser exactamente igual a su prototipo*. Tal como hemos dicho páginas atrás, toda transformación requiere tanto de constantes como de elementos que difieran del original. No sólo es este principio el origen de significación de cualquier simulación y el motivo por el cual la simulación crea procesos, obras, diferencias de potencial entre los diferentes campos semánticos que cada objeto despliega, sino que, *si el modelo y su simulación son idénticos, ¿para qué la simulación?* Si una maqueta del territorio es idéntica al territorio ¿para qué queremos la maqueta? Si la traducción de un texto es idéntica al original ¿para qué la traducción? La identidad total, en caso de existir, no significa nada porque no vale realmente para nada, no es útil. Nunca A = A. La identidad es una apariencia, un reduccionismo metodológico que, como tal, en cuanto a su aplicación no está exento de sus propios límites. Es aquello en lo que difieren el original y su simulación, el territorio y su maqueta, lo que pone en marcha los mecanismos que dotan de sentido a los procesos que crean realidad.

En el terreno de la antropología, es un problema clásico el establecimiento de criterios de observación que no perturben el entorno: de qué manera el observador de las otrora llamadas culturas exóticas –ya sean tribales o urbanas–, puede estar seguro de que sus conclusiones se ajustan a lo realmente vivido dentro de la comunidad sujeta a estudio sin intervención de su propia perturbación como investigador. La cuestión de lo genuino, de lo original, planea sobre toda esa dificultad. La ilusión de poder entrar en contacto real con una civilización primigenia y adánica resulta ser la principal fantasía de la protoantropología derivada del Siglo de las Luces, que será practicada por los grandes antropólogos sistémicos, como es el caso de Morgan y de Tylor. Serán Boas y Malinowski quienes critiquen y rechacen lo que llamarán la «historia conjetural de los pueblos». En no pocos casos testificados de encuentro con culturas primitivas se vio más tarde que en realidad no se trataban de culturas primigenias sino de verdaderas involuciones. Esta aspiración del encuentro con un ser originario, verdadero y común a los humanos, es decir, el encuentro con el «modelo original», tiene su contrafigura en la noción del ya citado simulacro total, que actúa de partícula inversa pero igualmente ideal o metafísica. La aspiración de una simulación total es tan inverosímil como la del original total, ambas participan del mismo vicio dogmático y expulsan los *estados mezcla*, los estados realmente complejos, aquellos por lo que sabemos que toda cultura ni es original ni es simulación total –copia total–, sino una sucesión orgánica y conflictiva de ambos polos. Quizá el mayor interés de las obras de dos artistas en apariencia antitéticos, Rothko y Warhol, estribe en poner de manifiesto la imposibilidad de la copia; nadie se cansa de ver sus repeticiones en el lienzo porque éstas no son tales; las obras seriadas de Warhol llevan en sí mismas las taras que las distinguen entre sí, elementos que revelan la imposibilidad de una producción de arte en cadena. Podemos decir incluso que, paradójicamente, Warhol, en apariencia paradigma del tan estadounidense espíritu de cadena montaje, en realidad trabaja contra éste, pone de manifiesto la imposibilidad real de la copia. Así, ambos autores generan sus respectivas escisiones internas de sentido, crean sub-identidades, que uno lo haga a máquina y el otro a mano nada importa.

Y si no es posible la identidad aparece el problema de la suma de objetos extensos, que se vuelve operación imposible. ¿Cómo sumar dos sistemas cualesquiera, A y B, si cada uno son complejidades en sí mismas, intervalos que se componen de sub-identidades? Toda suma ejecutada en términos absolutos, es falsa. Lo que sí hay son interacciones, intercambios físicos y/o simbólicos, entre dos sistemas dados, nunca una suma directa. No se pueden sumar peras y manzanas, lo sabemos, pero a menudo lo olvidamos. Como tampoco pueden sumarse partículas para formar agregados de materia sin tener en cuenta las complejas relaciones entre las partes, los enlaces, los *links*, aquello que las conforma no como entidades discretas sino como campos semánticos, nubes de significación. Las nubes se deshacen, mutan en forma lluvia, y tal precipitación disgrega sus sentidos originales en otros muchos sentidos. Esto se hace especialmente significativo si regresamos al caso de la naturaleza de las imágenes digitales. Tengo ahora mismo en mis manos una fotografía en la que aparezco yo cuando era pequeño. La foto tiene los bordes gastados, el espesor del papel ha aumentado debido a que la humedad y el uso terminan por separan las diferentes capas de celulosa que lo conforman. Percibo, en definitiva, la materialidad de la foto, la historia de su propia materia, pero no porque la fotografía represente una escena realmente antigua –que también– sino porque existe un deterioro visible y evidente de la materia que la compone. *Veo el tiempo* a través de ese deterioro, como si el papel que conforma la foto se proyectara «hacia el interior» de la propia imagen, y mi cuerpo en esa foto ganara volumen. Lo que ha ocurrido es que el tiempo ha originado en la materialidad de la foto un gasto de energía, un gasto de energía mayor que cero ($E > 0$), que se aprecia incluso al olfato, pues despide un olor a papel multitud de veces humedecido y secado. Es lo que podemos llamar el *espejismo material (analógico)*, la materialidad como estado absoluto del objeto. Tengo ahora esa misma fotografía de mi infancia en una pantalla. Hace años decidí digitalizarla. En la pantalla siempre la veo de la misma manera, no hay modificaciones, no hay gasto, parece habitar una eternidad, un limbo, el limbo de las imágenes. El gasto de energía que en este caso origina el paso del tiempo es aparentemente cero ($E = 0$). Pero no. Ése y no otro es el *espejismo digital*. El disco duro gira y se calienta cada vez que veo la imagen, el cableado que lleva la información pierde flexibilidad, la pantalla va perdiendo definición; en efecto, aquí también hay gasto energético ($E > 0$). Así, el limbo de las imágenes es una ilusión producto de un análisis más metafísico que riguroso. En la fotografía en papel el «cuerpo» de la foto está unido a ella de la misma manera que nosotros llevamos nuestra piel y órganos unidos a nosotros: el gasto o envejecimiento se hace visible en todo momento. Por su parte, el «cuerpo» de la imagen digital, constituido por el disco duro, el cableado, la electrónica que la hace posible, se halla oculto, fuera del campo de visión, pero no por ello deja de existir. En efecto, en ambos casos hay gasto de energía, hay aumento de entropía. Lo contrario, lleva a diferentes idealismos fundamentados en la supuesta inmaterialidad de

lo digital. Tales idealismos funcionan muy bien en el terreno
de las ficciones –lo cual no es poco– pero no en el terreno de
lo social, donde generan mitologías como por ejemplo la
que aquí nos trae: la posibilidad de la reproducción infinita,
la copia infinita sin degradación ni pérdida de materia, o,
cómo no, la reproducción infinita del dinero, virtuosa cadena que terminaría en la reproducción inflacionada y ficticia
que daría lugar a la crisis financiera mundial de 2008. Se
trata, en definitiva, de una de las muchas mitologías generadas por el pop. Ello no invalida ni tales mitologías ni el pop
–toda estética necesita de sus mitos, se conforma en torno a
ellos–, pero sí establece sus limitaciones, que en ocasiones
parecen haberse olvidado. En tal falacia han caído tanto
apólogos como detractores de la cultura digital. En plena
euforia de la *utopía digital* de finales del siglo xx, hubo quien
llegó a postular que, en la imagen digital, el tiempo, por infinito, dejaría de existir. Y si no hay tiempo no hay gasto.
Pero el tiempo no sólo sí existe sino que, como sabemos, es
el más certero símbolo de, entre otras cosas, el capitalismo;
si no hay tiempo no hay capitalismo, sin el paso del crono
no hay máquinas, y toda máquina, antes que nada, es tiempo, y todo tiempo es antes que nada gasto. De ahí que la
mayoría de los modos de pensamiento contrarios al capitalismo ensayen cosmos, típicamente edenes, en los que el tiempo queda anulado en beneficio del espacio. Porque el Edén
era vergel hecho de puro espacio, y el Tiempo comenzó
cuando a alguien se le ocurrió morder una manzana. Con-
trariamente a lo que pueda parecer a simple vista, el pop en
su estado más tópico, en cuanto que utópica repetición de
las copias sin gasto, siempre tiene ese rescoldo de búsqueda de un paraíso que en el capitalismo no tiene cabida o, al
menos, visto con lupa, tiende a verse minimizado. Lleva el
pop, en definitiva, un fuerte residuo del pensamiento utópi-
co-romántico. De modo que no es extraño que el posmodernismo –inductor principal del prestigio cultural en lo pop– no
haya sido otra cosa que un último coletazo del pensamiento
propio del romanticismo.

En aquellas bandas de música de Wynwood, Miami, se reunía entonces la fabulosa contradicción, la imposible conjugación de dos términos antitéticos: el gesto romántico de la copia única e irrepetible grabada en el garaje de tu casa, más el hecho de estar grabada sobre el soporte pop e infinitamente copiable por antonomasia, la cinta de casete. En esa cinta de casete, en ese objeto, acontece así la bofetada lógica por la cual, parafraseando a Borges cuando dice «[...] Pierre Menard, *en cambio*, escribe [...]», podemos aquí decir «esta grabación es un objeto único y *sin embargo* está grabada en una cinta TDK». La reunión de ambos polos en ese objeto resume buena parte del atasco y las contradicciones derivadas de la mitificación del objeto único y de la copia, cúmulo de aporías de las que aún no hemos salido y que el estudio de los objetos en términos de complejidad puede ayudar a solucionar.

3.8 POSMODERNISMO COMO ÚLTIMA MANIFESTACIÓN DEL ROMANTICISMO

Como es sabido, el pensamiento posmodernista –tanto en su versión light y de masas como en su versión postestructuralista–, viene fundamentado en un modelo que, en términos generales, pone en cuestión al pensamiento Ilustrado. Tal como bien lo resume Maurizio Ferraris en *Manifiesto del nuevo realismo* (Biblioteca Nueva, 2013, prólogo y edición de Francisco Martín), la posición del posmodernismo viene determinada por al menos tres actitudes: 1) la ironización de la realidad, 2) la resublimación de la realidad y 3) la desobjetivación de la realidad, todas ellas fijadas por mecanismos negativos –o como mínimo pesimistas– en lo que se refiere a lo que podemos llegar a saber del mundo físico y cultural que nos rodea. En primer lugar, el pensamiento posmodernista rebaja «lo que podemos saber» a meramente «lo que podemos conocer». Dicho de otro modo: no es posible saber qué son «en verdad» las cosas, tan sólo podemos alcanzar a determinar los mecanismos que las animan, los fenómenos en los que se ven involucradas, fenómenos que, en última instancia, son lo real. Es ésa una de las premisas con las que el posmodernismo liberó al pensamiento del yugo de los cuentos de hadas de los Grandes Relatos, lo que implica que su actitud es, ante todo, de intención realista. Pero contra todo pronóstico, tal modo de pensar la realidad tiene su origen en un lugar muy lejano, el racionalismo cartesiano y su colosal pesimismo respecto al conocimiento material del mundo. En efecto, desde Descartes, los sentidos no son de fiar y sólo podremos alcanzar la realidad previa admisión del pensamiento como test primero, todo ha de pasar antes que nada por el cerebro pensante: «pienso, luego existo», en vez del más intuitivo «existo (o soy), luego pienso». Así, en un extraño mecanismo de zigzag, el cartesianismo primero anula la realidad exterior, la cual postula que se halla únicamente en nuestra cabeza, para desde ahí regresar a la realidad exterior, realidad que, desde luego no será otra que la dictada por nuestros razonamientos. Dicho de otro modo, no podemos conocer la realidad de las cosas sino sólo los fenómenos en los que las cosas se ven involucradas. O más técnicamente –e invirtiendo la dirección de la cadena experiencial del conocimiento hasta entonces usada–, primero va la epistemología (lo que puedo conocer del mundo), y después irá la ontología (lo que en sí es el mundo). Así queda conformada una ecuación que impoluta atraviesa siglos hasta prácticamente ayer: el *ser* es lo mismo que el *saber*. Naturalmente, ese pensamiento se halla en el mismo núcleo de pensadores tradicional y automáticamente asociados al posmodernismo. Por citar sólo dos. En Derrida, cuando para armar su deconstruccionismo ha de afirmar que toda realidad es texto y sólo texto. Y en el Foucault de *Las palabras y las cosas*, donde demuestra que el ser humano es una construcción de las ciencias humanas, y que incluso podría desaparecer con ellas.

Eso en lo que respecta al concepto de realidad o de lo que podemos conocer del mundo, pero también el posmodernismo posee un núcleo idealista en lo que se refiere a las relaciones entre el saber y el poder. En efecto, otro de sus pilares es la nietzscheana idea de que el saber –aquello que emana del movimiento ilustrado–, es siempre monopolio de la *voluntad de poder*, y que, en justa correspondencia, es ese binomio «saber-poder» el que a lo largo de la historia ha detentado el dictado de las normas sociales, estableciendo lo que es admisible y no admisible y, en último extremo, lo que es moral e inmoral. De tal modo, la ecuación queda así, Ser = Saber = Poder. La verdad y la objetividad responden pues, y de manera indefectible y endémica, a un ejercicio de violencia sobre los súbditos por parte del poder. De ahí la insistencia en una actitud relativista e irónica como método de aproximación a las cosas, y su insistencia en la solidaridad por encima de la verdad –postulado tan claramente sostenido por Rorty en *Ironía, contingencia y solidaridad*–. Las sociedades sólo pueden llegar a pactos, nunca a verdades.

Es así el pensamiento posmodernista un arma de liberación de los totalitarismos que, paradójicamente, conduce al absolutismo de la negación sistemática de lo real, y por ello, del saber *ilustrado*. Es un *pensamiento negativo* en el sentido de que se fundamenta en una negación extrema: la negación de lo real en sí, y reescribe por ello el sentimiento romántico según el cual la ciencia ha de ser espejo de las artes y el científico ha de abandonarse al pathos trágico; seguir a Dioniso antes que al cabal Sócrates. Para el posmodernismo, la realidad, imposibilitada como lugar accesible –dicho en términos kantianos: el *noúmeno* es inaccesible–, resulta, en suma, un instante, un momento cambiante y subjetivo del alma humana. No es de extrañar, por lo tanto, que en la época que abarca el pensamiento posmodernista –y que podemos cifrar de finales de los años sesenta del siglo XX hasta el 11 de septiembre de 2001– haya coincidido con una de las manifestaciones culturales más idealistas y románticas del siglo XX: el pop. Sólo comparable a aquella otra no menos idealista, que fuera hegemónica en la primera mitad del siglo XX: el marxismo.

Llegados a este punto lo que aquí interesa no es seguir las tesis que refutan el posmodernismo ni tampoco las que lo defienden, sino plantear una solución que supere esa dialéctica realismo/negacionismo. Y para ello, entendemos que hay que lanzar una mirada a la realidad bajo el prisma de la complejidad, de los sistemas complejos, definidos, entre otras cosas, por el abandono del pensamiento en términos de dialéctica para verlo como un espacio donde las partes en juego se atraen y se repelen a fin de buscar un equilibrio inestable, activo. Este equilibrio inestable no es detención o estatismo, sino realimentación, flujos continuos entre las partes en juego. Y es que tanto la postura que podemos llamar objetivista o realista como su opuesta, la posmodernista, son establecidas bajo un modelo jerárquico respecto a las vías de conocimiento del mundo, y tremendamente rígido, de dirección única. Para el realismo, es la materia objetiva quien genera las percepciones que tenderemos dentro de nuestros cerebros. El ya citado Maurizio Ferraris consigna así ambas posturas:

Realismo: Realidad → Mente

Por el contrario, para el posmodernismo es la mente quien genera la mismísima realidad.

Posmodernismo: Realidad ← Mente

Pero –decimos nosotros–, bajo el marco de la complejidad, lo «realmente realista» es que realidad objetiva y mente son dos polos que no pueden sino realimentarse constantemente. Según esto, la aproximación a la realidad en el marco de la episteme que aquí nos interesa, creemos que sería ésta:

Complejidad: Realidad ←→ Mente

A esta complejidad es a lo que nos referimos cuando aquí hablamos del *Realismo Complejo* en el que se enmarcan las actividades artísticas cuya materia prima, sus materiales de composición son lo que llamaremos *residuos complejos*.

3.9 INFORMACIÓN VS. CONOCIMIENTO

Una de las más llamativas consecuencias de la construcción del sujeto occidental a través de *el otro* como agente generador de potenciales Apocalipsis, es la diferencia que históricamente hemos establecido entre el *conocimiento* (legitimación cultural) y la *información* (dato en bruto y por lo tanto perteneciente a una tribu salvaje aún). Esta diferencia tiende a verse artificiosa conforme pasa el tiempo y la aceleración de acontecimientos y eventos se nos aparece más y más comprimida, producto del desgaste del tiempo, que opera sobre el presente en fracciones de segundo. Los autores reciben inputs informativos, que reciclan en su beneficio para emitir más tarde un resultado estético al maremágnun de información; el proceso se parece más a un flujo de retorno realimentado que a una proyección lineal. Más que nunca, se hace evidente que el creador opera como digestor u organismo reciclador de toda esa información procedente de la baja y de la alta cultura –términos ya en sí mismos problemáticos–, sin preocuparse del origen y extracto de esos materiales. La idea, aún hoy extendida, de que *crear* es generar conocimiento, y no información, parte de un malentendido derivado de una confusa definición de los términos. Según una definición clásica: *el conocimiento es información indexada*, información ordenada en una lista bajo algún criterio, sólo eso. O dicho de otra manera, la información es un «hecho» puro, una proposición sin intenciones ni huellas de autor hasta que es ordenada. Nada más lejos de la realidad: toda información es ya de partida una construcción científico-político-social encaminada por su emisor a un fin, es decir, a producir más información de segundo orden, y es a esa información de segundo orden a la que algunos llaman *conocimiento*, sí, pero el grado de complejidad de la información que habíamos recibido en origen ya era tal que siempre constituía por derecho propio una fracción de conocimiento; no hay información inocente. De modo que «conocimiento» es una palabra que remite a una estructura cultural muy determinada, resultado de una vaga generalidad –como decir, el «alma», o decir «cultura»– acuñada por las élites dominantes en los diferentes momentos históricos. Por ello la palabra conocimiento es más una actitud y una manera de relaciones entre alta cultura, que una palabra dotada de significado acerca de la relevancia o no de lo comunicado a través de ese conocimiento. Más que una palabra es una marca identitaria, un determinado estatus históricamente construido en la cultura occidental –como si decimos Shell, Nike o «aborigen»–; por el contrario, la palabra información habla de un tejido, de una complejidad, de cómo está entrelazado tal tejido, de su composición, o lo que es lo mismo, habla de lo que, supuestamente, debería aplicarse al conocimiento. Tal término, información, naturalmente tampoco nunca es inocente. De este modo, se recibe información, se reelabora información y se emite información. El malentendido viene de una posición que podríamos llamar «realista ingenua», por la cual sería posible afirmar que existen unas cosas llamadas «datos», que nada comunican y de nada informan más allá de sí mismos, y otra cosa llamada «mente pensante» que es la que gestiona y combina esos datos. No hay datos que no pasen, incluso en su nivel más primario de recogida, por una mente que los enfoca en una óptica determinada, por lo que la información como dato puro, no existe, toda información es conocimiento o –tanto da–, todo conocimiento es información; el supuesto asilamiento del dato es una idea que pertenece al campo de la metafísica. Los intentos de mantener esta distinción no aleccionan acerca de la calidad de los productos finales, sino acerca de un «prestigio de marca» atribuido histórica-

mente a quienes manejaban y manejan el saber o los saberes. Crear conocimiento es, en suma, *apropiarse* de información que ya es conocimiento, combinarla según criterios
propios, y emitir después el resultado.

También a veces el espejismo es el contrario: el conocimiento precede a la información, al dato. Una de las artistas que más refinadamente manejan los flujos entre las artes
plásticas y la literatura, Marla Jacarilla, tiene una pieza titulada, *Los códigos emocionales, Jean Luc Godard y el
puto neón* (2013): <http://www.marlajacarilla.es/EMOCRI-
TICA/index.html>. En esta pieza la artista toma la crítica
de la película *Holy Motors* de Leos Carax (2012), apareci-
da en la revista de cine *Caimán*, y la analiza a fin de rastrear
todos los tics y códigos emocionales de los que el crítico se
vale, así como la sentimentalidad a la que el crítico apela.
Hace un estudio de carácter taxonómico, como quien vivi-
secciona un cuerpo, de donde extrae información, aparente
información, la cual presentará como obra susceptible de
ser expuesta en espacios dedicados a las artes. Pero ¿no era
ya aquella crítica –sesuda y bien fundamentada–, conocimiento? En efecto: esta obra de Jacarilla se presenta bajo
factura del modus operandi de lo meramente informativo y
sin embargo es obra que podemos calificar de pieza artística, conocimiento. En realidad no hay manera de determinar quién es quién porque hoy ya sabemos que a efectos de
generar una obra artística *información* y *conocimiento* son
la misma cosa. El dibujante Pere Joan, en uno de sus más
recientes libros, *100 pictogramas para un siglo (XX)* (Edicions de Ponent, 2014), se vale de iconos aparentemente informativos para representar lo que él considera las vértebras
del siglo xx –y lo que va de xxi–. El orden y clasificación, de
carácter presuntamente ordenado, toma en realidad un ca-
riz de «Estudio analítico de John Wilkins» cuando observa-
mos que los conceptos no siguen una lógica esperada ni por
supuesto un orden alfabético: «El átomo», «Simpatía por el
diablo», «Fama fungible», «El pantalón roto», «Hiperme-
dicación» o «Adicción al miedo», y así hasta cien concep-

tos. La operación que hace en este caso Pere Joan es, bajo la excusa de catálogo *informativo*, presentar un colosal resumen dibujado del siglo XX y de parte del XXI, reflexión histórica por derecho propio, y por lo tanto *conocimiento* solapado y no exento de la nueva información que por sí mismo el dibujo genera. Viendo esos dibujos resulta imposible saber qué fue antes, si la información o el conocimiento, si la gallina o el huevo, que circulan realimentados el uno en el otro.

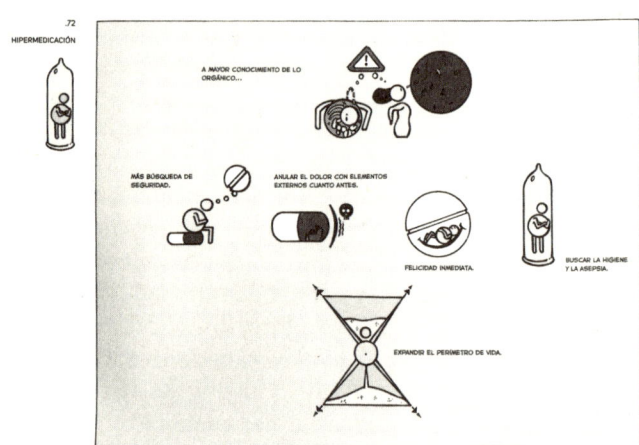

TERCERA PARTE

Aproximaciones a la complejidad. Sistemas y estructuras

1.1 EL PORQUÉ DE UN COLAPSO ECONÓMICO. UN EJEMPLO

Uno de los malentendidos que tiene consecuencias tanto en el análisis de las artes como en la política y la economía, y que afecta a la eterna pregunta «¿qué es la realidad?», deriva de una no siempre clara diferenciación entre lo que es un *sistema* y lo que es una *estructura*. Veamos tres breves ejemplos aclaratorios.

1) Lo hemos dicho ya antes en varios lugares: en el origen del intercambio de mensajes entre las diferentes lenguas, la traducción de un texto de un idioma a otro idealmente busca la exactitud, la copia semántica a escala 1:1 del original. Pero cualquier traductor conoce la imposibilidad de tal empeño. No es posible crear un mismo texto en otro idioma, sino recreaciones. Y no porque una frase sea un extenso territorio, sino por todo lo contrario: cada palabra está llena de microsimas de infinita profundidad para el traductor. En cada palabra está larvada su copia imperfecta, y eso es lo que, lejos de estropearla, enriquece a una traducción.

2) En la teleserie *CSI Las Vegas* hubo un argumento que en diferentes temporadas fue repetido. En determinados capítulos, un asesino en serie deja en la escena del crimen una maqueta de la escena del crimen: cada objeto, cada mancha, cada cojín descolocado fruto del forcejeo, cada gota de sangre y la habitación al completo, incluidos los diferentes adornos y complementos, están contenidos en esa maqueta; por supuesto, en tal extrema fidelidad a la realidad, también

aparece el asesinado en la posición exacta en la que será
hallado por la policía. No obstante, el asesino siempre introduce en tal reproducción un detalle que no está en la escena
real, deja una pista para que Grissom y sus muchachos tengan una zanahoria a la que agarrarse. Si la reproducción
fuera exacta, de nada serviría esa maqueta, que no pasaría
de ser una broma de mal gusto. Pero gracias a la pista, gracias a ese premeditado error que el criminal deja en la maqueta, la trama avanza, o dicho de otra manera, los de Cri-
minalística pueden pasar de la abstracción que es toda
maqueta perfecta –platónica, atemporal y sin defectos por
definición– a los acontecimientos de la vida real y al tiempo
orgánico que permiten avanzar en la dirección de atrapar al
asesino. No tenemos más remedio que concluir que las copias exactas no nos sirven para nada. Lo que nos lleva a la
segunda e inevitable conclusión de que, además de la imposibilidad de poder traducir un texto con toda exactitud, ni
falta que hace. De poder traducirse, tampoco nos valdría
para nada, porque negaría la existencia de diferentes lenguajes.

3) El colapso de la estructura de libre mercado acontecido en 2008, tiene mucho que ver con las maquetas, las escalas
y las copias. Aunque la nomenclatura varía según las escuelas, en la teoría de la ciencia hay una clara distinción entre
sistema y *estructura*. Se entiende *sistema* como algo incardinado en la Historia, algo orgánico, que está ocurriendo o ya
ha ocurrido, lo que comúnmente llamamos los «hechos» y
sus relaciones más o menos empíricas, y se entiende por
estructura la base teórica que da explicación a esos hechos,
estructura que en última instancia siempre es un «álgebra»,
un corpus abstracto. Así, por ejemplo, el *sistema* de economía de libre mercado es una «historia real», algo que acontece en el día a día, y que tiene su correlato abstracto en una
teoría económica, la cual es la *estructura* de economía de libre mercado. De la misma manera, el *sistema* económico
marxista real tuvo su correlato en una teoría *(estructura)*
económica marxista. La pregunta que nos interesa es: ¿sus-

tenta el sistema a la estructura o es la estructura quien susten-
ta al sistema? Lo que equivale a preguntarnos: ¿es la teoría
quien dirige la Historia y sus relaciones, o es la Historia quien
dicta la teoría? ¿Es posible que entre la Historia y la teoría
exista una relación de escala 1:1, lo que nos permitiría aplicar teorías a la realidad sin menoscabo de esa realidad? ¿Se
puede, en definitiva, *traducir* exactamente la Historia a una
teoría y viceversa? La respuesta resulta tan obvia hoy como
antes del desastre económico de 2008: no es posible hacer
equivaler *teoría* y *sistema* porque no hay teoría, por orgánica y vívida que sea, que pueda dar cuenta de todos los avatares de la Historia, de todos los acontecimientos acaecidos
en su correspondiente *sistema*. Por eso, entre otras cosas,
fracasó en su día el así llamado marxismo real. Las teorías,
por sólidas que sean, no eximen a los acontecimientos reales
de su colapso; diremos más, seguirlas al pie de la letra, garantiza tal colapso. En pocas palabras: tenemos muy claro
cuál es la *estructura* económica de libre mercado, o la *estructura* económica marxista, pero nunca podemos estar
seguros de encontrarnos *verdaderamente* ante un *sistema* de
libre mercado o ante un *sistema* marxista, pues, y usando la
cita de W. G. Sebald que abre este libro, «la realidad, como
sabemos, siempre es diferente a todo».

Y esto se sabía, no pocos matemáticos y economistas lo
sabían. De hecho, era ésa una de las enseñanzas válidas que
nos había dejado el pensamiento posmodernista: la, en la
práctica, falacia de cualquier teoría determinista. Y es que al
igual que la imposibilidad de traducir exactamente un texto
de un idioma a otro es lo que dota a los lenguajes de tiempo
orgánico propio y, en última instancia, de riqueza semántica
y entropía, el desplome económico es lo que da cuenta de
que es la Historia de las sociedades y su correspondiente
«vida real» y no platónica la que finalmente nos habla. No
es que sea deseable o no tal desplome, tan sólo inevitable si
no se tiene en cuenta lo antes descrito.

1.2 SISTEMAS Y ESTRUCTURAS

Conviene aclarar que *sistema* y *teoría* pueden tomar diferentes acepciones según entornos culturales, corrientes de pensamiento y momentos históricos, pero siempre son construcciones lingüístico-culturales. Abundemos en ello. La Filosofía de la Ciencia –o cuando menos cierto sector mayoritario–, utiliza esos conceptos del siguiente modo:

a) *Sistema:* conjunto de objetos dinámicos que guardan determinadas relaciones causales entre sí. Hablamos del *sistema monetario internacional*, del *sistema solar* o del *(eco)sistema del desierto del Sáhara*. Básicamente, todo sistema relata, cuenta una «historia», su propia historia. Como tal, está sujeto a casos particulares, a condiciones más descriptivas que analíticas y a una evolución más o menos orgánica: experimentos y pruebas y contrapruebas palpables lo avalan. De modo que la palabra *sistema* se emparenta directamente con la palabra Historia en el sentido de relato verosímil de unos hechos.

Convenimos que los «hechos» contenidos en la Historia pueden ser eventualmente refutados por la memoria, pero lo que no puede ser refutado son las diferentes interpretaciones que cada época elabora de esos hechos. Dicho de otra manera, cada interpretación colectiva es correcta en sí misma, tan sólo ocurre que con el paso del tiempo es común que sea sustituida por otra, que se adapta a su propio presente histórico. Esas interpretaciones de la Historia son lo que genéricamente llamaremos «Teorías».

2) *Teoría:* no involucra conceptos específicos de la experiencia sino que describe un *armazón conceptual común a varios sistemas*. Las teorías no describen nada concreto, simplemente son «plantillas», *estructuras,* a priori vacías, casillas huecas que se aplican a muchos y variados *sistemas*. Como tales, no están sujetas a la experiencia. *Teoría de libre mercado, teoría marxista, teoría euclídea, teoría de grupos, teorías de redes, teoría de sistemas complejos,* etcétera. En

caso de alguna vez haber funcionado sobre una parte de la realidad, una teoría nunca puede ser refutada; puede que caiga en desuso o pase de moda, pero seguirá valiendo en el ámbito de aplicación concreto para la que fue creada. Es un objeto lógico o matemático, en cualquier caso teórico, una construcción separada de la experiencia. Como lo son el Código Penal, la Teoría de Gravitación Universal de Newton o la Teoría Solar Maya, todas ellas válidas en su ámbito, y como tales, irrefutables. Como recuerda Jesús Mosterín en *Conceptos y teorías en la ciencia* (Alianza, 1987), una teoría nunca es verdadera ni falsa; simplemente, es una herramienta para un determinado uso, del mismo modo que unos alicates nunca son verdaderos ni falsos, valen para lo que valen y en su ámbito de aplicación son perfectos.

Cuando pensamos en un Sistema pensamos en términos de *conceptos*, entes carnales, incardinados en la experiencia. Cuando damos el salto a la Teoría pasamos a pensar en *conceptores*, que son habitaciones vacías a las que son susceptibles de ir a parar multitud de sistemas con tal de que éstos se ajusten a una experiencia concreta. Si nos permitimos poner un símil, grosero pero iluminador, diremos que un *conceptor* es como un billete de veinte euros, una caja vacía llena de todas las posibilidades: los diferentes millones de objetos que con esos veinte euros podrían comprarse. El billete es una plantilla –forma parte de una estructura de más billetes– que puede ser aplicada a millones de *sistemas* particulares –los objetos a comprar.

Confundir o identificar ambas cosas, *sistema* (Historia) y *teoría* (Estructura) es lo que no pocas veces lleva al fracaso a los análisis de determinados hechos históricos. Tal como hemos señalado, podemos haber construido una teoría marxista de la económica, o una teoría de libre mercado, pero como el tejido mismo del devenir no es determinista resulta imposible prever todos los casos de aplicación, de modo que nunca sabremos al 100% cuándo de facto estamos ante una economía marxista o de libre mercado a la que poder aplicarle los principios, los modos de funcionamiento y previsiones de tales teorías –estructuras–. Ese y no otro fue el porqué del reciente fracaso del sistema capitalista de libre mercado; sobre un sistema vivo fueron aplicados patrones teóricos matemáticos –y además de riesgo– sin tener en cuenta variables complejas propias del sistema como, por ejemplo, la arbitrariedad intrínseca del consumidor, suficientemente demostrada en multitud de experimentos sociales. Está probado que el consumidor no siempre compra siguiendo un patrón teórico o racional, sino alentado por impulsos de deseo y competitividad que nada tienen que ver con la racionalidad de una teoría.

Esto ha quedado empíricamente demostrado con numerosos experimentos sociales en los que se proponen subastas públicas de una determinada cantidad de dinero, por ejemplo de un simple billete de veinte dólares, y fruto de la excitación de la puja y la competitividad que se genera en el evento, hay quienes llegan a pagar hasta doscientos dólares por obtener ese billete de veinte. Obviamente, tal experiencia refuta lo esperado por toda teoría económica racional y bien establecida, y pone de manifiesto cómo los sentimientos y las pasiones –que aquí actúan de *sistema*– llevan al consumidor a acciones contra el sentido común presupuesto en la teoría, en la *estructura*, que le era presupuesta a la lógica de las pujas. Esto mismo, llevado a un nivel mundial, da lugar a la llamada burbuja económica, la sobreestimación de los precios. Se aplicó fielmente una Teoría a un Sistema que no le correspondía. Lo malo, insistimos, es que aún actuando de buena fe nunca sabemos con total fiabilidad cuándo es posible tal correspondencia. Entre los sistemas y las teorías hay un *gap*, un agujero en apariencia insalvable; no hay puente que pueda cruzarlo con absoluta fiabilidad de no venirse abajo.

Es fácil ver que las crisis económicas se originan cuando toda actividad financiera se encamina a hacer valer las teorías –aplicar teorías– al coste que sea. La lógica clásica de la compraventa consiste en intercambiar objetos materiales –sistemas– valiéndose del mediador que el sistema capitalista ha adoptado, el dinero, que en este caso es un *medio* para obtener cosas bajo una lógica del tipo «para obtener una casa utilizo mi dinero», y estableciéndose así un equilibrio entre los objetos y la virtualidad que es cualquier moneda u objeto de intercambio universal. El problema aparece cuando el cometido no es obtener objetos sino, invirtiendo la lógica, utilizar éstos como intercambiadores para obtener más dinero; típicamente: en vez de «para obtener una casa utilizo mi dinero», usar la lógica inversa: «para obtener más dinero empleo mi casa, la cual vendo». Si esta lógica se lleva a su extremo aparece el problema de «¿qué es lo real?», porque el dinero es una abstracción, una virtualidad, un *conceptor*, que forma parte de una *estructura*, cuyo valor es siempre de segundo grado, es simbólico, y como tal ejemplifica a la perfección los intercambios virtuales. Cuando una economía se apoya únicamente en intercambiar símbolos sin un correspondiente patrón real que dimensione esos intercambios aparece la pérdida de equilibrio que la lleva a la hipertrofia, y se colapsa. De las dos únicas instituciones que hasta ahora prometían bienestar eterno –las entidades financieras y las religiones–, las primeras han caído. Las religiones se mantienen como estructuras de poder pues manejan símbolos desde hace muchos más siglos que el capitalismo, y saben perfectamente que los símbolos no se sostienen solos, hay que incardinarlos, de ahí que las religiones de salvación que dominan la espiritualidad mundial se afanen, desde siempre, en acumular medios materiales, ya sean piedras preciosas, iglesias, mezquitas o supuestos brazos y piernas de santos, objetos físicos que de alguna manera «dan cuerpo» a su impalpable dimensión simbólica y virtual. El ejemplo contemporáneo por excelencia fue *Second Life*, territorio y lugar con pretensiones orgánicas construido únicamente sobre un lenguaje de puro intercambio de símbolos, y cuyo estrepitoso fracaso radica en que, en el colmo de la inmaterialidad, sus cimientos se hallaban en las estructuras de intercambios financieros también meramente simbólicos, ubicados fuera de la Red. Una colosal redundancia de una nada embebida en otra nada. Su fracaso no viene de su esencia de mero juego –esencia connatural a todo intercambio simbólico– sino de su pretensión de armar un verdadero sistema, una Historia, sobre esa urdimbre meramente teórica. Digamos que *Second Life* fracasó por el mismo motivo por el que fracasaron el comunismo real o el capitalismo financiero: ambos rezaron únicamente a un dios virtual, sin lazos con la materia, llamado teoría.

Así, una teoría no es una Historia, sino una descripción de una estructura, una descripción de un edificio cuyas diferentes habitaciones podrán llenarse con otros tantos sistemas. La teoría de gravitación universal newtoniana tanto vale para describir el sistema «manzana que cae a Tierra» como el sistema «Tierra que orbita en torno al Sol». Después llegó un señor llamado Einstein y la puso patas arriba, pero no la invalidó porque es imposible invalidarla en su ámbito de aplicación, a saber, en sistemas sujetos a velocidades muy inferiores a la velocidad de la luz. En ámbitos que involucran asuntos más complejos como por ejemplo las teorías económicas, la gran cantidad de variables intrínsecas conlleva que una misma Teoría no siempre sea necesariamente extrapolable de un Sistema a otro.

Aparece aquí algo que interesa destacar, el carácter meramente adaptativo y borroso, lo que vagamente podemos llamar «poético», de toda teoría. Que una teoría pueda aplicarse con éxito a diferentes sistemas –diferentes contextos– le confiere a ésta un carácter vagamente metafórico. Dicho de otra manera: el contexto sí importa. Aún más: el contexto es casi lo único que importa. Las cosas no son nada por sí mismas. Sostener lo contrario es postular un platonismo o esencialismo ampliamente refutado por la experiencia. Por paradójico que resulte, si el Mundo es A y si un objeto contenido en ese Mundo es B, la importancia de este objeto B, su lectura, su culturización en suma, viene dada por *todo aquello que no es B*, es decir, por la resta (A - B). ¿Y por nada más? Sí, por algo más, por las relaciones y los enlaces que el Mundo A le tiende a B. Y de esos enlaces, de esos *links* vertidos al mundo, es de lo que mediante realimentaciones hablarán los *sistemas complejos*. Así, un mismo fenómeno natural, un mismo sistema, puede tener diferentes representaciones, de la misma manera que una situación, una sensación, un sentimiento, puede tener y de hecho tiene diferentes lecturas, diferentes materializaciones en un poema, en un dibujo, en un trozo de materia moldeada o en el habla. Augusto Monterroso lo pone de manifiesto en su breve relato, «Eclipse», que merece la pena reproducir íntegramente:

> Cuando fray Bartolomé Arrazola se sintió perdido aceptó que ya nada podría salvarlo. La selva poderosa de Guatemala lo había apresado, implacable y definitiva. Ante su ignorancia topográfica se sentó con tranquilidad a esperar la muerte. Quiso morir allí, sin ninguna esperanza, aislado, con el pensamiento fijo en la España distante, particularmente en el convento de los Abrojos, donde Carlos Quinto condescendiera una vez a bajar de su eminencia para decirle que confiaba en el celo religioso de su labor redentora.
>
> Al despertar se encontró rodeado por un grupo de indígenas de rostro impasible que se disponían a sacrificarlo ante un altar, un altar que a Bartolomé le pareció como el lecho en que descansaría, al fin, de sus temores, de su destino, de sí mismo.
>
> Tres años en el país le habían conferido un mediano dominio de las lenguas nativas. Intentó algo. Dijo algunas palabras que fueron comprendidas.
>
> Entonces floreció en él una idea que tuvo por digna de su talento y de su cultura universal y de su arduo conocimiento de Aristóteles. Recordó que para ese día se esperaba un eclipse total de sol. Y dispuso, en lo más íntimo, valerse de aquel conocimiento para engañar a sus opresores y salvar la vida.
>
> –Si me matáis –les dijo– puedo hacer que el sol se oscurezca en su altura.
>
> Los indígenas lo miraron fijamente y Bartolomé sorprendió la incredulidad en sus ojos. Vio que se produjo un pequeño consejo, y esperó confiado, no sin cierto desdén. Dos horas después el corazón de fray Bartolomé Arrazola chorreaba su

sangre vehemente sobre la piedra de los sacrificios (brillante bajo la opaca luz de un sol eclipsado), mientras uno de los indígenas recitaba sin ninguna inflexión de voz, sin prisa, una por una, las infinitas fechas en que se producirían eclipses solares y lunares, que los astrónomos de la comunidad maya habían previsto y anotado en sus códices sin la valiosa ayuda de Aristóteles.

De modo que el «sistema eclipse» adopta aquí dos interpretaciones, dos teorías distintas, la aristotélica/occidental y la maya.

1.3 MODOS DE RELATAR UN SISTEMA (O POR DÓNDE EMPEZAMOS A CONTAR UNA HISTORIA)

Las historias –los modos de relatar un *sistema*– podemos contarlas empezando por el principio o empezando por el final. Hay novelas que no anticipan acontecimientos al lector, y mucho menos el final de la historia. Un ejemplo de texto que se aproxima a ese modelo podría ser *El Quijote*, en el que la historia se desarrolla a medida que el lector la va viviendo con sus personajes. En el extremo contrario, hay novelas y cuentos en los que el final es un dato dado, y la consecución de la obra consiste en ir desvelando cómo los acontecimientos han ido deviniendo hasta llegar al estado actual de las cosas. Un caso de esta literatura «anticipatoria» lo encarnaría *El lazarillo de Tormes*, texto en el que el autor se sitúa al final de los hechos y, como si de la propia tradición oral se tratara, nos cuenta su historia. Lo que separa a estas dos maneras de encarar la narración no es otra que la definición de «lo moderno». Si *El Quijote* es calificada como la primera novela moderna se debe en parte a que articula una manera de narrar los hechos «sobre el vacío», de una manera claramente orgánica, sin saber, como en la vida misma, qué le va a ocurrir a ese rocín y a ese Sancho Panza; obliga al lector a aceptar el vértigo de lo imprevisible de la misma manera que el *Libro de los pasajes* de Benjamin pone al lector en manos de un peregrinaje que, al fin y al cabo, es lo que comúnmente se dio en llamar «vida moderna». No acepta este modelo la tradición oral, aquella que ya sabe el final de la historia y escenifica y monta un decorado no para presentarla, sino para re-presentarla: una característica claramente premoderna pero perpetuada aún en muchas manifestaciones de lo cultural, como por ejemplo el folclore, la religión, el rock en su vertiente épica y en general todo aquello que implique ritos. Esta dualidad en los modos de narrar y cómo denotan actitudes netamente distintas respecto a sus modelos de realidad, nos remite a otros muchos casos, como podría ser el debate sobre el origen de la vida. Para los *creacionistas* la vida es un cuento en el que Dios ya conocía el final, sólo tuvo que poner en marcha su máquina de narrar, por lo que, a pesar del libre albedrío, todos somos una especie de marionetas en su Gran Ficción –sistema y estructura del mismo, predeterminados–. Para los *darwinistas*, como en *El Quijote*, nada está escrito, la vida se desarrolla según mutaciones que combinan determinismo y azar, la ficción darwinista nunca está escrita y, en último extremo, no existe esa Gran Ficción. Podemos pensar en grandes películas que son cuentos orales, que se ajustan arquetípicamente al «modelo lazarillo», por ejemplo, *Ciudadano Kane* o *Rebecca*. En ambas todo comienza por el final, «Anoche soñé que regresaba a Manderley…», todo comienza por lo que «no deberíamos saber pero sabemos» para más tarde ir reconstruyéndolo. En el extremo contrario, películas «modernas» en el sentido que le estamos dando a esa palabra, pueden ser *Los Pájaros* de Hitchcock, *El Planeta de los simios* –la original, de Franklin J. Schaffner–, o llevando esta técnica de no anticipar a un límite, *Ararat* o *Exótica* de Atom Egoyan, cineasta especialmente hábil en este tipo de narrativas no anticipatorias, o *Hana-Bi*, de Takeshi Kitano. En el mundo de las teleseries contemporáneas, el ejemplo de no anticipación vendría encarnado por la que fuera la primera gran teleserie contemporánea, *Perdidos*, en la que el espectador va perdiendo el equilibrio a cada momento al mismo tiempo que

los personajes –no en vano se ha conceptualizado a esta teleserie como de *El Quijote* de la era de las narraciones televi-
sadas–. El caso contrario lo encontramos en *FlashForward*,
estrenada pocos años después, y en la que todo el planeta
Tierra sufre un desmayo de pocos minutos para, en ese ínte-
rin, cada persona contemplar su futuro; la narración consiste en desentrañar cómo demonios librarse de ese futuro que
aún no se ha producido pero que ya está escrito.

Todos estos ejemplos, de lo que realmente hablan es de
dos cosmovisiones que no se soportan entre sí pero están
condenadas a convivir: la que admite la existencia de la
complejidad de los sistemas vivos, y la que no. La que admite que existen sistemas sujetos a una gran variabilidad, y
la que piensa que las cosas son deterministas, típicamente
newtonianas. Y sobre todas estas cuestiones planea la bifurcación a la que todo creador se enfrenta en algún momento dado de su obra. Nos referimos al «cómo» y al
«porqué». Es habitual afirmar que la ciencia es «el porqué
de las cosas», pero nada más lejos de la realidad. La ciencia, a través de una o varias representaciones plausibles,
habla de «cómo» funciona el mundo, no de «por qué» funciona el mundo. No nos dice por qué la Tierra gira en torno al sol sino por medio de qué mecanismos gira en torno
al sol; *cómo* gira. El porqué de las cosas es una pretensión
reservada a las religiones. Tal pregunta –el porqué de las
cosas– desencadena inmediatamente una serie infinita de
«porqués» –como cuando un niño pregunta por qué ocurre tal cosa, y ante nuestra repuesta enuncia otro por qué,
y así sucesivamente hasta que el adulto, impotente, responde «no lo sé»–. Los relatos, la narrativa, las artes plásticas
que consideramos fértiles, evitan sistemáticamente enunciar el porqué de lo acontecido dentro de su narración,
dentro de su sistema; sólo muestran cómo tal o cual personaje hace una u otra cosa, pero no aspira a los últimos
«porqués». Resulta claro que describir la historia de un
sistema es enunciar el cómo, no el porqué. Podría pensarse
entonces que construirle o asignarle una teoría, una estruc-

tura, a un sistema sería asignarle un porqué, pero tampoco. De ahí la fertilidad de las teorías, de ahí su carácter útil en tanto que superposición de soluciones intercambiables. En la teleserie *Perdidos*, su trama se apoya en una serie de disparates lógicos –incluso en contra de la lógica interna de la teleserie–, que durante decenas de capítulos, y gracias a la habilidad de los guionistas, el espectador acepta sin rechistar. No nos explican por qué ocurren las cosas en esa isla sino únicamente cómo ocurren. Cuando en el último capítulo se nos intenta explicar el porqué de todo aquello, la trama se viene abajo. No es posible construir una explicación final en tanto eso presupondría la existencia de un ojo divino, una «mirada imposible», no creíble. Esto puede detectarse claramente con un ejemplo físico: la física moderna hubo un día en el que se planteó cosas como *calcular la energía del Universo*. En principio parece lógico pensar que si es posible calcular la energía de un sistema en concreto –de una máquina, de un volumen de aire, de una estrella, de una célula–, ¿por qué no calcular también la energía del Universo si al fin y al cabo también es un sistema? Tardamos siglos en darnos cuenta de que la palabra «Universo» no designa a Sistema alguno, sino que designa una entidad metafísica, de modo que resulta imposible calcular su *energía total*. Para hacer tal cálculo sobre el Universo se necesitaría a un ser externo al propio Universo, un ser que diera cuenta del Todo, que pudiera «echar las cuentas»; se trata de una inexistente mirada divina que viola el principio de relatividad por el cual toda mirada, toda percepción, y por lo tanto todo cálculo que se lleve a cabo, dependerá del sistema referencial desde el que se observe: todos los sistemas de referencia son relativos, no puede haber uno «absolutamente privilegiado». Ese sistema absoluto y privilegiado, de existir, daría cuenta del porqué de las cosas, no del cómo; pero ese sistema no existe. O de existir sólo tendría que ver con cierta clase de divinidad.

Hacemos aquí un breve paréntesis para señalar algo –que no es habitual tener en cuenta– acerca de la energía. La palabra «energía», a pesar de ser utilizada en todo ámbito, tanto especializado como popular, es un concepto bastante desconocido además de muy abstracto. Energía, en una definición que aún se conserva desde que la enunciara Aristóteles, es «la capacidad de producir un trabajo». El *trabajo* es lo que es concreto, lo que puede medirse y pesarse si no directamente mucho más directamente que la energía, magnitud metafísica que nunca pude ser «vista», sólo se ven sus consecuencias, y sólo es posible medirla de un modo más secundario que la medida del trabajo. Karl Marx –y recordemos que es responsable del pensamiento hegemónico en la primera mitad del siglo xx–, lo vio muy claro o lo intuyó cuando formuló todas sus tesis en términos de «trabajo», no de energía. Ello es, entre otras cosas, lo que hizo del marxismo una teoría de una potencia hasta entonces difícilmente superada: su incardinación, al menos desde un punto de vista teórico, en la misma materialidad de los procesos. Pero una vez venidos abajo los sistemas comunistas reales, la palabra «trabajo» quedaría relegada y el término que socialmente tomaría importancia –y cada día más– sería *energía*. Así, en el ámbito popular, la energía es hoy usada de modos netamente mágicos y antiilustrados –«tal o cual persona me carga de energía negativa», «las energías de los cuerpos», «en esta habitación hay mucha energía positiva», etcétera–, contrasentidos semánticos que más allá de entenderse como los típicos abusos del lenguaje son excelentes ejemplos de cómo desde la segunda mitad del siglo xx ha surgido toda una visión de la realidad pseudocientífica, y en cierto modo delirante, que devuelve a Occidente a modos de pensamiento de lo que la antropología clásica llamó en su día «culturas exóticas», guiadas por el pensamiento mágico. Pareciera que, hoy, construcciones gramaticales de origen marxista, pero tan habituales que ya ni lo pensamos, como por ejemplo, «en su descanso el *trabajador* salió a tomar un café», adoptarían esta otra forma, «en su descanso, el *energético* salió a tomar un café», que parece más bien apropiada para un superhéroe o personaje de literatura fantástica. Sólo así enunciadas esas frases, nos damos cuenta del disparate que supone el intercambio y consecuente supremacía de la energía sobre el trabajo. Por lo demás, cabe recordar que la energía, por definición, siempre es positiva. Locuciones como «esa persona tiene energía negativa», no hacen más que abundar en la confusión.

Y el caso es que en el ámbito de los grandes sistemas de pensamiento que dominaron el siglo XX, el que vagamente podemos aglutinar bajo el nombre pensamiento moderno creyó que en efecto existía ese privilegiado sistema de referencia desde el que poder enunciar caminos, trazar un mapa mundi, formular utopías, enunciar *porqués*, escribir la novela total o calcular la energía del Universo. La posmodernidad troceó todo aquello, se centró en los *cómos* y echó abajo el relato total, pero tras esa sumisión a la posmodernista y aparente fragmentación de los discursos no había más que un relato de desmontaje de la modernidad, un relato de desmontaje de las verdades absolutas, utilísima deconstrucción a la que, no obstante, le faltó una posterior construcción de una realidad propia, a la que le faltó una búsqueda de lo que aquí llamaremos lo Real. Cuando David Foster Wallace escribe *La broma infinita*, establece el canon de tal imposibilidad endémica a los productos posmodernistas. Es esa novela la obra que con excelencia cierra el posmodernismo literario como imposibilidad, su muro final. La ironía, la parodia, la autoconciencia y el cinismo como herramientas políticas que para echar abajo las máscaras absolutistas de la modernidad, y que tan bien articuló el posmodernismo, llega ahí a su fin en tanto en cuanto una vez desmontado el Gran Relato moderno aparece la pregunta, ¿y ahora qué? En ese sentido, *La broma infinita* llega a la meta como un corredor que, extenuado, muere nada más cumplir su misión, lo que paradójicamente dota a esa novela de un tono épico típicamente romántico. Es una mirada aparentemente fragmentada, genuinamente asentada en «cómos», sí, pero con una pretensión altamente romántica de abarcarlo todo. Lo que en predecesores a Wallace, y también bajo el marchamo posmodernista, como Pynchon o Coover, era un pulso aún muy vivo, una utopía posmoderna francamente creíble y valida de nuevas y útiles armas y técnicas de cuestionamiento de la realidad, en *La broma infinita* se nos aparece como una mirada bajo apariencia de sistema de referencia particular y roto, bajo apariencia de cientos de sistemas de referencia que, fragmentados y particulares, debidamente sumados abarcan el mundo. Y tal operación, como hemos visto, no es posible: ninguna mirada puede abarcar el mundo del mismo modo que ninguna ecuación puede calcular la energía del Universo. En este sentido *La broma infinita* no se diferencia demasiado de *En busca del tiempo perdido,* en tanto que ambos aspiran a una totalidad –ambos aspiran a calcular la energía del Universo–, si bien con técnicas y materiales de laboratorio bien distintos.

Así, el posmodernismo fue más un «desmontaje» de la modernidad que una alternativa a la superación de la modernidad; una vez cumplida su función se quedó sin objeto, no pudo articular una propuesta estética que, tal como se le reclama siempre a un movimiento, implicara una utopía activa. Sólo desde hoy podemos darnos cuenta de que el posmodernismo rompió el jarrón de la modernidad para, a fin de crear otro objeto, otra forma, pegar luego los trozos, y que por ello venía lastrado con un aire de nostalgia, un aire de «usar aún aquellos trozos de un mundo roto», los mismos materiales y el mismo ADN, lo que, paradójicamente no hace sino legitimar la modernidad como Gran Modelo referencial, e implícitamente presupone la falacia de que aquel jarrón, aquel relato moderno, era el «real». De ahí la querencia del posmodernismo por algo que en estas páginas llamamos *ruinas,* que no son otra cosa que la construcción de objetos encaminados a embellecer o de alguna forma glorificar un pasado, lo que trae de suyo la negación del tiempo como agente activo de futuro. Las ruinas generan un palimpsesto que privilegia no sólo la nostalgia sino el drama del «tiempo perdido» y, simultáneamente, como ruinas que son apelan a lo eterno, provocan la inaccesibilidad a aquel tiempo perdido: son esteticismo. Hoy, asumidas esas etapas, no se construye con los mimbres y piezas del relato roto, del jarrón roto, sino con un mundo que se nos presenta ya así, *coherente y articulado en su propia fragmentariedad*, y que por eso mismo deja de ser tal, deja de ser fragmentado aunque para una mentalidad moderna así lo parezca. A esa nueva representación del mundo la llamamos Red en un sentido amplio de la palabra –internet sólo es un caso particular de los millares de sistemas en Red que constituyen Estructuras–. Digamos que hoy no nos preocupamos ni de crear relatos totales ni de embellecer o estetizar las ruinas de aquellos, sino que nos ocupamos de buscar lo que de Real hay en esas ruinas, profanarlas, buscar en sus escombros una articulación útil y válida de una realidad.

1.4 LA POSMODERNIDAD COMO PUESTA EN PRÁCTICA (REAL) DEL PROGRAMA ESTRUCTURALISTA

Ya en la introducción se adelantó la hipótesis de la posmodernidad como puesta en práctica del programa estructuralista, para la cual daremos aquí argumentos de plausabilidad. La corriente filosófica que dominó los años cincuenta y sesenta del siglo pasado, y que tendría una importancia capital en cuanto a definición de un determinado modelo de realidad fue el *estructuralismo,* cuyo origen, como es bien conocido, se halló en la lingüística aunque pronto se extendería a un modo de pensar los hechos atendiendo a lo que aquí hemos llamado *teorías:* una misma teoría (estructura) funciona como plantilla que, superpuesta a la realidad, da cuenta del modo en que funcionan diferentes sistemas. El modo de pensamiento que vino a sustituir a aquel, el *postestructuralista* (o *posmodernista* en su versión más «mundana») daría un golpe de timón para articular sus proposiciones bajo un método inverso a aquél, y del cual podemos decir que es, según casos, más o menos inductivo: construye la realidad a través de casos particulares, fragmentos de teorías hábilmente ensambladas, o sistemas premeditadamente abiertos, no resueltos en teorías finales. Ante la imposición de la teoría dura e inevitablemente jerárquica del estructuralismo, el posmodernismo opta por la acción teórica a través de la disipación de tales patrones en beneficio de una red o rizoma, constructos más o menos amorfos, en ocasiones mostrencos, que desde mediados de los años setenta hasta los primeros años del siglo XXI se impusieron como mecanismos para dar cuenta de la realidad en tanto ésta se nos presenta también ajerárquica y mostrenca. Podría sintetizarse así: el pensamiento posmodernista, en vez de intentar dominar una supuesta realidad con teorías, entra en fase de diálogo y seducción con ella.

Lo habitual es que, en la práctica, cualquier imagen del mundo sea una mezcla de ambas propuestas, sí, pero casi siempre con una clara tendencia al estructuralismo, es decir, a teorías armadas al modo en el que las ciencias han venido históricamente elaborando su corpus: teorías duras, bien estructuradas, apoyadas con experiencias contrastadas en casos particulares mediante los cuales la teoría «funciona bien» cuando es aplicada a diferentes sistemas. Ante tal proceder –de excelentes frutos pero poco realista en el momento en que se necesita afinar en lo que hoy llamamos complejidad–, el pensamiento posmodernista reacciona operando de manera exactamente inversa. Porque lo que en realidad algunos pensadores como Foucault o Deleuze elaboran son *sistemas*, auténticos sistemas disfrazados de *teorías*, eventualmente apoyados por elementos de teorías duras –como si la teoría fuera el experimento–. Es decir, aplican una lógica exactamente inversa al proceso hipotético deductivo habitual en cualquier método científico. Fue ello lo que llevó al desconcierto a gran parte del pensamiento tanto estructuralista como ideológico fuerte en general –recuérdese el escandaloso «caso Sokal»–, en tanto en cuanto los pensadores posmodernistas presentaban como Teoría aquello que en realidad era Sistema. Pero ahí, en ese truco de presentar una cosa por otra, radicaba

precisamente su fuerza metafórica: tal proceder posmodernista, retorcido, inverso, monstruoso en suma, se acerca
mucho a lo que comúnmente llamamos «poema» o «ficción» en su calidad de instrumentos válidos de investigación
de una realidad compleja. Parece como si el pensamiento
posmodernista hubiera decidido no intentar «explicar» la
realidad sino «contarla» –obviamente, no es lo mismo contar
un cuento que explicar un cuento–, no desmenuzarla con argumentos de autoridad sino crear «teorías-espejo» a imagen
y semejanza de la complejidad de los fenómenos –ver por
ejemplo el libro *Imposturas científicas, los malentendidos
del Caso Sokal*, coordinado por Baudouin Jurdant–. Porque
lo que «explica» es Teoría –estructura abstracta–, y lo
que «cuenta» es Sistema –Historia–. Por muy complejas,
crípticas e intrincadas que se sean aquellas historias que nos
contó el pensamiento posmodernista, a los efectos que aquí
nos interesan no dejan de ser eso, historias, no teorías (una
novela, por muy compleja e incomprensible que en ocasiones pueda llegar a parecer, no por ello deja de querer «contar» algo, no por ello deja de ser novela. Inversamente, por
ejemplo, la Teoría Especial de la Relatividad, por diáfana
que pueda ser una vez es entendida, no deja de ser una teoría
dura, una teoría con talante e intenciones marcadamente
definitivas, larvada de la intención de erigirse en estructura:
no cuenta una cosa, sino que explica una cosa).

Y es aquí donde damos un paso más para decir que acaso la posmodernidad no haya sido sino la puesta en práctica del programa teórico del estructuralismo, una puesta en
práctica involuntaria, sí, pero encarnación al fin y al cabo.
Decimos «puesta en práctica» en el mismo sentido en que
el *comunismo real* fue la transformada forma que tomó el
marxismo teórico formulado medio siglo antes, o de la misma manera en que el capitalismo real es la resolución de lo
que cien años atrás los liberalismos económicos habían
postulado sobre el papel. Opera, pues, aquí, una clase de
principio general que por su propia naturaleza siempre se
da en diferido: lo que postulan las teorías con afán totalizador

se convierte más tarde en aplicación, pasa a la práctica, con una máscara en apariencia antagónica; como el trueno que siempre llega más tarde que el rayo y ya totalmente transfigurado en sonido. De este modo, el pensamiento posmodernista, el que durante la posmodernidad fue generado por multitud de pensadores que vivieron la posmodernidad en vivo y en directo, *no sería el programa teórico de la propia posmodernidad, sino la puesta en práctica del programa teórico de lo que años atrás había sido la teoría estructuralista.* En apoyo a esta hipótesis, hay que repensar el modo en que el estructuralismo dimensionó los fenómenos en espacialidad en detrimento de las dimensiones temporales, característica que años después el posmodernismo cumpliría a rajatabla con su tan enunciado fin de la Historia para primar más los aspectos cartográficos de la realidad que los temporales. O la manera en que el estructuralismo, de la mano de Lévi-Strauss, Foucault o Althusser, hacia finales de los años sesenta pone en cuestión al sujeto moderno para afirmar la muerte del hombre-sustancia derivado de la Ilustración, postulado que años más tarde sería leitmotiv, cuando no la esencia, de la «condición posmoderna». No hay que pasar por alto que el texto fundacional del pensamiento posmodernista, *La condición posmoderna*, de Lyotard, no es un texto teórico y programático sino una inspección de campo del estado de las cosas, un estudio empírico de lo que hacia finales de los años setenta y principios de los ochenta estaba ya aconteciendo: la posmodernidad. Así, pareciera que el sujeto teórico del estructuralismo fuera puesto en práctica real años más tarde bajo el nombre de posmodernismo. En esta óptica, los grandes teóricos estructuralistas serían entonces el proscenio que toda encarnación necesita, y si sus teorías ya no estaban en boga durante la posmodernidad fue *precisamente* porque para entonces *su filosofía ya estaba realizada* –aunque en un modo llamativamente desfigurado–. No es casualidad que la mayoría de teóricos que vienen a la mente cuando pensamos en el posmodernismo –Foucault, Derrida, Lyotard, Deleuze, entre otros–, hayan explícitamente recusado el marchamo posmodernista aplicado a su pensamiento.

Todo ello, como ejemplo particular, viene a apoyar una idea que hasta ahora sólo habíamos insinuado: entre la teoría y la práctica –entre las estructuras y los sistemas–, hay un *gap*, un vertiginoso hueco que se abre y que no puede ser llenado, y el cual sólo es salvable mediante un salto experiencial, incierto, entrópico y desde luego fronterizo e impuro, lleno de residuos, ruinas y escombros que, paradójicamente, son los verdaderos actantes de los cambios operados en un tejido al cual ya hemos llamado *espacio sustrato*. Son estos cambios, operados en el hueco, en el *gap*, los que generan realidad; volveremos a ello cuando hablemos de máquinas y organismos. De momento baste decir que ese hueco en apariencia infinitamente profundo se hace tanto más pequeño –y por lo tanto más salvable– cuanto menos consideremos a la realidad como una *máquina* y más la consideremos como un *organismo*. Y esto, la realidad entendida como un organismo, es lo que nos conduce directamente a los *sistemas complejos*, cuyo cometido puede interpretarse como el intento de crear un *continuum* entre la teoría y la experiencia, llenar ese hueco de alguna manera, permitir que la realidad se exprese como una gradación de estados y no como una sucesión de «saltos mágicos», integrar el cartesianismo y el empirismo en una misma moneda entre cuyas caras hubiera filtraciones, movimientos orgánicos, transferencia real de datos. Tiramos una moneda al aire, conocemos la respuesta a cuál es la probabilidad de que salga cara o salga cruz, pero ante la pregunta ¿qué probabilidad hay de que caiga de canto?, no hay respuesta, la teoría se colapsa. La complejidad –valga el símil– es preguntarse por esa caída de canto que «complejiza» el mundo de los casinos (entorno popular) y de sus probabilidades matemáticas (entorno académico). Podemos decir que ese «caer de canto», que rompe la lógica digital de pares tales como 0/1, cara/cruz o teoría/experiencia, es la esencia de lo que entre otras muchas cosas llamamos poema y, en general, Realismo Complejo.

1.5 A QUÉ LLAMAMOS REALISMO COMPLEJO

La arena de las playas de Normandía –lo hemos dicho– contiene partículas fruto de transformaciones geológicas de miles de años, y muestras volcánicas, y prehistóricas algas marinas, y trozos de conchas de ayer en contacto con trozos de
hoy, y arena que son cantos rodados de plástico de tapones
de botellas, indistinguibles ya a simple vista de la arena de
roca, y restos de carne de pez, y heces, y corroídos trozos
de metralla, pólvora, cristales de botellas de refrescos, también hierro procedente de cascos, trozos de huesos que parecen puro calcio, y arena hecha de carcasas de transistores, de
fiambreras y de cucharas, y mucho más, muchísimo más, y
todo, absolutamente todo, ya es natural. ¿Hay algo o alguien que pueda dar cuenta de tal superposición, de los múltiples mundos y tiempos que conectados en red hay en un
solo metro cúbico de arena de esa playa?, ¿hay algo que
pueda dar cuenta de la política, la química, la Historia, la
física, la meteorología, la producción de bienes de consumo,
la moral y sus interpretaciones, la sentimentalidad doméstica y la fuerza de los Estados que hay en ese metro cúbico de
arena de Normandía natural, 100% natural?

Superados el estructuralismo y el posmodernismo, e in-
mersos hoy en una época de múltiples y en ocasiones contrapuestas nominaciones –*hiperrealidad, posmodernismo
tardío* o *transmodernidad* en el ámbito de la filosofía continental, o *realismo especulativo* en el ámbito de la filosofía
anglosajona–, cabe preguntarse qué modelos podrían espo-
lear la narrativa y las artes del presente. Creemos que pueden encontrar el marco adecuado en la Teoría de Sistemas
Complejos. Tal teoría, de difícil sistematización, es en realidad un conglomerado de teorías, conceptos, técnicas y métodos, lo que conduce a la no existencia de fronteras concre-
tas, de modo que sería más propio hablar de un «paradigma
de sistemas complejos». Una característica de este paradigma es aquella por la cual afirmamos que lo importante hoy

ya no es saber si la postura estructuralista –deductiva y fuertemente teórica– es la correcta, o si por el contrario lo es la posmodernista –inductiva y sujeta a sistemas particulares–, sino que la pregunta correcta es saber si podemos considerarlos como polos mutuamente imbricados en un mismo sistema general y ensayar modos de superación de esa dialéctica.

¿Qué es un sistema complejo? Existen diferentes definiciones, equivalentes:

1) cualquier sistema que se comporte como un organismo: dinámico y sujeto a una lógica no lineal;

2) cualquier sistema *abierto*, es decir, capaz de intercambios de información, materia y energía con el exterior, pero que al mismo tiempo sea *cerrado*, capaz de autorregulación y autotransformación –el sistema «conoce» su entorno mientras «actúa», todo output se convierte en input realimentado;

3) todo sistema en el que el *orden* haya emergido de cierta clase de *ruido*;

4) sistema compuesto de partes interconectadas entre sí mediante vínculos adicionales que, en principio, se muestran ocultos al observador –por ejemplo, redes compuestas por nodos y enlaces.

La idea de pensar la naturaleza en términos de sistema, el así llamado «pensamiento sistémico», aparece en la historia de las ciencias de manera cualitativa, como metáfora que cristaliza un «estado de cosas» ya presentes, y viene desde lo que podemos llamar la noche del pensamiento occidental: está en Platón cuando habla de la unión de la pluralidad, está en el *ars combinatoria* de Ramon Llull, está en la *coincidencia oppositorum* de Nicolás de Cusa y la medicina de Paracelso. Vico y Jaldún toman el sentido del pensamiento sistémico para crear una imagen de la historia como una secuencia de entidades de carácter cultural, lo que constituye un lejano antecedente del paradigma de Thomas Kuhn y sus revoluciones científicas. El pensamiento sistémico se convierte ya en el siglo XX en el núcleo de la teoría de sistemas, extendida a la economía, la biología, la cibernética, la inteligencia artificial, la teoría del caos o al estudio de sistemas autorreferenciales. Esto aparece claramente a partir de los años ochenta en la sociología, la cual pone en marcha enfoques dentro de la teoría general de la autorreferencia –sociedades que son núcleos sistémicos autorregulados–. O en la economía, que adopta la perspectiva de los sistemas complejos cuando deja de analizar exclusivamente las variables en juego y pasa al estudio de sistemas económicos como entes emergentes. O las ciencias cognitivas y neurológicas, que trabajan con isomorfismos entre cerebro y máquina. Como se ha dicho en ocasiones, y por diferentes autores, se trata de una «alianza» entre las ciencias de la naturaleza y las ciencias humanas. Promueve una visión de la totalidad, de la naturaleza –problemas científicos– y de los sujetos –problemas típicamente filosóficos–, pero sin un *telos* romántico. Y la emersión de la necesidad de tal alianza se debe a varios factores: por un lado la consolidación de unas teorías científico-filosóficas de carácter estructural en las ciencias (teoría de sistemas dinámicos de Poincaré, teoría del caos, teoría de catástrofes de René Thom, y otras), también en las ciencias humanas y sociales (psicología Gestalt o sociología funcionalista), y también la lingüística estructural de Saussure y Jakobson. Otro factor es el hecho de que esas teorías, ya sean científicas, sociales o lingüísticas, fueron capaces de integrar con aceptable solución ciertos fenómenos que en la lógica lineal y convencional no tenían cabida, como puede ser la autorreferencia y la circularidad recursiva –lo que sale del sistema regresa al sistema en modo de realimentación–. Aportan nuevas lecturas de la causalidad, y de las relaciones siempre problemáticas que existen entre el caos y el orden.

Una de sus precedentes es la teoría de sistemas expuesta por el biólogo austríaco Ludwig von Bertalanffy (1901-1972), descrita en su *General System Theory* (1968), mediante la cual es posible evitar, por una parte, la noción mecanicista, es decir la consideración de la realidad como una suma, un sumatorio, de elementos que no interaccionan en-

tre sí más que como eslabones, visión totalmente inadecua-
da si se aplica a los organismos vivientes, y por otra parte
elimina la idea de que estos organismos se dirigen hacia un
fin en el sentido de una *forma* final previamente determinada, lo que evita el problema de las visiones newtoniano-de-
terministas, tan habituales en las utopías sociales. La refutación de esos elementos, llamémosles clásicos, permite a
Bertalanffy definir *sistema* como una organización dinámica
–es decir, una suma de partes que interaccionan y evolucionan y cambian en el tiempo–, que no obstante, y a pesar de
ello, posee una identidad permanente. Ello supera la aporía
clásica entre el *ser* y el *cambio*, llegada hasta nosotros a través de la disputa Parménides-Heráclito. Una distinción fundamental en su teoría es la diferencia entre *sistemas abiertos*
y *sistemas cerrados*. Los sistemas cerrados son aquellos a los
que en la época en que Bertalanffy escribiera su libro dedica-
ba la física su estudio, es decir, entidades que pueden ser
consideradas entes autónomos –para el estudio de cómo la
Tierra orbita en torno al sol no es necesario saber qué está
ocurriendo en mi casa aunque, paradójicamente, mi casa y
yo estemos contenidos en la Tierra–; son sistemas que se
hallan en equilibrio termodinámico. Y sistemas abiertos,
por el contrario, son aquellos que se hallan en constante intercambio de materia y energía e información con su exterior, y en los que un cambio en la microescala puede propagarse a gran escala, es decir, puede tener consecuencias en el
orden de lo macroscópico –algo que se ha popularizado en
varias denominaciones, por ejemplo, «efecto dominó» o el
muy discutible «efecto mariposa»–. En el caso del sistema
abierto se hallan englobados los sistemas vivos, cuya supervivencia sólo viene asegurada por esa apertura a su entorno,
por ese intercambio y constante desequilibrio respecto del
entorno. Y este desequilibrio es constantemente corregido
por el propio sistema, de la misma manera que un termostato constantemente da órdenes para corregir la temperatura
y esa nueva temperatura vuelve a entrar en el termostato en
un ciclo que sólo se interrumpe con la desconexión –muer-

te– del mismo. Otros que contribuyeron decisivamente a la construcción de las teorías de sistemas complejos fueron el matemático Norbert Wiener en su desarrollo de las líneas generales de la cibernética, o Piaget en su trazado del mapa del pensamiento estructuralista, o el biólogo y físico austríaco Von Foerster –sobrino del filósofo Ludwig Wittgenstein–, quien define la biología como «la actividad de un sistema vivo en un ambiente incierto», lo vivo como un sistema autorreferencial que llega al *orden* a través del *ruido:* «orden creado desde el ruido», en el sentido de que aquello que bajo una perspectiva determinista puede ser información residual o indeseable error, enfocado el problema de otra manera puede ser lo que precisamente ayude a construir el sistema tal como lo conocemos. A esto contribuyen decisivamente los estudios de la cibernética y de los autómatas llevados a cabo por el matemático Von Neumann. Digámoslo así: si considéramos un sistema como una máquina, entonces cada una de sus piezas carece de escapatoria autorreguladora, de tal modo que si se produce un error en alguna de ellas la máquina se detiene. Por el contrario, un sistema complejo puede seguir funcionando aún con una pieza dañada, pues al momento el déficit se ve autorregulado: lo normal es que aparezca un nuevo orden a partir de ese error, de ese ruido, y es ése el origen de las mutaciones por las cuales el sistema se adapta al medio y evoluciona. Así actúa el cerebro cuando alguna zona es dañada, o así se autorrepara una determinada estructura social cuando alguna de sus redes de cohesión es eliminada –pensemos en la reciente crisis económica y las estrategias reparadoras que ha puesto en marcha entre determinados grupos de población–. Se trata de un constante reequilibrio entre el desorden –aumento de entropía–, y el orden –la emersión de un organismo modificado o nuevo–. En la teoría clásica de la información, el ruido es aquello que perturba negativamente al mensaje. Para los sistemas complejos el ruido no sólo no es inevitable sino que resulta necesario. Es en este sentido en el que hay que interpretar el aserto: «el orden que surge del ruido». Años más tarde, de la mano de Henri Atlan, se convertirá en «complejidad creada desde el ruido». Ese ruido, en nuestro lenguaje, podríamos llamarlo spam, basura material o simbólica, que entra en juego como parte integrante de las obras artísticas y literarias contemporáneas. En nuestra geografía, en el terreno de la filosofía aplicada a la experiencia social, dos recientes pensadores, Marina Garcés y Javier Gomá –y desde presupuestos muy diferentes pero comunes en su regreso a la tradición humanista–, confluyen en un esfuerzo por valorizar en forma de proceso interactivo entre sujetos aquello que la filosofía había venido apartando, aquello que había venido siendo material de desecho para el pensamiento teórico. Garcés, en su *Filosofía inacabada* (Galaxia Gutenberg, 2015), defiende «descolonizar la filosofía», abrirla a la común experiencia humana, establecer de nuevo quiénes son relevantes para el pensamiento contemporáneo, el pensamiento que crea una sociedad real, y para ello no ve otra salida que incorporar discursos y realimentaciones hasta ahora escasas o inexistentes (el extranjero, la mujer o los «proletarios del conocimiento»), hacer en suma una filosofía «sin dominio», abierta a lo que hasta ahora era «ruido», diríamos nosotros. Por su parte, Gomá, en *Imitación y experiencia* (Pre-textos, 2003) plantea del siguiente modo el crecimiento de nuestros comportamientos sociales: superada la fase Premoderna de construcción de la identidad, en la cual los individuos imitaban y tomaban como modelos morales figuras míticas e inamovibles, y superado también el individualismo que como modelo de construcción de las identidades caracterizó a la Era Moderna, hoy, el individuo toma como modelo imitativo a un *prototipo,* que tendrá la peculiaridad de que lejos de ser una entidad mítica y de valores y formas fijas, será un sujeto cambiante, exactamente como lo es aquel que le imita. De este modo, existe imitación pero ambos, imitado e imitador, se transforman el uno en el otro en una continua realimentación; la experiencia de ambos es dinámica y como tal evoluciona en el tiempo. No podemos dejar de pensar pues en la sociedad como un sistema abierto, y por lo tanto complejo, en el que las redes sociales, tanto físicas como digitales, van generando experiencias antes ni consideradas por la teoría. «Somos ejemplos rodeados de ejemplos, envueltos en una red de influencias recíprocas», dice Gomá en una afortunada descripción. Así pues, incluso en las más diversas actualizaciones del pensamiento humanista secular, los sistemas complejos pueden dar cuenta de la construcción individual y colectiva. El spam, el ruido del sistema, es incorporado como agente activo, agente provocador. Algo parecido apunta François Jullien en *La identidad cultural no existe* (Taurus, 2017), donde defiende el *écart* frente al término identidad para denunciar los nacionalismos, por definición excluyentes. Según Jullien, una cultura basada en la diferencia está avocada a la definición de un contrario, momento en el que ambas partes se repliegan en su ontología, sin posibilidad de diálogo. Por el contrario, el *écart*, noción que remite a un «entre» que hay entre dos entidades, a un tejido común, relacional, aparentemente impuro, que las separa al mismo tiempo que en una tensión constante las une, es lo que Jullien define como relación cultural verdaderamente fructífera, en el sentido de no nacionalista y no excluyente. En ese modelo fundado en el *écart* no existen valores culturales sino *recursos* culturales. Los valores culturales separan en tanto crean identidades nacionales inamovibles; pero los recursos culturales que se dan por medio del *écart* unen en tanto que pueden ser usados por cualesquiera. Tal *écart* –espacio intermedio, impuro, inductivo y producto del tejido empírico que hay en toda sociedad– puede ser contemplado como lo que aquí venimos llamando el tejido de la complejidad, la red compleja que relaciona diferentes nodos. La interesante propuesta de Jullien acerca de considerar la cultura no como el patrimonio de una identidad colectiva cultural sino como una verdadera fuente de recursos disponibles para ser usados por el ciudadano a discreción, nos lleva –aunque él no lo cite– a la noción misma de realimentación en tanto que estos recursos culturales *mientras más se usan más recursos producen*, al

contrario de lo que comúnmente llamamos recursos naturales, cuyo uso siempre tiende a agotarlos. Porque resulta
evidente que ese «no agotamiento», esa proliferación de los
recursos culturales por mediación del tejido intermedio e in-
teractiva tensión que es el *écart*, es lo que le da a la cultura
de un territorio su carácter de sistema cultural sujeto a una
realimentación, y por lo tanto a una interacción no excluyente entre sus partes.

Volviendo a una visión específica de los sistemas complejos, decisiva en cuanto a su desarrollo, resulta la colaboración entre Humberto Maturana y Francisco Varela, que da
lugar al estudio de los sistemas *autopoiéticos* –realimentados: cerrados y abiertos al mismo tiempo–, lo que queda
fijado en su obra conjunta *El árbol del conocimiento* (1984),
en la que los autores ofrecen una demostración en clave biológica de la inadecuación del pensamiento objetivista, aquel
que sostiene que existe una realidad totalmente ajena al espectador, la cual puede ser enteramente conocida. La antigua distinción entre sistemas cerrados para los sistemas físicos y abiertos para los biológicos que ya había formulado
Bertalanffy, se amplía a toda clase de sistemas, sean organismos vivos o no. Los sistemas abiertos serán aquellos en los
que las cosas no pasan secuencialmente sino simultáneamente, como aspectos simultáneos de un mismo fenómeno;
una lógica borrosa. El sistema no sólo conoce sino que
se conoce mientras actúa. En el campo de la teoría de redes, hay excelentes textos como *Redes complejas* (Tusquets, 2009), de Ricard Solé, o *Seis grados de separación*
(Paidós, 2006), de Ducan J. Watts.

En la aplicación a la crítica cultural y teoría del arte, José
Luis Pardo nos recuerda en su ensayo «Crear De La Nada»
(contenido en *Estética de lo peor*, Barataria, 2011), que el
artista de vanguardia no sólo lleva a cabo sus propias obras
sino que dado que esas obras se postulan siempre como exponentes de un tiempo futuro, de un tiempo aún desconocido y que está por venir, se ve obligado también a hacer descripciones de «ese contexto aún inexistente para poder

descodificarlas. De ahí la necesidad de manifiestos, publicaciones y críticos teóricos, [...] es preciso ofrecer un criterio de juicio ya completo para poder enmarcar el caso». Continúa diciendo que eso es lo que Gadamer llamó círculo hermenéutico y Umberto Eco *obra abierta*. Una obra abierta es exactamente una caja negra y cerrada con llave en cuyo interior está la llave que puede abrirla. Como esto hace imposible que podamos abrir esa caja sin forzarla, hay que hacer una trampa, que consiste en que el crítico, el teórico del arte, nos dé una copia de la llave para así poder abrirla desde fuera; esa copia de la llave es la teoría, hecha con el lenguaje verbal. Pero, lógicamente, cabe entonces la pregunta: si ya tenemos esa copia de la llave que nos da el crítico, ¿para qué queremos la copia que está dentro de la caja? La respuesta es que la llave del interior, la llave «original», hará que descubramos algo más acerca de la obra, algo más que la mera copia de la llave no nos aportaría jamás: la teoría hace que podamos entender el ejemplo (la obra), pero la obra hará que podamos también entender algo nuevo acerca de la teoría y sus contextos. Tal círculo será nutritivo, será abierto, o lo que es lo mismo, la obra será una «buena obra», si esa realimentación entre teoría y obra aporta algo al canon, a las artes. La obra será una mala obra si en esa realimentación se va de la teoría a la obra sin que tal círculo aporte nada nuevo, lo que, en estricto, anulará toda realimentación para convertirse el ciclo en un estéril y simple círculo vicioso. Es éste otro ejemplo de cómo en las artes la complejidad también se halla presente.

En el campo de las ciencias sociales, el sociólogo alemán Niklas Luhmann utiliza las categorías de la teoría de sistemas para dar una interpretación operativa de los fenómenos sociales, y además para él la teoría de la complejidad permitirá superar la clásica diferencia entre las «dos culturas», la científica y la humanista. Es importante hacer notar que la superación de la clásica dicotomía ciencias/humanidades reside en el hecho de la posibilidad de establecer una identidad, al menos de un modo parcial, entre el problema cientí-

fico de la *complejidad* y el interpretativo del *sentido*, típico
este último de las disciplinas artísticas, sujetas a las acciones
de las metáforas. Son procesos que no se atienen a una
lógica lineal pero en absoluto por ello son irracionales, tan
sólo detentan una racionalidad más compleja, una conciencia mucho más refinada y atenta a la incorporación de la
metáfora en su cuerpo de estudio en tanto en cuanto la metáfora posee características complejas: circularidad, autoor-
ganización de la clausura del «sistema metáfora» y al mismo
tiempo una apertura que promueve la realimentación y el
ruido. Toda enunciación metafórica es una «nube» de sentido, una suerte de organismo vivo. Son pues, sistemas estudiados bajo una lógica de una «economía abierta». Tal
como hemos citado en la Primera Parte, Francisco Fernández Buey, en su libro póstumo *Para la tercera cultura* (El
Viejo Topo, 2013), rescata de un modo muy activo el casi
olvidado término *consilencia*, acuñado por el historiador de
ciencia William Whewell (1794-1866), quien define tal concepto como una coincidencia –un «saltar juntos»– de observaciones dispares y en principio desconectadas que de pronto se nos aparecen como subsistemas de un mismo proceso
o una misma teoría. Fernández Buey, quien luego hace una
detallada exposición de la discusión mantenida acerca de la
pertinencia de la *consiliencia* entre el entomólogo Edward
Wilson, conocido por sus trabajos en evolucionismo y so-
ciobiología, y el paleontólogo Stephen Jay Gould, dice:
«Whewell usó la idea de consiliencia para mostrar cómo los
hallazgos científicos pueden adquirir objetividad al conver-
ger, desde distintos ángulos, en los mismos resultados, las
mismas regularidades de fondo, y pensó que esta confluencia o concordancia señala rutas hacia la integración de do-
minios distintos bajo esquemas explicativos unificados». En
el análisis de la sociología y de sus métodos es quizá Pierre
Bourdieu quien más y mejor ha profundizado en la exploración real, no idealista, con datos contrastables y aparato
estadístico, de la dimensión social de las ciencias y de las
construcciones de sus relatos legitimadores. En *El oficio del*

científico. *Ciencia de la ciencia y reflexividad* (Anagrama, 2006), se esfuerza con éxito en destripar el «binomio epistemológico» por el cual parece que estamos obligados a elegir entre el dogmatismo logicista y el absurdo relativismo del «todo vale» propio del pensamiento *new age*.

Es de destacar, en nuestra geografía, el modo en que otros teóricos de las ciencias y de la literatura, reunidos bajo el Proyecto ILICIA (Inscripciones literarias de la ciencia), Universidad de Salamanca, viene desde hace años investigando la función de la metáfora y analogía en las ciencias desde un punto de vista de la mutua interacción y la complejidad (*Espectro de la analogía, literatura y ciencia*, edición de Amelia Gamoneda, Abada Editores, 2015), o el ya consolidado programa de literatura y ciencia Mestizajes, Donostia International Physics Center, impulsado por el físico y escritor Gustavo Schwartz y por Víctor Escobedo, que culmina con el espectacular libro *Nodos* (Next Door, Publishers, 2017), verdadera *summa* de la complejidad de hoy y prospecciones futuras, aplicadas tanto al campo de las artes como de las ciencias. Y es que desde siempre la literatura de modo intuitivo se ha anticipado a hallazgos científicos. La historia es conocida, y no por ello deja de sorprendernos: Edgar Allan Poe, en *Eureka: un poema en prosa*, da la correcta explicación de por qué la noche es oscura, anticipándose muchos años a la cosmología moderna; esta historia está magníficamente contada en *Antimateria, magia y poesía* (Publicaciones USC, 2014) de los físicos José Edelstein y Andrés Gomberoff. Cabe destacar la reciente publicación *Las leyes de la interfaz* (Gedisa, 2018), donde el autor, Carlos Scolari, propone una sugerente lectura de la metáfora como estricto instrumento interfaz, que, a través de mecanismos de complejidad y evolución natural en diferentes medio ambientes, habría estado presente en la Historia del ser humano al punto de revelarse como constitutiva.

Regresando a marcos que hoy ya podemos calificar de universales, un autor que ha contribuido decisivamente a la formación de la teoría de sistemas complejos es el popular

Ilya Prigogine (premio Nobel de química en 1977), quien postula y demuestra que el orden puede venir generado por fluctuaciones, por incoherencias internas cuando hablamos de sistemas que no están en equilibrio termodinámico. Prigogine piensa el universo como un caos generador de orden, al modo en que el artista crea una obra desde un desorden. Ello parece invertir la clásica idea de la existencia de un orden que posteriormente vamos caotizando, y pone patas arriba el concepto de entropía tal como se venía entendiendo: el aumento de entropía no siempre es un signo de negatividad y caos; antes al contrario, en sistemas fuera del equilibrio –es decir, en la mayoría de los sistemas reales, típicamente los organismos vivos, pero no sólo–, el aumento de entropía es condición sine qua non para la emergencia del orden. De modo que Prigogine abre una nueva perspectiva de lo que es la libertad, la espontaneidad y la necesidad, que ya había anunciado Von Foerster con la citada idea, «orden creado desde el ruido», o la también ya dicha «complejidad creada desde el ruido» de Henri Atlan. En ámbito propiamente de la filosofía es quizá Edgar Morin el mayor impulsor de la popularización del pensamiento de la complejidad en su *Introducción al pensamiento complejo*, que plantea como un verdadero nuevo paradigma integrador de las ciencias y las humanidades. Una de sus más notables contribuciones es la integración del principio *hologramático*, que consiste en la presencia del todo en sus partes. Se trata de un principio que se hallaba ya en el pensamiento romántico, y que había sido formulado por Pascal –«no puedo concebir el todo sin concebir las partes y no puedo concebir las partes sin concebir el todo»–. Encontramos este principio en la biología, según la cual toda célula es un fragmento pero a su vez contiene toda la información genética del todo, o en lo ontológico cuando un sistema social se caracteriza por la suma de individuos pero cada uno de ellos implica una visión de todo el sistema. También son importantes las contribuciones que a la creación de una red de intercambios entre ciencias y artes ha llevado a cabo Hans Magnus Enzensberger. En una línea reciente, de mucho interés en el ámbito del pensamiento anglosajón, se halla la obra de Manuel de Landa, materialista extremo cuyos conceptos ya hemos citado en páginas atrás, pero también encontramos el llamado Realismo Especulativo, cuyo más popular exponente es el estadounidense Graham Harman (*Hacia el realismo especulativo*, Caja Negra, 2015; *El objeto cuádruple*, Anthropos, 2016), quien, como aquí nosotros, y aunque de diferente modo, regresa a una ontología del objeto, y se pregunta si una vez superado el realismo ingenuo y su opuesto, el idealismo posmodernista, no habrá una vía intermedia más realista en la que un objeto funcione como una totalidad, como un sistema complejo, pero que al mismo tiempo cada una de sus partes aislada cobre relevancia realmente existente. Para ello, y con lazos a la obra del antropólogo francés Bruno Latour, quien a su vez fuera discípulo de Michel Serres –y en este caso la cadena de influencias no es ni mucho menos anecdótica–, intenta sacar a la filosofía contemporánea de la «cárcel del lenguaje» a la que supuestamente la había arrojado la filosofía continental, y concibe la realidad de un objeto –pongamos una silla, una piedra, un sílex neandertal o un texto cualquiera– como un sistema que ni es únicamente una pieza física de estudio objetivo y con vida independiente más allá de la interacción con el humano (al estilo del realismo ingenuo de Sokal y otros positivistas radicales), ni tampoco es sólo una construcción del lenguaje (al estilo de Derrida), ni tampoco es sólo una construcción política (al estilo de Bourdieu), sino que se trata de una complejidad en la que todos esos campos se concitan, y cada objeto o acontecimiento es en sí mismo una red compleja de todas esas facetas. Esta idea de complejidad nos interesa, al menos hasta aquí. El agujero de la capa de ozono no es más artificial ni más natural que un átomo de hidrógeno, átomo que también es una red de elementos naturales, científicos, poéticos y políticos. Así, un objeto nunca se deja ver del todo pero tampoco se retracta sobre sí mismo del todo. Un objeto es una estructura nómada que en red toma unos nodos y enlaces u otros. Páginas atrás lo dijimos: la Línea Año Cero de las cosas, la línea más allá de la cual hay un relato construido y por lo tanto hay juicio estético y político de la cosa, hoy sólo es posible atravesarla dotándonos para ello de una red, entendiendo las cosas como unas redes complejas en sí mismas. Lo que separa lo que aquí estamos llamando Realismo Complejo del citado *realismo especulativo* es el hecho de que este último permite un resto de objetividad absoluta a todo objeto, idea que no podemos compartir.

Sea como fuere, todo lo anteriormente dicho conforma un camino hacia una nueva epistemología, la cual se compone de una integración de las dos grandes lógicas que después de Hegel han presidido el pensamiento occidental: la *dialéctica* –o lógica del conflicto, típica de la modernidad–, y la *diferencia* –típicamente posmodernista, la cual afirma la imposibilidad de integrar lo disperso en un diseño unitario–. Dicho de otro modo, ni es la unidad irreductible del pensamiento de la modernidad, ni la dispersión posmoderna sino una *convergencia compleja*. A esta convergencia compleja que narra el mundo de este modo, en red, es a lo que llamamos Realismo Complejo. Dicho en síntesis: el mundo es una suma de redes en la cual las cosas, los objetos, son subredes: nodos que son sustancias, y las relaciones, los enlaces, que se establecen entre ellos.

A la luz de esta convergencia compleja, ¿por dónde empezamos a contar una historia, por el principio o por el final? Por ninguno de los dos extremos ya que tales extremos no existen, y si existen son puntos redefinibles, sujetos a la contingencia de lo que en realidad ha resultado ser un bucle que en cada vuelta modifica las condiciones y funda un reinicio, aprende de sí mismo, se hace coherente a partir de sus residuos, sus ruidos y sus errores. De modo que tanto la jerarquización estructuralista como la dispersión posmodernista, que nos suenan antiguas, intentarán hoy mezclase en un realista sistema complejo, de realimentación, que rebaja las áuricas pretensiones de aquéllas: la obra final toma forma en el documento corporal, doméstico y monista del artista, en tanto es célula que, aun siendo formalmente individual, se hace eco de un sistema general, un sentir general. Es a lo que llamamos *nomadismo estético*, que pierde su carácter de obra de pretensiones totales para constituirse en travesía personal que no por ello deja de dar cuenta del estado de las cosas, del conjunto. Todo creador resulta una anécdota que *documenta* ese tránsito, su propio tránsito, y que vendrá a sumarse al conjunto de anécdotas para formar un solapamiento interactivo de «tránsitos individuales» que se ven, se reconocen. La suma no lineal de todo ello da cuenta del estado de las cosas. Ni es la estructuralista *manada* –conjunto de entes vivos que se mueven orientados bajo los designios de un líder o principio rector–, ni es el posmodernista *rebaño* –manso pastoreo neobarroco sin finalidad ni orientación vectora–, sino una individualidad que va introduciendo errores en el sistema externo, y por ello, de manera activa y determinante, pasa a formar parte de él sin por ello quedar subsumido como pieza ciega en él. Da igual que sea manada o rebaño, lo que importa es el modo en que la manada o en su caso el rebaño coadyuvan a la existencia de un exterior a ellos, un paisaje, que más tarde o más temprano les devolverá materiales con los que ir rehaciéndose. El flujo vital del nómada.

De este modo, la realidad de un sistema aparece como una red de flujos entre el afuera y el adentro del sistema, flujo que tiende a minimizar el *gap* existente entre la teoría y la experiencia. Una red que tiende a unir en una sola materia natural y dada todos los granos de arena existentes en un metro cúbico de una playa de Normandía. Si las teorías de la modernidad intentaron captar el afuera de las cosas, la objetivización absoluta de los hechos, separando a los sujetos de las imágenes, y, por el contrario, el posmodernismo hizo confluir los sujetos con los objetos, el adentro con el afuera de modo inseparable e indiscernible, la *complejidad* propone la no separación total y la no imbricación total, sino la red, una red encuadrada en este Realismo Complejo, que está siempre redefiniendo el límite de lo que se dice y lo que se alude, el límite que antes hemos llamado Línea Año

Cero de cada objeto particular. La videoinstalación de Iván Marino, *Sangue*, puede servir aquí puntualmente de símil, un símil que, a fin de ilustrar la complejidad en un caso extremo, premeditadamente no traemos del mundo de la biología ni de la física –más obvios–, sino del documentalismo de guerra llevado a la esfera de las artes. Es común que en el ámbito de la fotografía de guerra, las imágenes anteriores a la Guerra de Vietnam usaran la realidad como pretensiones realistas, objetivas. Asimismo, es común que en torno a las guerras posteriores –especialmente a partir de la Primera Guerra del Golfo– se creara toda una retórica de la imagen de guerra «artística», una estética de cine o pantalla –y podríamos hablar también exactamente en los mismos términos de las fotografías de desastres naturales o catástrofes humanitarias–. Ambos casos –antes y después de la Guerra de Vietnam–, y con independencia de la legitimidad de las motivaciones que los espolearon, participan de distintos manierismos y subrayados, de énfasis cautivos de diferentes teorías previas a esas imágenes. Típicamente, en el primer caso hay una ficcionalización de la realidad –la vida como «novela trágica»–, y en el segundo caso una escenificación de la realidad –la vida como un teatro de agentes intercambiables–. El caso de *Sangue*, de Iván Marino, es diferente. Relatemos la secuencia al completo: durante el transcurso de la Guerra de Irak, un convoy humanitario, en el que va un cámara que casualmente está grabando, es bombardeado. El cámara sale por los aires, su cámara también, pero ésta sigue grabando. Mientras la cámara se mueve fuera de control –sin sujeto, sin intenciones– y graba toda clase de explosiones, una gota de sangre salpica la lente, gota que se superpone así a todas las secuencias que a partir de ese momento la cámara filma. Posteriormente, Iván Marino, toma treinta fotogramas de esta secuencia y los reordena azarosamente mediante un programa de producción propia, de tal modo que a la acción sin sujeto de la cámara añade una acción más *sin sujeto:* el algoritmo que como en una ruleta no cargada distribuye el azar de las imágenes.

<http://www.youtube.com/watch?v=6SllRYTLhHI>
En la captación de las imágenes originales no hay un
objetivo último, no hay intención, lo que proporciona una
vertiginosa sensación de realidad de guerra, de *estar viendo algo nunca visto*, que no es ni la novelización –ficción–
moderna ni la escenificación –virtual– posmoderna, sino
otra cosa, pareciera que el hueco, el *gap*, que había entre
ambas realidades se rellenara con una pieza más, la cual,
además, no es una simple pieza de un puzle sino que de
pronto establece flujos y reordena el conjunto, reformula
la totalidad, nos hace leer la realidad mediante una sensación de flujo continuo –«¡esto era lo que faltaba para entender la realidad de una guerra filmada!»– O tal como lo
dice Claudia Giannetti en el volumen *¿Soñarán los androides con cámaras fotográficas?* (Ministerio de Cultura, Photoespaña 2008, editado por Joan Fontcuberta), «En esos
treinta segundos el mundo externo (exorealidad) y el mundo interno (endorealidad), convergen». Nosotros añadiría-
mos: «y se realimentan». Se trata de un objeto real, es una
obra realista, y al mismo tiempo es compleja en virtud de
todos esos cruces de campos matéricos, artísticos, bélicos,
políticos, etcétera. Es una obra que cae dentro de lo que
hemos llamado Realismo Complejo.
    A veces ese *gap* entre teoría y aplicación de la teoría, vie-
ne a ser cubierto por la misma complejidad que naturalmente emerge en una cultura transfronteriza. Bruno Latour en

su *Nunca fuimos modernos* (Siglo XXI editores, 1997) sostiene que lo que en su día se llamó la *modernidad* nunca existió. En contra de los postulados de la modernidad, jamás hemos dejado atrás los mitos, las leyendas y las religiones, jamás hemos abordado nuestras vidas bajo la plena perspectiva del racionalismo y la Ilustración. De hecho –dice él– en una vivienda de clase media de Ecuador una computadora convive con una figura de la diosa Pachamama, o un tecnócrata y alto ejecutivo de finanzas de la City de Londres intenta curarse un cáncer ingiriendo milagrosos zumos de pomelo, o el Estado Vaticano cree que la más eficaz emisión de la Palabra Sagrada es vía Twitter. Todo se mezcla en un presente que a lo largo de los años sencillamente va cambiando. Como un metro cúbico de arena de una playa en Normandía, no somos ni modernos ni antiguos, sino *contemporáneos*, sólo eso.

CUARTA PARTE

Segundo estado de la Red: el *azar inverso* como underground. Partículas de prueba y partículas de apantallamiento. Lo Real

1.1 EL ABSOLUTO HEGELIANO
ERA LA COMUNICACIÓN

El *absoluto* hegeliano no era el espíritu, sino la comunicación.

El tiempo de la Red –lo que aquí hemos llamado el *tiempo topológico*– parece haber relegado a un segundo plano el tiempo del crono, el tiempo vectorial, pero no por ello nos hemos librado de la idea de lo Absoluto, la cual aparece ahora reticularmente encarnada en la *comunicación total*. Esa comunicación, a través de redes, da lugar a la conexión en tiempo real de todas las partes en juego en el tablero mundial y, como tal, define, completa y agota el mundo, que es ampliado a cada instante pero también consumido en ese mismo instante. Así, las diferencias y desequilibrios necesarios para la aparición de cualquier clase de procesos dinámicos, se ven automáticamente nivelados –casi nivelados–, nada hay exterior ni interior al «sistema internet», todo es virtual al mismo tiempo que material, todo es prototipo al tiempo que original y, en definitiva, se anula la *diferencia de potencial* necesaria para que se produzca cualquier suceso de verdadero interés. En pocas palabras, no hay hoy realidad más normópata que esa red llamada internet. Hasta ahora, el tiempo lineal marcaba un sentido de lectura de la realidad –o a lo sumo existían una o varias direcciones privilegiadas de sentido–. Ahora la realidad es isótropa, no hay direcciones privilegiadas de sentido porque toda dirección que emprendamos ya tiene un sentido dado, un enlace previamente conectado, o tan instantáneamente conectado que nos pareciera que hubiera existido siempre. Esto anula las referidas diferencias de potencial. Un sistema de vasos comunicantes que homeostáticamente reequilibra toda emersión física o simbólica en el tejido de la Red. Si el absoluto, hoy, es la comunicación total, no resulta descabellado plantear que sólo queda un único camino creativo, que será exactamente el contrario: incomunicar, separar, romper lazos normativamente establecidos. De este modo, y según cierto underground, crear hoy algo realmente interesante, realmente activo, realmente valioso, no será unir, sino escindir, cortocircuitar, en definitiva problematizar las redes.

Y es en ese contexto donde hace su aparición lo que aquí llamamos *azar inverso*.

Tal como habíamos apuntado, la interacción total humano-máquina es una utopía tan antigua como prometeica cuya última revisión fue llevada a cabo ya a principios del siglo XX sin que –exceptuando notables resultados alentados por Burroughs o Foucault–, haya dado muchos más frutos que unos cuantos ejemplos en una ciencia ficción hoy *vintage* o *demodé*. Resulta por ello extraño que determinadas estéticas contemporáneas continúen profundizando en la utopía del *cyborg*, del humano fundido o conectado a la máquina individual y concreta. Complejizaciones del ser humano, hoy inanes, las cuales más que propiciar una catarsis crítica plantean un futuro decorativamente modelado por un humano-máquina de suplemento dominical. En lo que respecta a lo que aquí nos interesa, la utopía digital representada hoy por la fantasía del humano conectado a la Red –que no a la máquina–, y que se presenta como una posición crítica del presente, es decir, posición que plantea futuros creíbles, pasa por darse cuenta de que la total unión de los elementos de la red desactiva a los productos culturales de su calidad de instrumentos creadores de epifanías y hallazgos realmente creadores, realmente genésicos. De modo que habrá que plantear un mecanismo generador de hallazgos. Para ello nos valemos de esta nueva clase de azar al que llamamos *azar inverso*. Este azar inverso, llevado al límite, funciona como horizonte utópico de ciertos movimientos de la contracultura.

1.2 LA EPIFANÍA DE UN AZAR (REALMENTE) INVERSO

La historia de las ciencias y de las artes, sobre todo en el siglo XX, se ha desarrollado a través de un mecanismo que puede denominarse, «encuentros aparentemente azarosos», *eurekas* o «epifanía del objeto encontrado». En la ficción, esto toma forma en la concatenación de «microepifanías construidas» o «ilusión de azar». Fue este mecanismo el que indujo que, de pronto, un urinario en un museo alcanzara el estatus de maravilla. La disposición de un paraguas y una máquina de coser en una mesa de operaciones fue una imagen clave de ciertas poéticas de las vanguardias porque obligaban a formular la pregunta fundamental de su época, la pregunta del azar ascendido a maravilla: «¿cómo es posible que el tiempo haya juntado a esos tres objetos en un mismo espacio?». Se asumía que tal convivencia de objetos era mágicamente obrada por el tiempo con tal de dejarlo trabajar durante un indeterminado intervalo. En una ampliación de esa línea, casi cuarenta años más tarde de aquellas vanguardias, *Rayuela*, una de las novelas que anticipa el modelo de «lectura en red», sería motivo de parabienes por un insospechado y fantástico mecanismo que la obra lleva dentro: puede leerse barajando el orden de sus capítulos. ¿Cómo es posible que una novela pueda leerse «casi al azar», encadenando encuentros epifánicos, y que no obstante todo «confluya» en un relato dotado de pleno sentido?, se preguntaban los lectores de entonces.

Hoy, acostumbrados al acceso aleatorio a listas, a las navegaciones en la Red y a la comunicación total entre nodos de uno o varios sistemas, la pregunta natural es precisamente la contraria: ¿cómo es posible que una obra –e incluso eso que podemos llamar «mundo conocido»– pueda no leerse en cualquier orden, obtener sentido en cualesquiera direcciones en que nos movamos? De hecho, *lo extraordinario hoy sería que no pudieran coincidir dos o más objetos en un mismo lugar y tiempo*, lo extraordinario sería que estuviesen *absolutamente separados*, una mágica disposición de objetos tal que no fueran relacionables en alguna dimensión, bien sea ésta una dimensión física o semántica, hallar objetos que no formaran entre sí una particular red insertada en otra red de mayores dimensiones. Cuando comprendemos que las redes, las relaciones, están en el sustrato de todos los campos de conocimiento científico, social y artístico, comprendemos también que *lo normal hoy es que las cosas que componen el mundo lleguen a encontrarse las unas a las otras, entren en contacto más temprano que tarde*. Por ser más concretos: hasta hace pocos años el proceso de encuentro entre entidades, podía enunciarse así: «si dejas que un objeto, un concepto, un sistema o un individuo evolucionen durante un tiempo tan prolongado que, a efectos prácticos, sea infinito, terminará por cruzarse con cualquier otro objeto, sistema o individuo dado». Cuando esta conjunción entre dos cosas era muy improbable –por ejemplo, que una carta que he enviado a un amigo termine en manos del presidente de Estados Unidos–, se decía que el azar había obrado el milagro, que el azar había conseguido lo que la naturaleza o la voluntad nunca hubiera podido salvo habiendo dejado que transcurriera un tiempo infinito. Esta idea de azar ya estaba de algún modo contenida en el euclidiano problema de las rectas paralelas: sólo se cortan en el infinito, sí, y si por algún motivo llegaran a cortarse en algún punto anterior sería ese acontecimiento señal inequívoca de que el maravilloso azar –acaso milagro– las había juntado. Esta parece ser, en pocas palabras, la esencia y magnitud del azar en un sentido clásico: *hacer que cosas condenadas a no cruzarse, en algún momento se crucen*, se identifiquen, de tal manera que –como es costumbre en la poesía a través de la metáfora– el campo de significación de una de ellas inopinadamente se desplace o rote hasta alcanzar el campo semántico de la otra. La búsqueda del big bang no es otra cosa que una regresión temporal, de simetría en simetría, de espejo en espejo, en la que las leyes naturales se van cruzando y «encontrando» hasta hallar la ley marco o ecuación que explique cuanto conocemos: la Gran Unificación, la Supersimetría del principio de los tiempos, la madre, en fin, de todos los encuentros epifánicos: el de nosotros con el big bang. Esta ilusión del encontronazo, este darse de narices con el mismísimo origen de los tiempos, representa el summum del azaroso encuentro del humano con el pasado histórico. Como si pudiéramos resucitar a Aristóteles o a Napoleón y traerlos al salón de nuestra casa.

Por el contrario, si hoy, y ya sea en el ámbito artístico, científico o legal-administrativo, el encuentro de todo con todo parece ser la norma, entonces la epifanía derivada de esos encuentros parece haber dejado de existir en los términos hasta ahora conocidos, y si existe no aporta gran cosa. Hay numerosas obras que construyen su discurso sobre esta crítica a la hiperconectividad. Jon Rafman, en *The Nine Eyes of Google Street View* (2011), se pasea por lugares de todo el planeta a través del conocido sistema de desplazamiento de Google, y extrae instantáneas de gente que casualmente había quedado fijada en las imágenes. Cierta clase de periodismo cultural leyó esta obra como una simple recolecta de imágenes bizarras y extrañas captadas por Google Street View, pero en realidad, con la captura de tales «instantáneas», que además son el colmo de la «no estética», y a las que el propio autor denomina «la visión del Dios moderno que es Google», lo que se pone en tela de juicio es la fotografía como «momento decisivo» tal como definiera Cartier-Bresson la fotografía destinada a la documentación en el ámbito periodístico. Por extensión, cuestiona así el propio concepto de epifanía, el momento azaroso y revelador que alentó las artes del siglo XX. Cierto que rasgos de esta estética «*anti* momento decisivo» es desde al menos los años ochenta un elemento distintivo de la fotografía exhibida en galerías y museos, pero lo que aporta el trabajo de Rafman es la extracción de su material de Google, contexto presentado en sí mismo como aquello que todo lo contiene, el ojo de Dios. Dicho de otro modo, el momento decisivo no lo es tanto: el flujo temporal de imágenes se compone de infinitos instantes de tal clase.

En la línea de este «giro epifánico» se alzó con una voz propia, fresca y singular la pieza fundacional de la hoy extinta pareja artística, Bestué y Vives, *Acciones en casa* (2006), vídeo de 31.51 minutos en el que en su domicilio revisitan en clave irónica y en ocasiones irreverente la historia de la acción artística como método de crear realidad. Para ello ponen en marcha toda clase de escenificaciones en apariencia absurdas, «usar el microondas como lamparita» (para leer), o «caída de yogur», ejecutadas con la mayor seriedad y precisión.

Hubo un momento, que duró los siglos que duró el pensamiento establecido en categorías fuertemente jerárquicas, en el que las cosas no estaban unidas por *links* inductivos sino por principios y axiomas deductivos, unión que era ejercida por una deidad, por una legislación, por un conocimiento superior o por otros principios rectores y vectores que, en suma, acogían bajo su techo a sus súbditas particularidades. Hasta muy entrado el siglo XX, y con variantes según las escuelas, las cosas se hallaban unidas por binomios tipo «fuerza-objeto» –un objeto «lanza» una fuerza y otro, pasivamente, la recibe–. Cuando hablamos de que hoy las cosas están unidas, no nos referimos a ese «pater-modelo», sino a que están conectadas por redes complejas, *redes posthumanistas* –que no posthumanas, ni mucho menos antihumanistas–, las cuales funcionan bajo otra clase de relaciones: enlaces inductivos, encuentros «campo-campo»: cada objeto crea su propio halo, su propio campo, que interacciona con el campo de otros objetos, ya sean éstos vecinos o alejados. En este nuevo contexto, la *diferencia de potencial* necesaria para que haya flujos entre las partes no se da ahora mediante diferencia de fuerzas, sino por diferencia de magnitudes: la actividad e influencia sobre un objeto no la propicia un vector fuerza –ente dotado de módulo, dirección y sentido–, sino un *campo escalar* sobre otro campo también escalar, lo que equivale a decir que, en principio, no hay direcciones privilegiadas, el espacio cultural es isótropo, y así, un nodo de una red compleja –sea éste un objeto, un concepto o un organismo– es en principio una nube, un espacio carente de forma estable o reconocible en tanto sobre él no actúe alguna fuente de desequilibrio que le obligue a elegir una dirección sujeta a la contingencia, a cambios operados por otras «nubes». Así, todo objeto o nodo es una ilocalización, una *nube de probabilidad;* en símil lingüístico: todo nodo u objeto es un sustantivo que puede tomar la dirección de cualquier verbo y adjetivo que se le ponga delante. No pasemos por alto que buena parte del hecho poético se da en la propia existencia de esa nube de probabilidad creada en torno al objeto, un nodo que crea su campo semántico y que actúa mediante mecanismos de seducción y persuasión. El hecho poético no radica hoy en las fuerzas legislativas que nos llevan de sustantivo en verbo, y de verbo en adjetivo, y de adjetivo en más adjetivos –entidades vectoriales todas ellas, direccionales por la propia naturaleza lineal del lenguaje–, sino que lo poético son las cosas, los nodos, convertidos en irradiaciones, en sustantivos. Irradiación, no coacción.

Es éste el marco en el que nos movemos y en el que podemos hacernos ya por fin la buscada pregunta: si todo ya está unido por redes, las cuales además llevan a cabo lo que desde siempre ha sido ejecutado por la poesía, a saber, el encuentro aparentemente azaroso –creación de una metáfora–, ¿dónde está hoy el encuentro que produzca extrañeza, el encuentro que amplíe el campo semántico de una fracción del mundo, el encuentro que dé lugar a lo que comúnmente llamamos poesía? La respuesta no puede ser otra que ésta:

*Lo epifánico hoy no es que dos cosas lleguen a encontrarse,
sino que nunca se encuentren. El azar hoy sería, pues, no aquello que junta las cosas sino lo que las separa.*

En esa rareza, en ese *no encontrarse*, por cuanto que ma-
ravillosa desunión de objetos, es donde cierto underground
podría encontrar el agujero de salida hacia la creación de
obras en el ámbito de las artes. El axioma de las rectas paralelas ha desaparecido, hoy nada es paralelo a nada, todo se
cruza en base a las citadas irradiaciones, de manera que no
es que nunca haya sido tan fácil como hoy hacer poesía en el
sentido común del término, sino que la poesía –entendida
como metáfora que une– viene ya hecha y actualizada a
cada instante por el propio hábitat, perdiendo así el sentido
que históricamente venía teniendo, y ganando otro. La plausible definición de azar hoy –y de poesía– sería entonces
la versión *en negativo* de lo que hasta hoy históricamente ha
venido considerándose como tal, estaríamos hablando de
un nuevo azar, un *azar inverso*, que según lo visto debemos
enunciarlo con más precisión de la siguiente manera:

*El azar se da hoy cuando algo no se encuentra con algo, cuan-
do dos o más objetos no pueden dar origen ni a un suceso común ni a una identificación de clase alguna.*

En este sentido, practicar hoy, en un contexto de redes
globales, poesía a la manera de la poesía hasta ahora conocida equivale a una clase de simulación de *azar clásico*, un
fingimiento de encuentros azarosos donde ya de por sí hay
suficientes encuentros, una intención de unir las cosas que
ya estaban unidas, si somos sinceros una actividad pseu-
doartística que no hace sino actualizar un sentimiento de
nostalgia de una realidad ya perdida. De modo que, consciente o inconscientemente, los poetas actuamos hoy bajo
este principio rector, ciertamente pobre: «hay que fingir que
aún no existe la completa unión de las cosas, hay que fingir
que alguna metáfora aún está por escribir, aún nos sorpren-

de», lo cual responde a un sentimiento de nostalgia de aquel mundo en el que aún existían cosas no relacionadas. De ahí que existan corrientes poéticas que cada vez con más intensidad ahonden en el pasado, canten literalmente a la nostalgia en un tono elegíaco, sentimiento de pérdida, de este modo más o menos impostado.

Por el contrario, una poesía de *azar inverso* sería la que, admitido ese agotamiento, creara artefactos en la contrafigura de ese mundo totalmente conectado, creara metáforas en el «contraespacio» del azar clásico, en el espacio del *azar inverso:* una poesía que contraviniendo toda cabal historia de la lírica *separa las cosas en vez de unirlas.*

Pero ¿de qué manera se podría hacer esa poesía?, ¿sería un regreso al momento en el que la poesía aún no había unido las cosas, el retorno a un supuesto vergel existente en una protopoesía? No, porque estaría entonces esta práctica regresando a un origen por la vía de la nostalgia para, desde ese origen, evolucionar luego siguiendo los mismos pasos de antes, un recorrer un mismo camino dos veces. ¿Cómo sería, entonces, la construcción de esta poesía y en general de narrativas articuladas sobre el *azar inverso,* aquel azar que, repetimos, no une sino que separa las cosas? Para empezar, generar rupturas en lo bien establecido por las redes, lo que equivale a violentar el *mainstream* con diferentes operaciones estéticas, entre ellas, las prácticas apropiacionistas aquí ya tratadas, que rompen, barajan y descolocan las partes en juego para alcanzar una nueva configuración. Cuando un algo se desacopla de otro algo, cuando dos entes, objetos, conceptos o seres vivos que estaban unidos se escinden, no pueden quedar flotando en el vacío, necesariamente han de acoplarse a otros lugares, y esos nuevos acoplamientos pueden generar, en efecto, nuevos encuentros válidos para la metáfora. Un enfermo puede desdoblar su personalidad, puede hacerlo incluso para siempre, pero ello no quiere decir que cada una de esas nuevas personalidades no tenga su propio mundo de encuentros y desencuentros en su respectiva nueva zona de realidad. De algún modo lo adelantaban

Deleuze y Guattari en *¿Qué es la filosofía?* cuando decían, «No carecemos de comunicación, por el contrario nos sobra, carecemos de creación. Carecemos de resistencia al presente».

Aparece el siguiente escenario: de entre las narrativas actuales, las más conservadoras juegan a que en la realidad no todo está conectado –en la novela, es el fenómeno típicamente asociado al bestsellerismo y a la así llamada novela histórica–, para ello usan la nostalgia no como cirugía crítica o irónica sino como un verdadero género; se lo toman en serio. Por el contrario, las narrativas actuales contraculturales ni se adhieren a la mecánica de la conexión total en la red ni tampoco la obvian para fingir una nostalgia, sino que abordan algo mucho más comprometido: la ruptura. Construyen sus narrativas mediante el azar inverso, cortocircuitan determinados aspectos de la realidad hiperconectada y normativizada. Complejizan el mundo en tanto introducen fricciones en la realidad. Es esta segunda postura la que, bien analizada, paradójicamente recoge el guante del pensamiento ilustrado para actualizarlo en el contexto de los sistemas complejos, en una suerte de posthumanismo extremo.

Fíjense:

• La cultura humanista producía encuentros de las cosas en un hipotético infinito (azar definido como violación de las rectas paralelas de Euclides). Nunca agota al mundo.

• La cultura posmodernista-reticular traía ese encuentro desde lo infinito a lo cercano (sistemas de redes hasta la construcción de un encuentro total, anulador de diferencias de potencial entre las partes; el azar se extingue). Se trata de una narrativa compleja, sí, pero que normativamente lo ocupa todo y por lo tanto agota al mundo.

• La cultura posthumanista plantea otro tipo de *narrativas complejas* mediante la ruptura de las redes; pone en marcha otra complejidad, no normativa, llamada *azar inverso*, que, en rigor, trabaja para destruir lo establecido como «lo dado».

1.3 PARTÍCULAS DE PRUEBA/PARTÍCULAS DE APANTALLAMIENTO

Dos aviones se estrellan contra las dos torres del complejo World Trade Center. Quienes en aquel momento lo vimos en directo en una pantalla asistimos a «la duda del siglo», una duda que en la realidad abriría dos caminos sin retorno: la locutora de Televisión Española titubeó, la televisión dudó de sí misma, la televisión no sabía qué estaba viendo. Nunca hasta entonces, ni tan siquiera cuando la especie humana llegó a la Luna, la propia televisión había dudado de su ontología y de su episteme *al mismo tiempo*. La voz temblorosa de la locutora, no de miedo –que sería lo esperable– sino de incredulidad acerca de lo que la *realidad* mostraba, así lo atestiguó. Hasta ese momento, la televisión había sido idénticamente igual a la Realidad, todos éramos actores al mismo tiempo que espectadores, la realidad se constituía legítimamente en un rizoma trenzado de intercambiables y ubicuas miradas en pantallas; no sabes quién mira y quién es mirado. De pronto, tras esa convulsa duda de sí misma, la Realidad (A) dejó de ser la Realidad conocida, se escindió, aparecieron dos nuevos objetos: la televisión dejó de ser lo real absoluto para mutar en sólo imagen, representación, y en paralelo emergió una realidad B radicalmente inesperada para lo que había venido siendo la posmodernidad: la muerte de verdad, una muerte que no es un retorno a realidades anteriores sino una fuga asintótica hacia una clase de muerte desconocida hasta entonces. Hablamos de la muerte ubicada en una casilla de salida en la que, según las políticas de Occidente, no debería estar. La muerte pasaría, así, de ser un viejo conocido de las filosofías del Mal, a constituirse en algo mucho más terrorífico: una *partícula de prueba*.

Llamamos aquí *partículas de prueba* a objetos empleados para que, una vez soltados o abandonados en un determinado medio, demuestren, «prueben», que tal medio existe. No podemos detectar el movimiento de las aguas de un río hasta que no vemos un corcho deslizándose en su superficie, no podemos detectar un campo magnético hasta que no vemos el vuelo de un electrón que lo atraviesa, no podemos ver el campo gravitatorio hasta que no vemos caer una manzana. Electrón, manzana, corcho, partículas todas ellas aparecidas para constatar, dar fe o «probar», la existencia de un campo de fuerzas allí donde en apariencia todo era una indistinguible y aparente mansedumbre. Objetos, entidades o hechos que prueban la existencia de un medio en el que están ocurriendo cosas. El 11-S y su fuga de terror hacia un escenario impensable, constituiría la *partícula de prueba* de la nueva realidad, a partir de entonces separada infinitamente de las pantallas posmodernas. Pero esa separación no fue sólo producto del espectacular derrumbe de dos edificios –al fin y al cabo, bajo el punto de vista del espectador podría ser un truco cinematográfico–, sino también producto de la duda de lo que hasta entonces venía siendo la realidad, la pantalla, que dudó de sí misma. Duda que fue ruptura del entramado reticular de la ilusión occidental de comunicación total.

Pero todas las *partículas de prueba* trabajan contra otra clase de entidades a las que llamamos *partículas de apantallamiento*. Entendemos éstas como aquellos agentes que por magnificación de un detalle enmascaran –*apantallan*– el paisaje, ocultan el medio, ocultan un determinado estado de cosas, estado del cual esa partícula de apantallamiento es un representante construido ad hoc. La señal de tráfico enmascara –*apantalla*– la evidencia de que las veinticuatro horas del día son una concatenación de normas; la bandera en el mástil apantalla la omnipresencia de la patria aquí y allá; las loterías y juegos del Estado apantallan que la propia realidad es un juego de azar; la denominación de *amigo* en Facebook apantalla el hecho evidente de que todos son ya potenciales amigos en la pantalla y por lo tanto no nos hace falta la mediación de tal metamedio; el museo apantalla que el arte también está en otros lugares, no normativos. Son así estas partículas de apantallamiento árboles que, construidos como una suerte de exageraciones o redundancias, estratégicamente colocados ocultan el bosque. Todo sistema correctamente organizado, bien sea en estructura jerárquica, bien sea en estructura de red, a fin de subsistir necesita de sus propias partículas de apantallamiento. El camuflaje es inherente a todo hábitat; no hay sistema sin su correspondiente dimensión camaleónica. Pero de pronto, tal como hemos dicho, entran en juego las citadas *partículas de prueba* para poner en evidencia tal camuflaje, mostrar la totalidad del paisaje: observando el desplazamiento de éstas vemos también la naturaleza y dimensión, la existencia en suma, del contexto. Esa revelación a la que nos llevan las partículas de prueba puede, ocasionalmente, si coadyuvan otros campos e irradiaciones, ser materia de mutación singular, espectacular, imprevista, y siempre fuera de toda estadística: la ruptura por la vía del *azar inverso*. Y no tiene vuelta atrás, la escisión no sólo es irreversible sino que es la misma definición de lo irreversible.

La aparición del azar inverso se da en muy diferentes ámbitos y manifestaciones. Además de en todas las clases de apropiacionismos estéticos, aparece en acontecimientos históricos. Cristóbal Colón buscando las Indias llegó a lo que hoy es América por error. Y no podía haber sido de otra manera, sólo el error, en tanto que desviación estadística, puede producir hallazgos de carácter espectacular, imposibles de determinar de antemano por un sistema normativo que, como el que regía entonces, se mueve a golpes de determinismo –la maravilla es refractaria a las estadísticas y a las probabilidades–. Colón, durante los meses que duró su viaje, antes de hollar tierra, era la *partícula de apantallamiento* del sistema, era la entidad normativa, la redundancia, enviada por la Corona de Castilla para enmascarar la real extenuación de los mapas de un mundo que no era ni Viejo ni Nuevo, sencillamente, y como la Red hoy, era la totalidad del mundo, lo ocupaba todo, era igual a sí mismo, sin más posibilidad de grietas ni diferencias de potencial entre las partes internas que las ya esperadas. En el momento en que Colón pone un pie en la nueva tierra rompe la homeostasis, se convierte al instante en una *partícula de prueba* del nuevo mundo, y de paso, por su contacto con los indígenas, pone en evidencia la rigidez de los sistemas políticos y religiosos hasta entonces conocidos. Colón, al mismo tiempo que descubre un nuevo mundo para Occidente también lo rompe y lo separa para siempre de nosotros mediante el azar inverso. Cierto que esas culturas que con cierto paternalismo calificamos de exóticas –las pocas aún no extinguidas– se nos aparecen hoy como un «pasado sincrónico», como nuestros «contemporáneos primitivos» en la definición acuñada por Murdock, cierto también que sus costumbres, religiones y artesanías han sido convertidas en espectáculos para turistas, cierto que parecen haber sido totalmente integradas en nuestra cultura como válvulas de escape de la sociedad de consumo de Occidente, utilizadas como un gran supermercado de grosera espiritualidad, barata sexualidad y vulgar ornamentación, sí, pero no menos cierto es que por eso mismo, lo que queda de original en ellas se halla totalmente separado de nosotros, occidentales para siempre. Por paradoja, Colón no unió sino que separó para siempre esas dos clases de humanidades, puso de manifiesto una brecha.

Los últimos días de agosto del año 2009 los escaladores Óscar Pérez y Álvaro López deciden acometer la arista noroeste del Latok II (7.125 m), una de las rutas de más dificultad de la paquistaní cordillera del Karakórum. Tras cinco días de ascensión hacen cumbre y comienzan sin demora el descenso; a fin de ganar tiempo deciden salirse de la ruta marcada. Sufren entonces un accidente. Óscar se ha roto una pierna, tiene la cara tocada, no puede descender de ninguna manera. Álvaro, sin daños, enseguida se da cuenta de que la única solución, aunque remota, pasa por un rescate. Óscar se queda acomodado en una repisa con los dos sacos de dormir y algo de comida. Álvaro inicia el descenso, que durará varios días. A su llegada dará comienzo el rescate que desplegaría más personas, material y medios aéreos de la historia del alpinismo español; interviene incluso el por

entonces presidente de Gobierno de España. Tras varias semanas se interrumpe el operativo, no hay nada que hacer. El
equipo de rescate ni tan siquiera puede llegar a la posición
de Óscar, cuyo cuerpo se supone que a fecha de hoy allí
continúa. Cuando, en una entrevista concedida al diario *El
País,* el periodista O. Gogorza pregunta a Álvaro de qué
manera se habían despedido en el momento de la separación
que sería definitiva, éste responde: «Óscar me pidió que le
subiera tabaco». Pocas publicaciones recogieron esas últimas palabras, el último deseo de quien sabe que con casi
toda probabilidad sea ésa la última vez que contemplará un
rostro humano. Último deseo del fallecido que, insertado en
un contexto de deporte de élite, con toda su épica y su construcción del buen héroe –correlato del buen salvaje–, abre
una brecha en los reticulares canales de flujos de salud. «Súbeme tabaco»: frase política, tecnológica y afectivamente
incorrecta, palabras que interrumpen el flujo de unos acontecimientos en los que la más espectacular noticia es que el
Estado ha puesto en marcha un inútil rescate, con la plástica
heroicidad que ello conlleva. «Súbeme tabaco», un deseo
inútil, periférico y extraño al cúmulo de redes y correctos
flujos que éstas tejen, petición que resulta intolerable para el
deporte, no puede ser reabsorbida en la normopatía del discurso, es una pulsión desestabilizadora, aquella que provoca
de pronto una fuerte diferencia de potencial entre dos puntos de la red-norma, con riesgo de producir una escisión total, una avalancha, una rotura. Los sistemas sociales en red
–cuya reducción al absurdo son Facebook o Twitter en tanto que corporaciones hipercontroladas que aun teniendo
dueño proporcionan la «ilusión» de espacios de libertad–,
interpretan todo deseo individual como un campo colectivo,
y como tal, alojan tal deseo en un sistema de archivos y enlaces que funcionan solos, casi no hace falta energía para
mantenerlos, avanzan en flujo. Es el deseo excéntrico y no
codificado –«súbeme tabaco»– de aquel a quien la red define
como héroe quien pone en jaque la propia definición de «deseo correcto» establecido por la red social. Las redes sociales

operan así por absorción de las pulsiones, vampirizan el deseo, pero no ocultándolo sino todo lo contrario, lo muestran, lo ponen a la vista de todo observador para hacerlos paisaje, hacerlos desaparecer con sus diferentes *partículas de apantallamiento*. En este contexto, «súbeme tabaco» es una colosal *partícula de prueba* insertada en la mitología deportiva, es un germen de azar inverso, un separador. En ese momento la identidad A = A, o el deseo anulado por su condición de paisaje infinitamente igual a sí mismo, cae enfermo, se desdobla sin posible vuelta atrás, pone a cero los relojes para generar dos realidades separadas.

El modo en que la conexión total puede adormecer a quien de ella participa encuentra uno de sus mejores ejemplos en la Primera Guerra del Golfo. Todos asistimos a aquella primera «guerra en tiempo real», un enfrentamiento que definía a la perfección el modus operandi de la segunda fase de la posmodernidad. La limpieza de formas y el barroquismo de los deseos daba a imágenes de factura de portada de revista tecnológicamente correcta, algo que generaba una visión plana, de telefilm. La *delta de Dirac* es una especialísima función matemática que en el cero de coordenadas posee un violento pico de intensidad que *tiende a infinito*, y sin embargo en el resto del espacio toma un valor cero.

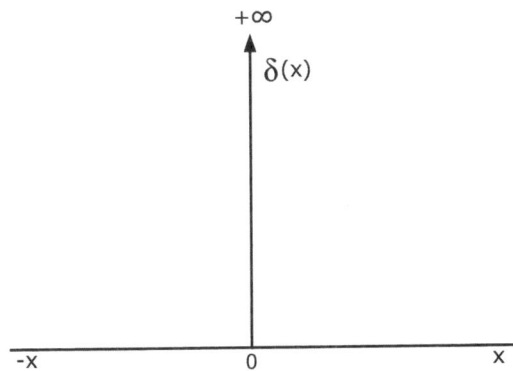

En términos de funciones matemáticas, podríamos entonces hacer el siguiente símil: el *input* de los deseos gestados y gestionados en las guerras vividas a través de pantallas, lejos de aproximarse a la violenta función *delta de Dirac,* parece más bien su *función integral,* la así llamada Función Escalón de Heaviside, H(x), que, como se ve en la siguiente gráfica, o bien vale 0 o bien vale 1, pero es plana hasta el infinito.

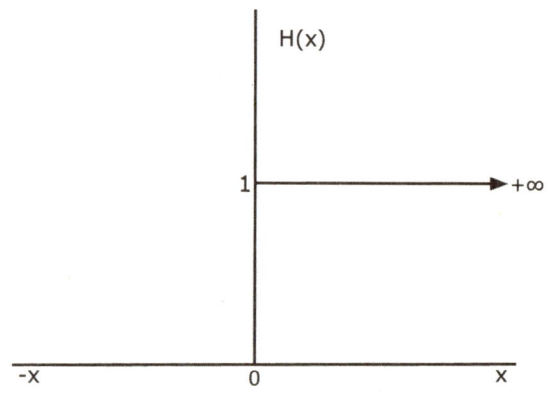

Las pantallas, en efecto, adormecieron entonces toda sensación más allá de lo espectacular. Lo que en cuanto a visualización de las guerras y sus consecuencias vino después sólo sería un refinamiento, una sofisticación en las formas, una «estructura fina» de aquélla. Y todo ello se encamina hacia un determinado objetivo: desproblematizar las metáforas, que de este modo devienen nostálgicas y planas. Porque la realidad, es cierto, no es otra cosa que una sucesión de alegorías que las diferentes culturas van desplegando, y eso es una construcción pactada, explícita o implícitamente consensuada, pero ello no impide que en esa construcción no deban aparecer –de hecho aparecen– conflictos aparentemente irresolubles, por ejemplo, «súbeme tabaco», deseo que además de introducir el conflicto ya citado en lo normativo y en lo políticamente correcto, hace aparecer otro de carácter estrictamente vital y personal: el drama de quien sabe que con mucha probabilidad ese último deseo no podrá ser satisfecho. Es a toda esta problematización de la realidad, a toda esa clase de conflictos, a lo que llamamos *lo Real*. Y toda normatividad aparece con un único objetivo, desactivar lo de que de Real hay en la realidad.

1.4 A QUÉ LLAMAMOS «LO REAL»

Cuando en el *continuum* del presente aparece un conflicto se hace necesario metaforizarlo, ritualizarlo de algún modo. A ese conflicto le llamamos aquí lo Real. De no existir tales ritos metafóricos, el flujo temporal se detendría, no circularía, el propio tiempo se inflaría como un globo para estallar el presente ante nuestros ojos. Todo duelo tras un mal trance personal, o todos los relatos elaborados acerca de catástrofes colectivas no tienen otra función que poner de nuevo en marcha la correa del tiempo, la realidad, a través de metáforas. Pensemos en todas las películas de ficción acerca del exterminio judío, pensemos en todas las novelas que abordan y abordarán el 11-S, pensemos en habituales fastos y celebraciones locales y nacionales –toda celebración, por «blanca» que sea, oculta alguna clase de exorcismo–, o pensemos sencillamente en la persona que ante una pérdida irreparable pone por escrito sus estados de ánimo; todo ello son variantes de los así llamados ritos de paso. La *estructura de la realidad* es pues una parcial superposición en el tiempo –una cadena, hoy hecha red– de metáforas y alegorías que, a fin de soportar el presente, a fin de sublimarlo, unen pasado y futuro.

Pero, tal como hemos apuntado, lo característico de lo Real, lo que lo define como tal, es que nunca se deja atrapar del todo bajo alegorías, representaciones o metáforas superadoras. Lo Real es lo que en un momento determinado no admite una representación convincente, lo que, en definiti-

va, de momento no puede ser superado por mecanismo ale-
górico ni tradición alguna. Lo Real es lo que no deja correr
bien el flujo temporal y al menos por un determinado espacio de tiempo se nos presenta, además de irreversible –que
eso es obvio–, como irremediable; no hay medicamento
que lo palie. Dicho en otros términos: siempre hay una
partícula de prueba que nos recuerda que ahí hay una trampa, algo más que un simple paisaje. O dicho de manera inversa, no hay *partícula de apantallamiento* que pueda enmascarar del todo el paisaje que conforma el nudo de lo
Real. De algún modo, puede decirse que lo Real es una red
que trabaja sin descanso en la interfaz del tiempo –o es él
mismo la interfaz– para hacer del tiempo no un flujo sino
una sucesión de problemáticos nodos que integran una red.
El caso de la muerte resulta paradigmático: intentamos restituir las condiciones anteriores, intentamos volver a la vida
al muerto introduciendo diversas partículas –ritos personales o colectivos– que apantallen el escenario de la pérdida,
pero siempre hay alguna partícula de prueba que aparece
para recordarnos que no es así del todo, que en un plano
pragmático lo muerto, muerto está.

En ese conflicto *(partícula de prueba/partícula de apantallamiento)* es donde se anuda lo Real, donde aparece una
perturbación, que dota a la totalidad de la característica de
red, de *sistema complejo*. Y es donde puede aparecer una
clase de Realismo Complejo: obras artísticas, literatura, hechos comunes o paradigmas científicos que trabajan en esos
conflictos *partícula de prueba/partícula de apantallamiento*.
Podemos pensar en ello en parecidos términos en los que
Pierre Auger en *El hombre microscópico* (Gredos, 1969)
pensó el telón de fondo de nuestras vidas –imágenes inespe-
radas, confluencias casuales de ideas, recuerdos no resueltos– como el «movimiento browniano del pensamiento»,
extendido en este caso también al afuera del sujeto. Si lo
característico de los organismos y de los sistemas que iso-
mórficamente puedan considerarse vivos era la aparición en
ellos del ruido como condición necesaria para que se genere

cierto orden, cierta complejidad –recordemos: «el orden que surgió del ruido»–, el conflicto entre la partícula de prueba y la de apantallamiento es precisamente ese ruido, que da lugar a lo Real. Confrontación que nos hace percibir un acontecimiento como irremediablemente problemático, el cual genera automáticamente una red compleja de posibilidades. *Lo Real es la problematización de la realidad.* Naturalmente, tal problematización se da en todo tiempo y ámbito. Lo que aquí nos interesa es cuando, en los llamados productos artísticos, lo Real problematiza su correspondiente realidad, su contexto. Pero existen otros cruces, por ejemplo y sin ir más lejos, en el crecimiento, desarrollo e inserción de una persona en una comunidad, donde su parte genética e instintiva se halla constantemente desmenuzada y en cierto modo destruida por las asociaciones neuronales generadas en relación a las experiencias con su hábitat cultural; de este modo, respecto a lo genético, puede decirse que lo cultural aparece como lo Real en la realidad que construye la socialización de un individuo. De alguna manera, a cada instante en el *homo sapiens* hay una parte instintiva que está siendo triturada por su propia cultura. Sin esa perturbación o ruido –que, insistimos, es lo Real–, el *homo sapiens* carecería de la complejidad necesaria para ser denominado como tal.

QUINTA PARTE

Ruina, escombro y residuo. Hacia
dónde es arrastrado hoy el Ángel
de la Historia. Espacio sustrato.
Máquinas y organismos

La interminable profanación

1.1 INTERCAMBIO DE VALORES

Hemos apuntado que toda obra que una comunidad considere digna de perdurar aparece en la reunión de aquello que esa comunidad considera como tradición culta con lo que esa misma comunidad considera como profano. Cualquier obra que se llame *nueva* y simultáneamente valiosa toma elementos de la zona ubicada en las prácticas populares para, en combinación con la tradición culta, generar un flujo narrativo que las ponga en contacto. Así obró Marx cuando introdujo en el trabajo físico remunerado el abstracto pensamiento hegeliano. O Freud cuando inyecta la culta tradición del mito griego en las filias y fobias de las mentes de los anónimos ciudadanos de principios del siglo XX. O cuando Warhol toma la Gioconda y la reproduce seriadamente. Los ejemplos son tantos como obras llamadas a permanecer en la archivística. Estos flujos entre la alta y baja cultura lo que hacen es otorgarle a la obra no un carácter de *verdad* sino un *sentido,* un uso, como consecuencia de un *intercambio de valores* –de ahí que se trate de una *economía*– que de pronto, y para cada obra en concreto, crea un nuevo espacio entre la esfera popular y la culturizada. Y este intercambio de valores, en contra de la creencia habitual, en absoluto tiende a confundir o fusionar el mundo popular y el culturizado; antes al contrario, en tanto que rito de paso –de abajo arriba y *simultáneamente* de arriba abajo–, señala aún más las diferencias. Se trata de una traslación al plano de los campos culturales del concepto de metáfora que clásicamente funciona en la narrativa y la poesía: aquel mecanismo mediante el cual dos objetos, dos conceptos (llamémosles A y B) en principio muy alejados entre sí, y cada cual con su correspondiente campo semántico, entran en contacto de tal modo que la obra resultante es capaz de encontrar una zona de significado común a ambos, una intersección distinta de vacío, *ampliándose de este modo el campo semántico* de las dos partes en juego.

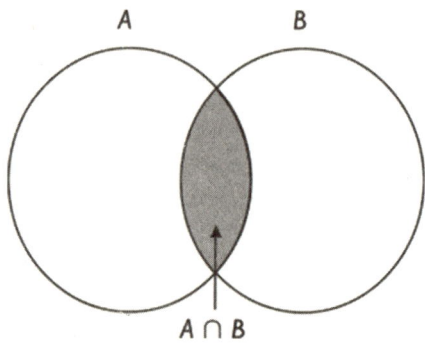

Se trata de una «economía abierta» en el sentido termodinámico del término: la obra es un sistema abierto –es decir, ni cerrado ni aislado– que intercambia realimentadamente información con el exterior, y a su vez este intercambio va conformando la obra. Tal operación –la obra en concreto– ejerce entonces alguna clase de *profanación* de lo que en una determinada tradición cultural se tiene por sagrado. Y viceversa, simultáneamente asciende de lo popular a lo culto a través de alguna clase de *sacralización*. Transcurrido cierto tiempo, la obra es totalmente asumida tanto por la tradición culta como por la popular, de modo que otra vez será profanada/sacralizada por nuevas estrategias venidas del ámbito de lo que está más allá del canon. Una cadena –que hoy no toma forma de eslabones sino de red– que carece de fin.

1.2 PROFANACIÓN/CONSAGRACIÓN

Tal como indica Giorgio Agamben en *Profanaciones* (Anagrama, 2005) es en la Roma clásica, y en el ámbito del derecho, donde se acuñan y ponen en circulación efectiva los dos términos que aquí nos interesan, *profanar* y *consagrar*. Lo *profano*, dice el jurista Gayo Trebacio Testa (83 a.c.-4 d.C.) «es aquello que, habiendo sido sagrado o religioso, es restituido al uso y a la propiedad de los hombres». Las cosas que en aquella época se entendían como propiedad de los dioses se hallaban sustraídas de los usos que los humanos pudieran hacer de ellas, y tales usos humanos serían el comercio o el usufructo. Violar tal indisponibilidad consustancial a las cosas de ámbito sagrado, usarlas para fines mundanos, suponía una transgresión de orden sacrílego, una profanación. El proceso inverso a tal violación, la *consagración*, era un término usado para designar el acto contrario, el que lleva a un objeto del ámbito del derecho humano al del derecho divino, espacio en el que el ser humano ya nada tendrá que decir ni apelar: se trata de lo religioso propiamente dicho. De modo que entre «usar» un objeto y «profanar» habrá ligazones y similitudes que merecen ser estudiadas.

Una manera de definir la *religión* sería pues: aquello que sustrae cosas, ideas o individuos al uso común que le damos a éstas y a éstos para transferirlos a un orbe separado del humano. Toda separación lleva entonces dentro un gen religioso y ninguna religión –ni aun siendo «laica»– puede acontecer sin esa construcción de esferas separadas. No obstante, existen mecanismos, dispositivos, mediante los cuales ambas esferas pueden ponerse en contacto, por ejemplo mediante el *sacrificio*, rito variable según cultura y época pero con un denominador común: la víctima sacrificial atraviesa la línea que separa lo humano de lo sagrado, es desplazada hacia lo sagrado, de algún modo es *consagrada*. Mediante el mecanismo de la *profanación* se efectuará el camino inver-

so: lo que el rito religioso había separado podrá ser restituido al ámbito humano. La religión no es, por lo tanto, aquello que une a los humanos con los dioses *(religare)*, sino lo
que ejerce de vigía y hace observar las normas a fin de que
los humanos se hallen convenientemente separados *(relege-
re)* de los dioses. Profanar no significa ignorar la religión
sino hacer uso de la separación entre lo humano y lo divino
de manera deliberada y con un claro objetivo: no anular la
separación, sino usarla en beneficio propio, desviarla de su
sentido establecido. Tal paso de lo sagrado a lo humano
puede llevarse a cabo por medio de la reutilización, el uso de
materiales sagrados con objetivos que no les eran propios:
una especie de *apropiación*. Los juegos son un buen ejemplo
de ello. Todo juego tiene su origen en algún rito sagrado y
ceremonial –los juegos con balones reproducen la lucha de los
dioses por la posesión del sol, los juegos de tablero vienen de
ritos de adivinación o de guerra–. Por su parte, todo acto sagrado resulta de la conjunción del mito –lo que se cuenta– y el
rito –establecido por una escena, su representación–. En definitiva, todo juego es un acto sagrado al que le han sustraído
cualquiera de esas dos características: bien el mito o bien el
rito. En el juego, el mito se reduce sólo a palabras pactadas y
el rito a simples acciones de recreo. Ello quiere decir que en el
juego lo sagrado es reconducido, por medio de una profanación, a un ámbito cotidiano, mundano, que no le era propio.
Pero ello no indica que lo sagrado quede abolido, sino mo-
mentáneamente desviado, porque –y es éste uno de los puntos
a los que queríamos llegar– el *residuo* de lo sagrado es im-
borrable, no hay método, sistema o dispositivo ni físico ni
simbólico que pueda reciclar del todo tal residuo de sacra-
lidad. Por eso también, en el ámbito de las artes, carece
de fundamento la idea –tan apocalíptica– de que la fusión de
ideas o mezcla de géneros lleva a éstos a la desaparición; todo
lo contrario, los hace más presentes, los refuerza.

Trasladando lo sagrado religioso al ámbito de lo «sagrado contemporáneo», el juego violenta espacios del derecho,
de la economía, de las artes, de la literatura, de la guerra e

incluso de las ciencias. Cuando un niño juega con una escopeta de plástico no hace sino profanar lo que de deidad posee aniquilar al enemigo en un campo de batalla; cuando un niño destroza o viste con ropas una muñeca no hace sino profanar lo que de deidad posee hoy el cuerpo, con toda su tecnología asociada –lifting, bótox, moda–, cuando un niño juega a los médicos no hace sino profanar la cronología inherente a la sexualidad así como lo que de esotérico lleva asociada la práctica médica –el médico como gran sanador, mago enviado por los dioses a la Tierra–, cuando en la calle un niño juega a comprar y vender trastos que encuentra por su casa no hace sino profanar lo que de sagrado hay en los sistemas de mercado –nótese la diferencia que a efectos de símbolo, y por lo tanto de permisividad legal, ofrecen un mercadillo montado por niños y el llamado *top manta*–, cuando el niño utiliza la bañera para hacer una hoguera profana lo que de sagrado posee el concepto moderno de usos de una vivienda.

Generalmente, las profanaciones se llevan a cabo cuando un sistema religioso se percibe bien como opresivo o bien como falso. Conviene recordar que secularizar y profanar son acciones distintas. La secularización lo único que hace es trasladar un poder de orden divino a otro poder de orden mundano, así ocurre cuando la idea de Dios es trasladada a la idea de monarca, de soberano o incluso de parlamento democráticamente elegido, el cual simplemente reubica la monarquía celeste en el poder terrestre. Por el contrario, profanar implica que el aura de lo sagrado queda neutralizada, lo sagrado se restituye *realmente* al uso humano. Dicho en otras palabras: la secularización mantiene los mecanismos de poder –se elimina el intérprete pero no la partitura, se elimina el sistema concreto pero no la estructura–, y la profanación los anula.

Pero si afinamos un poco comprobamos que en el acto de profanación no se elimina del todo lo sagrado. Se trata de una ambigüedad inherente a los mecanismos que actúan tanto en la profanación como en su inversa, la consagración. El objeto que pasa de un lugar a otro ha de «pagar», mejor dicho, ha de dejar algo en prenda; ¿el qué?: un *residuo* de aquello que fue, un residuo que nos informa de su anterior naturaleza, y que ya siempre lo acompañará. Y es ese residuo lo que aquí nos interesará, con independencia de que determinadas culturas consideren al residuo un bien noble o un bien abyecto. En efecto, existe un residuo de lo profano en cada cosa consagrada y asimismo existe un residuo sagrado en cada cosa profanada. Lo que es separado de los usos humanos para entrar en lo sagrado conserva algo de aquellos usos terrestres, y lo que es separado de lo sagrado para entrar en lo humano conserva algo de lo sagrado. De este modo, el mecanismo de la profanación es un sistema formado por dos polos ineliminables, dos *puntos atractores* en los que el objeto a profanar –o, según el caso, a consagrar–, no recibe totalmente la supuesta nueva identidad sino que se mueve incesantemente entre esos dos puntos. No los toca pero tampoco se aleja totalmente de ellos; un movimiento que metafóricamente podríamos asimilar al de un objeto sujeto a lo que se define como *caos determinista*. De ahí que la profanación –o en su caso la consagración– tenga mucho que ver con la seducción: dos o más entidades interpretan un juego de atracción y repulsión en el que, sin llegar a tocarse, intervienen agentes, herramientas de transmisión de información específica, como la mirada, el tacto, el olfato, los textos, los signos, etcétera. Por su parte, el *residuo* generado en cualquiera de los dos mecanismos de paso –profanación o consagración–, es lo que da cuenta de la irreversibilidad de ese proceso y del valor de los futuros reciclajes a los que podrán estar sometidos esos residuos simbólicos. Por mucho que un niño juegue a usar un fusil como guitarra eléctrica, por mucho que ese juego desactive lo que de sagrado hay en la guerra, por mucho que el niño se apropie de ese valor para resignificarlo y revalorizarlo en otro contexto, el fusil conserva algo de la sacralización que le es consustancial a la lucha cruenta; no en vano, si le proporcionamos una bala, realmente podría usarlo para disparar. Y tal cosa que se conserva es lo que en otro lugar hemos llama-

do una «constante del proceso», constante que resulta fundamental a la hora de analizar qué es el fragmentarismo o por
qué –por ser inaprensible para un cerebro– no es posible la
existencia de una obra ni literaria ni artística «absolutamente
fragmentada». En efecto, todo proceso –y toda obra es, por
definición y antes que nada, un proceso–, además del cambio
que lo define como tal requiere de *una constante*, algo que se
mantenga en el espacio y en el tiempo, y esa constante es el
residuo –de lo sagrado o de lo humano según el caso– al que
nos estamos refiriendo. Un caso particular, y en una versión
aparentemente prosaica, es el problema del cotidiano reciclaje de las basuras que generamos, que no pueden ser reconver-
tidas totalmente. No se trata de una imposibilidad técnica,
sino de otra de orden lógico y, en último extremo, sagrado
–aunque estemos aquí ante una «religión laica»–. Los problemas de orden religioso que presentan los reciclajes físicos se
aprecian perfectamente en el caso más extremo, aún no resuelto, de nuestras propias heces: al mismo tiempo que son el
más común residuo humano se hallan totalmente separadas y
ocultas al orden humano, y para las cuales no hay máquina
sacrificial a través de la cual pueda ejercerse una profanación
a fin de romper el tabú del cuerpo como receptáculo de pure-
za y paradigma de higiene. Esta imposibilidad de profanación
de las heces humanas es lo que provoca que siempre que se
ensayen intentos, sean por la vía de lo paródico, lo cómico o
la broma deliberadamente codificada como soez. Hay en
nuestras heces una arqueología, un eco de lo que somos
–como en los genes–, cuya manipulación nos asusta, eco al
que por ello tratamos como a una deidad. El valor de la conocida *Mierda de artista* (Piero Manzoni, 1961), radica precisamente en eso, haber creado una plausible simulación de reciclaje de las heces humanas en objeto artístico, sin mostrarlas.
Para la alquimia, el oro y las heces se insertaban en la misma
cadena paternofilial: el uno se conseguía mediante sucesivas
transubstanciaciones de la otra, y viceversa. Hoy podemos
decir que no era el oro lo que se hallaba en el extremo final de
la cadena filial que parte de las heces, sino los genes, los cua-

les, so pena de castigo o juicio moral, no pueden ser manipulados ni por lo tanto reciclados.

Que la utilización de los residuos hace tiempo que entró en el marco de las prácticas creativas nos lo recuerda Eloy Fernández Porta en *Estética del relato posmoderno* (Universitat Pompeu Fabra, 2011), donde en un glosario de términos cita la voz *residua* en referencia a la traducción que de la misma propone Félix de Azúa cuando éste habla del libro de relatos de Samuel Beckett, *Têtes-mortes*. Azúa aclara que la procedencia no es otra que el término con el que los alquimistas denominaban a los residuos inutilizables en sus manipulaciones. Más adelante Porta nos dice: «la concepción de la *residua* se sitúa en el marco de la confusión voluntaria que el posmodernismo sitúa en el centro de la exigencia moderna de selección de materiales del relato, imponiendo un vaivén entre la parte y el todo, el resto y la esencia, en el que la premisa, según César Aira en *Cecil Taylor* es: *¿Quién se jactaría de saber lo que es un resto, y de poder diferenciarlo de lo contrario? Nadie que escriba, por lo menos*». Es decir, el relato contemporáneo es también heredero de ese particular modo de uso de los residuos, productos de profanaciones varias: barajados entre otras partes que en la obra tienen vocación de verdadera originalidad y de «creación desde la nada», redefinirlos como parte activa y esencial. Un ejemplo de radical y original reutilización de los residuos puede ser el poemario *Tópo* (Amargord, 2016), de David Trashumante, quien plantea su poemario como la reunión de dos componentes: los versos, todos ellos numerados, que salva tras la selección de sus diferentes borradores de trabajo, y los espacios en blanco correspondientes a los versos que estando en el borrador original finalmente descartó. El silencio, el espacio en blanco (y también numerado como los versos salvados y presentes), entra en juego como verdadero residuo, «mancha blanca» de lo que existió, al punto de que la lectura puede ser también la inversa: los versos salvados son el residuo de los borrados, de los eliminados, hoy convertidos en primigenio espacio en blanco.

30

35

```
[...] come el    tiempo        carne de
hormiga          Despieza el   aire el
reloj del        topo          Raja el
amanecer el      perdido
/ / no hay nada que de vida a sus retinas / / [...]
```
40

45

```
[...] sutura     una cuadra             repleta de
insectos         Huele el               aire a
estiércol de     cantos         /       cadáveres Los
buitres los      circundan con          sus órbitas
```
50

1.3 LA MUSEÍSTICA COMO RELIGIÓN

Jean Baudrillard, y a través de ese sistema de verdadera sociología ficción que nos dejó, tenía razón cuando en *Las estrategias fatales*, decía que en la actual sociedad de consumo
el principio de dialéctica de contrarios ha desaparecido, así,
ante lo feo no buscamos lo bello sino que buscamos lo más
feo que lo feo: lo monstruoso. Tampoco enfrentaremos lo
visible a lo oculto, sino que buscaremos lo más oculto que
lo oculto: el secreto. Ni buscamos oponer el mal al bien, sino
que buscamos lo más bueno que lo bueno: lo paradisíaco.
Ni diferenciaremos lo verdadero de lo falso, sino que (y aquí
Baudrillard se erige en profeta de la «posverdad») buscare-

mos lo más falso que lo falso: la ilusión y la apariencia. Cuando Baudrillard escribió esas notas, mediados de los años ochenta del siglo XX, el mecanismo de progreso y avance del tiempo a través de la dialéctica por oponentes que dan lugar a un tercer elemento, había dejado pues ya de operar como energía de producción de deseo y de movimiento, para dejar paso a lo que hemos llamado una realimentación positiva; diríamos que «infinitamente positiva». Respecto a esta actualidad de «tiempos sin dialéctica», y en contra de lo que han señalado algunos teóricos como por ejemplo Paul Virilio, no es la velocidad lo que entra en juego, sino la aceleración: no es nuestra contemporaneidad un sistema animado por el concepto de la velocidad –pues adviértase que la velocidad es una magnitud que por sí misma nada significa, decir velocidad 0 es equivalente a velocidad 1.000 en tanto siempre es posible elegir un sistema de referencia en el cual el valor 1.000 tome valor 0, y viceversa–, sino que, por el contrario, lo que nos caracteriza es la aceleración, el ímpetu que va ganando velocidad a medida que pasa el tiempo y al que salvo en casos muy puntuales y radicales –por ejemplo el azar inverso antes definido–, resulta imposible oponerse ya que con esa aceleración aparece el concepto de fuerza o, mejor dicho, de campo, de acción. Se trata de un proceso acelerado que no es infinito pero sí *tiende a infinito*, lo que provoca que en la práctica lo ocupe todo, rellene todo el espacio disponible: el mapa, los símbolos colectivos, los símbolos privados, las costumbres, el lenguaje, la sexualidad, etc. Pero ¿qué es exactamente *esa cosa* que, acelerada, lo ocupa todo? ¿Acaso el capitalismo? Parecería ser ésa la respuesta obvia, pero no nos precipitemos extrayendo tan pronto y a secas el comodín del demonio del capital; para responder remontémonos un poco en el tiempo.

En *El capitalismo como religión*, texto póstumo de Benjamin, el pensador alemán da cuenta de cómo el capitalismo no es únicamente una secularización de la religión –al modo en que lo teorizó Weber en *La ética protestante y el espíritu del capitalismo*–, no es únicamente un simple cambio de personajes en una misma función teatral –poner dinero y mercado en el lugar de Dios–, no es simplemente un cambio de actores que deja inalterables las estructuras, sino que el capitalismo es una religión en sí misma. Además –y ésta es su radical novedad–, al contrario de las religiones conocidas, nada se escapa a su expansión, lo ocupa todo, de lo micro a lo macro. Según Benjamin, la religión llamada «capitalismo» viene definida por al menos tres rasgos: 1) todo en ella tiene sentido si y sólo si se practica el culto, por lo tanto es una religión cultural. 2) El culto, por medio del trabajo, se lleva a cabo a tiempo completo pues todos los días son días de «fiesta» –fiesta capitalista–, y así la vida es un único e interrumpido día festivo y todos los fieles asisten diariamente al culto; pensemos no sólo en el trabajo diario sino en las vacaciones o el ocio, que hace mucho tiempo que equivalen a «trabajar para otros». 3) El culto capitalista no sirve para expiar culpa alguna, no hay salvación posible, no se resuelve en una dialéctica, es permanentemente culpabilizante. «El capitalismo es tal vez el único caso de culto no expiatorio, sino culpabilizante», dice concretamente Benjamin. La culpa se vuelve así universal y lejos de no existir Dios o de, como comúnmente se afirma, haber matado a Dios, lo que el capitalismo ha hecho es incorporarlo a nuestro propio destino a través del religioso sentimiento de una perpetua culpa. El capitalismo no aspira a redención alguna sino al permanente dedo acusador, no aspira a transformar el mundo sino a destruirlo, afirma más tarde Benjamin. Según esto, funciona en Benjamin la idea de que al capitalismo, al no oponer la redención a la culpa, al carecer de mecanismos de dialéctica, no le es posible construir mundo nuevo alguno; tan sólo produce destrucción. El texto de Benjamin data de 1920 pero, sorprendentemente, y leído en términos de pensamiento posmodernista de finales del siglo XX, posee como sustancia aquello que antes hemos citado: el capitalismo crece sin parar, sin dialéctica posible, del mismo modo que ocurría con ciertos pares de estados pulsionales: si no hay dialéctica posible, a lo feo no le opondremos lo bello, ni a lo bello le opondremos lo feo, sino que buscaremos lo más feo que lo feo y lo más bello que lo bello, un sistema no dotado de velocidad constante sino que, *acelerado,* lo ocupa todo al mismo tiempo que separa a las cosas de sí mismas. Y aquí separar quiere decir algo así como: «tú ya no eres tú sino tu valor en un mercado, tú ya estás separado de ti mismo». En términos marxistas, se diría que se ha perdido el *valor de uso* de las cosas y sólo queda el *valor de cambio.* Así, el sacrificio, que como hemos visto separaba lo *sagrado* de lo *profano,* queda imposibilitado en el capitalismo por ausencia de uno de esos dos elementos: el profano. Bien puede verse esto como una profanación absoluta, en la que nada queda de sagrado, o bien puede verse de manera inversa, como una sacralización absoluta del dinero en la que nada queda de profano. En cualquier caso el resultado es el mismo: extrapolando los argumentos de Benjamin, en ninguno de esos dos procesos hay lugar para los *residuos* tal como aquí los venimos definiendo, ninguno genera el rastro que permanece en la transformación de lo sagrado a lo profano o viceversa. No existe en el proceso el elemento constante que es necesario para que se dé en él una real transformación.

De ser cierta esta inexistencia de residuos en el capitalismo, ello conllevaría dos corolarios: por una parte, en los objetos y en los sujetos sólo hay una colosal identidad de sí mismos, no hay *estado mezcla* ni eco ni recuerdo del estatus anterior, y, por otra parte, al no haber residuos, lógicamente, nada hay que reciclar. En definitiva, todo *uso* se vuelve imposible porque todo es *consumo.* O más concretamente: el *uso,* esa actividad que le es propia a un objeto por el mero hecho de ser utilizado, desaparece en virtud de su *consumo,* el producto se consume en el sentido estricto de la palabra: se extingue *totalmente,* no puede ser ya usado más veces, y si no puede ser usado más veces no se puede ejercer en él profanación alguna, no se puede desviar su uso. En suma: *no se puede hacer un acto de apropiacionismo mediante el cual el objeto sea reconducido desde su carácter sagrado hasta el profano o viceversa.* Como si el niño no pudiera jugar a desviar el uso habitual de un fusil porque el fusil es una mercancía que nada más tenerla en sus manos fijase su uso como arma definitivamente y para siempre.

Todo lo que *no puede ser usado* se reconvierte así en objeto de *consumo*, sí, pero existe otra posibilidad: que ese objeto que no puede ser usado se convierta en intocable objeto de exhibición, en distancia absoluta, en Museo, o lo que es lo mismo, en Ruina normativamente construida. Por poner evidentes ejemplos de Ruina, pensemos en el Louvre, en Las Vegas, en el mantenimiento hoy del campo de Auschwitz y sus visitas guiadas, espectáculos que no pueden ser *usados*, sólo exhibidos, porque son colosales manifestaciones de lo sagrado. En pocas palabras, son museos, y el museo es hoy lo improfanable, es lo «sagrado absoluto», intocable en su espectacularidad. En lo que en los años ochenta y noventa del siglo pasado se dio en llamar posmodernismo, pueden distinguirse dos subclases: el *posmodernismo apolíneo*, sirviente del mercado y por lo tanto de sus diferentes clases de Ruinas (su imagen del mundo era el puro *consumo*), y el *posmodernismo dionisíaco*, encaminado a desmontar al otro por medio de dispositivos como la ironía o la parodia (su imagen del mundo era el *uso* de las cosas). Como ya hemos señalado, estos últimos dispositivos posmodernistas dieron sus frutos político-estéticos pero llegaron a su límite de lo decible recién comenzado el siglo XXI porque surgió la pregunta obvia: una vez que mediante la ironía y la parodia hemos puesto en evidencia la inanición del capitalismo en su versión posmoderna apolínea, una vez has desmontado su máscara del *consumo* desde todos los ángulos posibles de visión, ¿ahora qué?, ¿qué haces con ese rostro tan totalizador como ya desnudo? No hubo en aquel momento, finales del siglo XX, respuesta; mejor dicho, los pensadores y artistas occidentales no tuvieron que pensar mucho la respuesta porque ésta, desgraciadamente y de improviso, vino de muy lejos rompiendo de violentísima manera todas las reglas tácita y explícita-

mente establecidas: el 11-S, reverso espectacular de lo espectacular postulado por el capitalismo, reverso en el que
el *uso* de la propia materialidad de las cosas impone de
manera absoluta y radical su *consumo*, acontecimiento
que inaugura simbólica y trágicamente el siglo XXI, y cuya
característica definitoria o singularidad no es, como suele
decirse, la destrucción masiva de miles de personas con herramientas de juguetería –esto ya había ocurrido antes en
innumerables ocasiones–, sino la inauguración de un siglo
con un suicidio colectivo, el post-posmoderno suicidio de
las pocas personas –pero millones en potencia– que pilota-
ban las aeronaves. Una extrema profanación del capitalismo, llevando así a éste a un ámbito desconocido: desactivar su carácter de religión absoluta, pero para fundar otra
aún más absoluta (Al-Qaeda, Isis). Digamos que, en el ámbito político, el 11-S es el acto apropiacionista más radical
de la era moderna puesto al servicio del verdadero eje del
mal: un niño juega con el avión y desvía su uso en forma de
generador de masacres. La novedad es que el niño, contraviniendo todo elemental instinto de supervivencia, en ese
desvío se inmola, muere por voluntad propia.

Tal fundación del siglo XXI como la síntesis de una lucha en la que ninguna de las dos partes gana –muerte de
miles de inocentes por un lado y suicidio de terroristas por
el otro–, es un asunto que excede estas páginas pero ha
sido explorado por Franco «Bifo» Berardi en *Heroes: Mass
Murder and Suicide* (Verso, 2015), o en *The Uprising: On
Poetry and Finance* (Semiotext(e), 2012), quien aborda sus
consecuencias en Occidente como una actitud, un estado
de ánimo, extendido hoy a otros muchos planos sociales,
en forma de discursos depresivos y apocalípticos, cargados
de fatum y sin otra aparente solución que el suicidio; pensemos que en los últimos dieciocho años la industria médica y la farmacéutica han definido más enfermedades que
las que fueron definidas en todo el siglo XX, la mayor parte
de ellas carente de cura por ser sencillamente constitutivas
del vivir; con ellas aparece un incremento exponencial de

venta de medicamentos destinados a modificar los estados de ánimo –cirugía estética del estado de ánimo.

1.4 AMPLIACIÓN DEL CAMPO SEMÁNTICO DEL OBJETO, APROPIACIÓN

Afinemos un poco más la mecánica del proceso de profanación. Hemos dicho que el *uso* es aquello que no *consume* las cosas, las deja intactas y, sin gasto de las mismas, siempre disponibles para ser de nuevo usadas, de modo que el «puro uso» de un objeto, y ya sea éste un objeto material o intelectual, es un imposible, sólo entendible como límite metafísico. En otras palabras: en mayor o menor medida siempre hay consumo. Parecería evidente, pues, que si el consumo existe en todo uso, las cosas tarde o temprano se extinguirán, se consumirán. Pero no necesariamente, o al menos el implacable mecanismo físico y simbólico de la extinción puede reconducirse mediante el apropiacionismo. Porque cuando se lleva a cabo un acto apropiacionista, lo que se está haciendo no es consumir o agotar el modelo original, sino profanar su uso esperado y, en la operación que supone traerlo al mundo de los mortales, serle *sumado* al objeto un nuevo uso, un plus que se superpondrá al preexistente. Dicho de otro modo: *la profanación –la apropiación– no destruye el original, sino que le añade significados, amplía el campo semántico del objeto*, construye nuevos estados y modos de comportamiento del mismo, de tal modo que podría decirse que no hay obra o creación, ya sea artística o científica, y ya sea experimental o teórica, que pueda llevarse a cabo sin esa profanación que en mayor o menor grado es la puesta en práctica del concepto mismo del uso y del consumo de las cosas con intenciones creativas. Y es éste otro de los lugares a los que queríamos llegar. La relectura o reinterpretación de una obra anterior *no la destruye, sino que le adhiere –mejor dicho, le infiltra– una capa más de significados*. Ni la obra es un original inviolable –como decía el mito del Romanticismo–, ni tampoco la obra es un simple eslabón susceptible de ser infinitamente reproducido sin modificación –como decía el mito del pop–. Así, el objeto, la obra, pivota, como mínimo, entre dos puntos, se mueve incesantemente, sin fijar su significado de manera «pura». Estos dos puntos son el *nuevo sentido* que le es dado por la operación misma de la apropiación, y el *residuo* que permanece del estado anterior y que, como hemos dicho, siempre ha de existir como *constante* del proceso, constante necesaria para que la profanación conserve su lógica interna, su mecanismo constitutivo de trabajo útil y real, el «nudo de lo real». Y es éste un proceso en el que necesariamente interviene la violencia estética. Cuando un ángel se convierte en ángel caído, algo conserva de su fase de ángel; ése es el *residuo* con el que el demonio ha de cargar. Cuando un niño se apropia de una botella de lejía vacía para, profanando la histérica cultura de la seguridad y del riesgo de materiales tóxicos, convertirla en balón de fútbol, tal improvisado balón conserva algo de su estado de botella tóxica –no en vano, eventuales gotas de lejía pueden desteñirle el pantalón o dejarle ciego–. Cuando Pierre Menard, de la mano de Borges, rescribe palabra por palabra dos capítulos de *El Quijote* y afirma que esa reescritura es más rica que la original de Cervantes, tal apropiacionismo profana el canon y crea un objeto nuevo, sí, pero, obviamente, conserva algo de *El Quijote* original como residuo de la transformación, canonizando al original aún más. Queda claro aquí que la palabra *residuo* posee pues una connotación doblemente activa: testimonial en tanto informa del origen, y netamente creadora en tanto sin él no podría producirse la obra nueva. En el acto inverso, la consagración, también se generan residuos, pero de ello no vamos a ocuparnos ahora.

Lo que se está poniendo aquí de manifiesto es que el libre uso de las cosas no las destruye, sino todo lo contrario. Negar la legitimidad de la apropiación transfiere el uso de las cosas a una «propiedad» exclusiva, sacralizada, que al instante se convierte en *derecho*. El derecho, visto de este modo, es una imposición de orden moral, verdad revelada y religiosa que será maquillada de sentido común. El *uso* es pues algo que se declara imposibilitado en cuanto a la ostentación de un derecho exclusivo sobre un objeto, sí, pero imprescindible en cuanto a flujo y transformación de materiales que, en último extremo, pueden tratarse como transformaciones continuas de formas en un espacio: transformaciones topológicas. Ésa y no otra es la diferencia clásica entre comprar y crear; lo primero no profana, lo segundo sí.

En el opúsculo, *Contra la originalidad* (La Tumbona, 2008), de Jonathan Lethem, cuya aparición original fue en *Harper's Magazine*, 2007, con el título, «The ecstasy of influence: a plagiarism», el autor dice:

> Una época está definida no tanto por las ideas que se discuten como por las ideas que se dan por sentadas. El carácter de una época pende de lo que no precisa defensa. A este respecto, pocos de nosotros cuestionamos la construcción contemporánea de los derechos de autor. Se la considera una ley, tanto en el sentido de ser un absoluto moral reconocido universalmente, como de ser algo inherente al mundo por naturaleza (como la ley de gravedad). De hecho, no es ni una ni otra. Más bien, el derecho de autor es una negociación social constante, forjada tenazmente, revisada infinidad de veces e imperfecta en cada una de sus encarnaciones.

Y más adelante:

> Cualquier texto está hilvanado por entero con citas, referencias, ecos y lenguajes culturales que lo atraviesan de ida y vuelta en una inmensa estereofonía. Las citas que terminan componiendo un texto son anónimas, no se pueden rastrear y, sin embargo, ya han sido leídas; son citas sin comillas. El alma, la semilla –vayamos más atrás y digamos la sustancia, el bulto, la materia palpitante y valiosa de todas las enunciaciones hu-

manas–, es plagio. Pues, en esencia, todas las ideas son de segunda mano, tomadas consciente o inconscientemente de millones de fuentes externas, y usadas a diario por el recolector con el orgullo y la satisfacción que nace de la falsa creencia según la cual fue él quien las originó; mientras que no queda en ellas ni un rastro de originalidad, salvo por la mínima decoloración que sufren según su calibre mental y moral, según el temperamento que refleja su fraseo. Lo viejo y lo nuevo son la trama y urdimbre de cada momento. No hay una hebra que no sea la trenza de estos dos hilos. Por necesidad, por inclinación, por deleite, todos citamos. Estudios neurológicos han mostrado que la memoria, la imaginación y la conciencia misma son una trama, un telar, un pastiche. Si nos cortamos y pegamos a nosotros mismos, ¿no podríamos perdonarlo en nuestras obras de arte?

En el anexo final Jonathan Lethem nos revela que este libro está compuesto íntegramente con fragmentos de otros autores, armados en su texto como un *continuum*. La primera de las que aquí hemos reproducido la extrajo de *El futuro de las ideas*, de Lessig. La segunda es, a su vez, la unión de un texto de Barthes, Mark Twain (de una carta que Twain envió a Helen Keller cuando ésta fue acusada hasta la extenuación de plagio), y Ralph Waldo Emerson.

Sobra toda explicación.

Si acaso un símil: somos seres tropicales, por eso necesitamos vestirnos. Nuestro hábitat natural es el Trópico. Sobrevivimos en otras latitudes imitando a criaturas más fuertes, los animales salvajes, por eso hubo un día en que los cazamos y vestimos sus pieles. En apenas un segundo dimos un salto evolutivo para el que uno de aquellos animales hubiera empleado miles de años. Tal fue nuestro primordial acto apropiacionista: sobrevivir imitando al fuerte.

1.5 RUINA (MUSEIFICACIÓN DEL MUNDO)

Definición: a todo objeto producto de la museificación le llamamos *ruina*. De algún modo ya lo hemos apuntado: ruina es aquello intocable, absolutamente separado del uso, puro espectáculo u objeto extrañado, y que además produce una nostalgia de un origen impoluto, incontaminado. Toda época, en mayor o menor medida, genera sus ruinas.

Matizando la idea en la que Benjamin definía al capitalismo como religión, la imposibilidad de profanación no tiene hoy su lugar paradigmático en el capitalista consumo de bienes sino en el Museo o la museificación del mundo. En efecto, la museificación es un fenómeno extendido de un lado a otro del Planeta. Es el museo lo que, por medio del mito, y vía el derecho –en pocos espacios públicos se concitan tantas normas como en los museos y, por extensión, en los espacios museificados– habla de la imposibilidad del uso de las cosas, la imposibilidad de su profanación. La museificación contiene lo que podemos llamar lo espectacular en sentido estricto, objeto intocable, objeto no sólo sacralizado sino absolutamente sacralizado. Museo es, obviamente, el receptáculo o espacio al que comúnmente llamamos *museo*, pero también museo son las Olimpiadas, ciudades como Venecia, las visitas guiadas a la NASA, la red de Parques Naturales y su retórica del buen uso de la naturaleza, el concepto de Nación extendido a los nacionalismos excluyentes (cuando se identifica con Patria), el cuerpo como receptáculo de eterna salud, los diferentes cánones artísticos y literarios, y, en general, todo aquello que no se *presenta* sino que se *representa,* y que cobra quizá su más evidente expresión en las diferentes representaciones folclóricas locales: vías muertas. Museo es la exposición sin posibilidad a ser experimentada, transformada; o aquella que, en caso de permitirse, ha de hacerse bajo inflexibles normas preestablecidas. Esto tiene otro de sus exponentes en el lenguaje, o en las manipulaciones permitidas/no permitidas del propio cuerpo; está permitido ejercer en el cuerpo profanaciones de orden estético pero no están permitidas las profanaciones con nicotina, o está permitido matarse ejerciendo el rol de piloto de Fórmula 1 –muerte que de manera automática convierte al fallecido en héroe–, pero no está permitido prescindir del cinturón de seguridad en el coche. Se trata de sacralizaciones de orden museístico, mejor dicho, de lo que antes hemos definido como procesos de secularización, que trasladan directamente a la cotidianidad estructuras propias del ámbito divino. Pueden ser objeto de profanación, sí, pero esa posibilidad se halla prácticamente desactivada; de ahí que del capitalismo como religión absoluta definido por Benjamin haya hoy que pasar a la *museística como religión absoluta*. Como consecuencia lógica de esta museística, todo ha de ser conservado tal cual es –tal como lo defina la norma–. Nada ha de verse contaminado. Siendo así, lógicamente, no es admitido el apropiacionismo por cuanto éste genera un residuo, y todo residuo, como sabemos, le resulta insoportable a la museística. Pocas cosas más limpias hay que una Ruina.

La realidad de los museos es la realidad re-presentada, y es por ello que por poco que nos distanciemos del museo, éste siempre nos produce un efecto ridículo. Para la contemplación de la realidad ya está la propia realidad, no hace falta volver a verla ni a re-presentarla, adquiriendo así la realidad un efecto de repetición propio de lo cómico o de la pesadilla. De ahí que a todos nos resulte ridículo vernos en una filmación hecha con cámara oculta, u oír nuestra voz en una grabación realizada sin previo aviso. Si a esa realidad no se le da un giro de ficción, de montaje, un meta-argumento que lo desvíe de su pura realidad, no funciona. La videovigilancia es uno de los casos más extremos de museización de la realidad; de hecho, bien vista, la videovigilancia trata de aportar un *aura* a aquello que no la tiene –caso paradigmático, *Gran Hermano*–. De ahí que el género documental necesite de explicaciones previas no sólo para ser entendido sino aceptado, o de ahí que el teatro se represente en un escenario creado ad hoc, o de ahí que creamos que los informes políticos para ser definidos como tales realmente debieran informar en vez de reproducir lo ya sabido. De sobra sabemos que sin la escenificación de la realidad, sin un pacto expositor-espectador que, en suma, genere ficción, no es posible crear un efecto de realidad en lo que se presenta; de lo contrario, sólo se re-presenta. La museística ha conseguido crear ese efecto de realidad pero de manera absoluta, ha conseguido hacernos creer que en esa realidad las cosas realmente se presentan, y lo ha hecho de manera absoluta, de modo que desaparece el pacto espectador-expositor, y como tal, la imposibilidad de violarlo o profanarlo.

Del mismo modo que, como hemos suficientemente apuntado, profanar no es eliminar todo rastro de lo sagrado que fue, sino darle otro uso –potenciándose en esta operación incluso las virtudes sagradas del estadio pasado–, apropiarse para dar otro uso no sólo no elimina la autoría del original, que siempre es de aquel que lo produjo, sino que el original se ve ensalzado y revalorizado por la misma operación de apropiación y transformación. En el resultado de la profanación resplandece la virtud del original, la capacidad de generar nuevas lecturas.

Veamos tres ejemplos –uno ya citado anteriormente, pero reforzado bajo esta nueva perspectiva– de profanaciones de muy diferentes ámbitos e intenciones; profanaciones en cuyos residuos resplandece el original.

1) El artista holandés Martijn Hendriks toma la película *Los pájaros*, de Hitchcock, y elimina de todas las escenas a los pájaros para crear su obra, *Give us Today our Daily Terror*, 2008. Concibe una gran escena de 109 minutos de terror descontextualizado y múltiples planos de lectura, en la que la ambición de la película del maestro del suspense no desaparece, antes al contrario, permanece como residuo de la digestión: hace ver sus potencias, que son usadas aquí para crear la experiencia de la fantasmagoría sin soporte físico real, sin pájaros, lo cual Hendriks insinúa como experiencia cognitiva de la contemporaneidad.

2) En 2011, la modelo egipcia, Yasmine Mohsen fue re-
prendida seriamente por las autoridades de su país por utilizar el velo como material de pasarela. El argumento de los
censores fue que se negaban a que esa pieza de algodón se
convirtiera en objeto de algo tan poco serio como la moda.
Yasmine Mohsen desvía el uso, profana, se apropia del *velo*
y lo redefine como *pañuelo;* el lenguaje no es inocente, velo
no es lo mismo que pañuelo. Pero, aún en la redefinición,
queda una constante, un residuo del estado religioso, de ahí
la protesta de las autoridades, que alcanza un carácter dogmático. La profanación lleva como consecuencia un sacrificio a costa del prestigio y el buen nombre de la modelo,
quien ha tenido serias dificultades para continuar con su
actividad profesional. La moda se presta especialmente a tales profanaciones, como el conocido desfile de David Delfín
en que usó los burkas como prendas, inspirándose en obras
surrealistas que muestran a personajes con la cabeza tapada,
como *Los amantes* de Magritte, y que constituiría pues una
profanación del amor profano.

Por último, en el ámbito de la Historia/épica de las ciencias:

3) A principios de junio de 1924 un jovencísimo Werner
Heisenberg sufre un ataque de fiebre del heno. A fin de curarse decide pasar diez días en la solitaria y rocosa isla de
Helgoland, mar Báltico, donde, a falta de plantas, con total
seguridad estará a salvo del polen que le activa la fiebre. Se
traslada con libros de física, abundantes notas que durante
aquel año había ido desarrollando por su cuenta y un libro
de Goethe. Heisenberg se concentra entonces en los problemas de física atómica que en aquellos años preocupan a la
comunidad científica internacional. Aún hoy no está claro
qué fue lo que ocurrió durante aquellos diez días, pero sí que
una madrugada sufriría una especie de visión en la que quedaría establecida la mecánica cuántica tal como hoy la conocemos, y que él mismo años más tarde dejaría por escrito
en sus *Diálogos:*

Cuando vi que mi desarrollo matemático confirmaba la Ley de Conservación de la Energía, caí en una excitación que me hacía cometer continuos errores al mismo tiempo que proseguía los cálculos. Eran las tres de la madrugada cuando por fin el resultado definitivo estuvo completo ante mis ojos [...] No podía ya tener dudas ni de la corrección matemática ni de la unidad completa de la mecánica cuántica insinuada en mi trabajo [...], quedé profundamente conmocionado, a través de la superficie de los fenómenos atómicos mirábamos hacia un fondo de belleza fascinante, casi perdí el sentido, no podía conciliar el sueño. Por eso, con las primeras luces del alba, salí de la casa y me dirigí a la punta meridional de la isla, donde una roca en forma de torre solitaria que se adentraba en el mar había despertado en mí las ganas de escalarla. Lo hice y esperé sentado en su cima la salida del sol.

Envuelta en esa épica y esa lírica acababa de nacer la Mecánica Cuántica. Heisenberg contaba entonces con veintitrés años de edad. Significativa es la primera frase del extracto: «Cuando vi que mi desarrollo matemático confirmaba la Ley de Conservación de la Energía, caí en una excitación que me hacía cometer continuos errores al mismo tiempo que proseguía los cálculos». El joven físico, a pesar de estar en ese momento profanando toda la física conocida hasta entonces, es fiel a una ley de aquélla, la Ley de Conservación de la Energía, y al respetarla convierte a ésta en *residuo*, en eco activo, recuerdo de lo sagrado que no por ello deja de intervenir de manera decisiva en su nuevo uso. Se apropia de tal Ley, sí, la usa para fines escandalosos y profanatorios, sí, y sin embargo la mantiene como tal, como ley sin la cual toda su mecánica cuántica se vendría abajo.

Todos estos desvíos de lo sagrado, estas apropiaciones, pueden también interpretarse en términos de *errores positivos*.

1.6 APOLOGÍA DEL ERROR

Al principio creemos firmemente en la perfección impuesta por lo sagrado; después nos damos cuenta de que lo importante es el error. En un legendario artículo: *Las estéticas del Error: Tendencias Post-Digitales en la Música Contemporánea por Computador* (Kim Cascone, MIT, 2000), se decía, «el error se ha convertido en una prominente estética en la mayoría de las artes de finales del siglo xx», y se citaba la frase de Colson Whitehead: «son los errores los que guían la evolución, la perfección no ofrece ningún incentivo para el mejoramiento». La Historia está llena de errores positivos. Como se ha dicho, Cristóbal Colón llegó a lo que hoy es América por error. A menudo los escritores cuentan historias como ésta: «estaba escuchando una canción, oí una estrofa magnífica, daría un brazo por haberla escrito yo. Con el tiempo esa frase se transforma en un poema, y además matiza o da forma a un personaje de mi novela. Un día leo el cuadernillo del LP y veo que estaba confundido; el cantante decía otra cosa, algo totalmente distinto».

Uno de los rasgos del proceso creativo consiste en aprovechar intuitivamente los errores en beneficio propio, utilizar lo que está en los márgenes, el ruido, el residuo, como quien afirmase que ha aprendido a leer valiéndose de la mayor biblioteca del mundo: los contenedores de basura, que en los envases vacíos albergan millones de textos. En toda obra de importancia ha de intervenir la anomalía, entendida como las mutaciones aberrantes producidas en una disciplina. Esa anomalía es el error que solemos desechar, la tara, el resto, un extrarradio, pero es ahí donde suele hallarse una de las «cadenas del ADN» de lo que damos en llamar *obra*. Obras maestras derivadas de errores hay muchas, Las Vegas, Nicanor Parra, Sex Pistols, Georges Perec, por ejemplo. Todas ellas fruto de procesos de profanación. La canción, *Perdido En Mi Habitación,* de la banda Mecano, canción exponente del hartazgo vacuamente existencial del típico

«niño o niña bien» española a principios de los años ochenta, escuchada hoy por un consumidor no avisado puede ser
interpretada como un auténtico himno de queja del trabajador en paro. Por el contrario, la reivindicativa canción de
Paco Ibáñez, *Me Lo Decía Mi Abuelito,* poema de José
Agustín Goytisolo, paradigma en los años setenta de movimientos sociales, en boca hoy de una banda desprovista de
ironía se leería como una canción filocapitalista, un canto a
las bondades de los bancos y las transacciones monetarias.
En ambos casos, escuchadas por alguien «no informado»,
se generaría un error que es hallazgo en tanto reconoce la
irreversibilidad de la lectura y el nuevo sentido de un texto.

Un mecanismo generador de «errores positivos» es la citada profanación, el citado *apropiacionismo:* un escritor
extrae un fragmento del manual de instrucciones de una lavadora, y lo inserta tal cual entre dos párrafos de su propia
obra o, da igual, de *El Quijote* (que ya en sí es el Gran Error
de la novela universal). Si ese inserto está bien aplicado, el
lector detecta un cortocircuito (gigantesca elipsis), y el orden
simbólico, canónico y hasta semántico de *El Quijote* salta
por los aires. Por unos instantes el juicio sobre esa nueva
obra queda en suspenso, en un limbo, en un extrarradio de
la literatura propicio a la posibilidad de que de ese acto sur-
ja una nueva poética. En términos de la creación contemporánea, apropiación, error y profanación vienen a significar
lo mismo.

Nuevo land art. Docuficción

2.1 DE CÓMO SUPIMOS HACIA DÓNDE *REALMENTE* SE DIRIGÍA EL ÁNGEL DE LA HISTORIA

La historia es conocida. En 1920 Paul Klee pinta la acuarela *Angelus Novus*.

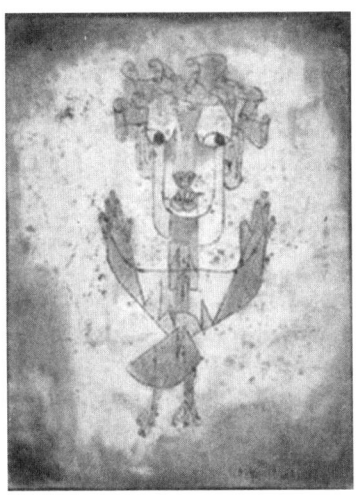

Poco tiempo después, Walter Benjamin, en uno de sus recurrentes paseos urbanos, ve una copia del cuadro, la compra, cada noche lo mira con detenimiento y en una de esas observaciones cree ver en ese ángel al Ángel de la Historia y, por añadidura, la alegoría del momento histórico en el que en aquellas fechas se halla inmerso Occidente: *el progreso* como horizonte último. Tal idea Benjamin la dejó así escrita:

> Hay un cuadro de Klee que se titula *Angelus Novus*. Se ve en él a un ángel, al parecer en el momento de alejarse de algo sobre lo cual clava la mirada. Tiene los ojos desorbitados, la boca abierta y las alas extendidas.
> El Ángel de la Historia también debe tener ese aspecto.
> Su rostro está vuelto hacia el pasado. Tal pasado es para *nosotros* una simple cadena de acontecimientos, pero *él* ve ahí una catástrofe única que arroja a sus pies ruinas tras ruinas, amontonándolas sin cesar. El ángel quisiera detenerse, despertar a los muertos y recomponer todo lo destruido. Pero un huracán sopla desde el paraíso y se arremolina en sus alas, y es tan fuerte que el ángel ya no puede plegarlas. Este huracán lo arrastra irresistiblemente hacia el *futuro*, al cual vuelve las espaldas mientras el cúmulo de ruinas crece ante él hasta el cielo. *Este* huracán es lo que nosotros llamamos *progreso*.

De modo que, según lo interpreta Benjamin, el Ángel de la Historia al mismo tiempo que mira hacia el pasado –hacia las *ruinas* del pasado que van amontonándose ante sus ojos–, es desplazado de espaldas por un huracán hacia un futuro del cual no puede escapar, y que no es otro que el *progreso*. Este párrafo, que durante un siglo ha sido objeto de toda clase de interpretaciones y reutilizaciones, le da a la Historia un eco trágico: el progreso, en una imagen que recuerda a una cabeza de dos rostros opuestos, por muy esperanzador que nos parezca no se halla exento de la contemplación de lo que, destruido, vamos dejando atrás. En la época posmodernista, ese ángel contempla las ruinas y sufrimientos de los pueblos pasados, pero no vierte sobre ellos una mirada compasiva sino que, sin un ápice de mala conciencia, de ahí extrae su bienestar. Lo que a principios del siglo XX era un ángel trágico es a finales de ese mismo siglo un ángel cínico.

Pero cualquiera que tenga conocimientos de aerodinámica sabrá que si el viento –el huracán en el texto de Benjamin– impacta de cara sobre las alas de un pájaro, éste
será elevado y desplazado *en la dirección opuesta a aquella
en la que sopla el viento*, exactamente la contraria a la que
postula Benjamin. Dicho de otra manera, en el cuadro de
Klee el ángel no se desplaza hacia el futuro sino hacia ese
pasado que está observando. Lo que equivale a decir que
El Ángel de la Historia no sólo contempla las ruinas de lo
ya ocurrido sino que va directo, diríamos que de cabeza,
hacia ellas. Tarde o temprano acontecerá una colisión y, si
del Ángel de la Historia estamos hablando, el consecuente
Fin de la Historia. Naturalmente, tal interpretación no resta un ápice de valor a la alegoría de Benjamin, pero sí que
en algunos casos invierte y en otros matiza el sentido de
algunas páginas que a lo largo del siglo xx se han escrito
acerca de ese texto.

Como no sé si este razonamiento habrá quedado suficientemente claro, lo diremos de otra manera, con el esquema de fuerzas del proceso al que se ve sometido el Ángel de la Historia, para ello hay que «rotar» el cuadro y
verlo de perfil:

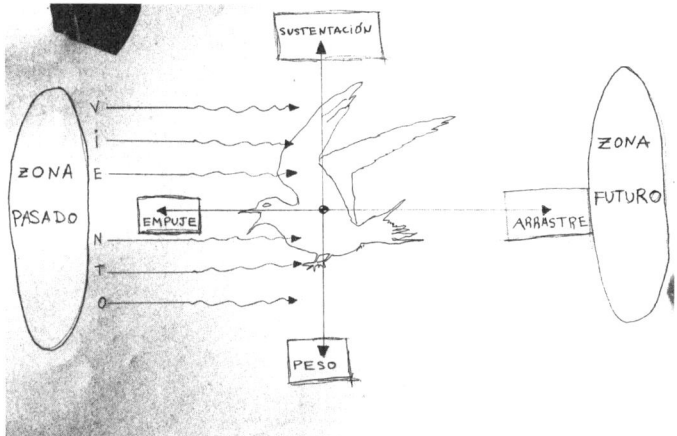

En el dibujo pueden verse todas las componentes aerodinámicas que directamente intervienen sobre cualquier pájaro, cometa o avión, y por lo tanto también sobre el Ángel de la Historia tal como se halla descrito en aquel párrafo de Benjamin, con especial atención a la dirección del viento. El Ángel de la Historia no sólo mira hacia el pasado sino que *también se dirige directamente al pasado* llevado por una fuerza, técnicamente llamada *empuje,* hacia la zona en la que supuestamente se hallan las *ruinas*, y en ningún caso hacia el futuro entendido como *progreso*.

Intentaremos explicarlo con un símil de carácter teatral o cinematográfico, que separamos en tres partes:

1) Cuando en una película, en una teleserie, incluso en un *reality show* de primera generación, los actores beben güisqui, en realidad beben té, y cuando beben ginebra en realidad beben agua. Y el espectador lo sabe. Esto, dependiendo de cada situación en concreto, rebaja el nivel de realidad e incrementa el de simulación de esa realidad. A finales del siglo xx a eso se le llamó posmodernismo.

2) La segunda posibilidad es la misma que la primera, pero de signo contrario: los actores, cuando beben té lo que en verdad están bebiendo es güisqui, cuando beben agua lo que en verdad están bebiendo es ginebra, cuando beben Coca-Cola lo que en realidad están bebiendo es un cubalibre, cuando comen alimentos *bio* en realidad comen productos con grasas *trans*, etcétera. Y en este caso el espectador no lo sabe [o sólo los muy informados lo saben]. Esta inversión respecto al primer caso resulta ser la puerta a lo que podemos llamar *simulación negativa,* propia de una época que se dio en llamar *moderna,* y que como su nombre indica es anterior a la posmoderna.

Demoramos, de momento, la exposición de la tercera posibilidad, que tendrá que ver con la misma noción de *complejidad.*

Lo que diferencia estas dos primeras posturas es una actitud, un *mood,* que es estético y político, y lo importante es que ambas construyen sus correspondientes ruinas. La posmodernista lo hace a través de simulaciones embellecidas, preparadas y sobretematizadas –pensemos por ejemplo en los parques temáticos, que «simulan beber güisqui cuando lo que de verdad beben es té»–, y la segunda mediante simulaciones que juegan con lo abyecto, con una pose que busca llegar al fondo en el que se ocultan todas esas «verdades» que bajo el prisma de la moral tradicional burguesa no son más que material de mal gusto o de deshecho. Dicho de otra manera: la finalidad del posmodernismo fue jugar con la moral tradicional a través de una ironía que pone en juego lo verdadero/falso –apela pues al juego y a la seducción–, y por el contrario, la modernidad trató de embellecer la mugre que, por definición, la moral tradicional desprecia u oculta, y para ello se valió de subculturas que apelaban a valores de carácter esencialista: la fidelidad, la nobleza, lo «auténtico» o la verdad. Ambas actitudes, a través de sus respectivas y antagónicas simulaciones, edificaron su propio concepto de simulación, de *ruina*. Definiremos más adelante y con más precisión qué entendemos por *ruina*, pero digamos ya que entendemos por ello cualquier clase de simulación que se dé en un tiempo y en un espacio, sea ésta de carácter moderno, posmoderno o de cualquier otra época histórica –pensemos, por ejemplo, en la premeditada «falsa ruina» llevada a cabo a principios del siglo xx en la reconstrucción del palacio de Knossos, Creta, o pensemos en las futuras ruinas que el aceleracionismo, en su intento de liberar las fuerzas productivas del mercado neoliberal por medio de una imposible realimentación infinitamente positiva, seguro generará.

La tercera posibilidad, la que faltaba por abordar, es la que aquí más nos interesa, pues, en tanto que actual, es la que nos afecta. Se trata de lo que podemos llamar una pretensión de *escala 1:1*, y podría describirse así: cuando los actores beben güisqui *realmente* están bebiendo güisqui, cuando beben té *realmente* están bebiendo té, cuando beben agua *realmente* están bebiendo agua, y así con todo. No hay afán de simulación sino de mostrar unos hechos. Eso, simple y llanamente, es lo factual, el acontecer a secas, la frase o texto que carece de autor y de adjetivaciones. No faltará quien diga que este caso es simple y llanamente la Realidad o la *verdad*, pero no: *es Lo Real, el conflicto que antes hemos descrito como la interferencia entre las partículas de prueba y las partículas de apantallamiento.* Porque, legítimamente, el espectador duda: si cuando beben agua en realidad beben agua y si cuando beben ginebra en realidad beben ginebra, ¿por qué se me presenta todo ello en modo de película, de representación?, ¿es real entonces lo que veo o es ficción? Esto pone en crisis o problematiza el mismo concepto de representación. Abre un agujero, dibuja una distorsión en la realidad; eso es Lo Real hoy. El momento en el que un acto, un objeto, una idea, se hacen red compleja. Es esta tercera opción un campo por explorar en tanto que en apariencia, e ingenuamente, alguien podría pensar que viene disociado de toda connotación cultural, es decir, que no es una representación, pero en realidad sí lo es por cuanto lo estamos viendo en una pantalla, por cuanto hay ahí ya un filtro. En efecto: si lo que llamamos simulación pactada son cualquiera de las dos primeras opciones, ¿ante qué nos encontramos entonces en este tercer caso? Pues ante aquello a lo que, bajo una nueva lectura del texto de Benjamin, va de cabeza el Ángel de la Historia: los *escombros* del pasado, que no son la *realidad* pues no apelan a una supuesta sustancia prístina sino que son simple y llanamente lo Real, el conflicto del *presente*. Porque el Ángel no va hacia las ruinas del pasado, sino hacia los *escombros* de las ruinas del pasado, hacia lo que, en virtud de la definición de escombro, es lo Real. Y es que aunque en apariencia el escombro pertenezca a un pasado, manso y finiquitado, siempre es presente en conflicto, es pura factualidad, texto que, sin adjetivos, se actualiza en cada instante como una caligrafía imposible de entender completamente; una pretensión de escala 1:1. De modo que las *ruinas* son simulaciones convenientemente embellecidas –juegan con el aumento y la disminución de la escala simbólica–, pero el *escombro*, lo Real, es la escala 1:1

de esas ruinas, de esas simulaciones, lo que las problematiza, y hacia ese escombro es hacia lo que, imparable, se dirige
hoy el Ángel de la Historia. En contra de lo que pensába-
mos, no busca representaciones, ni edificar un futuro, sino
antes que nada, problematizar un presente.

Ruina y *escombro* son, pues, conceptos y realidades dia-
metralmente opuestas. Toda Ruina se aposenta en su correspondiente escombro, problemático y Real. Port Aventura o
Las Vegas, son ruinas posmodernas –cuando beben ginebra
en realidad beben agua–, son embellecimiento del pasado
por medio de la desdramatización, pero ha de haber en ellas
un escombro, una aparente escala 1:1, eso es lo que hoy el
Ángel de la Historia buscaría en ellas: una particular red de
complejidades. O las Ruinas de otra etapa histórica, llamada modernidad, son por ejemplo los monumentos en recuerdo de los asesinados en los campos nazis –monumentos que
bajo la apariencia de que beben agua en realidad beben algo
mucho más serio, ginebra adulterada–, o el uso que se le da
hoy al *Guernica* de Picasso, o las diferentes épicas que de
sangrientos episodios llevan a cabo los Estados modernos,
típicamente ejemplificadas en la construcción de la figura
del héroe; ruinas todas ellas de carácter moderno, embellecimiento de un abyecto pasado. Y también en esas bellas ruinas ha de haber un escombro, una pulsión de escala 1:1 que
a fin de hacer emerger lo Real, la problematización del presente, las despoje de su carácter retórico.

2.2 DOCUFICCIÓN (1)

Al mecanismo por el cual alguien busca el *escombro* de una
ruina para, con ese fragmento de Lo Real, construir después
una obra –ya sea artística o científica–, es a lo que aquí llamamos *docuficción*.

Y es que toda ruina *deja inaccesible el escombro que
oculta*. Es en la emersión de ese escombro, en sacarlo a la luz,
en lo que trabaja la docuficción. Nos apresuramos a aclarar

que cuando aquí hablamos de docuficción no nos referimos a su acepción habitual, no es la documentación de la realidad, ni «hacer documentales» con elementos de la realidad barajados con la ficción, sino algo mucho más general a toda clase de obras, algo tan aparentemente sencillo como complejo: exponer los materiales y el trayecto mediante el cual el artista, tras escarbar en una ruina, alcanza el correspondiente escombro que problematiza esa ruina, y con todo ello construir su obra sin que esos materiales, ese trayecto, ese camino, sean expulsados de la obra final. En este sentido, por poner un ejemplo evidente pero revelador, las ciencias son un caso particular de docuficción: toda obra científica requiere, en su exposición final, la visibilidad del camino de construcción, los razonamientos que le han llevado hasta allí. En el campo de las artes, esto puede ocurrir o no. Por ejemplo, la pieza *En el aire* (2003), de la artista mexicana Teresa Margolles, consiste en pompas de jabón que a través de una máquina son lanzadas al aire. Esta obra, entendida así como la contemplación de las pompas de jabón en una sala de exposiciones, no pasaría de ser un artefacto que activaría, en el sentido más conservador de su acepción, una sensación más o menos poética. La obra cambia por completo cuando, como parte integrante de la pieza, la artista nos informa del camino, el trayecto y las herramientas que la han llevado a esa formalización final: el agua con la que se producen las pompas proviene de la morgue; concretamente, es el agua que se ha utilizado para limpiar cuerpos de muertos antes de la autopsia. La información de ese trayecto *como parte integrante de la obra final* problematiza la realidad, crea al instante una red compleja, es la escala 1:1. Lo que aquí llamamos *docuficción*. O la obra de la artista Orlan, cuyas transformaciones faciales en quirófano son documentadas de tal modo que el propio acto quirúrgico es incorporado a la obra final, y, doblemente, en su intención de traer al presente en su rostro distintas partes de cuadros icónicos –la barbilla de Venus, la frente de la Mona Lisa, etcétera– traza en su cuerpo el recorrido de la Historia del Arte.

Pero podemos pensar casos más alambicados y que hacen referencia a otros planos, técnicos o semánticos. A fuerza de ser un hecho habitual, hemos aceptado que en las películas en las que son escenificadas familias, los hijos no se parezcan físicamente a los padres. Es éste un hecho que en el cine, gracias a su «efecto de realidad», damos por sentado. Supongamos una película en la que quienes interpretan el papel de hijos y padres fueran *realmente* hijos y padres. Seguramente la falta de costumbre nos induciría una sensación de irrealidad, de escala 1:1, de desenfoque, paradójicamente, poco creíble. La intención de crear dentro de la película una cadena de filiación «real» es una manera de exponer el trayecto, los materiales, con los que fuera de la ficción esa familia ha llegado a ser lo que es, individuos sometidos a una misma genética evolutiva; ello crea una perturbación en esa especial ruina que acostumbra a ser el cine.

Hemos mencionado el escombro que late en toda ruina. Observemos que podríamos estar tentados a decir *residuo* en lugar de *escombro*, pero no. El escombro es germinal, es inicio, y el residuo es eco, es el recuerdo de una ruina que toda obra arrastra cuando finalmente se constituye en obra. El residuo siempre viene connotado con acepciones culturales, es aquel producto 100% indexado mediante el ritual que aquí hemos llamado *profanación*. La cadena, pues, de los procesos de creación docuficcionales parece ser ésta: desde una *ruina*, y vía la *profanación*, alguien busca el *escombro* de esa ruina; con ese escombro, mediante un proceso más o menos complejo, se construirá la obra que, no obstante, contendrá algo de aquello sagrado –y decadente– de la ruina: su rastro de ruina, su *residuo* de ruina. Qué duda cabe de que las pompas de jabón de la citada obra *En el aire* llevan consigo como *residuo* lo que de sagrado hay en el cuerpo de un muerto al que, no obstante, se le ha extraído parte de la materia que la sacralización ocultaba, su escombro.

Tal como habíamos señalado en la Primera Parte, el *residuo* –del latín, *re-sidere*–, literalmente significa lo que no deja avanzar a la realidad; más concretamente, «lo que obliga a las cosas a quedarse sentadas e impide todo avance y continuidad temporal». Pero el artista, el científico o todo aquel que hoy lleve a cabo una actividad tácitamente considerada creativa, viola, violenta, esta condición de residuo, lo pone a andar, no permite que éste corte la cadena de producción ni real, ni simbólica. Los creadores de docuficciones construyen productos que en tanto llevan consigo residuos de lo que fue sagrado violentan el ámbito del nuevo espacio, del destino de la obra, y por otra parte, en tanto son algo nuevo llevan a cabo una inoculación viral en la normatividad de lo que era sagrada ruina. La obra realmente activa violenta esos dos mundos sin dejar por ello de separarse de ellos del todo, de ahí que sea una obra *compleja*. De no ser así, la nueva obra sería, ipso facto, una nueva ruina, un nuevo dogma en el reciente espacio cultural en el que se ve insertada. En la obra final, una parte vendrá aportada por el *escombro*, y el eco de lo que fue sagrado –lo antiguo– vendrá aportado por el *residuo*. Se mezclan así complejos procesos de interacción entre las partes implicadas dentro de la obra, y significados que se abren hacia fuera de la obra. No se trata de la creación de una máquina, ni de una estructura, ni de una organización sino de algo mucho más complejo, de un *organismo*.

2.3 SIMULACRO DE ARQUEOLOGÍA
Y ARQUEOLOGÍA DEL SIMULACRO. LADY GAGA
Y ALIX LAMBERT, DOS EJEMPLOS

La docuficción comienza a tomar relevancia en los estertores del posmodernismo, cuando a mediados de los años noventa del siglo pasado éste agota sus recursos de espectacularidad y de artista-empresario y termina por apuntalarse definitivamente a partir de 2008 con la crisis sistémica del capitalismo real. Todo ello, crea el caldo de cultivo para una serie de *estéticas de lo doméstico,* las cuales guardan relación con lo que expresara Félix Guattari en *La revolución molecular* (1977): en su convencimiento de que, si bien la transformación radical de una sociedad resulta ilusoria, no lo es utilizar «tentativas microscópicas». Esa microscopía, doméstica y experiencial, que traza el mapa de un viaje a través de escombros de ruinas normativas, es un traslado al mundo de la política activa de la idea de docuficción tal como aquí la entendemos.

Veamos dos ejemplos de docuficción/no docuficción en relación con la metamorfosis de la identidad, ilustrativos en tanto que contrapuestos. Lady Gaga es una anónima niña de provincias que un día cree darse cuenta de que a Madonna, de la cual es fan irredenta, le falta algo para ser la verdadera reina del pop: el humor. Espoleada por tal carencia, pone entonces Lady Gaga en marcha un proceso de penetración en la «ruina Madonna», la investiga con verdadera profundidad hasta llegar a su *escombro* y, efectuando un salto mortal sobre la ruina de la reina del pop, compone su propia identidad, su propia obra, que indefectiblemente lleva dentro el *residuo* de Madonna. Operará después de la misma manera con otras ruinas del pop como Amy Winehouse o Paris Hilton.

Alix Lambert, a lo largo de 1992, y durante seis meses da forma de manera frenética a su obra *Wedding piece*. Se trata de, durante ese corto periodo de tiempo, casarse y divorciarse cuatro veces. Los cambios de modo de vida, relaciones y apariencia física que cada una de esas experiencias contractuales y personales lleva implícitas, las documenta a través de objetos, fotografías, diarios y recuerdos. La documentación de un transformismo.

¿Qué diferencia la experiencia de Lady Gaga de la de Alix Lambert? Ambas entran por el agujero o el *error* de sendas ruinas, se las apropian y las pervierten –la una la ruina llamada Madonna y la otra la ruina llamada Institución Matrimonial–, pero apenas Gaga ha terminado de trazar su mapa y alcanzar su obra final, complicados mecanismos de la industria musical la convierten ipso facto en ruina.

Digámoslo así: tanto el escombro como el residuo Lady Gaga decaen demasiado pronto en «ruina Lady Gaga», en un modelo sacralizado. Es una clase de ruina a la que podemos llamar «superlumínica»: su paso de obra artística a ruina resulta prácticamente instantáneo, casi más rápido que la luz. Por el contrario, el transformismo de Alix Lambert no desciende a ruina, o al menos no desciende tan pronto, permanece como *estado mezcla de escombro y residuo*, como complejo mapa de lo Real elaborado con la basura del pop, elaborado con aquello que el pop ya ni quiere ni requiere aunque sin embargo mira de reojo. Es por ello esta obra un objeto incómodo, problemático. Así, lo que garantiza que la obra de Alix Lambert permanezca como interacción entre escombro y residuo, como algo estéticamente violento y actante, es que *su iconografía, así como la obra misma, conserva el mapa que la llevó hasta allí y la hizo lo que es: obra.* Es lo que hemos llamado docuficción. Y uno de los porqués es su actitud; cómo el entorno percibe y recibe su obra. Tal percepción deviene de la combinatoria o la resultante de dos modos de crear su identidad, y que es otra versión de la red compleja que forma todo objeto: lo *personal*, lo que se supone que es «auténticamente suyo», y lo *relacional*, los lazos establecidos con su entorno, con el público y el mercado artístico. En el caso de Alix Lambert, lo personal y lo relacional se hallan manejados de tal inestable pero equilibrada manera (equilibrio inestable) que no destruye los caminos que han conducido hasta su consecución; conserva y expone el mapa de su obra.

La ruina es pues el resultado de una quema de los procesos de construcción, la destrucción de la documentación de un proceso, el borrado de los planos de levantamiento de una obra y la entronización de un resultado final como único momento visible del proceso. Existen, en este contexto, dos hibridaciones, contrapuestas: 1) «simulacro de arqueología», que es lo que aquí llamamos *ruina*, museística bien sea de masas o de minorías, y 2) «arqueología del simulacro», *docuficción*, que investiga –lleva a cabo una arqueolo-

gía– de lo Real que hay en el simulacro. Lo que, en un sentido amplio, llamamos simple y llanamente «una cultura»
resulta del solapamiento de ambas arqueologías, cuyas
transparencias irán ganando o perdiendo visibilidad según
los diferentes momentos históricos.

De entre estas dos opciones, la primera, el simulacro de
arqueología, es el pulso que late bajo los productos artísticos y culturales en los que interviene el tiempo como
nostalgia: se mira al pasado para llorar la pérdida; no hay
construcción activa, sino pretensión de generar meros archivos, la errada idea de que la memoria es un simple archivo
que se puede consultar en cualquier momento y que nos
proporcionará «la verdad de los hechos». La segunda, la
arqueología del simulacro, invierte el orden temporal: en
este caso la arqueología no es un mecanismo de mirada
nostálgica del pasado sino que trae el pasado al presente
para construir un tiempo activo. A esta visión, lo que le interesa de una mandíbula neandertal hallada en los montes
Urales no es lo que nos informa acerca de aquellos «casi
sapiens» sino que nos informa de cómo somos hoy los humanos; el pasado nunca queda atrás, se reactualiza en el
presente, tiempo al que hemos llamado Tiempo Topológico.
La memoria no es un archivo, sino una construcción hecha
desde el presente que, en justa correspondencia, informa
acerca del presente y sólo de éste.

El Ángel de la Historia es pues un pájaro vocacionalmen-
te arqueólogo pero ahistórico y anostálgico. Busca lo Real,
la escala 1:1, la problematización que aparece cuando en
una Ruina una partícula de prueba se encuentra con su partícula de apantallamiento. Un proceso que –y como mero
símil– recuerda a la denominada *aniquilación de pares*, ese
mecanismo propio de la física de partículas en el que la materia se encuentra con su correspondiente antimateria y se
transforma en luz, sólo luz, cegadora luz.

2.4 NUEVO LAND ART

Las representaciones mediáticas, lo reproducido por los medios de comunicación de masas, no se siente ya como reflejo de la experiencia de lo vivido. Los puntos de vista con pretensiones omniscientes son apreciados como mentiras consoladoras sobre las que la norma social levanta sus correspondientes ruinas. Ni siquiera la ciencia cree ya en la omnisciencia de un observador. Lo que aquí planea son las diferentes acepciones e ideas de lo bello. En el siglo XX –y por lo menos hasta los años sesenta–, lo bello, a través de las diferentes fases del capitalismo estuvo indisolublemente asociado al tiempo, al paso del tiempo, no podía existir algo bello si no estaba unido al cambio, a la sustitución, a la novedad, a un utópico futuro. La ruina, hegemónica en la versión más domesticada de la posmodernidad –versión a la que hemos llamado *apolínea*–, vino a sustituir esta concepción por una visión de lo bello como una pulsión dirigida hacia el pasado, hacia modos de nostalgia construida, lo que, por lógica imposibilidad de ser realizado, paralizaba el tiempo, que mutaba en un presente perpetuo. Por el contrario, lo bello hoy parece inscribirse en un trabajo de picado subterráneo, pura minería no tanto del tiempo sino encaminado a la arqueología del espacio, los modos en los que escarbamos la ruina a fin de hallar viejos-nuevos escombros que, una vez hallados, reconfiguramos en el presente a través de las obras. El rígido vector de las comunitarias utopías de vanguardia ya no sirve, tampoco el juego irónico posmoderno una vez realizada su labor de destapar todas las máscaras –como un síndrome de Estocolmo, se convirtió él mismo en máscara–. Más allá de ello se levanta la *docuficción* para tratar de dar respuesta a un nuevo concepto de lo bello: trazar los mapas de la excavación. Lo bello no es ya ni el aura de un objeto ni su sublimación, ni su sometimiento al simulacro, sino simple y llanamente el tránsito, las trazas, que a través de espacios nos llevan a él y se incorporan en él.

Ignasi Aballí es autor de una pieza, *Matèria textil* (2007), la cual ejemplifica esa traza y tránsito que aparece en la obra final. El artista se percató del gran número de fibras que tras una serie de lavados eran retenidas por el filtro de su lavadora y su secadora de ropa. Durante un año se dedicó a rescatarlas, separándolas por grumos de colores para hacer con ellas composiciones de ecos impresionistas, lo que podríamos llamar la traducción impresionista de sus hábitos cotidianos. La potencia de esta pieza, aparentemente sencilla, casi inocente, es evidente: una especie de descomposición prismática o hallazgo del espectro cromático de sus hábitos de vestir, así como de las relaciones que a través de su ropa establece con su comunidad: identidad doméstica e identidad social en un solo recipiente.

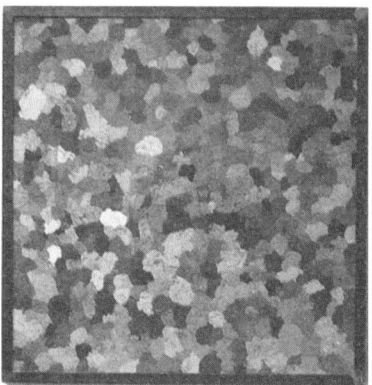

Matèria textil (Ignasi Aballí, 2007)

Cualquier obra artística sólo puede clasificarse en dos categorías: o es realista o es anticuada. El cometido de las artes siempre ha sido la representación de la realidad –sea lo que ésta sea–, lo que inevitablemente conduce a una operación de tomar distancia al mismo tiempo que participar de los hechos «reales». La representación más fiel posible es aquella que trabaja en tal cresta, camina en red sobre el filo del adentro y el afuera del objeto de representación: lo que hemos llamado Lo Real. La pregunta que entra en cuestión es: ¿qué modos y maneras poseen hoy la literatura y las artes visuales para caminar por ese filo? Del utópico artista de vanguardia y del posmodernista artista-empresario integrado en el sistema de producción, hemos pasado al artista doméstico, artista laboratorio. Antes, el mundo era representado con palabras traducidas en imágenes –novela realista de fin de siglo XX, que buscaba una secuencia de «postales»–, o con técnicas pictórico-fotográficas que, en ambos casos, ponían de relieve la forma, las cualidades plásticas de la «realidad» en cuanto que conjunto de sensaciones articuladas en un «aspecto final» del producto. Esto en buena parte ha cambiado. El documentalismo se vale de técnicas más abstractas, involucra herramientas y modos propios de la investigación científica, sociológica, antropológica, técnicas infográficas que contienen texto, combinaciones híbridas de tal manera que lo que se narra es un proceso, un camino, el camino que se hunde y husmea entre la maraña de informaciones, hechos y simulaciones informativas que recibimos día a día. Digámoslo así: si la realidad es compleja, si los mensajes que recibimos son de segunda o tercera naturaleza, las técnicas de las que nos valemos para operar sobre esa realidad también han de ser complejas. Para representar la realidad no sirven las meras formas. El artista, hoy, parece operar del siguiente modo: de entre todos los guiones posibles existentes en esa compleja realidad, elige uno, rastrea, investiga, inventa, arma su camino-monstruo, su camino-frankenstein a fin de ofrecer un resultado en el filo del sistema, ni dentro ni fuera, de ahí que aparezca en la obra el componente tanto de ficción como de «comunicación de realismo» que a toda pieza se le exige. Ofrece un camino de plausibilidad y nos lo enseña. De eso parecen tratar hoy las artes, trazar mapas, hacer topografías con las herramientas más topológicas que pictóricas. Tal como se había adelantado en *Postpoesía, hacia un nuevo paradigma* (Anagrama, 2009), una de las caras que tiene esta manera de actuar es netamente pragmática: lo que soluciona un problema estético, sea cual sea la naturaleza de esa solución, vale como herramienta. No es posible representar un mundo complejo con herramientas fabricadas cuando éste aún era un relato lineal moralizante, o irónico posmodernista. ¿Hablamos de pirotecnia, de fuegos artificiales, cortina esteticista? Todo lo contrario, hablamos simple y llanamente de construir una versión desviada de la realidad normativizada. Ya no se necesita un referente «serio» o normativo –al cabo museístico– para poder contrastar los hallazgos de las obras realizadas, el referente es simplemente el contraste con los experimentos, la cotidianidad. La adoración de las ruinas queda atrás. Este modo de actuar 100% crítico porque implícitamente violenta la ruina, socava los cimientos de lo pactado como realidad, transforma la maraña de datos y redes en otra clase de datos, deforma todos los materiales sin preguntarse por la pertinencia normativa de tales operaciones. Cómo si no puede construirse un discurso crítico-estético que dé cuenta del escombro que hay bajo, por ejemplo, la ruina financiera, ruina ya de por sí netamente abstracta, objeto sin rostro, conjunto de reglas y tablas y números y complejas relaciones de mercado. Cómo si no puede construirse un discurso crítico-estético que dé cuenta de la ruina que nos ofrece la Red, objeto de por sí no visible y aparentemente no matérico. Hablamos, pues, de trazar, de la *trazabilidad* a la que cualquier objeto, acontecimiento, idea o sistema complejo es susceptible de someterse. Las investigaciones estéticas de este tipo, si no quieren caer en el mero informe del técnico a sueldo, sólo pueden hacerse a través, en primer lugar, de lo personal; luego, más tarde, vendrá en apoyo de la obra todo cuanto tenga que ver con lo relacional. Lo personal no se esconde, es el camino que traza el artista, un camino único, la documentación de su propia experiencia respecto al tránsito por ese nuevo *land* complejo, abstracto, no siempre matérico: tenemos una naturaleza ante nosotros, vamos a inventar sus mapas. Nos damos cuenta de que lo personal y lo relacional están íntimamente imbricados en red, no pueden ser separados. Trocear, construir, caminar, dibujar, narrar todo eso es cartografiar una red. No hablamos de *realismo* al modo nostálgico, sino de la construcción de una realidad alternativa y creíble, un Realismo Complejo. El mundo es tal como los mapas dicen que es. El mundo fue plano, luego esférico, luego finito, luego infinito; así lo atestiguan los cosmólogos. Incluso los planetas son objetos provistos de una cambiante realidad. Hasta hace un par de años no había imágenes exactas de Plutón, lo que sabíamos de él eran construcciones infográficas elaboradas por superposición de capas: a una antigua imagen recogida, de no más de 80 píxeles e introducida en un ordenador, los científicos habían ido añadiendo datos externos: resultados experimentales y teóricos para que el ordenador los tradujera en una imagen creíble de Plutón, los hiciera píxeles, apariencia de realidad. La imagen de detalle que hasta hace dos años teníamos de Plutón era el resultado de esa «ficción verosímil». El artista o el científico se preguntaban: ¿en *realidad* podría ser Plutón de otra manera? ¿Podría construirse otro Plutón con otra forma, otro Plutón que al mismo tiempo que camino estético informara de aquella otra historia de las imágenes de la ciencia? ¿Podría hallar el escombro, lo problemático, lo Real, de esta imagen de Plutón? Era partir en expedición, hallar el escombro, personal, intransferible, de una bella ruina llamada Plutón. La representación deja así de tender servidumbres a la ruina –mero esteticismo–, para excavar hacia el fondo de la cotidianidad del artista y el objeto en cuestión, iniciar un personal *loop* hacia la *estructura fina*, la sutil trayectoria que lleva a la experiencia de la contemplación y posterior manipulación del escombro. Establecer el guión de un tránsito. Una metodología científica que dirige su punto de mira hacia objetos no científicos, sacar de quicio el método para, en el límite de la fecha de caducidad de las ruinas, proponer otra lectura de su escombro. Hablamos pues del montaje, el sampleo, el apropiacionismo, torsionar el objeto y las relaciones, llevar a cabo anómalas prospecciones, extracciones y muestreos;

atomización de los discursos, pero también relaciones: redes. El momento en el que te das cuenta de que la obra se halla en el filo de un camino, en la cumbre de una colina, de tal suerte que un leve viento podría hacerla rodar en cualquier dirección, es el punto de *equilibrio inestable*, punto de bifurcación entre dos o más naturalezas complejas: y comienza así, de bifurcación en bifurcación, de inestabilidad en inestabilidad, la investigación del escombro.

Equilibrio Estable   Equilibrio Inestable   Equilibrio Indiferente

Se trata, en suma, de gestionar la complejidad en beneficio de la investigación estética. Tenemos montañas de datos, montañas de resultados informativos a nuestra disposición, pero ¿cómo es posible transformar la información disponible en obra? Bajo una actitud nómada. Esto extiende sus redes a campos que tradicionalmente no habían caído bajo la esfera de la ficción o de las artes propiamente dichas, por ejemplo el periodismo, cuya metodología se ve hoy ampliada y más que nunca se sumerge en el tránsito y los desplazamientos físicos/virtuales para hibridarse en una suerte de postdigitalismo que aquí podemos identificar con este nuevo land art llevado al relato periodístico y la crónica, fenómeno que María Angulo en *Inmersiones, crónica de viajes y periodismo encubierto* (Universitat de Barcelona, 2017), y ampliando trabajos de Dean MacCannell o Enrique Gil Calvo, mapea y describe como el modus operandi propio del *geonauta;* o lo que Jorge Carrión, en relación a la experiencia de viaje contemporáneo ha denominado *metaviajeros* en «Retrato Robot del Viajero Posmoderno», del volumen *Viaje contra espacio: Juan Goytisolo y W. G. Sebald* (Iberoamericana, 2009).

La docuficción tiene también mucho que ver con el cuerpo, en tanto que experiencia encaminada a poner de manifiesto la fisicidad, pero no sólo las marcas dejadas en la carne sino también las narrativas que esas marcas son capaces de activar, su potencia para poner en órbita nuevos satélites de comunicación. Toda arruga en la piel es un camino recorrido, sí, pero también es un surco que podrá volverse a caminar de otro modo; al fin y al cabo, todo pensamiento enunciado es una arruga en el sistema de signos inscritos en cada una de las mentes individuales. Hay en las nuevas ficciones una especie de *documentalismo* del *yo* como cuerpo, todo ha de pasar por el cuerpo en tanto que biológico constructo, el cuerpo usado para dar cuenta tanto del *sistema* como de la *teoría* que se acoplan en el sujeto en forma «micro», el momento en el que la narrativa del yo parece condicionar la propia ordenación biológica del pensamiento, las aspiraciones estéticas y la fantasía. Así como antes había sido la construcción de la psique, y mucho antes la construcción de un cuerpo social y un cuerpo científico, la construcción del cuerpo individual es hoy el objetivo de toda obra colectiva; flujos económicos, flujos psíquicos o flujos científicos tarde o temprano pasan por el cuerpo individual como agente legitimador y como estructura plenamente matérica que, no obstante, se pone en el lugar de *el otro*, provocando de este modo una crítica poscolonial y decolonial, y todo ello en un intento de liberarse de las ligazones establecidas entre las artes y aquel gusto por rarezas de «culturas exóticas», que al fin y al cabo eran la construcción colonial de un «cuerpo exótico». Un repaso crítico de interés de tales flujos arte-cuerpo-decolonialismo es el que lleva a cabo Marisol Salanova en *Enterrados: el ocaso de los cuerpos* (Micromegas, 2015), o de un modo breve pero explosivo Iván de la Nuez en «Del Cuerpo de la Revolución a la Revolución del Cuerpo», contenido en el ya citado *El mapa de la sal,* donde dice: «El cuerpo, ya que no la revolución, es la gran obsesión de la globalización [...] Desde el sadomasoquismo hasta la anorexia, es probable pensar que es en el cuerpo donde se consuman y consumen a un nivel más definitivo todas las contradicciones e identidades de esta era global». El cuerpo, en efecto, es el gran tema de nuestro tiempo, las revoluciones sociales han sido sustituidas por las corporales. Como no podía ser menos, ello impregna al arte contemporáneo, y le imprime un carácter no exactamente documental –que puntualmente también–, sino *docuficcional*. Por primera vez narrar «la vida» se corresponde con una ficción de la cotidianidad que no tiene pretensiones de ser narrada por relatos históricos ni por grandes sistemas o teorías externas al sujeto. La genealogía está construida por el propio sujeto, no viene dictada sólo por el discurso. La obra que hoy no incluya una dosis de «realidad», es decir, de lo que aquí hemos llamado Sistema –historia orgánica–, así como una dosis de estructura, es decir, lo que hemos llamado Teoría, parece no ser útil para los propósitos del público experto, quedando así la «ficción pura» –ficción en el sentido pop clásico– como producto de masas en el mismo orden que lo es una telenovela o un texto bestsellerista, los cuales simplemente describen Sistemas ya muy conocidos en función de Teorías superadas.

2.5 NÓMADAS ESTÉTICOS.
PRINCIPIO DE *MÍNIMA FORMA*. MORFOGÉNESIS

Los nómadas siempre han creado su propia topología, no imprevisible, como en ocasiones superficialmente suele decirse, sino elástica. Los pueblos nómadas se han trasladado absorbiendo y dejando materiales, generando flujos. De la misma manera, el creador contemporáneo es un nómada estético, practica el *nomadismo estético*, carece de una raíz estable, ya sea raíz geográfica, identitaria o estilística, y crea su propia genealogía, producto de todos los tránsitos que realiza de espacio en espacio en una combinación de redes digitales y redes analógicas. Es el uso no sólo de las manos sino también de los pies, caminar. El nómada estético, en vez de raíces, crea adherencias, las cuales no le duele dejar atrás para generar nuevos puntos de contacto: no hay raíz, sino eventual flujo de información, capilaridad, ósmosis de doble sentido en cada contacto. El flujo que se establece en esa adherencia es la técnica, no invasiva, del adhesivo que imita a un tatuaje pero no posee la voluntad de fundar la típica huella eterna y dogmática consustancial al tatuaje, sino más bien la del parche de nicotina, que es pura eventualidad, o el rozamiento del neumático con el asfalto: tránsito no invasivo y simultáneo aprendizaje, o –lo hemos apuntado páginas atrás– el no invasivo pero eficaz velcro. Este artista contemporáneo, el nómada estético, crea así su propia identidad –topológica–, que no se rige por el principio de medir o dimensionar distancias, no es éste un espacio para agrimensores, sino un *espacio de relaciones*, es *personal* al mismo tiempo que *relacional*, se rige por analogías, líneas de direcciones a punto siempre de bifurcarse y deformaciones de las superficies.

Los nómadas crean su *espacio sustrato* a medida que lo transitan. Utilizando un símil clásico a las transformaciones complejas: es un espacio que alberga diferentes formas, cambiantes, como el espacio de la masa del pan cuando el panadero la amasa. O como el «espacio chicle», que es un espacio creado al mismo tiempo que es masticado, o el «espacio río», que a pesar de tener una dirección de flujo bien determinada –siempre hacia el mar, hacia el punto de menor energía– se halla lleno de remolinos y eventuales corrientes que se desplazan hacia atrás u oblicuamente. Son espacios creados por movimientos nómadas, bien sean humanos, físicos o abstractos, a medida que se avanza –pensemos en *Wooden Boulder*, pensemos en *Level Five*, pensemos en Francis Ponge–. Esta *creación de la forma* sería la *morfogénesis*, que aquí definimos no como la creación de una trayectoria que minimice el tiempo de llegada a un lugar, sino como *la creación de una forma que optimice el espacio según unas constricciones dadas por las condiciones de contorno*, lo que, indudablemente, pasa por considerar las interacciones y flujos de materia, energía e información con ese entorno a medida que se va creando esa forma. A esto lo llama-

mos Principio de Mínima Forma que de alguna manera
contradice la tesis que Bataille postulara en uno de los textos
más influyentes del posterior desarrollo del pensamiento
posmodernista, *La parte maldita*. En esa obra, el sociólogo
francés nos indica que toda sociedad necesita del gasto inútil, del gasto de sus excedentes, del derroche, típicamente
ejemplificado en ritos, fiestas y sacrificios, para poder constituirse como sociedad plenamente humana. Pero bajo el
paradigma de la complejidad, en realidad nunca hay derroche, el derroche es una trampa moral (fundamentalmente
moral protestante) y semántica, nunca un gasto es inútil,
nunca un gasto se hace por nada, nunca un regalo o un sacrificio es inocente, siempre responde de una u otra manera
a un futuro energético o simbólico que, transformado, le
devuelva algo diferente al sacrificado. Crear formas de sociedad es optimizar la concurrencia de multitud de fuerzas, incluidas aquellas sacrificiales y aparentemente inútiles. Crear
formas es llegar a pactos, incluso a pactos con el derroche
porque tarde o temprano de ahí algo útil se extraerá. Las
fiestas, ya sean religiosas o laicas, o el ocio en lugares por
naturaleza «no naturales» y sólo construidos tras una ingente inversión «inútil» de energía maquínica y cultural –las
playas, los parques temáticos, las discotecas–, o el indio
maya que es tirado por un barranco como sacrificio a algún
dios, o la familia nuclear de clase media que en su monovolumen se mata en vacaciones de Semana Santa y el país les
llora, o el tenista que se rompe un tobillo en la final de Ro-
land Garros y asciende a héroe, o el alpinista que se hiela en
el K2 y ya es mártir, o el leopardo que muere en la cima del
Kilimanjaro y nadie sabe qué hacía allí, o las toneladas de
basura que no es posible devolver a la naturaleza, todo ello
también es parte de ese excedente, ese gasto tan sólo «aparentemente inútil» que, en el caso de estos ejemplos, genera
mártires y el correspondiente espacio topológico del mártir
a través de una morfogénesis de orden social. Y, repetimos,
nada de eso es inútil, de todo sacrificio la comunidad extrae
un beneficio, que compensa la pérdida. La ganancia aparece

a través del *capital simbólico* tal como lo define Bourdieu, la ganancia en forma de prestigio que todo sacrificio o gesto altruista trae consigo. No hay gastos inútiles, sí interacciones en red. Sólo asumiendo esto podemos entender la actividad del nómada estético: aquel que problematizando las ruinas de los espacios ya dados, espacios estables y medibles, crea su obra, su *forma compleja*, su propio espacio complejo, a través de múltiples diálogos y tránsitos en virtud de una suerte de Principio de Mínima Forma.

Esto me lleva a pensar una vez más en los mamíferos y en su odisea. Se ha dicho ya aquí que sobrevivieron al cambio de clima y a las condiciones extremas que asolaron a los dinosaurios porque eran criaturas pequeñas, tenían la dimensión justa para excavar en la tierra, hacer búnkeres, construir espacios en los que les resultara más fácil minimizar la incertidumbre existente a cielo abierto; también hemos dicho que tenían la piel cubierta de pelo, lo que les ayudó a poder mantener una temperatura más o menos constante, y que por eso los humanos –mamíferos avanzados pero con apenas pelo–, hubo un día en que los cazamos para sobrevivir cubriéndonos con sus pieles. Pero no hemos hablado de otras tres características sin las cuales los mamíferos hubieran corrido la misma suerte que los dinosaurios. La primera y quizá más importante: al contrario del resto de animales, tenían glándulas mamarias, de modo que aunque no dispusieran en su entorno de comida las crías podían alimentarse nada más nacer; al menos durante unas horas o días la supervivencia está asegurada. Se trata de un primordial y genuino proceso no sólo de alimentación sino de lo que aquí venimos llamando realimentación: lo que la madre expulsa es retornado a la especie por medio de las crías, quienes a su vez dan calor a la madre, y quienes en su crecimiento generarán más crías. La segunda es más sutil pero no menos importante: los antecesores de los mamíferos no tenían un oído tal como hoy lo entendemos, oían a través de percusiones que su entorno natural producía en sus mandíbulas. Miles de años de evolución llevaron a los mamíferos a desarro-

llar un oído separado de la mandíbula, lo que les permitió
mapear más sutilmente el entorno, recibir y sintonizar aler-
tas depredadoras y comunicarse entre ellos de un modo eficaz; algo así como «ver» en la absoluta oscuridad, ver allí
donde nada hay, y, en suma, intuir; digámoslo así: el oído es
a la visión lo que la intuición a la certeza; sin esa intuición, no
hay nomadismo efectivo posible. Por último, otra definitiva
mutación que ayudó a la supervivencia del mamífero aconte-
ció en los dientes, en tanto que se generaron piezas dentales
especializadas, colección de molares, incisivos y caninos,
dotados de muy diferentes cúspides, formas y contornos,
herramienta que les permitió triturar y por lo tanto ingerir
comida de variada dieta, desde hojas, ramas y vegetales en
general a toda clase de carne; es esa actividad de triturado
un exacto reciclaje de los materiales del entorno, materiales
que hasta entonces para esas criaturas no eran alimentos
sino spam, residuos del mundo, al fin y al cabo basura. Así
las cosas, sin estas cinco mutaciones: *realimentación* en el
amamantar, *estabilidad* del entorno en búnkeres, *apropiacionismo* del pelo animal a través de la caza, *intuir* a través del
oído allí donde la luz no es útil, y el *reciclaje* de la basura
del mundo validos de especializadas piezas dentales, sin esas
cinco características, decimos, los humanos no estaríamos
hoy aquí. Y son esas cinco características las que, precisamente, desde el principio estamos en estas páginas revindi-
cando para los productos artísticos. El nomadismo que en el
plano de las «formas de la evolución de las especies y sus
entornos» le fue y le es propia a los mamíferos, es el nomadismo que en el plano de las «formas de los objetos y de los
conceptos» reivindicamos para los productos artísticos.
Ambos planos son llevados por su correspondiente Principio de Mínima Forma, que, en realidad, bien podría llamarse Principio de Óptima Forma de un determinado *espacio
sustrato*.

3

Espacio sustrato

3.1 EL ESPACIO SUSTRATO (1). ESTÉTICAS
DEL SILENCIO Y DE LA NEGATIVIDAD

Hay toda una tradición, que a lo largo del tiempo ha tomado diferentes denominaciones: «políticas de la negación»,
«estéticas de la ausencia», «poética del silencio» y equivalentes, mediante la cual se ha ido asentando un *prestigio del
vacío* y una *consagración de la nada*. Si abrimos un poco el
foco sobre estas estéticas, que por simplificar llamaremos
estéticas del silencio y que atraviesan siglos y combinan todo
tipo de corrientes de pensamiento, para observarlas en conjunto, vemos que sustentan su episteme en la negación de un
objeto muy concreto: la negación de lo que aquí llamamos
espacio sustrato, el espacio sobre el que, simplemente, han
de asentarse las cosas a medida que se crean. Remontándo-
nos a categorías generales, un ejemplo paradigmático de la
estética del silencio es, naturalmente, la tradición mística,
que trata a ese objeto llamado vacío como sustrato último,
virtud o gen del que manan sus productos; así lo atestigua la
poesía mística clásica, pero también sus millones de hijos
contemporáneos en cualesquiera disciplinas y ramificaciones. El reflexivo cine de Kiarostami, Antonioni, Béla Tarr,
Val del Omar o de Guerín, por encima de sus respectivas
escuelas experimentalistas, esencialistas o naturalistas, da
valor al silencio y la ausencia como generadora de sentido
último. En la posería, es habitual el tópico: «la poesía dice
por lo que calla, no por lo que no dice». La supuesta excelencia de la poesía, y límite al que, según las tradiciones clá-

sicas, debería tender toda escritura, conduce a que para la narrativa o el teatro también se haya impuesto tal leitmotiv. O en la música, donde el vacío como principio de valor –o aunque sea por contravalor– va unido a diferentes corrientes que unen polos tan dispares como la música ruidista, el rock primitivo alemán, la *new age* californiana o el *low-tech* británico.

Pero la poesía, como la música, dice por lo que calla, sí, pero obviamente también dice por lo que no calla. Las narrativas se tejen en la distribución más o menos armónica entre las palabras y los silencios. Parece muy lógico pensar que para que algo resuene en «modo metáfora» ha de existir una cavidad resonante, vacía, pero no menos lógico es el hecho de que la cavidad resonante por sí sola nada propaga, precisa de un medio material; para empezar, sus propias paredes. A lo largo del siglo XX, buena parte de las filosofías de prestigio –incluso el postestructuralismo o posmodernismo–, de factura o herencia heideggeriana, han atribuido a la *ausencia* y al vacío un valor de motor último de la realidad aun careciendo de sentido ese vacío, o llegando incluso a la asunción de la aporía típica del existencialismo: a través de una nada es construido el sujeto contemporáneo. En las filosofías posmodernistas esta ausencia se arma de una manera muy especial de entender la poesía como arte supremo: el prestigio de la negatividad como acceso a la realidad. Por su parte, las artes visuales se comportan de igual modo en toda esa tradición que nos lleva del arte gótico a contemporáneos consagrados como Bill Viola o Anish Kapoor, que indefectiblemente pasan por Rothko. En el ámbito de lo psicoanalítico, Lacan, en su triple articulación de la realidad –lo Real, lo Simbólico y lo Imaginario–, define lo Real como todo aquello que no es ni Simbólico ni Imaginario. Lo Real es, así, para Lacan, una ausencia, una negación, sustentada por la nada o como mucho, por los otros dos componentes, a saber, Lo Simbólico y lo Imaginario, tal como él mismo postuló con su diagrama matemáticamente conocido como *nudo borromeo*. En general, prestigiar la nada como creadora de *sentido último* –signifique eso lo que signifique– de las producciones artísticas es como poco tan desconcertante como decir que el sentido último de la pintura, su esencia, viene dada por el *Cuadrado negro sobre fondo blanco* de Malévich o por las rasgaduras en los lienzos en blanco de Lucio Fontana. El límite de lo decible no es el silencio –como acostumbran a sostener tales escuelas esencialistas–, sino el silencio al mismo tiempo que lo decimos. Lo contrario parece entrar dentro del silencio religioso y metafísico, o incluso chamánico en sus más extremas vulgarizaciones.

Los movimientos apólogos del vacío como receptáculo o generador de sentido, se fundamentan, en definitiva, en la idea de que puede existir un sostén hecho de la propia nada, al cual se aspira. Se formula, entonces, la pregunta obvia: ¿y qué sostiene a esa nada?, y su consecuencia lógica: ¿cómo evitar la cadena de aporías que se desata cuando queremos estructurar una obra sobre una nada? Es como, en matemáticas, ocurre con los conocidos y eficientes diagramas de Venn, anillos que flotan sin amarre, en la nada o el vacío, y que no son posibles salvo en modelos ideales. Preguntarse por la nada es como esa cadena de porqués que formulan los niños en una interminable cuenta atrás hacia un origen que no existe.

Pero incluso ni las filosofías de corte posmodernista, supuestamente nada esencialistas y por lo tanto poco sospechosas de propagar la idea de vacío como agente provocador de sentido, se salvan de tal manía. En efecto, y es que relacionado con aquellas tradiciones que trabajan el vacío se halla también un pensamiento que atraviesa el siglo xx y continúa hasta nuestros días, y cuya esencia podemos cifrarla en el *prestigio de la negatividad*, la negatividad entendida como el *vacío* dejado por la ausencia del *bien* y que puede rastrearse desde mediados del siglo xx hasta lo que a partir de los años setenta de ese mismo siglo se dio en llamar postestructuralismo –el cual en su versión masificada y débil derivaría en el así llamado posmodernismo–. Nos referimos al momento en el que a través sobre todo de Derrida y Baudrillard el pensamiento asume que ha llegado a su límite de lo decible y no obstante sigue *diciendo,* conformándose así ese pensamiento sobre un espacio vacío, o por lo menos sobre un espacio tan incognoscible que juega el papel de un vacío. Esa componente negativa que todo pensamiento desea atrapar y que, según estas escuelas, no puede ni podrá ser atrapada, vendría a ser, con diferentes nombres y formulaciones, lo que aquí hemos llamado lo Real, que para nosotros se contrapone al simulacro posmodernista y en absoluto es la nada o el vacío sino el conflicto que indefectiblemente aparece en la propia realidad armada en redes y subredes. Resulta interesante rastrear los orígenes de tal negación posmodernista de Lo Real esgrimida a favor del *simulacro,* esgrimida a favor de la copia que al haber perdido su referente crece desde una nada o vacío.

El postestructuralismo aparece fundamentalmente desde dos fuentes. La primera es la oposición o intento de superación del hegelianismo, doctrina esta que supedita los movimientos sociales así como las pulsiones personales a una economía utilitaria donde no hay lugar a elementos no productivos tales como el goce, la risa o lo que vagamente podemos llamar el exceso. De esta oposición al hegelianismo derivan las posturas que en la estela de Nietzsche desarrollarán pensadores como Deleuze y Guattari *(Antiedipo, Mil mesetas),* Foucault *(La arqueología del saber, Las palabras y las cosas)* o Lyotard *(La condición posmoderna).* Aparece así el uso de conceptos vitalistas como *fuerza* y *energía,* aplicados a los socialmente considerados débiles, a los enfermos mentales, a la sexualidad no normativa y en general a todo aquello que las sociedades han venido reprimiendo. En definitiva, aparecen unos principios dinámicos que priman la energía libidinal. Una de las tareas programáticas del postestructuralismo fue condenar todo aquello que limita, centraliza, normativiza y aprisiona las fuerzas del deseo y la subjetividad. Y una de estas limitaciones era, naturalmente, la *dialéctica* hegeliana. El deseo es una función productiva o no es. Y todo ello, para poder ser correctamente formulado, ha de asentarse en una realidad sin espesor, sin verdades ocultas más allá de lo visible, cuya estructura última es el vacío: la realidad es una superficie de una sola cara que flota en una nada, como la banda de Moebius –Lyotard en *Economía libidinal*, la llama «banda libidinal»–, en la que lo que aparenta ser un adentro, una profundidad, es en realidad un pliegue en esa superficie. Lo demás, afirma, es vacío, y punto.

La segunda fuente de la que extrae materia prima el postestructuralismo es más intrincada desde un punto de vista histórico, y llega de zonas periféricas a la filosofía. Se trata en primer lugar de dos pensadores-artistas, híbridos de la vanguardia surrealista: Artaud y Bataille. Artaud, poeta y teórico del teatro, fue clave para la teoría de la esquizofrenia de Deleuze y Guattari, y también para las reflexiones de Foucault acerca de la locura. Artaud, vía el teatro y la poesía, realiza una investigación de la lógica antirrepresentativa, confrontándola al pensamiento logocéntrico. Es esta lógica antirrepresentativa la que pasará a Deleuze y a Foucault. Por su parte Bataille, influido por uno de los intérpretes más destacados de Hegel, Kojève *(Introducción a la lectura de Hegel)* toma de éste la idea de que es la fuerza del deseo la que opera como negatividad en el presente; desear algo es destruirlo en tanto el objeto una vez obtenido desaparece. El deseo sólo se satisface destruyendo lo deseado. Y si todo deseo es negación –e invirtiendo los términos en una lógica un tanto dudosa– entonces toda negación es deseo, toda negación es algo positivo para el sujeto. Con esas premisas, Bataille sostendrá la disolución de la dialéctica a través de sus tres conocidos conceptos que ordenan las sociedades: *donar* (intercambio sin reciprocidad, opuesto a la «economía limitada» hegeliana), *dépense* (gasto y derroche), y lo que en general es la negatividad sin una reintegración que se resuelva en la lucha de contrarios. Ello conforma lo que él mismo dará a conocer como, La Parte Maldita, expuesta en su conocido libro de igual nombre. La primacía del exceso toma especial importancia en el lenguaje de la poesía, que rompe la dialéctica y realiza la *dépense*, el gasto o sacrificio en las palabras. Aboga así Bataille por el «no saber» y afirma la voluntad de *simulacro* frente a la *verdad* dado que la verdad no existe, se asienta –una vez más– en una *nada*.

Estas ontologías de la negatividad, básicamente enmiendas a la Ilustración y antidialécticas, recorrerán hasta nuestros días toda la filosofía postestructuralista francesa de la segunda mitad del siglo XX, la cual ha sido hegemónica en el campo de las artes y en buena parte de las ciencias sociales.

Contribuye a todo ello también Maurice Blanchot, quien valiéndose de las tesis de Bataille, postula la existencia de una parte aniquiladora en la escritura: escribir es producción de lenguaje cuyo efecto es destruir el objeto. Para Blanchot, la escritura se materializa en la paradoja de constituirse en la experiencia de la nada; la ausencia. Esta idea de Blanchot será fundamental para la deconstrucción que más tarde llevaría a cabo Derrida, así como para Lacan o para las tesis de uno de los libros más citados del postestructuralismo, *Diferencia y repetición,* de Deleuze. Y aparece aquí otro pensador, no estrictamente filósofo y en ocasiones injustamente olvidado, que jugaría un papel fundamental en el escenario postestructuralista: Klossowski. Es él quien inyecta de manera explícita en la filosofía académica francesa de la segunda mitad del siglo XX la idea de *simulacro como ficción irreversible*, ficción sin vuelta atrás. Klossowski habría elaborado la noción de simulacro a partir de Nietzsche, y tal idea sería usada exhaustivamente por Deleuze, Foucault y Baudrillard. Más tarde, Barthes, uno de los estudiosos de los signos que más ha influido en el postestructuralismo, afirmará que el crítico de un texto ya no debe hacer hablar al autor, ni a sus intenciones ni a sus huellas. En todo texto de verdad el autor ha desaparecido. Así, cuando abordamos la crítica de un texto no se trata de interpretar un texto sino de reescribirlo. «Un texto no es la interioridad de un autor sino su ausencia.» La escritura es pues, una transmisión vehiculada por una nada o un silencio. Las tesis de Barthes serán rescatadas por la psicoanalista Julia Kristeva, quien ve en la práctica poética de Artaud, Lautréamont y Mallarmé la ruptura de los códigos lingüísticos, introduciendo así también la negatividad como ausencia. Llega esta actitud a su zenit con Baudrillard y su postulado de la realidad como simulacro absoluto: la sociedad de consumo carece de referente real, y esa ausencia lo abarca todo, de modo que la realidad ha dejado de existir. El presente flota en un vacío sin raíz y sólo hay intercambios simbólicos, todo movimiento se produce entre signos, no entre referentes reales. En una colosal pirueta semántica, a este estado Baudrillard no le llama *ausencia de realidad*, sino *hiper-realidad*, una especie de realidad superior sin posible restitución de lo real. Para Baudrillard, el error del marxismo, y de todo pensamiento social, consiste en presuponer que hay referentes reales de clase y de relaciones de poder. Todo es simulacro. Entra así Baudrillard en un callejón sin salida de pensamiento puramente negativo –la realidad, en tanto que simulación, es una presencia trágicamente inaprensible– cuya salida sólo es posible mediante la muerte (*El intercambio simbólico y la muerte*, 1976): «la realidad se hunde en el hiperrealismo, en la exacta duplicación de lo real de manera preeminente, sobre la base de otro medio de reproducción –la publicidad, la fotografía–, y entre mediación y mediación lo real se evapora, se convierte en la alegoría de la muerte, pero todavía en la destrucción se corona y se supera a sí mismo: se convierte en lo real absoluto: en lo hiperreal».

Más tarde, lúcidamente, Baudrillard modificará este callejón sin salida para postular la *ironía* como única solución a la hiper-realidad. Pero será acaso ésta una última pirueta: la del pensamiento que se sabe ya impotente, que ha topado con su límite. Es el mundo para Baudrillard un gigantesco *ready-made* duchampiano. No hace falta señalar la magnitud netamente idealista y metafísica de lo hiperreal señalado por Baudrillard; tampoco hará falta recordar lo que hemos señalado páginas atrás, la imposibilidad de una copia exactamente igual que su original, ni, por supuesto, el hecho de que, lógicamente, una simulación perfecta, una simulación que copia exactamente la realidad, deja de ser simulación; el original y la copia toman valor por aquello que los distingue, por la combinación de, como también páginas atrás hemos ampliamente señalado, aquello que permanece *constante* y aquello que *emerge* como novedad en la transformación. Para una simulación total de la realidad –de ser cierta– ya está la propia realidad, no hace falta postular simulación alguna.

De modo que en términos generales no podemos estar enteramente de acuerdo con la noción del vacío como último constituyente de la realidad que planea sobre las tesis postestructuralistas –bien sea este vacío el que le da sentido a la realidad, bien sea como receptáculo de lo posible, bien sea como lugar indecible e inaprensible que funciona como contradicción última y no obstante motor de la realidad–. Conduce al autismo. Al no diálogo entre las partes. En cierto modo, desactiva la noción de realimentación que ha de haber en lo Real para constituirse como la experiencia de realidad que de facto es: un intercambio de materiales en red.

Pareciera, pues, que, históricamente, el pensamiento moderno clásico postulara la existencia de la nada *como origen de toda creación*, y que, por su parte, y en un movimiento inverso –casi diríamos que particularmente deconstructivista del otro–, el postestructuralismo postulara que toda obra y todo mundo *no parte sino que desemboca en la nada*. En ambos casos, echamos de menos un pensamiento que tenga en cuenta el espacio en que se asientan las cosas, un *espacio sustrato*.

Por supuesto, las llamadas ciencias duras no se salvan de tener que lidiar con el vacío y la nada. Hemos ya citado en la Primera Parte la confirmación de la existencia del *bosón de Higgs* como la vibración del vacío. Nótese que no es una vibración de algo *en* el vacío sino la vibración del propio vacío, con lo que podemos decir que el vacío está lleno de algo. El corolario inmediato es que el *vacío* no es la *nada*. Aun así la nada sigue apareciendo como problema en otras ramas de las ciencias, por ejemplo en la aceptación de la existencia del big bang: una de las grandes dificultades con las que se topa la cosmología moderna es: ¿qué hubo antes del big bang? En ese punto el *modelo estándar* del Universo se colapsa porque la única respuesta posible hasta ahora es: la nada, hubo la nada. Así como en matemáticas el concepto del infinito es aceptado –en el sentido de que es un objeto operativamente manejable–, cuando un científico de cualquier campo teórico se topa con un infinito sabe que comienzan los problemas. Es por ello que en los últimos años han proliferado teorías que permitan superar esa singularidad infinita llamada big bang, antes de la cual sólo existiría una nada. Pero la ciencia siempre ha tenido que lidiar con el vacío y con la nada, como nos recuerda James Owen Weatherall en *Void: The Strange Physics of Nothing* (Yale University Press, 2016).

Sea como fuere, lo que, en definitiva, pretendemos poner de manifiesto es que en cualquier campo del conocimiento, ya sea de las ciencias o de las artes, la recurrencia infinita conduce a absurdos lógicos como por ejemplo la aparición del infinito, y con ello la existencia de la nada y/o del vacío. No hay cosa que pueda aparecer de la nada y mucho menos sustentarse en la nada, todo necesita de un *espacio sustrato*.

3.2 EL ESPACIO SUSTRATO (2). COMPLEJIDAD

Teorías que tienen que ver con la complejidad en diferentes campos de la biología a la lingüística, pasando por la economía y la antropología, han empleado grandes esfuerzos en sortear el problema lógico de la recurrencia infinita –o del infinito y por lo tanto de la nada como sustrato último–. Para ello, se valen de la idea de que todo sistema vivo es *abierto*, es decir, capaz de intercambios con el exterior, y al mismo tiempo es *cerrado*, capaz de autorregulación y autotransformación, lo que induce una característica que modifica y mucho las cosas respecto a los sistemas que son tratados como estables: el sistema «conoce» mientras «actúa», todo output se convierte en input. De este modo la recurrencia infinita no cabalga hacia un origen construido sobre un vacío, sino que se trata de un proceso de un *loop* de aprendizaje. Lo que el sistema genera como producto interacciona con el exterior para regresar después al sistema; en los llamados productos naturales una suerte de «nomadismo biológico», y en los artísticos una suerte de «nomadismo estético», que se fundamentan en el mismo principio: un *loop* que no regresa al lugar de partida, una realimentación que, como tal, aprende en cada nuevo giro, de modo que en estricto nunca se regresa a un origen, concepto mismo del aprendizaje. El mismo mecanismo de realimentación compleja en el ámbito de la creación de comportamientos sociales, modas e ideologías, es el que explicita Hans Magnus Enzensberger en su didáctico ensayo «Acerca del Hojaldre Cronológico, Meditación sobre el Anacronismo», contenido en *Los elixires de la ciencia* (Anagrama, 2002).

Una planta cede energía y materia al entorno, para que éste se la devuelva transformada a fin de que la planta se sujete a cambios tanto en su individualidad como evolutivos. Es éste un pensamiento que desde el plano netamente de la filosofía se halla en algunos resultados del postestructuralismo, sobre todo en Deleuze cuando sostiene la existencia de cierto «animismo» en los conceptos: los conceptos creados no son unidades inertes o inerciales sino que responden a una naturaleza dinámica, tienen la cualidad de autoformarse *(autopoiesis),* el tiempo entra en los conceptos, como agente activo y creador de verdadera historia.

Desde este punto de vista parece pertinente postular que lo que ciertas escuelas denominan *vacío* es un espacio que nada tiene de vacío. Se trata, por el contrario, del propio *espacio sustrato de la obra,* el cual, no sólo está lleno sino que se hallará todo lo lleno que potencialmente le sea posible; es un espacio que, por naturaleza, agota sus márgenes en tanto es resultado de una continua realimentación: el conflicto/diálogo entre el exterior y el interior del sistema. Digámoslo ya: el *espacio sustrato* de un sistema –de un sistema vivo o de una obra artística–, es lo Real. Que ese espacio sustrato en ocasiones no pueda verse no equivale a decir que esté vacío, y mucho menos que no exista. Así, el *espacio sustrato* resulta de la amalgama de relaciones conflictivas, que no por ello dialécticas ni aniquiladoras, entre multitud de agentes estéticos, técnicos, simbólicos y sociales que, aún en apariencia externos a la obra, ésta necesita para definirse como tal. No son agentes periféricos –como habitualmente la crítica suele referirse a ellos–, sino que son parte constitutiva del resultado en tanto que indisociables de él. Son el camino, el rastro. En caso de permanecer oculto el espacio sustrato, acontece lo que aquí hemos llamado ruina. En caso de hacerse visible, la obra es aquella a la que nos hemos referido como docuficción.

De modo que el espacio sustrato puede representarse como la superficie de contacto, el molde, el «negativo», de una obra. Visualizado en 3 dimensiones, el espacio sustrato sería algo así como la cara interna de los agujeros de un queso de gruyer. Donde se dan los flujos entre el interior y el exterior de la obra. El objetivo de una obra es generar complejidad, habitualmente con la apertura de «agujeros» que dejen entrever el escombro de un sistema, de una ruina ya inane, generar una escala 1:1. Agujeros hacia el espacio sustrato son abiertos cuando dentro de una obra unánimemente aceptada alguien crea un agujero ad hoc a fin de dar lugar a una segunda complejidad, una complejidad de segundo grado u *obra derivada* de la primera. Un ejemplo de este caso intencional podría ser la obra de Pierre Huyghe, *Elipsis,* elaborada a partir de la película *El amigo americano* (1977), de Wim Wenders. En la película *El amigo americano,* el personaje interpretado por Bruno Ganz es objeto de una elipsis argumental. En 1999, el artista Pierre Huyghe contrata al propio Bruno Ganz para que «rellene» esa elipsis: lo filma caminando el trayecto que en la cinta de Wenders sólo estaba sugerido por la elipsis. No en vano, la pieza de Huyghe lleva por título, *Elipsis*. Tenemos aquí un proceso de definición de un error, Pierre Huyghe define un error –la propia elipsis– en la película de Wenders, y a continuación abre ahí un agujero por el que entrar en el *espacio sustrato* para alcanzar así un escombro concertado en las problemáticas del tiempo y el espacio que cualquier elipsis sugiere –en realidad, toda elipsis llama naturalmente a eso: más tarde o más temprano ha de ser rellenada, y no como diría una poética del silencio, a ser aún más sustraída, aún más vaciada, a ser aún más elipsis como si de un particular Ángel de la historia se tratara. Saltando por encima de *El amigo americano* Pierre Huyghe construye su obra, combinación de escombro y residuo, que problematiza y simultáneamente poetiza muchos niveles de realidad: qué es una ficción, qué es un salto en el tiempo, qué es el cine *mainstream*, de qué forma es posible modificar discursos del pasado, de qué manera es posible rellenar una realidad o suplantarla, o qué es el trabajo remunerado, «fuiste actor asalariado hace veintidós años, y ahora destruyes o violentas aquel trabajo, tu propio trabajo», obra de carácter docuficcional no exenta de todos los trazos y signos y formas que el autor ha atravesado hasta llegar a su construcción final, no oculta mapa alguno, su actitud tiene un marcado carácter de tránsito doméstico.

Otro ejemplo de agujero originado en una obra de prestigio ya existente es *Reenactment of Chris Burden's Shoot* (2007) de Eva y Franco Mattes –más conocidos como 0100101110101101.org–. Se trata de una recreación de la famosa performance filmada de Chris Burden, *Shoot* (1971), en la que voluntariamente Burden se exponía a ser blanco de un disparo de escopeta que tuvo como resultado aquello que Burden pretendía: el impacto de bala en su brazo izquierdo. La llamativa peculiaridad de la recreación de Eva y Franco Mattes es que es hecha por sus avatares de *Second Life*.

Shoot (1971) de Chris Burden
<http://www.youtube.com/watch?v=JE5u3ThYyl4>

Reenactment of Chris Burden's Shoot (2007)
de Eva y Franco Mattes (en *Second Life*)
<http://www.youtube.com/watch?v=azOeL7ucZ9A>

El diálogo que se establece entre las dos obras se ve contaminado por un agujero que le aporta un brutal sentido añadido a lo que podría ser una simple recreación: *Second Life* fue
un espacio de ruina en el sentido que aquí le estamos dando a
ese término, espacio de prístinas promesas levantadas en meros intercambios de símbolos. El agujero que abrió esta obra,

realizada en el año 2007, en pleno auge de colonización de *Second Life,* no fue un agujero en la obra objeto de apropiación, es decir, no fue en *Shoot* de Chris Burden, sino en la propia *Second Life.* Y es que *Shoot,* de Burden, nada tiene de ruina; antes al contrario, es una de las obras de esos años que mejor se sostienen. La recreación de 2007 cuestiona la aparente normalidad y vida de ejemplar ciudadano y dócil consumidor de productos que era *Second Life,* una tierra digital con todas las comodidades de la tierra real pero sin sus elementos de degradación matérica. No deja de resultar irónico que *Second Life* se haya convertido en una ruina en el sentido convencional del término, lugar donde, como en esas ciudades abandonadas de los desiertos de Siberia o de Nevada, cabría peguntarse qué locales quedan en pie, qué coches aún circulan, cómo toda ella es un extrarradio sin tan siquiera vagabundos.

En el texto para el catálogo de la exposición de Bernardí Roig *Teorema (interrumpido),* que tuvo lugar en 2011 en la Fundación Luis Seoane de la ciudad de La Coruña, el crítico Fernando Castro Flórez se explaya acerca de la pieza de videoarte-porno, *Leidy B,* realizada por Roig, la cual define como una síntesis de las obsesiones eróticas del artista, y cita la sinopsis que el propio Roig escribió para la exposición *Por(no)pulsión,* abierta años atrás, julio de 2002, en el Círculo de Bellas Artes de Madrid: «Leidy B. habla de la garantía de mirar [...] El miedo fundamental siempre es el mismo: lo que no es mirado no ocurre. Si durante la masturbación, que sería el retrato más elevado, nadie nos ve, no hay verdadero orgasmo, sólo *desperdicio.* Necesitamos al que mira porque el que mira es el gran expropiador [...]».

De modo que para Bernardí Roig, donde no existe una mirada externa, mirada que objetiva la acción, ésta sólo genera residuos inactivos, desperdicios; la acción es en ese caso una acción perdida para siempre. De niños lo sabemos bien cuando con verdadero convencimiento imaginamos que las películas que no estamos viendo están siendo aún interpretadas aunque la pantalla esté apagada, los personajes están allí dentro y nosotros con la imaginación seguimos observando sus peripecias con el único fin de mantenerlos vivos, de que no mueran; el vouyerismo inherente a la pornografía adulta comienza ya ahí, en la infancia, en la observación fantaseada de las guerras de indios y vaqueros. Todo ello se relaciona con otra pieza del mismo artista, *Otras manchas en el silencio* (2011), la cual es una de sus obras más espectaculares, en la que en un acto que recuerda a la ya citada obra *Elipsis* de Pierre Huyghe, plantea también «rellenar» un hueco en una película, en este caso se trata de la aclamada *El año pasado en Marienbad* (Alain Resnais, 1961). En este clásico del cine objetivista, un grupo de ciudadanos de la alta sociedad observa lo que parece ser una representación teatral, la cámara hace toda una serie de prolongadísimos *travellings* por los rostros de estos espectadores sin mostrarnos qué están viendo realmente.

Silencio visual de *El año pasado en Marienbad* (Alain Resnais, 1961), «rellenado» en 2011 con un hombre cosiéndose la boca. *Otras manchas en el silencio* (Bernardí Roig, 2011)

En los huecos de esas escenas de rostros que, como de cera, no sabemos qué observan, introduce Bernardí Roig su pieza: él mismo, sobre un escenario cosiéndose la boca a sí mismo. Dicho de otro modo: lo que miraban los espectadores que asisten a una función dentro de la película *El año pasado en Marienbad* (1961) era a Bernardí Roig cosiéndose su propia boca en su pieza *Otras manchas en el silencio*, y esto lo descubrimos en su año de realización, 2011. La ambientación está tan conseguida que cualquiera que vea el vídeo y no esté avisado podría creer que todo ello pertenece realmente a la misma escena y a la misma película de 1961, los injertos de Roig cosiéndose la boca (realmente se la cose, previa anestesia) lo que hacen es «rellenar» de un modo apropiacionista lo que no veíamos en la película original, abren un hueco en la obra original para salvarla de su estado de ruina, y, en efecto, como en el caso de su película pornográfica *Leidy B* nos está diciendo que para dotar de sentido a su cosedura de boca necesita que alguien le mire, necesita espectadores, que él extrae de *El año pasado en Marienbad* al mismo tiempo que les da a esos espectadores, perdidos hasta entonces en un mirar sin mirar, una razón de ser objetiva más allá del celuloide, la construcción de una identidad que durante cincuenta años (de 1961 a 2011) había permanecido disfuncional, sin desarrollo pleno, en estado amorfo. La escena que faltaba, lo que no es mirado, lo que nadie observaba, y que por lo tanto se hallaba condenado al estado de desperdicio, de basura, de residuo, Roig lo rescata para reciclarlo. El propio título, *Otras manchas en el silencio,* da esa pista.

3.3 EL FIN DE LA ESPECTACULARIDAD EN LAS ARTES

Hasta los primeros años del siglo XXI, los productos de creación se significaban por la espectacularidad en su formato final, por la ocultación de lo que de privado –del cuerpo y sus marcas– hay en la obra, como si todo manara de lo público, de lo relacional; dicho de otro modo: la obra es generada y expuesta a través de mecanismos relacionales que apelan a la intimidad del consumidor, pero no a la intimidad del autor, una especie de «sentimentalismo dirigido», normalmente por instancias de poder, caso paradigmático del barroco y los neobarrocos. La tendencia hoy parece ser la contraria: convertir en público y en relacional los movimientos íntimos, documentar o dejar marcas dentro de la propia obra de ese movimiento experiencial donde lo que vagamente podemos llamar poético y no menos vagamente político puede ser monitorizado. En *Elipsis*, Pierre Huyghe no *documenta* únicamente porque nos haga partícipes de la obra previa así como de referencias con las que construye su película, sino porque no hay intención de ocultarlas, lo relacional y lo personal se imbrican de manera natural en la forma en que el artista ha escogido exponer su trabajo. Lo que separa a Lady Gaga de Alix Lambert no es algo naturalmente virtuoso o desechable que se halle, en sí, en sus respectivas obras –ninguna obra, ya sea artística o científica, contiene algo «bueno» o «malo» en sí mismo–, sino que depende del modo en que la artista construye la obra, llega a ella, el trayecto, y el modo en que ésta es expuesta. El proceso por el cual Gaga llega a ser quien es y la consecuente exposición de su obra, es un proceso estético y económico que podemos asociar a lo típicamente *deductivo* –tiene su origen en una ley exterior a ella, desde la cual realiza su obra–. Por el contrario, el caso de Alix Lambert se trata de un proceso estético y económico típicamente *inductivo*. Lo deductivo siempre es un postulado, un axioma acabado y cerrado, y lo inductivo siempre es una construcción que necesariamente muestra la cara de cada una de sus fases, el camino. Un reciente ejemplo de tal construcción inductiva de una obra, la consiguiente muestra de sus materiales de construcción, y por lo tanto de su camino, es la crónica/novela/libro informe, *Los Modlin* (Fracaso Books, 2013), donde el fotógrafo Paco Gómez relata cómo tras encontrar en la basura de una calle de Madrid miles de fotografías y diversos documentos de una familia, comienza una investigación a fin de indagar quiénes son, de dónde vienen y el porqué de toda esa vida tirada en la basura.

4

Máquinas y organismos

4.1 MÁQUINAS Y ORGANISMOS

La palabra latina *machina*, introducida por Plauto en el siglo II a.c., viene a significar medio, creación o dispositivo de toda índole (mecánico-material o simbólico) que intervenga en la representación de una obra teatral o en las máquinas destinadas a los ejércitos. Toma prestada esta acepción del vocablo griego, *mechané*. Así, *maquinar* tanto se refiere a construir un dispositivo mecánico de guerra como a inventar un truco, un engaño, destinado a la única arte en vivo en aquel tiempo, el teatro. Se ejemplifica en la conocida locución *Deus ex machina*, «Dios desde la máquina», la cual hace referencia tanto a la pirueta argumentativa final que llegada desde la nada resuelve una intrincada trama, como a las máquinas reales –cinturones, cuerdas y poleas–, usadas para, literalmente, ser descolgados los dioses sobre el escenario. El concepto de máquina tiene pues aquí también un doble sentido: tecnología y artificio.

En una ordenación, clásica, y aun hoy vigente que a través de diversos símiles establecidos con los organismos vivos trata de diferenciar a las máquinas de las artes, se afirma que por un lado existe la técnica, encarnada en artefactos que reproducen procesos físicos y que en último extremo tienen como utopía o límite asintótico el deseo de ser un organismo: la computadora desea ser cerebro humano, el avión desea ser pájaro, las pinzas desean ser una mano, el ascensor desea ser la ardilla que sin esfuerzo trepa al árbol –por algo se llama ascensor y no «descensor» aunque también se use

para ese propósito–, y por otro lado existen las obras artísticas, cuya pretensión es justamente la opuesta: diferenciarse
lo más posible de lo orgánico, separarse lo más posible de la
primitiva naturaleza y de sus inapelables y mecánicas leyes,
expresarse plenamente en el artificio que separa al humano
de la naturaleza: construimos fuentes de agua, que lanzan el
caudal hacia el cielo para de este modo ir en contra de «lo
natural», de la ley gravitatoria que obliga al agua de río a
descender, así que en el momento en que alguien inventó la
fuente inventó también el jardín como espacio netamente
humano, artificio opuesto a la ley natural de la gravedad
cuando ésta conduce a los fluidos. Quedan así establecidos
dos planos, que típicamente han actuado como criterios de
verdad y ordenación de las cosas: 1) la máquina como deseo
de una imposible aproximación y/o imitación de la naturaleza y de los organismos vivos, y 2) las artes como deseo de
total separación de esos mismos organismos vivos o naturales. Lógicamente, tales criterios introducen la dificultad de
definir qué es la *naturaleza*, casi siempre entendida como
una entidad con existencia propia e independiente de la aparición o desaparición de una mente humana; dejaremos
ahora esta dificultad aparte por haber sido tratada suficientemente en otros capítulos.

Por el contrario, proponemos aquí otra ordenación y relación entre máquinas y productos artísticos, relación que
estará articulada por una categoría intermedia a ambos y sin
embargo absolutamente separada de ambos, los *organismos*. Diremos para ello, antes que nada, que lo que comúnmente llamamos máquinas, es decir, artefactos construidos
por las diferentes culturas a fin de suplir o agilizar tareas,
son *máquinas reales*, y lo que comúnmente llamamos artes
serán también máquinas pero de diferente especie que las
primeras: *máquinas simbólicas*. Nuestra tesis es que ambas
clases de máquinas, reales y simbólicas, en realidad siempre
intentan aproximarse a lo que comúnmente llamamos naturaleza viva y sujeta a una evolución, o más específicamente,
a lo que llamamos *organismos*. Porque una computadora

desea ser organismo, sí, pero también esa otra máquina llamada «arte» desea ser organismo. La manera en la que ambas clases de máquinas llevan a cabo tal émulo es a través de las *simulaciones de organismos*, y cuanto más «simuladas» sean esas simulaciones, mejor. Pero tal deseo de simulación no hace sino acentuar las diferencias entre las máquinas (ya sean reales –tecnología–, o simbólicas –artes–) y los organismos (materia viva), de modo que a medida que tales máquinas intentan aproximarse más y más a los organismos, y en virtud de la propia definición de *simulación*, más ponen de manifiesto sus diferencias con los organismos, más se alejan de ellos.

Porque un *organismo* es algo total y radicalmente separado de la máquina –ya sea ésta real (tecnología) o simbólica (artes)–, aunque ese organismo funcione como límite asintótico, como sueño e imposible horizonte de esas máquinas en cuestión. Digámoslo así: entre cualesquiera de las dos clases de máquinas –reales y simbólicas– y los organismos hay un salto cualitativo, una discontinuidad insuperable. Porque una máquina es aquel sistema en el que si alguno de sus componentes se deteriora o deja de funcionar, y en virtud de una lógica lineal y no «compleja», la totalidad de la máquina se colapsa, se detiene, de modo que el desorden, el ruido, el aumento de entropía, juega en las máquinas un papel decididamente negativo. Por el contrario, un organismo es un sistema en el cual ante la aparición de un defecto del sistema o fallo de información –ruido–, en función de una *lógica compleja* el sistema puede apañárselas para reequilibrarse, dando lugar en ocasiones a una mutación, a un organismo nuevo, un nuevo orden: un orden que surge del ruido. Es por ello que el aumento de entropía, el desorden, juega en los organismos un papel decididamente positivo al verse compensado por la *neguentropía* –especie de «entropía contraria» o compensadora.

El criterio que proponemos aquí, y que aporta luz para distinguir entre *máquinas* –ya sean reales o simbólicas– y *organismos* es la diferencia que ambos arrojan en cuanto al balance Energía invertida vs. Información obtenida. Entendemos por «Energía invertida» los recursos materiales y humanos que se aportan a un sistema concreto. Entendemos por «Información obtenida» los productos que llegan a nosotros una vez todos aquellos recursos han sido procesados por el sistema en concreto. Y enunciamos así el criterio: organismo es aquel sistema en el que la Energía invertida (E) y la Información obtenida (I) toman valores que si bien no son necesariamente idénticos sí se hallan en el mismo orden de magnitud, como por ejemplo ocurre en una célula. Podemos abreviar esto diciendo que en un organismo la Energía invertida por su entorno y la Información finalmente obtenida son (casi) iguales; haciendo un abuso del lenguaje vamos a poner entre ellas el signo de igualdad (E = I). Pero ¿qué ocurre con las máquinas reales y las máquinas simbólicas? Pues por su parte, las *máquinas reales* –la tecnología– vienen caracterizadas porque la energía (E) invertida en ellas es mucho mayor que la información (I) que finalmente nos será suministrada, balance que abreviamos de este modo (E >> I). Son éstas las máquinas comunes (coches, cohetes, bombillas, máquina Estado, máquina fiscal, etcétera). Y por su parte las *máquinas simbólicas*, comúnmente llamadas *artes*, se caracterizan por una proliferación de lo representativo, lo cual les lleva a tomar un *aparente* valor del balance Energía/Información contrario a las primeras: la Energía invertida es mucho menor que la Información recibida (E << I); se supone que en estas máquinas simbólicas (artes) la excelencia y el valor añadido a lo meramente material que aporta su componente artístico es precisamente ese exceso de información (I) que nos brindan, clásicamente es la parte constitutiva que dota a una máquina de la fuerza simbólica, del aura y del aparato metafórico que la eleva a «obra de arte». Dicho de otro modo, ese exceso de información (I) que lo que aquí hemos llamado una *máquina simbólica* nos brinda es la que hace que un lienzo deje de ser una sucesión de infantiles garabatos y como por arte de magia sea «un Miró». Inversamente, para las *máquinas reales*, es la falta de ese mismo exceso de información (I) la que hace que una sucesión de piezas ensambladas sean el motor de un coche y no una escultura de arte cinético sujeta a una exhibición museística y a un valor de mercado que excede en varios órdenes de magnitud al de la máquina. Nótese, que cuando hablamos aquí de Energía e Información son términos invocados desde un punto de vista conceptual, cualitativo.

Sintetizando:

E = I organismos (agregados celulares sujetos a evolución y complejidad)

E >> I máquinas reales (aparatos tecnológicos y aparatos de Estado)

E << I máquinas simbólicas (productos artísticos)

Pero nótese que entre los dos tipos de máquinas, las *reales* (tecnología) y las *simbólicas* (artes), hay trasvases de materiales, símbolos y datos que las hace reversibles: de una máquina real (simple tecnología) a una máquina simbólica (artes) se pasa ganando lo que clásicamente la teoría del arte ha denominado «aura», entidad netamente metafísica que, en realidad, sabemos que es definida por las relaciones de mercado y por la crítica especializada, es decir, por los contextos que, en su construirse, la propia máquina va atravesando, y de ahí que puedan llevarse a cabo tales trasvases de aura. El proceso inverso, el paso de máquina simbólica (arte) a máquina real (tecnología) lógicamente se realiza restándole aura a aquélla, operación que igualmente vendrá definida no por nada metafísico sino por una combinación de la crítica especializada y las relaciones de mercado. Una misma obra puede realizar tales migraciones de «ascenso» y «descenso» –ganar o perder aura–, en repetidas ocasiones históricas. En cualquier caso, en esos ascensos y descensos todas las máquinas –insistimos– quieren ser *organismos*, delirio que en su imposibilidad se convierte en una alucinación, un deseo que por incumplido se instituye en el motor de sus cambios.

Analizadas con detenimiento, las máquinas simbólicas (las artes) resultan objetos imposibles por cuanto parecen generar Información desde la nada o desde lo ínfimo. En efecto, si la Energía invertida es mucho menor que la Información obtenida (E << I) se ve aquí violado todo principio de conservación de materia y energía en tanto que no sólo no hay desperdicio de energía si no que la información obtenida parece surgir «desde la nada» –es esa supuesta nada la que las *estéticas del vacío* reivindican como verdadero agente provocador de la obra de arte–. Y como ya hemos apuntado, es ése el caso de la definición histórica de lo que es Arte: el plus de Información (I) que nos proporciona la contemplación de una obra y que pareciera salir de ninguna parte. Por ser más concretos, se trata de la idea de que, por ejemplo, un cuadro es un soporte finito (E, energía aportada) que contiene una realidad de infinitas experiencias (I, la información recibida por el espectador es potencialmente infinita), cumpliéndose así en apariencia el imposible balance E << I. Esta inefable parte, que realiza este proceso que la lógica contradice, es lo que, según las escuelas, suele asimilarse a la parte espiritual del arte, la aparición de lo sublime, etcétera. Históricamente, según épocas, esto ha tomado muchas acepciones. En algunos pensadores la parte inefable toma la forma de gasto inútil no obstante imprescindible; tal es el caso del varias veces citado Bataille, para el cual ese plus de información aparece como *parte maldita*, la cual básicamente es el fruto del proceso que lleva a un objeto cualquiera a pasar repentinamente del primer caso (ser herramienta, mera tecnología, E >> I), al segundo caso (producto artístico, E << I). En otros pensadores, por ejemplo en Marx, ese plus, la parte inefable de la máquina, toma forma de «intersticio» por el que se cuelan los intercambios económicos y simbólicos que se hallan fuera de lo normativo, generándose así una plusvalía tan monetaria como simbólica que la norma establecida por una comunidad no es capaz de controlar pues tal plusvalía ha aparecido «como desde la nada». Otros, como Deleuze y Guattari, entienden ese plus de infinita información que caracteriza a la obra de arte como la forma que adquieren los así llamados «procesos de esquizocreatividad».

Naturalmente, lo hemos dicho, esta posición en la que la energía aportada es mucho menor que la información obtenida (E << I) es eminentemente metafísico-religiosa y, como también hemos dicho, en realidad es relacional: depende del contexto de mercado y legitimación de la crítica y de las academias. Pero además de pertenecer las artes a esta definición de máquina simbólica, también los productos de mercado, aquellos que hemos llamado máquinas reales (E >> I), pueden repentinamente ser ascendidos a máquinas simbólicas, a arte, por mediación de un valor añadido: un banal perfume que es usado por una determinada celebridad, un paraje anodino es redefinido como paradisíaco por mediación de campañas turísticas, una computadora es ascendida a objeto de culto porque es usada por un determinado grupo social, etcétera, adquiriendo así todo ello un «aura». O algunas teorías científicas, las cuales amplían su valor de uso meramente técnico y son promocionadas hacia su sacralización en el campo de lo pop –popular en general–. Por ejemplo la ecuación, $E = mc^2$ inscrita en una camiseta de mercadillo, o la ya aquí señalada canción *El blues del bosón de Higgs*, de Nick Cave, o, en el límite de lo cabal, las disparatadas interpretaciones que corrientes esotéricas hacen de la mecánica cuántica, o una máquina electoral que proporciona la victoria al candidato, con el aura que ese puesto público conlleva –notemos que los presidentes de las naciones tienden a hablar en primera persona cuando se refieren a decisiones tomadas por todo un Gobierno; tal personalismo los asciende también desde la posición de máquinas reales a máquinas simbólicas.

Por su parte, la máquina real (un coche, un hacha, una computadora o una taza de porcelana) con su E >> I es una máquina cargada de fatum en tanto lleva asociada una utopía: la existencia de una fuente infinita de recursos energéticos; de ahí que estemos acostumbrados a la obsolescencia de las máquinas reales. Pero ese acabamiento no es algo que, en principio, resulte evidente de por sí; en efecto, nada impide pensar que el primer humano que vio el fuego pudiera imaginar que aquello era una llama eterna, del mismo modo que las primeras sociedades industrializadas, autistas respecto a los procesos termodinámicos, no percibieron la limitación de recursos naturales hasta las primeras crisis energéticas. Las máquinas reales son los diferentes dispositivos de los procesos de producción industriales, los organigramas empresariales, las estrategias de producción, o las mismas máquinas como el coche, el cohete, el satélite, sí, pero también objetos que estando en el grupo de las artes (máquinas simbólicas, grupo correspondiente a E << I) han decaído, han perdido su plus, su aura, como por ejemplo un artista cuya obra deja de tener interés para el público, o un político que de pronto no mueve a las masas.

Entre E >> I y E << I, hay pues un flujo de requerimientos y presunciones enmascaradas de aura según la naturaleza y campo social que cada máquina en concreto ponga en marcha. Hay algo que tiene que ver con lo *personal* de cada máquina pero también con lo *relacional*, con el uso social y la red que esa máquina es capaz de armar y activar en torno a sí.

No toda máquina es una ruina, pero sí toda ruina es máquina.

¿Y qué ocurre con los organismos?

4.2 UN AGUJERO ENTRE LA TEORÍA Y LA PRÁCTICA

Habíamos adelantado que tanto las máquinas reales como las simbólicas desean aproximarse a la naturaleza cifrada en los *organismos*. Tal como lo hemos definido, *organismo* es aquel sistema en el que la Energía (E) invertida y la Información obtenida (I) toman valores que, si bien no son necesariamente idénticos, sí se hallan en el mismo *orden de magnitud*. Esto lo habíamos simplificado diciendo que el organismo es un sistema en el cual Energía e Información son iguales (E = I).

Hasta ahora hemos hablado de los objetos materiales, ya sean máquinas reales o máquinas simbólicas. Cambiando ahora al plano de los *procesos* de creación de esos objetos, existen otras dos maneras de generar máquinas de cualesquiera de las dos clases citadas, reales y simbólicas. Estas otras dos maneras son a través de las teorías –lo que comúnmente llamamos pensamiento–, y a través de las diferentes prácticas experimentales –técnicas, experimentos, que desembocarán en alguna clase de teoría–. Y ambos procesos desean también concebir *organismos,* desean alcanzar el estado E = I, pero en tanto que simulaciones de la realidad sólo producen *máquinas* de diferente orden, amalgamas de máquinas físicas y máquinas simbólicas, nunca organismos. Es decir, la teoría y la técnica, cada una con sus correspondientes máquinas, constituyen dos extremos en lo que respecta a las representaciones de la realidad pretendidamente *orgánica.* En efecto, lo que llamamos técnica o tecnología, que en términos generales podemos asociar a procesos *inductivos* y empíricos, a modos de experimentación y a procesos políticos y artísticos articulados en torno al modelado de la realidad a través de la recogida de datos de la experiencia, *se queda corta respecto a la expectativa realidad:* los experimentos nunca alcanzan la «experiencia de realidad» prometida, nunca alcanzan el estado de organismo (E = I). Y hacemos notar que la tecnología, dotada de ese método de trabajo al que llamamos *inducción*, tomó especial relevancia en la producción de arte, ciencia y pensamiento en la posmodernidad, cuyas teorías eran más bien una empírica amalgama de otras resueltas en laboratorio. Por el contrario, las *teorías*, que siempre son entes fundamentados en procesos *deductivos*, axiomas, y prácticas políticas y artísticas ligadas a la cultura del postulado y el manifiesto, se pasan por arriba, rebasan en mucho la experiencia de la realidad, al punto de que en mayor o menor medida siempre son «teorías ficción», van más allá de la realidad del *organismo* (E = I); su modus operandi tomó especial relevancia en las artes, la ciencia y el pensamiento generados en lo que se llamó modernidad. Bien, el hueco que hay entre am-

bas, entre la teoría y práctica, es la conocida y habitual dificultad para realizar todo proyecto real: una vez aparentemente hemos conseguido realizarlo, vemos que nos hemos
quedado o muy por debajo de nuestras expectativas, es decir,
muy por debajo de lo que la teoría prometía porque la teoría
ni da cuenta de todos los detalles de la realidad ni a través de
la suma de experiencias le es posible generar un corpus cerrado y compacto que ordene una parte del mundo, o bien por el
contrario nos hemos quedado muy por encima de la realidad,
en mera especulación teórica, en el caso de que la teoría no
pueda ser de facto comprobada. De modo que teoría y técnica
son ámbitos predestinados a defraudar: por mucha energía
(E) que invirtamos, nunca alcanzan a proporcionar la información (I) que prometían, o se pasan o se quedan cortos,
nunca llegarán a E = I, es decir, nunca llegan a la complejidad
de los organismos.

Y hemos llegado hasta aquí para poder ahora decir que lo
que mejor se adapta a la *experiencia de realidad*, a los organismos (E = I), es lo que hemos llamando *docuficción*, la cual
deja a un lado la estricta factualidad de las máquinas reales
así como también la metafísica monumentalidad de las máquinas simbólicas. En sentido estricto, es cierto que la docuficción no crea *organismos,* pero sí crea «aproximaciones
muy aproximadas» a éstos. La docuficción ni ofrece ni propone «saltos mágicos», entre la máquina real (tecnología) y la
máquina simbólica (arte), sino que muestra el camino de hibridaciones que la llevan de un extremo a otro. Ese mostrar el
camino es, en el fondo, el mostrarse de la autocrítica. Todo
organismo, con su trayectoria al descubierto, apela, antes que
nada, antes que a la observación de terceros, a la autoobser-
vación. La docuficción, en tanto que aproximación al organismo, y mediante su nomadismo estético, se despliega en
todos los órdenes estéticos, sociales, teóricos y técnicos sin
evitar su visibilidad, su rastro, rastro que es camino al mismo
tiempo que resultado, y de este modo abre la puerta al visionado del cruce de trazas, itinerarios, subjetividades y conflictos que yacen en la obra. Es, en suma, el visionado del con-

flicto, de Lo Real, la red que va y viene cruzando lo que al inicio habíamos llamado Línea Año Cero de las cosas. Porque en la docuficción, en tanto que organismo, prima el flujo, la conexión con otros organismos, no es identitario, muestra las idas y retornos a su exterior, es un *sistema complejo*, un sistema abierto al mismo tiempo que cerrado, y en esa simultaneidad se pone en marcha el feedback, la realimentación que lo define. Bajo esta óptica, y por remitirnos a un ejemplo ya descrito, la obra de Lady Gaga, al menos hasta la fecha, es típicamente *máquina*, no muy diferente al motor de un coche –gasto de energía invertida muy superior a la información obtenida–, no es organismo porque en su obra final ha sido borrada la trayectoria, el mapa de su conformación. Parece su caso, convenientemente transformado a nuestra contemporaneidad, el *Deus ex machina* del teatro griego. Es en este sentido en el que –y con independencia de que la calidad de sus obras o de nuestros gustos– decimos que Gaga se halla en un estado estético de ruina. El caso de Alix Lambert es típicamente *organismo*, el gasto de energía invertida se halla en el mismo orden de magnitud que la información obtenida, pues no ha destruido su mapa, hay autocrítica, en su obra el escombro y el residuo se hallan a la vista. La docuficción es una máquina tan próxima a un organismo que en ella ha sido borrado su carácter de ruina.

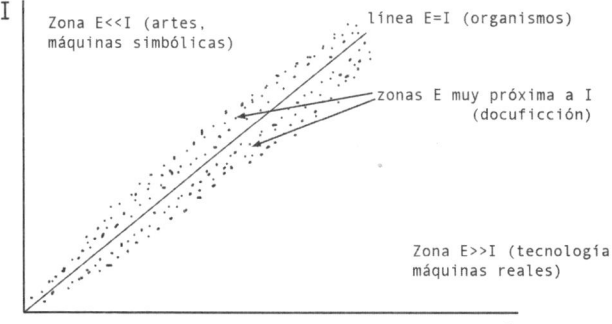

Sintetizando: queremos construir organismos, y no podemos, todas las máquinas desean aproximarse lo más posible a un conformarse en organismos porque saben que de
ese modo, tal como evolucionan las especies «vivas», en lugar de simplemente *mantenerse en el tiempo,* y en virtud de
la reproducción, se *automantendrían en el tiempo*, máxima
aspiración de cualquier mecanismo. Lo intentamos con las
máquinas reales (cohetes, coches, computadoras, sacacorchos) y nos salen objetos muy lejanos a los organismos,
cuyo paroxismo, y horizonte utópico hasta mediados del
siglo xx, fue el *cyborg*, y a partir de aquel momento ha venido siendo la Red, la cual colma la utopía romántica del humano hiperconectado a todo confín y a toda célula de la
naturaleza de tal manera que el cuerpo queda diluido en esa
Red. Lo intentamos también con máquinas simbólicas, lo
que habitualmente llamamos artes, donde la tecnología de
aquéllas se desplaza aquí a otra clase de tecnología: los discursos económicos, estéticos y políticos que construyen el
idealismo de una imposible Energía invertida mucho menor
que la Información obtenida (E << I), un aura. A tales fines,
las máquinas simbólicas, las artes, desde hace ya mucho
tiempo se introducen en el espacio de las máquinas reales, de las máquinas sujetas a E >> I, a fin de reasignarles un
estatus de arte por derecho propio; tal es el caso del apropiacionismo. Por remitirnos al ejemplo célebre y paradigmático, en 1917 Duchamp compra un urinario y lo mete en un
museo, fundando así el apropiacionismo autoconsciente; la
máquina simbólica va de safari al almacén de sanitarios y
literalmente sustrae, caza para sí, una de sus más anodinas
piezas.

Pero aparece aquí un problema: ese tránsito de una clase
de máquina a otra (de E >> I a E << I), si se lleva a cabo por
la «línea recta», por el camino más corto, no se puede hacer
porque en ese caso por fuerza en algún momento el proceso
pasará por el punto de equilibrio inestable E = I, por el punto
en el que durante una fracción de segundo la máquina real o
simbólica –dependiendo desde qué lado venga– es un pleno

organismo, y sabemos que eso no es posible pues equivaldría a, por ejemplo, la transformación al menos durante unos instantes de un urinario en una célula real y viviente.

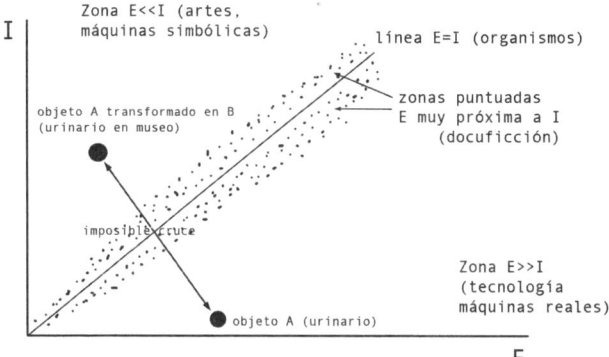

Para transformar A en B no podemos ir directamente porque en el cruce con la línea E=I la máquina A se haría totalmente organismo. Para ir de A a B habrá de dar un rodeo.

En efecto, sabemos que ninguna máquina puede cruzar la línea E = I, puede aproximarse a esa línea infinitamente, sí, puede situarse en la zona de puntos –ver el gráfico anterior–, que es la zona de la docuficción, pero nunca puede cruzar la línea porque eso sería tanto como decir que para esa máquina, en su tránsito de una zona a otra, hay un instante en el que muta en organismo de verdad, un organismo real, una suerte de milagro o transubstanciación, cosa que les resulta imposible tanto a las máquinas reales como a las máquinas simbólicas. Nunca un urinario (máquina real, E >> I) tiene la naturaleza exacta de un organismo celular, así como tampoco nunca un urinario elevado a arte en un museo (máquina simbólica, E << I) tiene la naturaleza de organismo celular.

Así las cosas, ¿qué hacer para convertir un urinario de almacén en un urinario expuesto en un museo? Pues igual que cuando se quiere cruzar un río y no tenemos un puente directo, la única solución para ir al otro lado es, sencilla-

mente, dar un rodeo. El único modo de convertir un urinario comprado en una tienda de sanitarios en una pieza de
arte será efectuando un peregrinaje, un nomadismo estético
real y simbólico que tras varias fases nos lleve a la otra «orilla», a la otra zona. En ese rodeo de máquina real (zona
E >> I) a máquina simbólica (zona E << I), el objeto pasará
por al menos tres momentos y el trayecto se realiza del modo
en que muestran las flechas del gráfico:

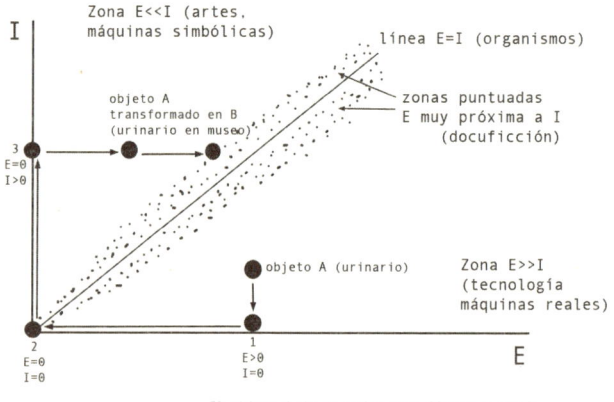

El objeto A da un rodeo para llegar a ser B.

1) Es este momento el correspondiente a un desplazamiento del objeto a las coordenadas E > 0, I = 0. Hay Energía aportada pero a efectos de representación el objeto no
produce nueva Información. Situación que puede equipararse a la ocultación a nuestra visión del objeto, como la
pieza interna de un reloj, que sabemos que está ahí pero ni
la vemos ni le prestamos atención. Es la máquina en estado
de puro uso, desposeída de cualquier dimensión simbólica.
Un urinario instalado en unos lavabos públicos y únicamente usado como continuo receptáculo de orina. O una pieza
de arte que va cayendo en el olvido.

2) Momento en el que el objeto, y continuando con el
rodeo nómada, se desplaza hasta alcanzar el origen de coor

denadas (E = 0, I = 0). En ese punto singular, al objeto ni le aportamos Energía ni él nos devuelve Información alguna. Es su desaparición absoluta. Como esos objetos que, bajo tierra y esperando a ser desvelados, la arqueología no sólo aún no ha visto sino que ni tan siquiera sospecha de su existencia. El urinario que rodeado de otros cientos de trastos fruto de una demolición se halla olvidado en un almacén. El libro que de entre los miles de volúmenes de la Biblioteca Nacional nadie reclama ni ya conoce.

3) Momento en el que el objeto comienza a desplazarse a I > 0 pero continúa en E = 0. Comienza a darnos información (I > 0) pero sin aparente aporte de energía (E = 0). El objeto se presenta así como información pura, sin justificación, como mera intuición emerge en el campo de las representaciones desde una aparente nada, movimiento típico de las epifanías, las revelaciones, las fes incluso, el vislumbre de usos imprevistos del objeto. El urinario que produce la emersión ante nosotros de una súbita imagen que nada tiene que ver con su uso. Las páginas del último libro del último estante de la Biblioteca Nacional que alguien rescata con un nuevo sentido.

Por último, estando aún en esa zona de exceso de Información (I > 0, E = 0), con tal de hacer el movimiento de aporte de energía suficiente el objeto alcanzará horizontalmente la zona de las máquinas simbólicas reales E << I. El rodeo ha concluido. El urinario ya está en el museo, ya tiene aura, o las páginas de un libro olvidado, dotadas de un nuevo uso, ya están inmersas y apropiadas en otro discurso literario. Y si su desviación de uso original es lo suficientemente potente desde un punto de vista simbólico y metafórico, puede decirse que la obra –antes mero objeto en el caso del urinario, o mero texto en el caso del libro– se desplaza aún más para situarse en la zona de «E casi igual a I», se aproxima a E = I, zona de la docuficción (en el gráfico zona puntuada), zona de los organismos.

Si el artista es capaz de visualizar ese instante del objeto en la zona muy cercana a E = I, retenerlo tan siquiera como se retiene una rebanada de pan caliente haciéndola saltar de una mano a otra, es cuando puede decir que tiene entre sus manos algo muy parecido a un organismo, una docuficción, un sistema complejo. Ha abierto un agujero en el espacio sustrato de aquellos sistemas-máquina, de aquellas ruinas. Es entonces cuando el artista, el científico, el consumidor crítico, penetra hasta el escombro de las máquinas reales o simbólicas y genera una obra que está en el mismo «orden de magnitud» que un organismo; es un «cuasi-organismo», una docuficción. La obra fluctúa entonces en torno a dos puntos: la máquina real y la máquina simbólica, el *residuo* o eco producto de la profanación y el *escombro* de lo que fuera ruina, y entre ambos polos describirá movimientos sin detenerse. En ese momento podemos decir que ha desaparecido el aura porque bajo esta nueva condición la obra no necesita las metafísicas definiciones de aura que las teorías estéticas acostumbran a aplicar a las obras para investirlas como tales: su cualidad de «cuasi-organismo» sustituye a la metafísica aura. Y el movimiento de la obra en ese punto de equilibrio inestable (E = I) sólo se detendrá cuando, por los medios que sean, algo la haga decaer en ruina, bien sea desandando el camino llevándola otra vez al área de una máquina real (E >> I) –por ejemplo, la obra de arte que deja de funcionar como tal y se convierte en chatarra, sin posibilidad de reinterpretación–, o bien sea desplazándola ligeramente al área de la máquina simbólica (E << I) –obra que es sacralizada, normalmente por grupúsculos de fans o inducciones del mercado, y se convierte en pieza de Museo.

Quedaría por explorar la sexualidad de este proceso, que necesariamente ha de entrar en juego pues todo organismo, por el hecho de serlo, se halla sujeto a una sexualidad y a todo lo que ésta arrastra. Una máquina, no. Hablamos de la sexualidad como producción –erotismo–, y como reproducción –transmisión genética–. Esto abriría un nuevo ángulo de visión sobre la docuficción, la cual como hemos venido argumentando, en tanto que obra genera una realidad sujeta a los mecanismos propios de la seducción (producción) y al mismo tiempo es ADN de nuevas obras (reproducción).

4.3 EL ESPECIAL CASO DE LA MUERTE

La muerte constituye una especial clase de máquina real al mismo tiempo que simbólica. Real porque realmente la «máquina cuerpo» se agota, deja de funcionar, y simbólica por los relatos que toda muerte pone en marcha. No hay máquina simbólica más simbólica que la muerte, momento en el que la Información obtenida tiende a infinito en comparación con la Energía invertida (E << I), Energía que en el límite del cuerpo que se está muriendo tiende a cero en el sentido de que desde los procesos simbólicos existentes cuando la conciencia se hallaba presente decae a procesos biológicos simples. Y ésa es la paradoja de la muerte, y acaso el origen de la fascinación que ha ejercido y ejerce sobre toda cultura: la incomprensión que supone para nosotros su generar relatos y obras sin que tengamos que aportar apenas energía; en la muerte, el relato viene dado, creado, aparece como por arte de magia. En la muerte elaboramos relatos extremos, comienza el mito de lo que una vez fue algo y ya no es. Todo relato, pensamiento religioso, artístico o literario es una consecuencia de alguna clase de muerte. En la ficción convencional la muerte es materia de dramas de corte ejemplarizante, espacio para arrepentimientos. En el campo de lo maquinal real puede funcionar a modo de catarsis. En el siglo pasado, tanto las estéticas sociales, fácilmente digeribles por el público, como las estéticas más *high*, han utilizado la muerte como máquina simbólica suprema, el no va más de sus fuegos artificiales. Pensemos de nuevo en todas las representaciones de corte artístico que utilizan los campos de concentración nazis, a tal punto que éstos fueron convertidos en auténticos parques temáticos. O pensemos en imágenes del premio Photo Press, habitualmente sobredramatizadas, estética y sentimentalmente barrocas. O el extremo caso, típicamente posmodernista, de la publicidad desplegada por Benetton en vallas publicitarias de todo el mundo, en las que mujeres aquejadas de anorexia y otros trastornos típicos de las sociedades sobrealimentadas anunciaban jerséis de colores precolombinos. La muerte no sólo es un drama y un negocio, sino también un histérico y evidente modo de representar la realidad que atraviesa las prácticas artísticas y político-sociales. La muerte tratada como máquina simbólica, como ruina. Y la muerte tratada también como máquina real en tanto que real exterminio planificado por ciertos Estados. Acaso la docuficción, a través de los organismos, desprende a las prácticas artísticas de tales modos extremos e hiperbólicos.

4.4 UTOPÍA DEL TIEMPO, UTOPÍA DEL ESPACIO

Los sueños del transhumanismo, o los del humano en simbiosis con la máquina o el *Cyborg* no son más que embellecidas ruinas. Un organismo se crea no por representaciones de segundo grado, un organismo nada significa, se significa, aparece como el resultado de sus relaciones internas, no es definible desde un lugar externo, se define a sí mismo. La utopía de la máquina acoplada al humano –utopía de ser organismo– fue el sueño moderno por antonomasia; nos referimos al pensamiento que se articula en torno a metáforas temporales pues toda máquina, en base a su derroche de Energía o aumento sin fin de entropía es fundamentalmente tiempo, no espacio. Por el contrario, todo organismo en base a su compensación natural del gasto de entropía, nivelado a través de sus paredes, permeables con el entorno, no es que niegue el tiempo pero sí que lo relega a un segundo plano dejando paso a una supremacía del espacio, por ejemplo el desarrollo de un feto o de un tumor. En el caso del posmodernismo tardío, de finales del siglo XX, la utopía no fue ligada a las máquinas en sí, a las máquinas clásicas derivadas de la Revolución Industrial, sino a internet. La utopía posmoderna no fue la del humano acoplado a una máquina sino la de un humano acoplado a la Red internauta. Y ambas –las máquinas clásicas y la Red– son las Ruinas construidas, respectivamente, por la Modernidad y la Posmodernidad. Cabe preguntarse: y de nuestras actuales ruinas, aquellas que aún estamos construyendo, ¿qué quedará, qué percibirán en ellas los futuros ciudadanos, cuáles serán sus legítimos latidos, sus latientes escombros? No podemos saberlo. Lo que sí es seguro es que bajo el hielo de la cima del Kilimanjaro verán el cadáver de un leopardo y la pregunta será la misma: qué hacía, qué buscaba, aquel animal en esas alturas.

Agradecimientos

En los ocho años que ha durado la redacción de este libro (2010-2018) ha habido no pocas personas que en directo o en diferido han contribuido a que fuera mejor, especialmente quienes me invitaron a dar conferencias, cursos y en definitiva compartir experiencias que de algún modo me obligaron a ordenar ideas y avanzar hacia otras. Contenidos de este libro fueron usados en diferentes actos públicos en el TEC de Monterrey, coordinados por Dora Estela Rodríguez y Ana Laura Santamaría, también en el Instituto Europeo del Diseño, invitado por Toni Segarra y Alejandro Norniella, y en una conferencia en ciudad de México, dentro del ciclo La Creatividad Redistribuida, coordinada por Néstor García Canclini y Juan Villoro, de la que en 2012 se editaría un libro homónimo (Siglo XXI editores). Christine Henseler y Debra A. Castillo me dieron la oportunidad de impartir una conferencia en 2010, Cornell University, acerca del por entonces incipiente concepto *tiempo topológico*, que sería publicada en 2012 en Hispanic Issues (Minnesota University), volumen 9. En 2010 Julio Ortega me llamó para que viajara a Brown University, donde en una conferencia pública en el Congreso Transatlántico comencé a dar pasos hacia lo que luego llamaría *Realismo Complejo*, asimismo Beatriz Pastor (Darmouth College) años más tarde, y con las ideas más cuajadas por mi parte, me invitaría a Monterrey a hablar de lo mismo. Gustavo Schwartz en 2011 me invitó al Encuentro Internacional de Literatura y Ciencia, celebrado en Donostia International Physics Center, donde expuse algunas presencias de la metáfora en las ciencias, que luego ve-

rían la luz en el libro colectivo *Nodos* (Next Door Publishers, 2018). Javier García Rodríguez impulsó la edición
del libro *Blog-up* (Publicaciones Universidad de Vallado-
lid, 2012), bajo la edición de Teresa Gómez Trueba, donde se
recogen contenidos de mi blog, y al que añadí un texto acerca
del *tiempo topológico* y la *exonovela*. Respecto a la exonovela, el CCCBLab me propuso en 2011 hacer un artículo sobre
redes y nueva literatura, que finalmente tomó breve forma
en «Exonovela, un concepto a desarrollar», editado en su
blog. En mayo de 2013 Federico Vercellone y Francisco
Martín Cabrero me invitaron a impartir la conferencia de
clausura de las jornadas internacionales dedicadas a la filosofía de la complejidad, celebradas en Turín bajo el título
«El Reencantamiento del Mundo», donde tuve ocasión de
intercambiar con ellos valiosísimas ideas acerca del *nuevo
realismo* y el *nomadismo estético*. Jaime Priede me propuso
contribuir con un artículo acerca de la idea de *el otro* y las
actuales ficciones distópicas en el n.º 66 (marzo de 2015) de
la revista *El Cuaderno*, artículo que pasado el tiempo sería el
germen de la Primera Parte de este libro. Bénédicte Vauthier,
en 2015, me invitó a exponer en la Universidad de Berna, y
con motivo de las Jornadas de la Sociedad Suiza de Estudios
Hispánicos, mi punto de vista acerca de la imposibilidad
del fragmentarismo, recogido en *Boletín Hispánico Helvéti-
co* «Historia, teorías, prácticas culturales», n.º 28, otoño
de 2016. Amelia Gamoneda, en 2016, y como coordinadora
del n.º 422-423 de *Revista de Occidente, Metáfora y Ciencia,* me sugirió una colaboración en la que finalmente abor-
dé las diferencias entre los orígenes de la ciencia y la tecnología. Sobre la idea de la imposibilidad del fragmentarismo,
y por mediación de Mihai Iacob, tuve ocasión de hablar en
el congreso Narrativas Mutantes, Bucarest, 2016. Mariano
de Santa Ana me invitó a hablar acerca de la ciudad como
una red compleja en el ciclo Pop Sin Brillo, Ciudades Inter-
medias y Cultura Visual, celebrado en Centro Atlántico de
Arte Moderno, Las Palmas, 2017. Lia Ogno me llevó hasta
Turín en 2017, al Seminario Internacional «Nueva Literatu-

ra, Nuevo Realismo», donde hablé de mi idea del *Realismo Complejo*. A todos y todas, mi gratitud. Y también a Eloy Fernández Porta, quien leyó una primera versión del libro e hizo impagables aportaciones.

Palma de Mallorca, octubre de 2018

Obras citadas

ABALLÍ, Ignasi, *Matèria textil* (2007).

ABRAHAM, Carlos, *Borges y la ciencia ficción* (Quadrata, 2005).

ABRAMS, J. J., *Perdidos* (ABC Chanel, 2004).

ADER, Jas Ban, *In Search of Miraculous* (Afterall Books, 2006).

AGAMBEN, Giorgio, *Profanaciones* (Anagrama, 2005).

AGENCIA ESPACIAL EUROPEA, *Tribe* (Doritos, 2008).

AGUDO, Marta, *Historial* (Calambur, 2017)

AIRA, César, *Cecil Taylor* (Mansalva, 2014).

ANGULO, María, *Inmersiones, crónica de viajes y periodismo encubierto* (Edicions Universitat de Barcelona, 2017).

ANÓNIMO, *El lazarillo de Tormes* (Cátedra, 2005).

ARISTÓTELES, *Poética* (IV a.C.).

AUGÉ, Marc, *Los no lugares, espacios del anonimato* (Gedisa Ediciones, 1992, reedición 2008).

AUGER, Pierre, *El hombre microscópico* (Gredos, 1969).

AUSTER, Paul, *Smoke* –guión película– (1995).

AZÚA, Félix de, *Diccionario de las artes* (Planeta, 1995).

BALLARD, J. G., *Crash* (Minotauro, 2008).

BARKAN, Leonard, «Ingestion/What's for dinner?» (*Revista Cabinet*, n.° 63).

BARNATÁN, Marcos Ricardo, *Borges, biografía total* (Temas de Hoy, 1995).

BATAILLE, George, *La parte maldita* (Icaria, 1987).

BAUDRILLARD, Jean, *Los intercambios simbólicos y la muerte* (Monte Ávila Editores, 1976).

—, *Las estrategias fatales* (Anagrama, 1991).

BECKETT, Samuel, *Têtes mortes* (Minuit, 1967).

BENJAMIN, Walter, «Capitalism as Religion», *Selected Writings 1913-1926* (Harvard University Press, 1996).

—, *Dirección única* (Alfaguara, 2002).

—, *Libro de los pasajes* (Akal, 2005).

BENOIT, Peeters, *Derrida* (Fondo de Cultura Económica, 2015).

BERTALANFFY, Ludwig von, *General System Theory* (G. Braziller, 1968).

BEST, Sue, «Deconstructing Space: Anne Graham's Installation for Walla Mulla Park and Jeff Gibson's Screwballs» (Transition 42, 1993).

BESTUÉ, David; VIVES, Marc, *Acciones en casa* (colección Museo Reina Sofía, 2006).

«BIFO» BERARDI, Franco, *Heroes, Mass Murder and Suicide* (Verso, 2015).

—, *The Uprising, on Poetry and Finance* (Semiotexte, 2012).

BLANCO, Paloma, *Pornotapados* (2007).

BLUMENBERG, Hans, *Historia del espíritu de la técnica* (Pre-textos, 2013).

BORGES, Jorge Luis, «El Evangelio según san Marcos» (1970).

—, «El idioma analítico de John Wilkins» (1952).

—, «El Inmortal» (1947).

—, «El Libro de Arena» (Alianza, 1977).

—, «La Biblioteca de Babel» (1941).

BOURDIEU, Pierre, *El oficio del científico* (Anagrama, 2001).

BOURRIAUD, Nicolas, *Estética relacional* (Adriana Hidalgo, 2006).

—, *Postproducción* (Adriana Hidalgo, 2009).

—, *Radicante* (Adriana Hidalgo, 2010).

BROWN, Richard, *A Poetic for Sociology* (Cambridge University Press, 1977).

BÜRDEN, Chris, *Shoot* (1971).

BUNTING, Heath, *Border Xing Guide* (2002).

BYRNE, David, *Envisioning Emotional Epistemological Information* (Steidl and PaceMcGill Gallery, 2003).

CAGE, John, *4'33"* (1952).

CAILLOIS, Roger, *El mimetismo y la psicastenia legendaria* (1935).

CARAX, Leos, *Holy Motors* (2012).

CARDÍN, Alberto, *Lo próximo y lo ajeno* (Icaria, 1990).

—, *Dialéctica y canibalismo* (Anagrama, 1994).

CARRIÓN, Jorge, «Retrato Robot del Viajero Posmoderno», *Viaje contra espacio, Juan Goytisolo y W. G. Sebald* (Iberoamericana, 2009).

—, *Los huérfanos* (Galaxia Gutenberg, 2014).

CASCONE, Kim, *Las estéticas del Error: Tendencias Post-Digitales en la Música Contemporánea por Computador* (MIT, 2000).

CASTRO FLÓREZ, Fernando, *Mierda y catástrofe, síndromes culturales del arte contemporáneo* (Fórcola, 2014).

CAVE, Nick, *La canción de la bolsa para el mareo* (Sexto Piso, 2015).

—, «El blues del bosón de Higgs» (2013).

CERVANTES, Miguel de, *Don Quijote de la Mancha* (Cátedra, 2005).

CHEJFEC, Sergio, *Últimas noticias de la escritura* (Jekyll y Jill, 2015).

CIORAN, Emil, *La caída en el tiempo* (Tusquets, 1998).

COPJEC, Joan, «Phenomenal Nophenomenal: Private Space In Film Noir», *Shades of Noir* (Verso Press, 1993).

CORÁN, El, pasaje *Azora, 18.*

CORTÁZAR, Julio, *Rayuela* (Alfaguara, 2013).

—, «La Continuidad de los Parques» (1964)..

CRONENBERG, David, *Crash* (1996).

CULP, Andrew, *Oscuro Deleuze (*Melusina, 2016).

CUNQUEIRO, Álvaro, *Tesoros y otras magias,* edición de César Antonio Molina (Tusquets, 1984).

CUSA, Nicolás de, *Diálogo,* (1947).

DA VINCI, Leonardo, *El hombre de Vitruvio* (1490).

DEBRAY, Régis, *Vida y muerte de la imagen* (Paidós, 1994).

DEERHOOF, Ex/Noise/CERN (2015).

DELEUZE, Gilles, *Pourparlers (1972-1990)* (Éditions de Minuit, 1990).

—, *Diferencia y repetición* (Amorrortu, reedición 2002).

DELEUZE, Gilles; GUATTARI, Félix, *Antiedipo* (Paidós, 1985).

—, *Mil mesetas* (Pre-textos, 1988).

—, *¿Qué es la filosofía?* (Anagrama 1993).

DERRIDA, Jaques, «La estructura, el signo y el juego en el discurso de las ciencias humanas» (Anthropos, 1989).

DEUTCHE, Rosalyn, *Men in The Space* (MIT Press, 1996).

DÍAZ Esther (comp.), *Gilles Deleuze y la ciencia* (Biblos, 2014).

DIEGO MAS, Sergi de, *Cinemascope* (Trea, 2018).

DORITOS, *Tribe* (Youtube, 2008).

DUCHAMP, Marcel, *La fuente* (1917).

—, *LHOOQ* (1919).

EASTERLY, Douglas, *Spore 1.1* (instalación, Vida 7.0, Fundación Telefónica, ARCO, 2005).

EDELSTEIN, José; GOMBEROFF, Andrés, *Antimateria, magia y poesía* (Publicaciones USC, 2014).

EGOYAN, Atom, *Exótica* (1994).

—, *Ararat* (2002).

EINSTEIN, Albert, *Teoría de la relatividad especial* (1905).

EISENSTEIN, Serguéi, *El principio cinematográfico y el ideograma* (1929).

ELIAS, Norbert, *El Proceso de la civilización* (FCE, 1987).

ENZENSBERGER, Hans Magnus, «Acerca del Hojaldre Cronológico, Meditación sobre el Anacronismo», *Los elixires de la ciéncia* (Anagrama, 2002).

EVANS, Walker, *fotos Gran Depresión* (1935).

FERNÁNDEZ BUEY, Francisco, *La ilusión del método, ideas para un racionalismo bien temperado* (Crítica, 1991).

—, *Para la tercera cultura* (El Viejo Topo, 2013).

FERNÁNDEZ PORTA, Eloy, *Homo Sampler* (Anagrama, 2009).

—, *Estética del relato posmoderno* (Universitat Pompeu Fabra, 2011).

FERNÁNDEZ MALLO, Agustín, *Postpoesía, hacia un Nuevo paradigma* (Anagrama, 2009).

—, *El Paseo de Nietzsche [una mattinata di pura violenza]* (Youtube, 2013).

FERRARIS, Maurizio, *Manifiesto del nuevo realismo* (Biblioteca Nueva, 2013, prólogo y edición de Francisco Martín).

FONTCUBERTA, Joan, *¿Soñarán los androides con cámaras fotográficas?* (Ministerio de Cultura, Photoespaña, 2008).

—, *La furia de las imágenes* (Galaxia Gutenberg, 2016).

FOSTER WALLACE, David, *La broma infinita* (PRH, 2002).

FOUCAULT, Michel, *Las palabras y las cosas* (Siglo XXI, 1968).

—, *La arqueología del saber* (Siglo XXI, 1970).

GAMONEDA, Amelia (ed.), *Espectro de la analogía, literatura y ciencia* (Albada, 2015).

GARCÉS, Marina, *Filosofía inacabada* (Galaxia Gutenberg, 2015).

GARCÍA MÁRQUEZ, Gabriel, *Cien años de soledad* (Suramericana, 1967).

GODARD, J.L., *Alphaville* (1965).

GOMÁ, Javier, *Imitación y experiencia* (Pre-textos, 2003).

GOLDSMITH, Kenneth, *Printing Out The Internet* (2013).

GÓMEZ, Paco, *Los Modlin* (Fracaso Books, 2013).

GOULD, Stephen Jay, «Sobre una pared», *La Montaña de Leonardo y otras almejas* (Crítica, 1999).

GOYER, David S., *Flashforward* (ABC Channel, 2009).

GROYS, Boris, *Sobre lo nuevo* (Pre-textos, 2005).

GUATTARI, Félix, *La revolución molecular* (Errata Naturae, 2013).

HALLYN, Fernand, *La structure poétique du monde: Copernic, Kepler* (Seuil, 1987).

HARMAN, Graham, *El objeto cuádruple* (Anthropos, 2016).

—, *Hacia el realismo especulativo* (Caja Negra, 2015).

HARRISON, Harry, «Las Calles de Ascalon» (*More Penguin science fiction*, 1963).

HEIDEGGER, Martin, *Ser y tiempo* (Trotta, 2003).

HEISENBERG, Werner, *Diálogos sobre física atómica* (Biblioteca de Autores Cristianos, 1975).

HEMINGWAY, Ernest, *Las nieves del Kilimanjaro* (Carlat, 1999).

HENDRIKS, Martijn, *Give today our daily terror* (2008).

HERÁCLITO, «Fragmento 124», *Fragmentos* (Folio, 2002).

HERNÁNDEZ-NAVARRO, Miguel Ángel (comp.) *Heterocronías. Tiempo, arte y arqueologías del presente* (CENDEAC, 2008).

HITCHCOCK, Alfred, *Rebecca* (1940).

—, *Los Pájaros* (1963).

—, Yo confieso (1953).

HOMERO, *Odisea* (Espasa Libros, 2000).

HUYGHE, Pierre, *Elipsis* (1998).

IBÁÑEZ, Paco, «Me lo decía mi abuelito» (1967).

JACARILLA, Marla, *Los códigos emocionales, Jean Luc Godard y el puto neón* (2013).

JACKSON, Michael, *Man in the mirror* (1987).

JAMESON, Fredric, *Teoría de la posmodernidad* (Trotta, 1991).

JARRETT, Keith, *The Köln* (1975).

JOAN, Pere, *Pictogramas para un siglo XX* (Edicions del Ponent, 2014).

JOY DIVISION, *Love will tear us apart* (2001).

JULLIEN, François, *La identidad cultural no existe* (Taurus, 2017).

JURDANT, Baudouin, *Imposturas científicas, los malentendidos del caso Sokal* (Cátedra, 2003).

KAFKA, Franz, «Blumfeld, un solterón» (*Obras completas, Tomo III*, Galaxia Gutenberg/Círculo de Lectores, 2003).

—, *Consideraciones acerca del pecado* (Fontamara, 2007).

—, *El castillo* (Alianza, 2014).

—, *La metamorfosis* (Espasa Calpe, 2015).

KITANO, Takeshi, *Hana-Bi* (1997).

KLEE, Paul, *Angelus Novus* (1920).

KOJÈVE, Alexandre, *Introducción a la lectura de Hegel* (Trotta, 2013).

KUBLER, George, *La configuración del tiempo* (Nerea, 1988).

KUBRICK, Stanley, *2001: una odisea del espacio* (1968).

LADDAGA, Reinaldo, *Espectáculos de realidad* (Beatriz Viterbo Editora, 2007).

—, *Estética de la emergencia* (Adriana Hidalgo Editora, 2006).

LAMBERT, Alix, *Wedding piece* (1992).

LANDA, Manuel de, *Mil años de historia no lineal* (Gedisa, 1997).

—, *A New Philosophy of Society* (Continuum, 2006).

—, *Intensive Science and Virtual Philosophy* (Continuum, 2002).

LAPPE, Joseph De, *The Salt Satyagraha Online* (2008).

LASSWITZ, Kurd, «La Biblioteca Universal» (Olañeta, 2013).

LATOUR, Bruno, *Nunca fuimos modernos* (Siglo XXI, 1997).

LEE, Lydia y MANACORDA, Francesco (comis.), Martian Museum of Terrestrial Art (Barbican Art Gallery, 2008).

LEM, Stanislaw, *Solaris* (Impedimenta, 2011).

LESSIG, Lawrence, *El futuro de las ideas* (2001).

LETHEM, Jonathan, *The ecstasy of influence: a plagiarism* (Harper's Magazine, 2007).

LÉVI-STRAUSS, Claude, *El pensamiento salvaje* (FCE, 1964).

—, *Mito y significado* (Alianza, 2012).

LEVINE, Sherrie, *After Walker Evans* (1981).

LIDEN LAB, *Second Life* (2003).

«Lovecraft» Phillips, Howard, «There Are More Things» (1975).

LUCAS, George, *La guerra de las galaxias* (1975).

LUCRECIO, *De Rerum Natura* (Acantilado, 2012).

LYNCH, David, *Inland Empire* (2006).

—, *Carretera perdida* (1997).

LYOTARD, J. F., *Economía libidinal* (FCE, 1990).

—, *La condición postmoderna* (Cátedra, 1998).

MACÍAS, Luis, *Where Western Civilization Ends* (2011).

MACKAY, Robin, *Accelerate* (Urbanomic, 2014).

MALEVICH, *Cuadrado blanco sobre fondo negro* (1915).

MARCOS, Alfredo, *Hacia una filosofía de la ciencia amplia* (Tecnos, 2000).

MARGOLLES, Teresa, *En el aire* (2003).

MAGRITTE, René, *Los amantes* (1928).

MANZONI, Piero, *Mierda de artista* (1961).

MARCUS, Greil, *Rastros de carmín* (Anagrama, 1993).

MARINO, Ivan, *Sangue* (2006).

MARKER, Chris, *Level Five* (1997).

MARX, Karl, *El capital* (Siglo XXI, 2015).

MATTES, Eva; Mattes, Franco, *Reenactment of Chris Burden's Shoot* (2007).

MATURANA, Humberto; VARELA, Francisco, *El árbol del conocimiento* (1984).

MAX, Weber, *La ética protestante y el espíritu del capitalismo* (Alianza, 2012).

MECANO, «Perdido en mi habitación» (1982).

MÉLIÈS, *Viaje a la Luna* (1902).

MEYER, Michel, «Science as Questioning Process: a Prospect for a New Type of Rationality» *(Revue Internationale de Philosophie*, 1980*)*.

MILLAIS, John Everett, Hombre blanco muerto en el *veldt* (1896).
—, *Ofelia (1951-1952)*.

MILLER, George A., *Lenguaje y habla* (Alianza, 1994*)*.

MOGA, Eduardo, *Las horas y los labios* (DVD ediciones, 2000).

MOLINUEVO, José Luis, *Arte, cuerpo, tecnología*, Domingo Hernández Sánchez (comp.) (Universidad de Salamanca, 2003).

MOOL, John de, *Gran Hermano* (Telecinco, 2000).

MONK, Ray, *Ludwig Wittgenstein* (Anagrama, 1995).

MONTERROSO, Augusto, *El eclipse* (Alianza, 1995).

MONTOTO, José Ignacio, *Estamos todos, aquí no hay nadie* (Renacimiento, 2015).

MORA, Vicente Luis, *Construcción* (Pre-textos, 2005).

MORENO, Javier, *Acabado en diamante* (La Garúa, 2009).

MORETTI, Nani, *Caro diario* (1994).

MORIN, Edgard, *Introducción al pensamiento complejo* (Gedisa, 2009).

MOSTERÍN, Jesús, *Conceptos y teorías en ciencia* (Alianza, 1987).

NASH, David, *Wooden Boulder* (1978-2008).

NABOKOV, Vladimir, *Curso de literatura europea* (RBA, 2012).

NEUMAN, John von, *El ordenador y el cerebro* (1958).

NIETZSCHE, Friedrich, *Así habló Zaratustra* (Cátedra, 2008).

NOETHER, Emmy, «Teorema de Noether» (1918).

Nuez, Iván de la, «Del Cuerpo de la Revolución a la Revolución del Cuerpo», *El mapa de la sal* (Periférica, 2010).

Oteiza, *Caja Metafísica* (1958).

Pardo, José Luis, *Estética de lo peor* (Barataria, 2011).

Perniola, Mario, *El arte y su sombra* (Cátedra, 2002).

Picasso, Pablo, *Las señoritas de Avignon* (1907).

—, *Guernica* (1937).

Pink Floyd, *Pink Floyd en Pompeya* (1971).

Poe, Edgar Allan, *Eureka: un poema en prosa* (1848).

Ponge, Francis, *La soñadora materia* (Galaxia Gutenberg, 2006).

Pound, Ezra, *Cathay* (Tusquets, 1972).

Prada, Juan Martín, *La apropiación posmoderna* (Fundamentos, 2001).

—, *Prácticas artísticas en Internet en la época de las redes sociales* (Akal, 2012).

Prigogine, Ilya; Stengers, Isabelle, *La nueva alianza* (Alianza, 1997).

Proust, Marcel, *En busca del tiempo perdido* (Alianza, 2016).

Rafman, Jon, *The Nine Eyes of Google Street View* (2011).

Ratzel, Friedrich, *Politische Geographie* (1897).

Refoyo, David, *Donde la ebriedad* (La Bella Varsovia, 2017).

Reixa, Antón, *Algo raro pasa raro* (La Oficina, 2015).

Resnais, Alain, *El año pasado en Marienbad* (1961).

Rivas, Enrique de, «Tiempo y espacio del exilio» (*Archipiélago*, n.º 26-27, 1996).

Rodríguez, Claudio, *Don de la ebriedad* (Rialp, 1999).

Roig, Bernardí; Castro Flórez, Fernando (comis.), *Cuidado con la cabeza* (2016).

—, *Teorema (interrumpido)* (Fundación Luis Seoane, 2011).

—, *Leidy B* (2002).

—, *Otras manchas en el silencio* (2011).

Rorty, Richard, *Ironía, contingencia y solidaridad* (Paidós, 1991).

Salanova, Marisol, *Enterrados, el ocaso de los cuerpos* (Micromegas, 2015).

San Agustín, *Civita dei* (426 d.C.).

Sánchez, María, *Cuaderno de campo* (La Bella Varsovia, 2016).

Saunders, George, *Guerracivilandia en ruinas* (PRH, 2006).

Schaffner, Franklin J., *El planeta de los simios* (1967).

Schwartz, Gustavo; Bermúdez, Víctor, *Nodos* (Next Door, 2018).

SCOLARI, Carlos, *Las leyes de la interfaz* (Gedisa, 2018).

SCOTT, Ridley, *Blade Runner* (1982).

SEBALD, W. G., «Doctor Henry Selwyn», *Los emigrados* (Anagrama, 2006).

—, *Vértigo* (Anagrama, 2010).

SERRES, Michel, *Atlas* (Cátedra, 1995).

—, *El paso del Noroeste* (Debate, 1991).

—, *El nacimiento de la física en el texto de Lucrecio* (Pre-textos, 1994).

—, *La traduction, Hermès III* (Minuit, 1974).

SIERRA, Germán, «Literatura del Fin», *Narrativas cruzadas, hibridación, transmedialidad y performatividad en la era digital* (Academia del Hispanismo, 2016).

—, *The 3D additivist cookbook* (Londres, 2016).

«SILESIUS, Angelus» Scheffler, Johann, *El peregrino querúbico* (Siruela, 2005).

SLOCUM, Paul, *You're Not My Father* (2007).

SMITHSON, Robert, *The collected Writing* (University of California Press, 1996).

—, *Un recorrido por los momentos de Passaic* (Gustavo Gili, 2006).

SMITS, Helmut, *Dead pixel in Google Earth* (2008).

SOCIAS, Enric, *Income Mood* (obra en web, 2016).

STEELS, L., Spranger, *Culturas del cambio, átomos sociales y vidas electrónicas (*Arts Santa Mònica, 2009).

STEINBERG, Leo, *Other Criteria* (Chicago University Press, 1972).

STEVENSON, Robert Louis, *El extraño caso del doctor Jekyll y el señor Hyde* (Alba, 2015).

SOJA, Edward, *Postmodern Geographies* (Verso New Left Books, 1989).

SOLÉ, Ricard, *Redes complejas* (Tusquets, 2009).

SPERANZA, Graciela, *Cronografías: Arte y ficciones de un tiempo sin tiempo* (Anagrama, 2017).

—, *Fuera de campo: literatura y arte argentinos después de Duchamp* (Anagrama, 2006).

TAWFIQ AL-HAKIM, *La gente de la caverna* (Instituto Hispano-Árabe de Cultura, 1963).

THOM, René, *Parábolas y catástrofes* (Tusquets, 1993).

—, *Estabilidad estructural y morfogénesis* (Gedisa, 1987).

THOREAU, H. D., *Walden, la vida en los bosques* (Cátedra, 2005).

TRASHUMANTE, David, *Tópo* (Amargord, 2016),

Vacabou, *The drums of twilight* (Limbo Starr, 2013).

Valente, José Ángel, *Diario anónimo (1958-2000)* (Galaxia Gutenberg, 2011).

Van Gogh, Vincent, *Zapatos de labriego* (1887).

Vega, Amador, *Tres poetas del exceso* (Fragmenta Editorial, 2011).

Velázquez, Diego, *La rendición de Breda* (1634).

Vian, Boris, «Los perros, el deseo y la muerte» (Tusquets, 1979).

Vidal, Pep, *Following the (Magnetic) North Pole* (2015).

Virgilio, *Eneida* (Alianza, 2017).

VV.AA., *Aceleracionismo* (Caja Negra, 2017).

VV.AA., *Art Post-internet* (Ullens Center For Contemporary Art, Pekín, 2014).

VV.AA., *Art Review.*

VV.AA., *Caimán.*

VV.AA., *Contra la originalidad* (La Tumbona, 2008).

VV. AA., *La Biblia.*

VV. AA., *Manuscritos del mar muerto.*

VV.AA., *More Penguin Science Fiction* (Penguin, 1962).

VV.AA., *Museo Marciano de arte terrestre* (Barbican Art Gallery, Londres, marzo de 2008).

VV.AA., *Por(no)pulsión* (Círculo de Bellas Artes de Madrid, 2002).

Wagensberg, Jorge, *Ideas sobre la complejidad del mundo* (Tusquets, 1985/2003).

Warhol, Andy, *Colored Mona Lisa* (1963).

Watts, Ducan J., *Seis grados de separación* (Paidós, 2006).

Weatherall, Owen, *Void: The Strange Physics of Nothing* (Yale University Press, 2016).

Weber, Max, *La ética protestante y el espíritu del capitalismo* (Alianza, 2012).

Weinberg, Eliot, *Las cataratas* (Duomo Ediciones, 2012).

Welles, Orson, *Ciudadano Kane* (1941).

Wenders, Wim, *El amigo americano* (1977).

—, *Room 666* (1982).

Whitman, Walt, recitación del poema «America» (1890).

Wittgenstein, Ludwig, *Tractatus Logico Philosophicus* (Alianza, 1997).

Zarkadakis, George, *Our own image* (Pegasus Books, 2016).

Zuiker, Anthony, *CSI Las Vegas* (CBS 2000-2015).

Índice onomástico

Nota: Los números en *cursiva* remiten a citas a pie de foto o ilustración.

Índice

PRIMERA PARTE
We Will Return
(el *otro* como fragmento. El *espacio sustrato* cultural,
la emersión de *singularidades*, el *colono*,
el *exiliado* y el *nómada*)

SEGUNDA PARTE

Tiempo topológico. Lo fragmentado
y lo constante. Apropiacionismo

TERCERA PARTE
Aproximaciones a la complejidad.
Sistemas y estructuras

CUARTA PARTE
Segundo estado de la Red: el *azar inverso* como
underground. Partículas de prueba y partículas
de apantallamiento. Lo Real

Últimos títulos publicados

Serie Ensayo

Ash Amin
Tierra de extraños
Javier Argüello
*La música del mundo. De las verdades verdaderas
a las razones razonables*
Antonio Ariño y Juan Romero
La secesión de los ricos
Eduardo Arroyo
Minuta de un testamento
Bambalinas
Alaa Al Aswany
Egipto: Las claves de una revolución inevitable
José Álvarez Junco
Dioses útiles. Naciones y nacionalismos
Michael Bar-Zohar, Nissim Mishal
Las grandes operaciones del Mossad
Saul Bellow
Todo cuenta. Del pasado remoto al futuro incierto
Isaiah Berlin
La mentalidad soviética. La cultura rusa bajo el comunismo
Tom Burns Marañón
Hispanomanía con un Prólogo para franceses
*De la fruta madura a la manzana podrida. El laberinto
de la Transición española*
Entre el ruido y la furia
William Bynum
Una pequeña historia de la ciencia
Mercedes Cabrera
Jesús de Polanco (1929-2007). Capitán de empresas
Francisco Calvo Serraller
La invención del arte español. De El Greco a Picasso
Elias Canetti
Apuntes (1942-1988)
Apuntes (1973-1984)
Libro de los muertos

Marina Garcés
Filosofía inacabada
Ricardo García Cárcel
La herencia del pasado
Adolfo García Ortega
Fantasmas del escritor
Fernando García Sanz
España en la Gran Guerra. Espías, diplomáticos y traficantes
Atul Gawande
Ser mortal. La medicina y lo que importa al final
Javier Gomá Lanzón
Ingenuidad aprendida
La imagen de tu vida
Razón: portería
Todo a mil. 33 microensayos de filosofía mundana
Javier Gomá Lanzón (Dir.), Francisco Calvo Serraller, Juan José
  Carreras, Antonio Gallego, José-Carlos Mainer, Joan Oleza,
  Alejandro Vergara Sharp
Ganarse la vida en el arte, la literatura y la música
Luis Gonzalo Díez
La barbarie de la virtud
Los convencionalismos del sentimiento
*El viaje de la impaciencia. En torno a los orígenes intelectuales
  de la utopía nacionalista*
Juan Goytisolo
Belleza sin ley
Contra las sagradas formas
Genet en el Raval
Pájaro que ensucia su propio nido
Lynda Gratton
Prepárate: el futuro del trabajo ya está aquí
Mauro F. Guillén, Emilio Ontiveros
Una nueva época. Los grandes retos del siglo XXI
Paolo Flores d'Arcais
¡Democracia! Libertad privada y libertad rebelde
Thomas Harding
Hanns y Rudolf. El judío alemán y la caza del Kommandant
  de Auschwitz
*La casa del lago. Berlín. Una casa. Cinco familias. Cien años de
  historia*
Jochen Hellbeck
Stalingrado
Miguel Herrero de Miñón
Cádiz a contrapelo. 1812-1978: dos constituciones en entredicho

Ayaan Hirsi Ali
Mi vida, mi libertad
Nómada
Reformemos el Islam
*Yo acuso. Defensa de la emancipación de las mujeres
    musulmanas*
Richard Holloway
Una pequeña historia de la religión
Eri Hotta
Japón 1941. El camino a la infamia: Pearl Harbor
Nancy Huston
Reflejos en el ojo de un hombre
Carmen Iglesias
El pensamiento de Montesquieu. Ciencia y filosofía en el siglo XVIII
No siempre lo peor es cierto. Estudios sobre Historia de España
Razón, sentimiento y utopía
Andrés Ibáñez
Construir un alma. Manual de meditación para el siglo XXI
Daniel Innerarity
La política en tiempos de indignación
La democracia en Europa
Política para perplejos
Ramin Jahanbegloo
La hora de Gandhi
José Jiménez
*Crítica en acto. Textos e intervenciones sobre arte y artistas
    españoles contemporáneos*
*El ángel caído. La imagen artística del ángel en el mundo
    moderno*
Samuel Johnson
Ensayos literarios. Shakespeare, vidas de poetas y The Rambler
Santos Juliá
Camarada Javier Pradera
*Nosotros, los abajo firmantes. Una historia de España
    a través de manifiestos y protestas (1896-2013)*
Transición. Historia de una política española (1937-2017)
Frederick Kempe
*Berlín 1961. Kennedy, Jrushchov y el lugar más peligroso del
    mundo*
Hans Kundnani
La paradoja del poder alemán
Landelino Lavilla Alsina
Una historia para compartir. Al cambio por la reforma (1976-1977)
Jordi Llovet
Adiós a la Universidad. El eclipse de las humanidades

José María Ridao
Azaña y Ortega y Gasset. Dos visiones de España (ed.)
Contra la historia
El pasajero de Montauban
Elogio de la imperfección
El vacío elocuente. Ensayos sobre Albert Camus
Filosofía accidental. Ensayos sobre el hombre y el Absoluto
Por la gracia de Dios. Catolicismo y libertades en España (ed.)
Radicales libres
Weimar entre nosotros
Alan Riding
Y siguió la fiesta. La vida cultural en el París ocupado por los nazis
Albert Roig
Perro. Vida de Rainer Maria Rilke
Manuel Ruiz Amezcua
Lenguaje tachado
Jesús Ruiz Mantilla
Contar la música
Jeffrey D. Sachs
El precio de la civilización
Carl Safina
Mentes maravillosas. Lo que piensan y sienten los animales
Robert Saladrigas
Rostros escritos. Monólogos con creadores españoles de los setenta
Andrés Sánchez Robayna
Deseo, imagen, lugar de la palabra
Variaciones sobre el vaso de agua
Carlos Sebastián
Subdesarrollo y esperanza en África
España estancada. Por qué somos poco eficientes
Vitali Shentalinski
La palabra arrestada
Timothy Snyder
El Príncipe Rojo. Las vidas secretas de un archiduque Habsburgo
Tierras de sangre. Europa entre Hitler y Stalin
Tierra negra. El Holocausto como historia y advertencia
Carlos Solchaga
Las cosas como son. Diarios de un político socialista (1980-1994)
Jonathan Sperber
Karl Marx. Una vida decimonónica
Nicholas Stargardt
La guerra alemana. Una nación en armas (1939-1945)